忠·孝·節義·道學을 겸비한 實踐儒學者

# 重峯 趙憲 평전

李河俊 著

㈜이화문화출판사

重峯 趙憲 先生 標準影幀
〈雲甫 金基昶〉

池塘에 비뿌리고
楊柳에 뉘씨인제
沙工은 어되가고
뷘빈만 미엿눈고
夕陽에 짝일흔
골며기는
오락가락 ᄒ노매

水巖 李河俊著
重峯 趙憲評傳刊行
甲辰夏 呂元九賀

『靑丘永言』에 수록된 重峯 趙憲 선생의 시조.
필자의 스승이신 丘堂 呂元九 선생의 휘호

머리말

# 重峯, 나의 思想과 實踐의 永遠한 居處

간서치(看書癡)에 턱없이 모자라는 변변치 않은 나의 학문 인생이지만, 자꾸 되돌아보며 스스로를 괴롭혔던 두 분야가 있다. 일제하 국어운동사를 연구한 국어학자로 살아온 것이 하나이고, 다른 하나는 중봉(重峯) 조헌(趙憲) 선생의 역사적 흔적을 탐색하는 일이었다.

국어와 역사, 국어운동사와 중봉 조헌, 인문학이라는 커다란 울타리를 제외하고는 결코 인접(隣接) 학문(學問)이라 할 수 없다. 나는 공식적으로 국어학으로 학위를 받고, 그것으로 먹고 살았다. 나름 사명감을 가지고 관련 연구와 학회활동 등으로 분주하게 살아왔다.

그 후 중봉 선생의 삶이 머리와 가슴에 깊게 똬리를 틀었다. 그리고 곧 일탈이 시작되었다. 학문적 일탈 말이다. 그렇게 중봉을 기리는 길을 걸어온 지 20년이 넘었다.

지금도 가끔 자문한다. 중봉 선생은 어떤 인물인지? 그리고 우리 역사에서는 어떤 존재인지? 현재와 미래 사회에서는 어떻게 평가해야 하는지? 끊임없이 질문한다. 중봉 선생의 드라마틱한 삶이 매력을 느끼는 것이 아닌가 하는 우려 때문이다. 우리는 간혹 무엇인가에 뜨거워질 때가 있는데, 그것이 너무나 길게 지속되고 있는 것인가, 묻는 것이다. 이것에 대한 답을 찾는 과정이 바로 중봉 선생 연구였다. 가슴으로만 만나지 말고 머리로, 차가운 이성의 눈으로 들여다보려고 한 것이다. 그 천착에 오랜 세월이 지났다.

중봉 선생에게 가는 길은 너무 어렵고 복잡했다. 일반적인 위인전에는 다 나오는 어린 시절의 비범한 일화는 제외하고라도 의병장 혹은 도학자로도 읽히기도 하고, 정치와 경제, 군사의 영역에서도 전문가 수준을 뛰어넘는 대안을 제출했기 때문이다, 그것이 『중봉 조헌 평전』까지 오게 된 사연이다.

이 평전은 그간 중봉 선생을 연구한 소소한 연구논문부터 여러 자료집, 그리고 『救國의 實踐的 道學者 重峯 趙憲』과 『역사의 거인, 중봉 조헌』, 『重峯 趙憲과 그의 時代』 등의 성과와 한계를 계승하고 극복한 것이라 할 수 있다. 그래서 시간이 오래 걸렸다고 하면 변명으로 들릴지도 모르지만, 사실이 그랬다.

중봉 선생에게로 가는 마지막 길은 처음부터 평전이라는 형식을 염두에 두었다. 그 형식에 부합하는 내용을 담보해야 하는 것이 상당한 부담이 되었다. 어쩌면 부담과 권위를 목표로 했는지도 모른다. 그것이 나에게 편달이 되어 줄 것이라 믿었다.

이 평전에서는 중봉 선생의 일생과 학문, 충(忠)·효(孝)·절의(節義)·도학(道學)을 겸비한 실천유학자(實踐儒學者)로서의 모습을 객관적으로 표현하려고 노력하였다. 그리고 아주 성실하게 주석을 달고 진지하게 평가하였다. 이 책에서는 「선상팔조소(先上八條疏)」를 비롯한 10여 편의 상소문을 부록으로 실었다. 역사를 전공하지 않는 일반 독자들도 그 내용을 충분히 이해할 수 있도록 설명을 붙였다. 중봉 선생을 편견 없이 바라보고 스스로 판단했으면 좋겠다는 의도이다.

　나는 이 평전(評傳)으로 중봉 선생에 대한 후대의 예(禮)를 마칠 생각이다. 하지만, 이 책의 독자들은 여기서부터 시작했으면 좋겠다. 도무지 알 수 없는 거대한 존재를 만나 여러 감정을 고루 경험하며, 그에게 가는 길을 나름대로 개척하기를 바란다. 이 평전을 펴내는데 많은 분들의 노력이 있었다.

　감사드린다.

2024년 6월

(社)重峯趙憲先生宣揚會 理事長

**李 河 俊**

# 목차

머리말 • 4

Ⅰ. 16세기의 조선 • 13

　1. 정치적 상황 ┈┈┈┈┈┈┈┈┈┈┈┈┈┈┈13
　2. 성리학(性理學)의 시대 ┈┈┈┈┈┈┈┈┈14

Ⅱ. 조헌의 일생 • 21

　1. 출생(出生)과 세계(世系) ┈┈┈┈┈┈┈┈33
　2. 어린 시절 ┈┈┈┈┈┈┈┈┈┈┈┈┈┈┈35
　　1) 학문에 대한 열정
　　2) 생모의 죽음과 계모에 대한 효성
　　3) 김황(金滉)에게서 시서(詩書)를 배움
　　4) 여우재 고개 일화
　　5) 포기하지 않는 성격
　3. 청년시절 ┈┈┈┈┈┈┈┈┈┈┈┈┈┈┈42
　　1) 영월 신씨와 결혼
　　2) 양천강에서의 의연함

3) 성균관에 유학

4) 과거 급제

5) 정주목(定州牧) 교수

6) 파주목 교수

7) 홍주목 교수

8) 교서관 정자

4. 사행(使行)과 조천일기(朝天日記) ··························56

1) 생활 풍속 비판

2) 백성에 대한 관심

3) 객관적 시선과 구체적 생활묘사

5. 주자대전의 교정 ··································62

6. 외직시절 ··································65

1) 통진현감 시절

2) 부친의 묘소와 토정 이지함의 묘소 참배

3) 전라도사 시절

4) 보은 현감 시절

5) 옥천에 웅거

7. 도학 세상 갈망 ─ 율원구곡가 ··················88

8. 이발(李潑)과 절교 ··························94

9. 공주 제독관 시절 ··························99

1) 변사무겸논학정소(辨師誣兼論學政疏)

2) '만언소(萬言疏)'와 제독관 사임

10. 청절왜사소(請絶倭使疏) ·······························121

  1) 고향 김포 선영 방문

  2) 1차 지부상소 − 論時弊疏

  3) 영동유배

  4) 귀양지에서 쓴 상소 − 청절왜사삼소

  5) 유배에서의 방면

11. 이발(李潑)과 그의 어머니 ·····················138

12. 영남주유 ·······································140

13. 제2차 지부상소·······························143

14. 임진왜란 전 상황 ···························145

  1) 전운(戰雲)의 기운(氣運)을 걱정

  2) 부인 신씨의 죽음

15. 임진왜란 발발 ·······························155

  1) 의병모집

  2) 청주성 탈환

  3) 금산 전투

Ⅲ. 조헌의 학문 • 195

  1. 사상적 배경 ·····························199

  2. 동환봉사(東還封事) ·····················203

  3. 경제개혁론과 전망 제시 ················207

  4. 미래에 대한 실천적 대비 ·············213

Ⅳ.  충·효·절의·도학을 겸비한실천유학자 • 223

부록 • 235

연보(年譜) 및 약사(略史) ……………………………237

조헌이 올린 상소
논향축소(論香祝疏) ……………………………259
질정관회환후선상팔조소(質正官回還後先上八篠疏) …268
의상십육조소(擬上十六條疏) ……………………314
의상소(擬上疏) ……………………………381
변사무겸논학정소(辨師誣兼論學政疏) ……………387
청절왜사소(請絶倭使疏) ……………………418
논시폐소(論時弊疏) ……………………430
청절왜사삼소(請絶倭使三疏) ……………………443
청참왜사소(請斬倭使疏) ……………………452
청참왜사이소(請斬倭使二疏) ……………………463
기병후소(起兵後疏) ……………………………467

참고문헌 • 474
저자 약력 • 477

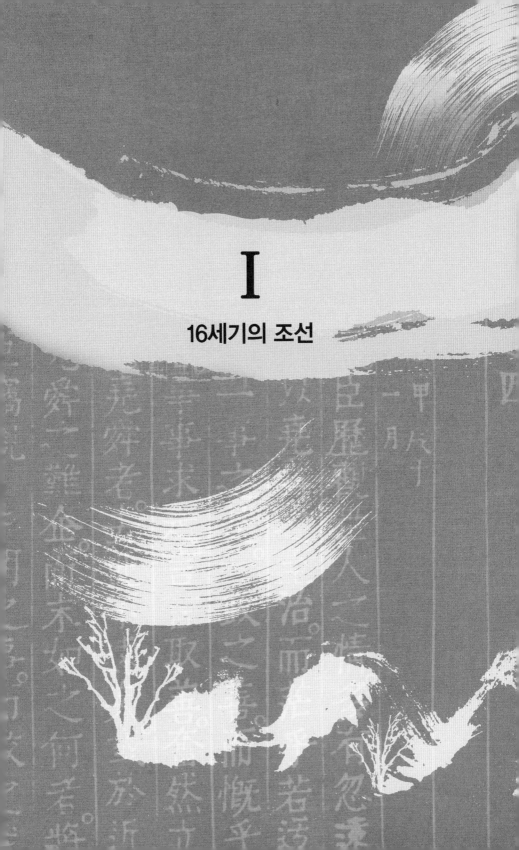

# I

## 16세기의 조선

# Ⅰ. 16세기의 조선

## 1. 정치적 상황

조선은 크게 전기와 중후기로 나뉜다. 전기와 중후기는 다른 나라였다고 말할 수 있을 정도로 차이점이 많았다.[1]

조선은 개국 이래 150여 년 동안은 중앙집권적인 지배체제의 확립이 이루어졌으나, 16세기 중반에 이르러 크게 흔들린다. 조선 왕조가 추구했던 질서가 흐트러지면서 조선은 국가의 존망을 위협하는 심각한 위기에 직면하게 된다. 그래서 이 시기를 '중쇠기(中衰期)'[2]라고도 한다.

그래서 위기를 극복하고자 안간힘을 쓰던 시기였다. 사회적 갈등도 적지 않았고, 기존의 질서를 대체할 새로운 질서와 새로운 설계를 시도하는 노력도 줄기차게 이어졌다.[3]

정치의 실권을 가진 훈구파와 중앙정계로 진출하던 사림파 간의

---

1) 강웅천 외 7인, 16세기 성리학 유토피아, 문사철 편저, 민음사, 2014. p.146
2) 栗谷全書, 卷30, 「經筵日記3」
3) 위의 책, p.146

권력투쟁이 격화되면서 정치권력의 교체뿐 아니라 사회 구성 및 사회 신분의 변화가 이 시기에 이루어졌다.

## 2. 성리학(性理學)의 시대

조선 건국의 이데올로기로 삼았던 성리학(性理學)은 이 시기에 다시 주목받았다. 하지만 이때 성리학은 15세기를 움직인 성리학과는 달리 변화된 조선의 현실 속에서 새롭게 찾아내 재인식한 성리학이었다.

조선 전기의 성리학으로는 더 이상 현실의 조선을 끌고 갈 수 없다는 통렬한 반성 위에서 이루어진 새로운 사상적 모색의 결과 나타난 것이다. 그 결과 성리학은 부계 남성 위주의 가족 질서, 붕당(朋黨)을 중심으로 한 사림정치(士林政治), 서원(書院)과 향약(鄕約) 등을 기반으로 한 향촌 질서 등 사회 전반을 가로지르는 질서의 원형을 제공하게 된다.

16세기 중반으로 접어들면서 본격적으로 치열한 사상적 논쟁(論爭)이 전개된 것은 이러한 시대적 변화에 기인한 것이다. 그래서 명종(明宗) 선조(宣祖) 연간인 16세기를 위대한 철학의 시대라고 하기도 한다. 즉, 퇴계(退溪) 이황(李滉), 남명(南冥) 조식(曹植), 하서(河西) 김인후(金麟厚), 율곡(栗谷) 이이(李珥) 등의 한국을 대표하는 위대한 철학자가 동시대에 대거 등장했기 때문이다.[4]

중봉(重峯) 조헌(趙憲)이 성장하고 활동하던 16세기는 경국대전(經國大典)에 의해 모든 문물제도가 운영되던 조선 전기의 체제가 새로운 사회 여건에 따라 변화되어 가는 시기였다. 그러나 이 시기를 단순히 조선 전기의 문물제도가 흐트러지고 사화(士禍)나 붕당(朋

---

4) 이기동, 유학 오천 년 4권, 한국의 유학(하), 성균관대학교출판부, 2022. p.16

黨)의 발생으로 인해 지배층의 분쟁(分爭)이 심했던 때였다고만 생각하기보다는, 농촌에서 농사짓는 법이 바뀌고 지방 도시에서 시장이 발달하는 등 사회적·경제적 발전과 변화가 일어났던 시기로 이해되어야 할 것이다. 또한 정치적인 면에서 볼 때 선조(宣祖)의 즉위는 조선 전기의 정치상황을 매듭짓고 새로운 사림(士林) 세력(勢力)이 정치권력을 장악하는 이른바 사림정치가 본격적으로 시작되는 것을 의미하는 것이었다. 이 과정에서 사림세력 사이에서는 종전의 훈구파(勳舊派)들을 처벌하고 새로운 사림(士林) 정치(政治)를 어떻게 시행할 것인가 하는 문제를 놓고 의견이 맞지 않아 동인(東人)과 서인(西人)으로 갈라지는 붕당(朋黨)이 발생하였다. 그러나 이를 종전에 일본인(日本人) 사학자(史學者)들이 주장하는 것처럼 단순히 정권쟁탈에만 몰두했다는 당쟁으로 설명되기보다는 사림파(士林派)에 의해 이루어진, 성리학(性理學)에 바탕을 둔 새로운 정치형태(政治形態)로 보는 것이 옳다고 생각된다. 즉 붕당정치(朋黨政治)란 학문적 이론을 같이하는 학자들이 붕당을 만들어 서로 견제하고 비판하는 건전한 정치형태로써 이는 지방의 중소지주(中小地主) 출신들이 농업생산력(農業生產力)의 증대에 힘입어 그 지위를 높여가면서 사림파라는 정치세력으로 성장해간 16세기 사회발전의 한 면을 반영한 결과였다. 조헌은 이 같은 붕당정치의 전개 속에서 율곡학파(栗谷學派)의 학자로서 정치개혁안을 제시하여 동인(東人)을 비판하고, 백성을 으뜸으로 여겨 이들을 잘 살게 해야된다는 주장을 바탕으로 한 사림정치의 시행을 주창(主唱)하였던 것으로 판단된다. 또한 경제개혁(經濟改革)의 주장이나 군사제도(軍事制度)의 개혁 주장도 그의 정치개혁론과 마찬가지로 16세기의 사회적 변화 속에서 나온 것으로 보인다. 사실 조선 전기의 토지제도인 과전법(科田法)은 각기 주어진 직분(職分)에 대한 대가(代價)로 토지를 나누어 준 것인데 15

세기 말에 이르러 세금을 거두는 권리를 가진 국가의 토지와 농민에 대한 지배는 눈에 띄게 약해져 갔다. 때문에 과전법은 직전법(職田法)[5]·관수관급제(官收官給制)[6]·녹봉제(祿俸制)[7]로 바뀌어져 갔으나 그것도 제대로 유지되지 못하고 개인이 많은 땅을 갖게 되는 현상이 나타났다. 이러한 개인의 토지가 많아지는 경제변화 속에서, 종래의 훈구파(勳舊派)가 특권을 갖고 옳지 못한 정치를 시행하는 현상을 비판하면서 세력을 키워나간 것이 바로 사림파(士林派)다.[8]

16세기의 사회변화(社會變化) 중에서 가장 두드러진 분야는 나라에 특산물(特產物)을 바치는 공물제도(貢物制度)와 군대의 의무를 지는 군역제도(軍役制度)였다. 공물은 왕실과 관청에서 필요로 하는 물건을 충당하기 위해 백성들이 각종 토산물(土產物)을 바치는 것인데 토지세보다도 더 부담이 컸으며, 또한 현물(現物)을 바쳐야 해서 많은 폐단(弊端)이 따랐다. 더구나 병역의무인 군역(軍役)은 토지에 대해 세금을 정하는 것이 아니라 장정(壯丁) 개개인을 대상으로 책임을 지웠기 때문에 일반 양민(良民)들은 군대에 가거나 혹은 군에 입대한 사람들을 경제적으로 지원해 주는 이른바 봉족(奉足)[9]이나 보인(保人)[10]으로 군역의 의무를 다해야 했다.

이러한 병역의무는 가난하고 신분이 낮은 양민만이 부담하였으며

---

5) 세조(世祖) 12년(1466)에 과전법을 대신해서 만들어졌으며 현직자(現職者)에게만 지급하도록 한 제도이다.
6) 성종(成宗) 원년(元年)(1470)에 도입된 제도로 관청에서 직전(職田)의 조(租)를 받아 수조자(收租者)에게 해당액을 지급하던 제도이다.
7) 국가에서 관리에게 미곡(米穀)이나 포(布) 등의 현물(現物)로 지급하는 급료 제도이다.
8) 이석린, 壬亂義兵將趙憲, 신구문화사, pp.11~12.
9) 평민이나 천민이 출역(出役)을 하였을 때에 출역치 않은 남은 장정(壯丁)을 한두 사람 두어 집안일을 돕게 하는 일.
10) 군역을 면제 받은 장정으로 보미(保米)나 보포(保布)를 상납(上納)할 의무가 있는 사람.

세조(世祖) 때 보법(保法)[11]으로 바뀌고 나서는 그 제도의 허술함 때문에 가난한 농민들의 파산(破產)이 급속히 일어나 16세기에는 군역 자체가 일종의 노동(勞動)을 제공하는 것으로 되어 군대에 다른 사람이 대신 복무하는 제도가 생기고 그 대가로 받는 물건이 삼베로 고정되는 현상이 크게 유행하였다. 이와 같은 조선 전기의 세금 받는 제도가 변한 것은 당시의 전반적인 사회 모습을 나타내는 것이며 또한 농민들이 생활을 이어가지 못하는 가장 큰 원인이 되기도 했다.

조헌은 이러한 사상적 흐름과 사회 환경의 변화 속에서 자신의 학문적 이념을 실천하려고 무던히 노력한 도학자이자 의병장이었다.

---

11) 호패법을 실시하여 2정(丁)을 1보(保) 단위로 묶어서 1정(丁)은 정군(正軍)으로 초출하고 나머지 1정(丁)은 보인(保人)으로 남은 가족의 생계를 돕게 하였던 법.

# II

## 조헌의 일생

# Ⅱ. 조헌의 일생

1740년 7월 18일 오후 영조가 소대(召對)하는 장면이다.

영조는 신시(申時)에 희정당(熙政堂)에 나아갔다. 소대(召對)를 행하러 신하들이 입시하고 북부 참봉(北部參奉) 조혁(趙燦)이 함께 입시한 자리였다. 참찬관 조명리(趙明履), 시강관 홍계유(洪啓裕), 검토관 홍상한(洪象漢), 가주서 오언유(吳彦儒), 편수관 서침(徐琛), 기사관 이홍직(李弘稷) 등이 차례로 나아와 엎드렸다.

영조가 말하기를

"선정(조헌)의 문집이 남아 있는가?"

하자, 조혁이 아뢰기를,

"『중봉집(重峯集)』이 있습니다."

하였다. 영조가 이르기를,

"내가 『항의신편(抗義新編)』을 보고서 선정의 일을 훤히 알았는데, 너도 자세히 알고 있는가?"

하자, 조혁이 아뢰기를,

"신이 자세히 알지는 못하지만 가정에서 대략 들은 바가 있습니다. 신의 선조는 도학(道學)에 고명하고 기상이 깨끗하며 눈은 별처럼 밝고 견식이 통철하며 귀가 크고 키가 컸으며, 예절이 우뚝하였습니다. 강보(襁褓)에서 벗어나자마자 이미 어버이를 섬기는 예의를 알아서 부모가 명하면 그때마다 무릎을 꿇고 대답하였습니다. 일찍이 문왕(文王)의 오지(五止)의 가르침을 읽고서 마음이 격앙되었고, 15세에는 학문에 뜻을 두고 선정신(先正臣) 이이(李珥)와 성혼(成渾)을 스승으로 섬겼습니다. 도학을 자임하여 독실하게 실천하면서 요순(堯舜)이 아니면 말하지 않고 공자와 맹자가 아니면 배우지 않았습니다. 그러므로 고(故) 문강공(文康公) 이지함(李之菡)이 '당대의 제일인이요, 삼대(三代) 이상의 인물이다.'라고 항상 칭찬하였습니다."

하자, 홍상한이 아뢰기를,

"전하께서 선정의 사적(事蹟)을 상세히 알고자 하신다면, 『우암집(尤庵集)』에도 선정의 사적이 있습니다."

하였다. 영조가 이르기를,

"요순의 아들도 오히려 불초하였으니, 선조(先祖)가 어질었더라도 자손이 어찌 모두 어질 수야 있겠는가. 그러나 조정에서 사람을 등용하는 방도는 응당 선정을 추숭(追崇)하여 그 자손을 이어서 등용해야 함이 옳다. 지금 부관(部官)으로서 너를 불러와 만나 본 것이니 네가 처음 임금을 만나 보는 날인데, 너는 장차 무엇으로 나를 섬기겠는가?"

하자, 조혁이 잘 들리지 않아 성상의 하교를 잘못 듣고서 다른 말로 잘못 대답하였다. 영조가 이르기를,

"너는 잘못 대답하였다. 너는 장차 어떻게 국가를 섬길 것인

가?"

하자, 조혁이 아뢰기를,

"문청공(文清公) 정철(鄭澈)이 지은 선조(先祖)의 제문(祭文)에 '공자와 안자(顔子)를 배우고 가의(賈誼)와 굴원(屈原)을 흠모하였다. 강직함으로 죽고자 하여 마침내 절의(節義)에 죽었다.'라고 하였습니다. 어리석고 불초한 신이 어찌 감히 선조를 바라겠습니까. 집안에서 효도하고 국가에 충성하는 것이 신의 집안에 대대로 전해지는 가훈입니다. 그렇지만 신처럼 우매하고 잔약한 자가 감히 성상의 뜻을 본받기를 기대할 수 있겠습니까."

하였다. 상이 이르기를,

"너에게 관작을 내린 것은 선정을 추념하였기 때문이다."

하자, 조혁이 아뢰기를,

"성상의 하교가 여기에 미치니 신이 진실로 감읍하여 무슨 말을 아뢰어야 할지 모르겠습니다. 임신년(1572)에 선조가 재차 상소하여, '입으로는 성현의 책을 읽으면서 손으로 불향(佛香)을 받들어 올리는 것은 신이 차마 할 수 있는 바가 아닙니다.'라고 하였습니다. 군주를 도(道)로 이끌고 사설(邪說)을 물리쳐 성인의 도를 지킨 공이 어찌 한유(韓愈)의 「논불골표(論佛骨表)」보다 낫지 않겠습니까. 이 때문에 당시의 공경(公卿)과 선비들 중에 국가의 안위가 이 사람의 출사와 은거에 달려 있음을 인정하지 않는 자가 없었습니다."

하였다. 상이 이르기를,

"선정은 어찌하여 옥천에서 살았는가?"

하자, 조혁이 아뢰기를,

"선정은 본래 김포(金浦) 사람인데, 임오년(1582)에 보은 현감(報恩縣監)에 제수되었습니다. 갑신년(1584)에 이이가 졸한 뒤로 당론(黨論)이 더욱 격해지고 세상과 뜻이 맞지 않는지라 근기(近畿)에 있고 싶지 않아 옥천 안읍리(安邑里)로 물러나 거처하고 산림과 유수(流水) 사이를 배회하면서 교유하던 선비들과『춘추(春秋)』와『주자서(朱子書)』를 토론하였습니다."

하니, 상이 이르기를,

"옛터에 표적(表蹟)이 있는가?"

하자, 조혁이 아뢰기를,

"옛터에 '충신효자(忠臣孝子)'라는 정려(旌閭)가 있습니다."

하였다. 상이 이르기를,

"선조의 유상(遺像)이 남아 있는가? 누구와 비슷한가?"

하자, 조혁이 아뢰기를,

"이지함이 '근래 포은(圃隱)의 유상을 보았는데 나의 벗과 흡사하다.'라고 말하였는데, 나의 벗이 바로 신의 선조를 가리킵니다. 이것으로 추측해 보건대 용모가 문충공(文忠公) 정몽주(鄭夢周)와 흡사한 듯합니다."

하였다. 상이 이르기를,

"주서는 나가서『포은집(圃隱集)』을 가지고 오라."

하자, 오언유가 명을 받들고 나가 옥당의 하리(下吏)를 불러『포은집』을 찾아오게 한 다음 즉시 책을 가지고 들어왔다. 상이 이르기를,

"책을 올리라."

하였다. 살펴보고 나서 상이 이르기를,

"선정의 문집은 몇 권인가?"

하자, 조혁이 아뢰기를,

"『중봉집』 4권, 『동환봉사(東還封事)』 1권, 『항의신편』 2권입니다. 선조의 나이가 30세였을 때는 신종(神宗) 만력(萬曆) 2년인데 질정관으로서 명을 받들고 사행(使行)을 갔다가 국자감에 들어가서 주돈이(周敦頤), 정호(程顥), 정이(程頤), 장재(張載), 주희(朱熹)가 순자(荀子)와 양웅(揚雄) 밑에 자리한 것을 보고는 예부(禮部)에 글을 올려 도학의 진위를 극렬히 논하고 위차(位次)가 잘못되었음을 언급하였더니, 예부가 감탄하였습니다. 복명(復命)하여서는 의관과 문물을 갖추어 진설하여 중국의 제도를 따르기를 청하였으니, 이 또한 정몽주가 중국의 제도를 따랐던 뜻입니다."

조혁이 아뢰기를,

"우리 조정의 문묘(文廟)에 종향(從享)하는 위차를 바로잡은 것은 바로 선조가 발론한 바입니다. 계성공(啓聖公) 공씨(孔氏)·안로(顏路)·증석(曾晳)·백어(伯魚)·맹의(孟宜), 선유(先儒)인 정향(程珦)·장적(張迪)·주송(朱松)의 위차가 오성(五聖)과 삼현(三賢)의 아래에 있었는데, 선조가 상소에서, '아버지가 자식의 아래에 있으니 어찌 정리가 편안하겠습니까.'라고 진달하면서 문묘의 서북쪽 한가한 곳에 중국의 태학의 제도와 같이 계성묘(啓聖廟)를 설립할 것을 청하였습니다."

하였다. 상이 이르기를,

"계성묘는 과연 선정이 입론하여 추후에 설립한 것이다. 선정이 순절(殉節)한 때의 일을 너도 상세히 알고 있는가?"

하니, 조혁이 아뢰기를,

"선조는 도가 하늘과 사람에 통하였고 일에 직면하면 과감히

25

말하였는데, 말을 다하지 않음이 없고 그 가운데 시폐(時弊)를 논한 것이 많았습니다. 게다가 십수 년 전에 십 년 뒤의 일을 미리 헤아렸습니다. 무인년(1578)에 임진란(壬辰亂)이 있을 것을 알고서 여러 번 상소하여 계책을 올리자, 당시 재신(宰臣) 중에 장돈(章惇), 채경(蔡京), 진회(秦檜)와 같은 무리들이 광망(狂妄)하다며 배척하였고 끝내 유배되기까지 하였습니다. 평수길(平秀吉) 풍신수길(豊臣秀吉)이 사신을 보내 우호를 청하자, 선조가 또 상소하여 '성인의 일은 《춘추》의 존왕양이(尊王攘夷)의 의리보다 큰 것이 없습니다. 지금 풍신수길이 군주를 시해하고 찬립(篡立)하여 길을 빌려서 반란을 일으키려고 합니다. 하늘에는 두 개의 태양이 없고 땅에는 두 임금이 없는 법입니다. 명(明)나라가 전국을 통일하였는데 저 왜노가 황제를 참칭(僭稱)하였으니, 사신을 참수하고 황제의 조정에 상주(上奏)하기를 청합니다.'라고 하였으니, 대개 왜적이 엿보는 의도가 있음을 알았던 것입니다. 또한 정여립(鄭汝立)이 분명 반란을 일으킬 것을 알고 죄주기를 청하였으니, 이것이 어찌 일의 기미를 미리 아는 명철함이 아니겠습니까.

만약 을유년(1585)에 정여립을 죄주었다면 어찌 기축년(1589) 역옥(逆獄)의 변고가 있었겠습니까. 만약 신묘년(1591)에 왜구의 사신을 참수하였다면 어찌 임진년 병란(兵亂)의 화를 불러왔겠습니까. 선조가 이렇게 상소하였던 것은 대개 전수(戰守)의 대책을 급히 강구하여 자강(自強)할 방법을 닦고, 당시 재신이 국가를 좀먹고 국가의 형세가 위태로운데도 위아래 사람들이 안일한 것을 비판하려던 것입니다. 그렇지만 말이 시행되지 못하고 물러나 돌아가는 길에 처사(處士) 서기(徐起)를 보았는데, 서기가 의관을 정제하고 뜰로 내려가 재배(再拜)하며 말하기를 '선생의 이 상소에 힘입는다면 우리나라가 이적(夷狄), 금수(禽獸)가 되는 화를 면하게 될 것이니, 홍수를 막고 맹수를 몰아낸 공로가 아니겠습니까.'라고 하였습니다. 이는 선조가 공자께서 목욕을 하고서 역적을 토벌하기를 청하였던 의리를 사모한 것이고, 주희가 금(金)나라의 사신을 참수하기를 청하였던 뜻을 추숭한 것입니다. 지금 사람들이 오랑캐와 중화의 구분과 군신의 의리를 아는 것은 바로 선조의 공로입니다.

정여립이 복주되고서는 제일 먼저 은혜로이 용서를 받았습니다. 신묘년 7월에 금산(錦山)을 유람하여 영벽루(映碧樓)에 올랐는데 동쪽에서 붉은 기운이 일어나 세 갈래로 나뉘자, 이것은 풍신수길의 군대가 이미 움직여서 그러한 것이라고 말하고는, 황조(皇朝)에 올리는 표문(表文), 천하 제후에게 효유(曉諭)하는 글, 현소(玄蘇)를 참수해야 하는 죄목, 호남(湖南)과 영남(嶺南)에서 왜구를 막는 대책에 대해 상소의 초안을 직접 작성하였습니다. 임진년 4월 20일에 부인을 집 뒤에 장사 지냈는데, 갑자기 하늘 끝에서 큰 소리가 들리자 선조가 크게 놀라 '이것은 하늘이 울리는 소리이다. 적이 분명 바다를 건넜을 것이니, 더 이상 어떻게 해 볼 수가 없다.'라고 말하면서 줄줄 눈물을 흘렸습니다. 조상의 무덤에 통곡하며 영결하고는 격문(檄文)을 돌려 의병을 모집하여 1,700여 명의 군사를 규합하였습니다. 처음에는 보은(報恩)에서 싸우고 거듭 서원(西原)에서 무찔러서 1만 왜노를 찔러 죽여 군대의 위세를 크게 떨치고 날짜를 정하여 근왕(勤王)하기로 하였습니다. 그런데 그 당시 관찰사가 신의 선조가 먼저 행재소(行在所)에 도착하면 자신이 머뭇거린 죄가 드러날까 두려웠고 게다가 공을 세우는 것을 시기하여 심지어 '지금 듣자니 금산(錦山)의 적이 더욱더 창궐하였으니, 우선 이 적을 제거하고서 천천히 논의하여 달려가 문안하는 것이 좋은 계책이겠다.'라고 하면서 단지 우리 선조가 북쪽으로 가는 것을 저지하고 희롱하려고만 하였으니, 실로 또한 같이 일을 할 생각이 없었기 때문입니다. 그 관찰사가 의병의 부모와 처자식을 잡아 가두고 관군으로 하여금 서로 원조하지 못하게 하여 휘하가 점점 흩어지고 겨우 700여 명의 의사(義士)만 남게 되었습니다. 선조가 초토사 고경명(高敬命), 원수(元帥) 권율(權慄)과 날을 정하여 함께 공격하기로 하였는데, 고경명은 먼저 전사하였고 권율은 기한을 어기고 도착하지 않았습니다. 선조가 홀로 700명의 의사와 함께 의승(義僧) 영규(靈圭)와 병사를 연합하여 금계군(錦溪郡) 북쪽에서 전력으로 싸우니, 의병이 주먹으로 칼날을 맞서 일당백으로 왜구를 섬멸하여 시체가 산처럼 쌓였습니다. 그렇지만 병사의 숫자가 현저하게 차이가 나고 활과 화살이 모두 부러지고 떨어졌었으니, 결국 아버지는 충성을 위해 죽고 자식은 효도를 위해 죽었으며, 700명의 의병이 한 명도 발길을 돌려 도망가지 않고 300명의 승군도 모두 전멸하였습니다. 지금의 종용사(從容祠)가 바로 전사한 지역입니다. 선조가 순절한 사적이 대략 이러합니다.

선정신 성혼은 연석에서, '조헌은 맨몸으로 걸어 다니면서 의병을 일으키고 금산에서 격렬하게 전투하여 오합지졸의 군대가 흉악한 세력을 꺾고 한창 성장하던 왜적으로 하여금 스스로 설 수 없게 하여 군영(軍營)을 불태우고 한밤중에 달아나게 하였습니다. 그리하여 호서(湖西)와 호남을 보전하였고 명나라 군대를 응접하여 국가를 회복하는 근거지가 되게 하였습니다. 중흥의 업적을 세운 것으로 말하자면 회복하는 데 으뜸이 되는 공로가 있다고 할 수 있으니, 오늘날 원훈(元勳)은 조헌이 아니면 누구겠습니까.'라고 하였습니다. 처사 박지화(朴枝華)는 '하늘이 우리나라의 200년 종사(宗社)를 위해 율곡(栗谷)을 낳았고, 우리나라의 만고(萬古)의 강상(綱常)을 위해 중봉(重峯)을 낳았습니다.'라고 하였습니다. 선정신 김상헌(金尙憲)은 '우리 조정에서 도학과 공업과 충효를 겸비한 선비는 오직 선생 한 사람뿐이다.'라고 하였습니다. 고(故) 참의 안방준(安邦俊)은 '우리 조정의 진정한 선비는 정암(靜菴), 율곡, 중봉 삼현(三賢)뿐이다.'라고 하였습니다. 선정신 송시열은 '선생의 도가 태산(泰山)처럼 우뚝 서고 만 길 물처럼 임하여 다시 막힘이 없다. 천하의 지극히 중대한 일을 논하기를 마치 집안일을 말하는 것처럼 하였고, 천하의 지극히 어려운 일에 나아가서는 매일 식사하고 휴식하는 것처럼 하였다. 그러므로《춘추》를 읽지 않으면 선생의 공을 알지 못하고,《주자서》를 읽지 않으면 선생이 선생인 까닭을 알지 못한다.'라고 하였습니다."

하니, 상이 탄식하며 이르기를,

"옛날부터 때를 제대로 만나지 못한 유현(儒賢)과 군자가 매번 이와 같았다."

하였다. 상이 승지에게 이르기를,

"이자가 바로 우상 송인명(宋寅明)이 진달한 조혁인가?"

하자, 조명리가 아뢰기를,

"그렇습니다."

하였다. 상이 이르기를,

"선정의 문집을 간행하고 싶다고 하였는데, 아직 하지 못한 것인가?"

하자, 조혁이 아뢰기를,

"『조천일기(朝天日記)』는 아직도 간행하지 못하였습니다. 『중봉집』은 여양부원군(驪陽府院君) 민유중(閔維重)이 관찰사였을 때 간행하였고, 『동환봉사』와 『항의신편』은 안방준과 고감사 유색(柳穡)이 상의하여 간행하였는데 잘못된 부분이 많습니다."

하니, 상이 이르기를,

"잘못된 부분을 어디에 질정하려 하는가? 그리고 비록 오자가 있더라도 지금에 와서 또한 어떻게 알겠는가."

하자, 조혁이 아뢰기를,

"지금 판부사 유척기(兪拓基)가 3책(冊)을 1질(帙)로 합하되 선조의 수적(手蹟)을 참고하여 바로잡아 간행하여 서울과 지방에 널리 배포하려고 합니다. 다만 힘은 약한데 일은 커서 아직까지 두서가 잡히지 않습니다."

하였다. 상이 이르기를,

"선정의 수필(手筆)을 넣어 간행하려고 한다면 할 수 있겠는가?"

하자, 조혁이 아뢰기를,

"초서(草書)로 써서 넣어 간행하기 어렵습니다."

하였다. 상이 이르기를,

"현재 서울에 있는가? 아직 가져오지 않았는가?"

하자, 조혁이 아뢰기를,

"서울에 있습니다."

하였다. 상이 이르기를,

"이것은 참으로 희귀하다. 책 이름은 무엇인가?"

하자, 조혁이 아뢰기를,

"'유적(遺蹟)'이라고도 하고, '해동유문(海東遺文)'이라고도 하고, '선우록(先憂錄)'이라고도 합니다."

하였다. 상이 이르기를,

"책 이름은 선정이 직접 지은 것인가, 후대 사람이 지은 것인가?"

하자, 조혁이 아뢰기를,

"유적, 동환봉사, 유문, 소장(疏章), 간독(簡牘)은 신의 조부인 참군(參軍) 조광한(趙匡漢)이 이름한 것입니다. 선우록은 고 평사 송방조(宋邦祚)가 범중엄(范仲淹)의 '천하가 근심하기에 앞서 근심한다.'라는 뜻을 취하여 이름한 것입니다."

하였다. 상이 이르기를,

"문집은 몇 권인가?"

하자, 조혁이 아뢰기를,

"합하여 10권입니다."

하였다. 상이 이르기를,

"너는 어떤 관직을 지냈는가?"

하자, 조혁이 아뢰기를,

"전직은 부관입니다."

하였다. 상이 이르기를,

"전에 입시한 적이 있는가?"

하자, 조혁이 아뢰기를,

"작년 봄 상참 때 윤대관으로 입시하였습니다."

하였다. 상이 이르기를,

"너는 참으로 가상하고 선정의 문집은 더욱 귀하다. 네가 개인의 힘으로는 급히 인출하기 어려울 것이니, 조정에서 어람건(御覽件)을 인출한 뒤에 선정의 서원과 자손에게 나누어 준다면 어찌 좋지 않겠는가."

하고, 조명리에게 이르기를,

"교서관에 넘겨서 몇 건을 인출하여 1건은 대내에 들이고 옥당과 춘방에도 나누어 보내라. 그림이 있는 부분은 목판으로 새기고 간행한 다음 교서관에 보관하라." 하였다.[12]

이 장면은 1740년 7월 18일 오후에 열린 소대에서 영조가 중봉 조헌의 5대손 조혁(趙煥)을 불러 조헌에 대해 묻는 장면이다. 영조는 조헌의 「항의신편」을 강독하려고 훑어 보았는데 조헌에게 감회가 일어 조혁을 불렀다고 하면서 조헌 후손의 상황, 봉사(奉祀) 문제, 조헌의 문집이 남아 있는지, 옥천에 살게 된 이유, 조헌의 유상(遺像) 문제, 질정관으로 조천한 일, 조헌의 순절의 일, 순절 이후의 조헌에 대한 평가, 문집 간행 문제 등을 조혁에게 물어보고 있다. 승정원일기의 다소 긴 이야기를 인용한 것은 이 장면이 조헌의 일생을 축약해서 이야기했다고 판단했기 때문이다.

조헌은 파란만장한 일생을 살다 간 분이라고 할 수 있다. 특히 강직한 성격 때문에 조헌을 비방하는 사람들이 많아 평가가 극과 극이다. 선조실록과 선조수정실록에 기술된 조헌에 대한 평가도 마찬가지이다. 왜 같은 사람인데 평가가 상반된 것일까?

---

12) 승정원일기, 영조 16년 경신(1740) 7월 18일

# 1. 출생(出生)과 세계(世系)

중봉(重峯) 조헌(趙憲)은 1544년(중종 39년) 6월 28일 10시[已時]쯤 경기도 김포현 서쪽 감정리(坎井里)(현 김포시 감정동)에서 아버지 응지(應祉)와 어머니 용성 차씨(車氏)와의 사이에서 태어났다. 본관은 황해도 배천(白川)이며 휘(諱)는 헌(憲), 자(字)는 여식(汝式)이다. 그는 자신의 호(號)를 스승 율곡 이이의 뒤를 잇는다는 의미로 후율(後栗) 또는 도원(陶原)이라고 하였고 만년에는 태어난 뒷산의 이름을 따 중봉(重峯)이라고 하였다. 시호(謚號)는 문열(文烈)이다.

조헌은 대대손손(代代孫孫) 문무(文武)를 겸비한 충신의 핏줄을 이어받은 가문의 자손이었다. 하지만 아버지가 벼슬을 하지 않았기 때문에 집은 매우 가난했다.

배천 조씨의 시조는 조지린(趙之遴)으로 은천현(銀川縣) 도태리(都台里) 사람이다. 조지린은 송나라 태조 조광윤의 손자인데 정란을 피해 고려에 들어와서 목종(穆宗), 현종(顯宗) 때 이부시랑(吏部侍郎), 좌복야(左僕射) 참지정사(參知政事)를 지냈으며, 후손들이 배천에 정착하여 본향으로 삼았다. 시호(謚號)는 공화(恭和)이다.

16대조 양유(良裕)는 자(字)가 사광(思曠)이고 덕종(德宗) 때 도첨의평리(都僉議評理) 배천군(白川君)을 지냈고 문하시중(門下侍中)에 추봉(追封)되었다. 15대조 선정(先正)은 문종 원년에 장원급제하여 문하시중(門下侍中)에 이르렀고 시호는 문정(文靖)이다. 14대조 중장(仲璋)은 선종(宣宗) 때 장원급제하여 예종(睿宗) 때 문하시랑동중서문하평장사(門下侍郎同中書門下平章事)로 마쳤다. 시호는 강회(康懷)이다. 13대조 옥(玉)은 자는 여원(汝瑗)으로 수태위대제학(守太尉大提學)를 지냈다. 시호는 문성(文成)이다.

12대조 문주(文胄)는 당시 고려는 몽고의 침략에 전 국토가 초토화 되다시피 한 난국(亂局)이었다. 문주공은 원종의 명으로 원나라의 서울에 가 임금을 알현(謁見)하고 원나라 군사들이 우리나라 방방곡곡에서 온갖 살상(殺傷)과 방화(放火) 및 약탈(掠奪) 행위를 일삼고 있다는 등의 폐단(弊端)을 간곡하게 아룀으로써 원나라 군사를 철수(撤收)시키게 하였다. 벼슬은 문하시중(門下侍中)을 지냈고 부흥부원군(復興府院君)에 봉해졌으며, 시호는 충무(忠武)이다.

8대조 천주(天柱)는 형 성주(成柱), 동생 인주(仁柱)와 더불어 3형제가 예위(禮闈)에 동시에 급제하여 판사농시사(判司農寺事)를 지냈다. 고려 공민왕(恭愍王) 때(1361년) 지금의 대장격인 상장(上將)으로 있으면서 홍건적의 난을 평정하다 안주 싸움에서 장렬히 전사한 이름난 용장이었다. 배천부원군에 추봉되었고 시호는 충현(忠顯)이다. 7대조 공(珙)은 공양왕 때 정몽주(鄭夢周), 이색(李穡) 등과 더불어 고려 왕실을 구제하는데 힘썼고 벼슬은 영삼사사(領三司事)를 지냈고 은천부원군(銀川府院君)에 봉해졌다. 조선이 개국하자 출사(出仕)하지 않고 치악산에 은거하다 죽었다. 시호는 문충(文忠)이다.

고려시대에 문무로 번성하던 집안은 조선에 들어와 대부분 출사(出仕)하지 않았다. 5대조 환(環)은 초야(草野)에 묻혀 있던 선비로 김숙자(金叔滋), 이맹전(李孟專)과 도의(道義)로 교류하였다. 세종 때현인군자로 이름이 나서 세종의 부름을 받아 병조좌랑으로 발탁되어 경기도사, 선산부사, 강화부사, 나주목사를 지냈고 상호군(上護軍)으로 물러난 후에 통진 양능농포(陽陵農圃)로 돌아왔다. 이때부터 후손들이 김포 통진에서 살기 시작했다.

할아버지 세우(世佑)는 조광조(趙光祖)의 문인(門人)으로 충무위 부사직(忠武衛副司直)을 지냈으며 처음으로 통진(通津) 석현(石峴)으로부터 김포시(金浦市) 서쪽 감정동(坎井洞)으로 이사하였다. 아버지 응지(應祉)는 성수침(成守琛)의 문하(門下)에서 수학(受學)하였으며 이조판서에 증직(贈職)되었다. 묘(墓)는 김포시(金浦市) 서쪽 감정동(坎井洞)에 있다.

　중봉의 아버지 조응지는 벼슬길에 나가지 않았기 때문에 권세(權勢)도 없었고 가진 것이라곤 초가삼간(草家三間)에다 겨우 입에 풀칠할 정도의 밭밖에 없었다. 비록 가난하고 한미(寒微)한 가정이었지만 대대로 내려오는 혈통(血統)과 가문(家門)에 대해서는 대단한 자부심을 가지고 있었다.

　위 내용을 도표화 하면 다음과 같다.

〈가계도〉

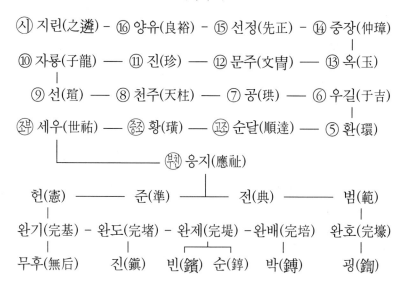

## 2. 어린 시절

### 1) 학문에 대한 열정

　조헌의 부친 조응지(趙應祉)는 김포현(金浦縣)의 교생(校生)이었는데, 집이 가난하여 스스로 농업에 종사하였다. 조헌은 유년 시기에 자력으로 글을 배웠다. 그의 나이 5살 때에 이런 일화가 전하고 있다.

선생이 동네 아이들과 더불어 임정(林亭)에서 천자문을 읽고 있었다. 임정은 큰길 옆에 있었다. 갑자기 나팔소리가 요란하게 들려오며 밖이 소란하였다. 마침 이 지방을 다스리는 고관(高官)의 행차가 있었던 것이다. 여러 아이들이 앞을 다투어 나아가서 그 행차를 구경하였으나 조헌은 홀로 단정히 앉아 글만 읽고 있었다. 이를 본 고관이 매우 이상하게 생각하고 말에서 내려와 그에게 그 까닭을 물으니 꿇어앉아서 "전심(專心)으로 글을 읽는 것은 아버지의 분부 때문입니다."라고 대답하였다. 이 말을 들은 고관은 크게 칭찬하며 그의 부친을 찾아보고 말하기를 "이 아이는 뒷날에 반드시 큰 선비가 되어 세상에 도(道)를 심을 것이니 공을 위하여 깊이 경하할 일입니다."라고 하였다.[13]

여러 어린이들과 임정(林亭)에서 글을 읽고 있었는데 높은 벼슬아치의 행차가 소리를 높여 부르면서 그 아래로 지나갔다. 아이들이 모두 일어나서 보려고 다투는데도 조헌만은 돌아보지도 않았다. 그 벼슬아치가 말에서 내려 감탄하고 칭찬하면서 손에 들었던 부채를 그에게 주었는데, 사양하면서 받지 않으니 더욱 기이하게 여겨 말하기를 '이 아이는 뛰어난 인재감이다.'라고 하였다.[14]

조헌은 어려서부터 남달리 부모에 대한 효성(孝誠)이 지극하였고 비록 가난하기는 하였지만 부모의 뜻에 언제나 순종(順從)하였다. 그의 행동거지(行動擧止)는 오직 부모의 명령에만 따랐고 평소의 용모(容貌)도 단정(端正)하고 엄격하였으며 한눈을 팔지 아니하여 동료들도 함부로 행동하거나 농담조차 하지 않았다고 한다. 이런 조헌을 일러 당시 사람들은 기저귀를 면하면서부터 부모를 섬기는 예절

---

13) 宋時烈, 行狀
14) 선조수정실록 25년 8월 1일

(禮節)을 알았고 부모의 분부가 있으면 반드시 꿇어앉아 대답하고 모든 행동을 공손(恭遜)하게 하였다고 한다.

이렇듯 조헌은 어려서부터 부모를 섬기는 예(禮)를 알아, 부모의 명(命)이 있으면 반드시 꿇어앉아서 대하고 모든 일을 공경(恭敬)으로 하였으며 집의 밭농사를 부지런히 도왔다. 또한 공부하기를 좋아하여 추운 겨울에 옷과 신이 다 떨어졌음에도 불구하고 추위를 참으며 스승을 쫓아 눈바람을 피하지 않았다. 곡식이 익을 때면 어버이의 명(命)으로 들을 지키며 밤을 지새웠다. 이때 이웃에 사는 아이들도 선생을 쫓아 들에서 같이 자면서, 배운 것을 밤이 깊도록 읽었다. 이웃 아이들은 글을 읽다가 앉은 채로 먼저 잠이 들었지만 선생은 글 읽기를 그치지 않았고 잠깐 눈을 붙였다가 닭이 울면 또 일어나 책을 읽었다. 이웃 아이들은 선생의 글 읽는 소리에 놀라 깨어나서 늘 선생의 정진(精進)하는 모습에 이르지 못함을 한(恨)스럽게 여기고, 있는 힘을 다하여 경쟁하였으나 끝내 선생을 따르지 못하였다.

조헌은 들에서 소를 먹일 때도 반드시 책을 가지고 다녔으며, 비가 오면 삿갓 밑에 감추고 읽다가 때로는 소의 간 곳을 몰라 찾아 헤매기도 했다. 매일같이 스스로 나무를 하여 어버이의 방을 덥히고 불을 다 피우고는 그 불빛을 찾아 글을 읽었다. 점차 장성(長成)하여서는 농사를 지어 어버이를 봉양하였다. 들에 가면 두렁에 나무를 가로질러 놓고 그곳에 책을 두었다가 여가(餘暇)만 있으면 책 읽기를 한결같이 하였다.

## 2) 생모의 죽음과 계모에 대한 효성

1553년 열 살이 되던 해 조헌은 어머니 차씨 부인을 여의게 되었다. 뜻밖에 어머니를 잃은 슬픔은 하늘이 무너지고 땅이 꺼지는 것만 같았지만 그는 결코 당황하지 않았고 그 애모(哀慕)함은 어른과 같았

조헌 선생 부모님의 묘소(김포시 김정동 소재)

다. 그 후 계모(繼母) 김씨(金氏)를 맞아서도 조헌은 친어머니를 섬
기는 것과 같이 공경과 효성으로 지극히 모셨다.

계모 김씨는 성품이 엄한 편이었고 조헌을 아주 까다롭게 대하였다.
그러나 그는 조금도 서운한 기색이 없이 오히려 새 어머니를 항상 웃
는 낯으로 대하고 부름이 있으면 늘 부드러운 음성으로 대답하였다.

하루는 그가 외가(外家)에 갔었는데 외조모(外祖母)께서 계모 김
씨의 행실(行實)을 들어 울면서 말하기를 "듣자니 계모(繼母)가 너를
대하기를 인자롭지 못하다."고 하며, 그 잘못을 낱낱이 들어 장차 어
찌 살아갈 것인가 하고 걱정하니, 이에 선생이 엎드려 듣기만 하고
아무 대꾸도 하지 않고 곧바로 집으로 돌아와 버렸다. 그 뒤 몇 달 만
에 다시 외가에 가니 외조모가 "네가 오래도록 나를 찾아보지 않음은
무슨 까닭이냐?"고 물었다. 이에 조헌이 대답하기를 "저번에 찾아왔
을 때 할머님께서 우리 어머니의 일을 말씀하신 것이 차마 듣기 거북
하여 감히 올 수 없었습니다."라고 사실대로 말씀드렸다. 이때 외조
모는 그의 말을 듣고 크게 어질게 생각하여 이 뒤로는 계모 김씨의

잘못을 다시는 말하지 아니하였다고 한다.

조헌이 부친을 여읜 뒤에도 김씨는 그를 맞기를 더욱 엄하게 하여 조그만 잘못이 있어도 준엄하게 꾸짖었으나, 선생은 지극한 효도로써 마음을 편안하게 해 드리고 종일(終日) 조심하여 그 마음을 게을리하지 않았다. 김씨가 혹 몸이 불편하면 의관(衣冠)이나 신발도 제대로 갖추지도 못한 채 바삐 돌아다니면서 시중을 들었으며 밤낮으로 내실(內室) 문밖에 엎드려 있기도 했는데 혹 십 수일(數十日)이 되어도 그 정성이 더욱 두터워만 갔다.

선생이 순국(殉國)한 후에 김 씨는 친자식을 잃은 것과 같이 슬퍼하여 주야로 울부짖으며 탄식하기를, "어찌 이런 훌륭한 인물이 세상에 다시 있으리요. 슬프구나! 참으로 내 아들이로다. 생모는 단지 낳아 주었을 뿐!"하고 탄식을 하였다. 계모 김씨는 조헌이 순절한 뒤 8년 후에야 세상을 떠났는데 죽을 때까지 나라를 위해 몸 바친 중봉을 애도하기를 자기 친자식처럼 하였다고 한다.

이와 같이 그의 효(孝)의 실천은 모든 사람을 감동(感動)시키기에 충분했다.

### 3) 김황(金滉)에게서 시서(詩書)를 배움

1555년 열두 살이 되던 해 조헌은 김황(金滉)에게 비로소 시서(詩書)를 배우게 되었다. 김황은 본관이 개성으로 1566년(명종 21년)에 문과에 서애 유성룡(柳成龍)과 같이 과거에 급제하였으며 청도군수 등 네 고을에서 군수를 지냈다. 중봉이 수학할 때는 김황이 32세 때로 사마시에 합격하고 김포에 거주할 때로 추정된다. 12살 아직은 개구쟁이 노릇을 할 나이인데도 이미 사서(四書)의 진리를 거의 깨닫고 마침내 경서(經書)를 대하게 된 것이다. 어려서부터 효성도 지극하였거니와 재주가 남달리 뛰어나고 고집까지 센 중봉은 경서를 읽고 또 읽으며 거기에 담겨진 진리(眞理)를 하나하나 깨닫고 마음에 새기는 것을 참으로 즐거워하였다. 대학자(大學者)로서의 면모를 유년시절부터 보인 것이다.

4) 여우재 고개 일화

조헌이 다니는 서당(書堂)은 그의 집에서 그리 멀지는 않았지만 서당으로 통하는 길은 숲이 우거진 산길이었고 또 으슥한 고개 하나를 넘어야 했다. 현재까지도 김포에는 조헌과 이 고개에 관한 전설(傳說)이 내려오고 있어, 이곳을 여우재 고개라 한다.

서당으로 가는 길목인 이 고개는 백 년 묵은 여우 한 마리가 살고 있었는데 중봉이 이곳을 지나갈 때 매일 같이 변신하여 "지나가시는 어린 선비 양반(兩班)님 나를 떼어놓고 가시면 어떡합니까" 하며 그를 유혹하곤 하였다. 하루 이틀도 아니고 매일 같이 이렇게 어여쁜 처녀가 나타나 중봉을 꾀자 어린 그는 한편으로 겁도 났지만 한편으로는 호기심(好奇心)도 동(動)하였다. 이래서는 안 되겠다고 굳게 마

현재의 여우재 고개(김포시 감정동)

음먹은 중봉은 어느 날 스승에게 이 사실을 숨김없이 고하고 묘책(妙策)을 강구해 줄 것을 청하였다.

　스승은 그의 사연을 다 듣고 난 후 "그 미녀(美女)의 입안에는 틀림없이 구슬이 들어있을 것이니 그 미녀가 너를 뀔 때 주저하지 말고 그 구슬을 빼앗아 삼켜라. 그리하면 너는 후에 반드시 크게 성공할 것이니라."라고 일러 주었다. 중봉은 스승이 일러주는 대로 그 미녀의 입안에 든 구슬을 빼앗아 삼켜버렸다. 그러자 그 미녀는 돌연 여우로 변하여 울며 달아났다는 얘기이다. 현재 이 고개에는 구두물과 통하는 넓은 길이 뚫려 옛 모습은 바뀌었지만 현재도 선생을 추억할 수 있는 장소로 회자(膾炙)되고 있다.

## 5) 포기하지 않는 성격

　조헌은 일을 시작하면 끝을 보는 성품으로 하루는 동리의 아이들과 개울에서 낚시질을 하였는데 다른 아이들은 고기를 많이 낚는 데에만 뜻이 있어 자주 자리를 이동하였지만 선생은 한 곳에 오래도록 머물며 고기를 낚았다. 저녁 무렵에 잡은 고기를 비교하면 늘 선생이 더 많이 잡는 것이었다. 선생이 살고 있는 곳에서 약간 떨어진 곳에 조그마한 연못이 있었다. 깊이는 한 길이 넘고 물고기가 매우 많았다. 하루는 동리의 아이들과 그 연못가에 놀러 갔다가 동리 아이들에게 "이 연못의 물을 다 퍼내면 많은 고기를 잡을 수 있다."하고 친구들과 더불어 그 물을 퍼내고 있었는데 어느덧 저녁 무렵이 되었으나 물은 아직도 많이 남아 있었다. 동리 아이들은 싫증이 나서 선생에게 포기하고 집으로 돌아가자고 하였다. 이에 선생은 조금도 변하지 않는 모습으로 말하기를, "산도 평탄하게 할 수 있고 하천도 막을 수 있거늘 이 일도 벌써 반은 했는데 어찌 포기할 수 있는가?" 하였다. 그러나 아이들은 그 말을 듣지 않고 가 버려

오직 몇 사람만이 남았다. 날이 저무니 남은 아이들까지도 "오늘은
날도 저물었으니 집에 돌아갔다가 내일 다시 와서 하자."고 하였
다. 그러나 선생은 "그렇지 않다. 오늘 밤 이것을 중지하면 이 물이
도로 연못에 흘러 들어올 것이니 그렇게 되면 여태까지 한 일이 수
포로 돌아간다."라며 남은 아이들을 강제로 권하여 밤을 새워 그
물을 다 퍼내고 그 다음 날에 고기를 잡아 가지고 귀가하였다.

  이와 같이 어려서부터 한 번 해보겠다고 마음을 먹으면 끝을 내고야
마는 외곬지고 고집이 센 조헌은 나이가 점점 들어감에 따라 더욱 학문
(學問)에 정진(精進)하게 되었고 어버이에 대한 효성(孝誠) 또한 날로
지극해 갔다. 이러한 사실로 우리는 선생의 그 올곧고 흐트러짐이 없는
실천력(實踐力)의 원동력(原動力)을 충분히 짐작할 수 있는 것이다.


## 3. 청년시절

  조헌은 성년(成年)이 되어서도 그칠 줄 모르는 학문에 대한 갈구

대학(大學)

(渴求)와 돈독한 사제관계(師弟關
係) 그리고 벼슬에 나아가서도 자
신의 신념(信念)을 굽히지 않는 실
천적(實踐的) 행동을 하였다.
  선생은 성년(成年)이 된 이후에
도 침식을 잊어가며 경서(經書)와
시서(詩書)에 몰두하여 진리를 깨
닫고 되새기며 "아~ 하늘이 대장
부를 낸 뜻이 어찌 우연이겠는가
(天生男子之意 豈偶然哉)"라며
옛 성현의 도를 실천할 것을 매일

같이 스스로 다짐하였다. "사람의 자손이 되어서는 효행(孝行)에 그치고 사람의 신하(臣下)가 되어서는 공경(恭敬)에 그친다."라는 《대학(大學)》의 이 대목에 이르러서는 몇 번씩이나 되풀이하여 그 뜻을 되새겼는가 하면, 요순탕무(堯舜湯武)의 도(道)가 아니면 말하지 아니하고 공맹정주(孔孟程朱)의 학문이 아니면 배우지 아니하였다. 심지어 그는 소를 몰고 들에 나가 밭갈이를 할 때에도 밭두렁에 책걸이를 만들어 놓고 그곳에 책을 두었다가 틈이 나는 대로 읽었을 정도로 학문에 심취(心醉)되어 침식을 잊을 정도였지만, 낮에는 집안 농사일을 도와 어버이의 바쁜 일손을 덜어 주었고 봉양(奉養)에도 남다른 정성을 쏟았다.

## 1) 영월 신씨와 결혼

18세가 되던 해(명종16년 : 1561년) 그는 영월 신씨(寧越辛氏) 신세성(辛世誠)의 딸에게 장가를 들었다.[15] 장가를 든 후에도 그는 항상 배움을 게을리하지 않아 때로는 먼 길을 걸어 비슷한 연령의 선비나 학덕(學德)이 있는 웃어른들을 찾아 서로의 학문을 논(論)하고 가르침을 받기를 청하였다. "오! 학문을 배우기가 이렇게도 어렵단 말

격몽요결(擊蒙要訣)

15) 조헌과 신씨 사이에는 아들 조완기(趙完基)가 있었고 측실에서 완도(完堵), 완제(完堤), 완배(完培) 등 총 4남 2녀를 두었다. 완기가 금산 전투에서 후사없이 사망하자 완도는 얼자이고 완제와 완배는 서자이다. ("정주 기생이 忠勤(완도)을 데리고 3일 먼저 와 기다리고 있었다. 아비가 제 자식을 만나 그 마음이 어떠하겠는가" - 조천일기 5월 27일)

인가. 그러나 오직 학문을 배우고 닦는다는 것보다 더 즐거운 일이 어디 있으랴.”하며 중봉의 마음속에는 늘 학문의 깊은 경지에까지 도달하고 싶은 욕망이 불꽃과 같이 훨훨 타오르고 있었으나 이제 그에게 새로운 진리와 학문을 가르칠만한 스승이나 선비를 만나보기란 아주 힘든 것이었다. “그렇지. 체계적(體系的)이고 높은 학문을 배우기 위해서는 아무래도 성균관(成均館)으로 나가 배우는 수밖에 없겠구나.” 하였다.

## 2) 양천강에서의 의연함

조헌이 20세에 김포현(金浦縣)에 살면서 무슨 일로 서울에 왔다가 돌아가는 길에 양천(陽川) 나루를 건너는데 중류(中流)에서 큰바람을 만나서 배가 뒤집힐 지경에 이르렀다. 그리하여 배에 탔던 사람들의 얼굴이 모두 사색(死色)이 되어 어찌할 바를 모르고 아우성을 쳤

으나 조헌은 홀로 의연히 뱃머리에 앉아 눈을 감고 두 손을 모았다. 얼마 후에 겨우 바람이 자고 배가 기슭에 닿을 수 있게 되었다. 뱃사공이 선생에게 역정을 내며 말하기를 “배 안의 사람이 모두 물에 빠져 죽게 될 판인데 자네는 어찌하여 눈을 감고 태연히 앉아 있었느냐?”고 하고 구타하려 하였다. 이에 선생이 웃으

정선 양촌팔경첩 중 양화진

면서 그들에게 말하기를 "죽고 사는 것이 운명(運命)에 달렸는데 허둥지둥하며 아우성친다고 그 위험을 면할 수 있는가?"고 하며 기색(氣色)이 태연(泰然)하였다. 같은 배에 탔던 김후재(金厚載)라고 하는 사람이 다른 사람들을 제지(制止)하고 "이 사람은 보통 사람이 아닌 것 같으니 그리하지 말라." 하고 이어 선생의 성명과 사는 곳을 묻고는 서로 인사하고 헤어졌다.

### 3) 성균관에 유학

  1565년(명종 20년) 22세 때 성균관에 유학하였다. 성균관에 유학한 지 얼마 후 선생은 유생(儒生)들과 함께 요승(妖僧) 보우(普雨)를 배척하는 상소(上疏)를 올리고 몇 달 동안 대궐문 밖에 엎드려 임금으로부터 비답(批答)이 내리기를 기다렸다. 당시 보우(普雨)는 명종(明宗)의 어머니 문정왕후(文定王后)가 섭정(攝政)할 때 강원 감사 정만종(鄭萬鍾)이라는 사람의 천거(薦擧)로 봉은사(奉恩寺)에 있으면서 봉은사를 선종, 봉선사(奉先寺)를 교종의 총 본산으로 정하여

성균관 명륜당

조선 초에 크게 억제했던 도첩(圖牒)을 주는 등 불교를 부흥시킨 장본인이었다. 이렇게 되자 태조(太祖)부터 불교를 억제하고 유교를 숭상하던 나라의 기본 정책이 어긋나게 되었고 마침내 명종(明宗) 20년(1565년)에 문정왕후가 세상을 뜨자 유생(儒生)들이 들고 나섰던 것이다. 이 때 선생은 보우(普雨)를 배척(排斥)하는 운동에 함께 나섰던 것인데 몇 달이 지나자 다른 유생들은 피로하고 싫증이 나서 어떤 사람은 바깥 숙소에서 쉬고, 어떤 사람은 집에서 왕래(往來)하였으나 선생만은 처음부터 끝까지 매일 대궐 앞에 꿇어앉아 임금의 하답(下答)을 기다렸다. 이때 함께 있던 모든 유생들이나 이를 지켜보던 군중들로부터 크게 주목을 받게 되었다. 결국 보우는 그 해(1565년) 제주도로 귀양 갔다가 이듬해 그곳에서 피살되었다.

조헌의 인생과 학문과 사상의 근저에는 항상 스스로와 세계에 대한 자신감 있는 태도가 가로놓여 있다. 그 자신감은 정당함에서 배태되어 나오는 것으로 보편적인 원칙에 충실하려는 그의 일관된 태도에 기인하는 것이라 하겠다.

## 4) 과거 급제

조헌은 성균관(成均館)에 유학한 지 1년만인 1566년 함경도(咸境道) 최북단에 위치한 온성도호부에서 교육을 담당하는 훈도(訓導)에 제수(除授)되었다. 그 후 1년 후인 24살 때는 감시(監試)에 나가 동당삼장(東堂三場)[16]에 모두 합격하였고 그 해 11월에는 병과(丙科)에 9번째로 급제, 교서관(校書館) 부정자(副正字)에 임명되어 경서와 서적 인쇄 등의 일을 맡아보게 되었다. 비록 낮은 벼슬이었으나 이때부

---

16) 문관의 등용자격 시험으로 시험 형식이 초장(初場), 중장(中場), 종장(終場) 등 3장(場)으로 나뉘어 있었다.

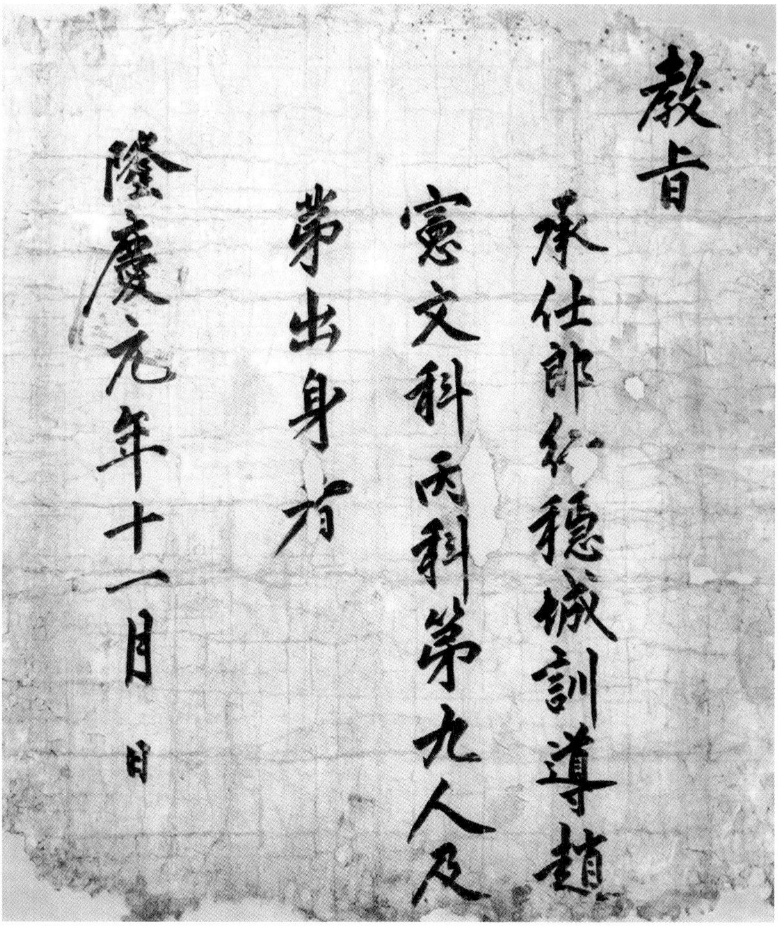

教旨
承仕郎行穩城訓導趙
憲文科丙科第九人及
第出身者
隆慶元年十一月 日

문과 급제교지, 금산 칠백의총 소장, 보물 1007호

터 중봉은 강직한 성품과 곧은 의리로 여러 중신과 유생들로부터 총망의 눈길을 끌기 시작하였다.

### 5) 정주목(定州牧) 교수

1568년 25세가 되던 이듬해 선생은 평안도 북쪽 서남 해안에 있는 정주목(定州牧) 교수(敎授)에 임명되었다. 정주라는 곳은 중국과 국경을 가까이 하고 있는 땅이라 옛날부터 북쪽 오랑캐의 침입이 잦았던 지방이며 선비의 기풍(氣風) 같은 것은 찾아보기가 힘든 곳이었다. 그러나 선생은 이곳에 부임을 해와 만 2년 동안 교육에 힘을 써서 선비의 기풍과 교육이 크게 진보(進步)하였다.

## 6) 파주목 교수

조헌은 이후 27세 때에 파주목(坡州牧) 교수(教授)가 되었다. 파주목(坡州牧) 교수(教授)로 내려온 선생은 우계(牛溪) 성혼(成渾) 선생을 찾아가 주역(周易)에 나오는 어려운 구절과 뜻을 물으며 배우기를 자청하였다. 그는 휴암(休庵) 백인걸(白仁傑, 1497~1579)의 제자로 과거를 포기하고 파주의 우계에 은거(隱居)하였으며, 학문과 덕망이 뛰어나 문묘(文廟)에 배향(配享)된 학자이다.

우계 성혼

성혼은 조헌과는 불과 아홉 살이 위였지만 그의 학덕과 학문의 깊이는 이미 높은 경지에 이르러 당시에 율곡(栗谷)과 비견할 만한 대학자였다. 선생은 "소생 헌이 이렇게 고명하신 선생님을 찾아뵈 온 것은 배움이 부족하여 알고자 함이오니 너그러이 제자로 받아 주시옵고 학덕을 밝히소서" 하여 선생은 성혼을 스승으로 모시어 우주만물은 물론 인간의 길흉화복(吉凶禍福)까지도 꿰

48

뚫을 수 있다는 역경(易經)을 가르쳐 줄 것을 공손하게 청하였다. 성혼은 역경 속에 담겨진 하나하나의 진리를 자상하게 그에게 가르쳐 주었으나 조헌이 자기를 스승으로 대하는 것을 끝까지 사양하고 오히려 두려운 벗으로만 생각, 감히 스승과 제자의 예의로서 대하지 아니하였다. 그러나 조헌은 성혼을 끝까지 스승으로 섬겼다고 한다.

## 7) 홍주목 교수

1571년 선생은 지금의 충청남도 홍성 지방인 홍주목(洪州牧) 교수(教授)로 임명되었다. 그는 그곳에서 얼마 안 떨어진 해변(海邊)에 은거 중인 토정 이지함을 찾아가 가르침을 청하였다. 토정 이지함은 화담(花潭) 서경덕(徐敬德, 1489~1546)의 문하에서 수학하였으며, 호방(豪放)한 성격에 의약(醫藥), 복서(卜筮), 천문(天門), 지리(地理), 음양(陰陽), 술서(術書) 등에 이르기까지 능통한 학자이다. 이미 성혼으로부터 학문의 깊은 경지에까지 배우고 익힌 바가 있는 조헌과 여러 차례 서로 학문을 논한 토정은 그의 학식에 크게 놀라 "그대의 덕기(德器:어질고 너그러운 표용력이나 재능)는 하도 높고 깊어서 나로서는 가르칠 바 못되니 우리 무리들 가운데 이숙헌(李淑憲-율곡), 성호원(成浩原-성혼), 송운장(宋雲長-송익필) 세 사람은 학문이 고명하고 그 행동은 세상의 모범이 되며 내 조카 이산보(李山甫)와 내 제자 서기(徐起)는 모두 충성스러움과 믿음

토정 이지함

이 의탁할 만하니 이들 다섯 사람을 사우(師友)로 삼으면 성현 지위에 도달할 것이 틀림이 없다"고까지 말하였다. 이때부터 조헌은 토정의 권유에 따라 성혼과 율곡을 스승으로 섬기고 송익필(宋翼弼)과 서기에게는 반드시 절을 하고 모시었다고 한다.

　중봉은 이후로 가끔 토정을 찾아 민폐(民弊)의 구제책(救濟策)과 경세책(經世策)에 대하여도 흉금(胸襟)을 털어놓고 토론을 거듭했으며, 항상 자기를 생각해주고 국사를 위하여 뜻을 같이하여 주던 스승을 잊지 못하였다. 당시 세인(世人)들이 중봉에 대한 인식이 부족하여 모두가 우활(迂闊)하고 재주가 적고 쓸 만한 것이 없다고 할 때, 토정은 초야(草野)의 인재로서 쓸 만한 재주를 갖고 있는 사람은 중봉뿐이라고 하면서 그의 나라 사랑의 지극한 정성을 찬양하였다. 중봉은 토정과 함께 지리산에 간 일이 있는데 토정의 모든 언행의 일거일동(一擧一動)에 탄복하여 가르침 아닌 것이 없다고 하였으며, 토정도 또한 매번 이르기를 '사람들은 중봉의 스승이 나인 줄 알지만 중봉이 정말로 내 스승인 것[眞我師]을 모르고 있다'고 하였으니 토정과 중봉의 관계가 각별한 사제의 관계이었음을 알 수 있다.

　선생과 토정(土亭)이 두류산으로 가는 도중 이런 일이 있었다. 충남 연산을 지날 무렵 토정은 갑자기 말을 채찍질하며 급히 달려갔던 것이다. "스승께서 무슨 급한 일로 저리 서두르실까?" 중봉은 스승이 급하게 말을 몰아가는 것이 이상하여 그에게 까닭을 물었다. 이에 토정은 "여기가 김개(金鎧)의 집이니 바른 일을 하는 사람이 그 사람 때문에 피해를 당했던 일이 마음에 가득 차서 말이 빨리 달리는 것도, 채찍질한 것도 알지 못했노라"고 대답하였다. 당시 선생과 토정이 동행하는 길에는 유복흥(柳復興) 등 토정을 따르는 제자 몇 명이 함께 있었는데, 이때 토정은 그들에게 "그대들은 나 때문에 금세(今世)의 일등인물(一等人物)을 보게 되었으니 어찌 다행한 일이 아니겠는

가."하며 선생의 사람됨을 칭찬
하였다는 것이다. 학문과 삶의 원
칙을 철저하게 준수하고 실천하
려는 선생의 행동이 당시 후학(後
學)들에게 귀감(龜鑑)이 되었음
은 물론이다. 선생은 파직(罷職)
후 몇 달 동안 이와 같이 스승과
친구들을 찾아 산과 강을 벗으로
삼아 학문을 강론(講論)하였다.

율곡 이이

  그해 가을 조헌은 파주로 율곡
을 찾아뵙고 배움을 청하는 한편 그와 함께 송도에서 서로 시(詩)를
읊으며 풍류를 즐기기도 하였다.

  율곡 이이와 중봉의 관계는 중봉이 28세 때 토정의 권유로 그 해
가을 율곡을 파주로 찾아가 만남으로써 이루어졌다. 중봉은 그 뒤
37세(1580 : 선조13) 때 가을에 해주(海州)의 석담(石潭)으로 율곡
을 찾아가 강학하였으며, 이듬 해 전라도 도사(都事)로 부임시에는
율곡과 우계의 주선으로 당시 전라도 관찰사인 송강(松江) 정철(鄭
澈, 1536~1593)을 가깝게 사귀기도 하였다. 41세(1584년) 때에 율
곡이 서거하였으며, 당시 삼사에서 동인 세력들이 율곡과 가까웠
던 인물들을 제거하자 중봉 역시 파직되어 옥천(沃川)의 안읍(安
邑) 밤티[栗峙]로 내려가 후율정사(後栗精舍)를 짓고 후학지도에만
전념하였다. 이듬해에는 당론이 격심하여 정여립(鄭汝立, ?~1589)
이 우계와 율곡을 모함하고 이발이 이에 동조하자, 오랜 친구였던
이발과 절교를 하였다. 43세(1586) 때 10월 당시 정권을 잡은 이
발·김홍민(金弘敏)·윤탁연(尹卓然) 등 동인이 계속 율곡과 우계

등을 추죄하려고 하자, 만언소(萬言疏)를 올려 변명 구원하고 율곡을 배반한 정여립을 논척하였다. 중봉은 1589년 4월에 다시 상소하여 시정(時政)의 득실을 논하고 절박한 위기의식을 토로하였으며, 율곡이 살아 있었다면 대란도 싹트지 않았을 것이라고 언급하였다. 이와 같이 직간으로 끊임없이 율곡을 변호하고, 스스로의 호를 '후율'이라고까지 지은 것으로 보아 중봉이 율곡을 얼마나 존숭하였는지를 알 수 있다.

다음은 율곡(栗谷)이 조헌에 대하여 얼마나 깊은 뜻을 가지고 있었는가를 알 수 있는 일화이다. 이발(李潑)이 조헌을 크게 중용하자고 율곡에게 말하자 율곡은 다음과 같이 말하였다.

여식(汝式)(중봉)이 비록 경세제민(經世濟民)의 큰 뜻은 가지고 있으나 그의 재능은 그것에 미치지 못하고 있다. 또 그는 고집이 너무 세어 시세(時勢)를 헤아리지 않고 문득 하(夏)·은(殷)·주(周) 3대의 훌륭한 치적만을 임금에게 기대하고 있다. 그러면서도 자기의 뜻과 맞지 않으면 반드시 강경한 언사로 임금에게 간할 우려가 있으니 자네가 이미 중봉(重峯)과 마음으로 교분이 있는 터이니 단지 그를 발탁하는 데만 급급해서는 안 될 것이다. 혹 자네의 계획과 생각이 성공한다 하더라도 여식(汝式)에게는 이로울 것이 없고 도리어 해가 될 것이다. 들자하니 요즘 여식(汝式)은 글을 읽고 있다는데 5~6년쯤 기다렸다 그의 학문이 성숙된 후에 등용하더라도 늦지는 않을 것이다. 자네는 중봉(重峯)의 등(登), 불용(不用)에 깊이 생각해야 할 것이다.

이는 율곡이 조헌의 강직한 성격을 지적한 것으로 그의 학문적 성숙을 기다려 크게 등용하자는 신중론에서 나왔을 것으로 이해된다.

율곡은 조헌의 생각과 인품(人品)을 누구보다도 잘 알고 있었는데, 특히 조헌이 통진 현감으로 있을 때 율곡은 자신의 구폐책(救弊策)을 그를 통해 시행해 보고자 하였다. 이처럼 율곡과 조헌은 깊은 마음의 끈으로 연결되어 있었는데, 이는 조헌의 관직생활을 보더라도 알 수 있다.

율곡의 학문은 조선시대를 통해 성리학(性理學)의 최고봉을 이룬 대학자였다. 대 스승이요, 대 선배인 율곡에게 직접 학문의 깊고 그윽한 경지를 듣고 배우니 조헌은 이보다 더한 기쁨이 없었다. 그 후 조헌은 집에 돌아와 율곡과 토정, 우계 선생으로부터 배운 것을 밤이 새도록 읽히고 음미하였으며 이 모든 것을 행동으로 옮기는 데 게을리하지 않았으니 그의 경지는 놀랄만한 지경에 이르게 되었다.

이와 같이 비록 관직에 있으면서도 배우기를 자청하여 학문에 심취한 조헌은 후에 점을 치거나 예언하는 일에 거의 어긋남이 없을 정도로 통달하였다고 한다.

## 8) 교서관 정자

29세가 되던 해(1572) 그는 교서관(校書館) 정자(正字)에 승임(陞任)되어 옛 관례에 따라 궁중 향실(香室)의 일을 맡아보게 되었다. 6월에 교서관(校書館)에서는 궁중의 불공(佛供)을 드리기 위한 향(香)과 자수궁(慈壽宮) 성수청(星宿廳)에 바칠 향을 그에게 친히 봉하게 하는 일을 맡겼다.

자수궁은 왕기(王氣)를 누르기 위해 지은 궁궐이고 성수청은 국무당(國巫堂)으로 하여금 왕가의 복을 빌던 행사를 전담하기 위하여 설치한 관서이다. 이는 유교적인 국책이념에 배치되었으나, 민간뿐만 아니라 궁중에서도 무속을 좋아하는 전통이 계속되었기 때문이다.

이때 중봉은 임금께 논향축소(論香祝疏)를 올려 이런 일은 유학을 숭상하는 나라의 시책(施策)에 위배되는 일이므로 마땅히 바로 잡아야 한다고 간곡하게 청하였다.

그러나 오히려 이 상소가 화근(禍根)이 되어 조헌은 임금의 미움을 받아 관직을 그만두게 되었다.

관직을 그만두게 된 조헌은 그 후 얼마 안 되어 토정 선생과 충남 부여에서 만나기로 약속하고 곧 그리로 내려가 그곳의 강사(江寺)에서 풍류를 즐기며 학문과 시세(時勢)를 논한 뒤 토정과 함께 계룡산(鷄龍山) 공암(孔岩)에 있는 두류산(頭流山)으로 서기를 찾아가 서로 학문을 토론하였다.

조헌(趙憲)은 교우관계를 맺는 데 신분(身分)이나 지위(地位)의 고하(高下)를 먼저 따지지 않았으니 서기가 그중 한 명이다. 고청(孤靑) 서기(徐起)는 심충겸(沈忠謙)의 노비였는데 어려서 신동(神童)이라 불리었고, 백가(百家)에 통하고 특히 주역(周易), 천문(天門), 지리(地理)에 밝았다. 심충겸은 그를 해방시켜 처사로 불렀으며, 20세 이후 토정을 만나 성리학(性理學)에 심취하였으며, 중봉과는 절친한 관계로 지냈다. 1587년(선조 20) 12월 일본이 조선에 화친(和親)을 요구할 때, 조헌은 대궐에 나아가 왜국 사신의 척절(斥絶)을 요구하고 이산해(李山海, 1538~1609)의 나라 그르침을 논박하는 강력한 상소(上疏)를 올렸다. 왕이 진노하여 이 상소문을 불태워 버리게 하여, 중봉은 어쩔 수 없이 옥천으로 다시 돌아오는 길에 고청을 방문하였는데 고청은 '과격한 직소는 잘못'이라고 비판하였다. 그러나 중봉이 읽어 준 소장의 내용을 듣고는 의관을 바로하고 재배(再拜)하면서 "공의 이 소장에 의하여 우리나라는 장차 화를 면할 수 있을 것이다."라고 하였다.

조헌은 파직 후 이렇게 몇 달 동안 스승과 친구들을 찾아 산과 강을 벗삼아 학문을 강론하였으며 안면도에서 한 때를 보내기도 하였다.

선생이 두류산에서 서기와 풍월을 즐기며 노닐 때 지은 시에 「두류산에 놀다가 학민상인(學敏上人)의 운(韻)을 본 받아」가 전해오고 있다.

| 樓下寒潭徹底淸 | 누각 밑의 차가운 못 속속들이 맑은 데 |
| 楓光斜日暎空明 | 夕陽에 비친 丹楓 밝기도 해라 |
| 生逢眞界居無計 | 살아 생전 仙界에 살길이 없어 |
| 嗚咽泉聲若有情 | 목 메인 샘 소리만 내 뜻 같구나 |

| 滿山楓葉爛秋天 | 온 산에 단풍잎 가을 하늘 찬란한데 |
| 水石喧邊一路線 | 물가에 외가닥 길 멀기도 하다 |
| 眞界晚來留不得 | 늦게사 찾은 仙界 오래 못 있고 |
| 碧潭回首倍依然 | 푸른 못 돌아서니 더욱 섭섭하여라 |

중봉의 삶과 사상에 대한 신뢰인지 30세가 되던 해 그는 다시 임금의 명으로 교서관(校書館) 저작(著作)에 승진하여 임명되었다. 이때 맡은 직책 역시 교서관(校書館) 정자(正字)로 있을 당시와 마찬가지로 궁중 향실(香室)의 봉향(封香)이었다. 조헌은 다시 임금에게 글을 올려 "입으로는 성현(聖賢)의 글을 읽으면서 손으로는 부처에게 올릴 향을 봉하는 것은 신으로서는 차마 할 수 없는 일"이라며 이를 바로잡아 줄 것을 청하였다.

이 글을 받아 본 선조 임금은 크게 진노(震怒)하여 조헌을 장차 엄한 극형(極刑)에 처하려고 하였으나 사헌부(司憲府)와 사간원(司諫院), 홍문관(弘文館)은 물론 조정 대신들의 극구 반대로 벌을 면하게 되었다. 이런 일이 있은 후로 조헌의 곧은 명성이 널리 알려지게 되어 그를 아는 사람이나 모르는 사람이나 모두가 그와 친분(親分)을 맺기를 원하였다.

박순(朴淳), 소제(蘇齊), 이산해(李山海), 류성룡(柳成龍), 김성일(金誠一), 이발(李潑), 홍사신(洪司臣), 정여립(鄭汝立), 윤선각(尹先覺) 등 그 당시의 명사들이 국가의 안위가 조헌에게 달려 있다고까지 할 정도였으니 그의 의로움과 인품이 어떠했는가를 넉넉하게 짐작할 수 있다.

## 4. 사행(使行)과 조천일기(朝天日記)[17]

조헌은 선조 7년(1574) 5월에 명나라 황제의 생일을 축하하는 성절사에 질정관(質正官)으로 북경에 가게 된다. 정사에는 박희립(朴希立), 서장관에는 허봉이었다.

질정관은 불명확한 한자의 음과 뜻을 정확하게 파악하고, 중국의 학문 경향과 현실정치를 살피는 임무를 맡는 직책을 말한다. 조헌은 북경에서 돌아와 그 여정과 느낌을 조천일기로 남기고 있다. 또 질정록을 임금에게 올리는데 질정록은 옛 글의 음운(音韻)이나 기타 제도(制度) 등에 관한 의문점을 중국에 묻기 위하여 사행(使行)을 따라갔던 질정관(質正官)이 돌아와서 질정한 것을 기록한 것이다. 이것은 《조헌전집(趙憲全集)》 권3 질정관회환후선상8조소(質正官回還後先上八條疏)에 보인다

조천일기는 1574년 5월 11일부터 동년 9월 14일까지 명나라를 다녀오며 쓴 여정을 기록한 일기이자 기행문이다. 우리나라에서 베이징까지 왕복한 노정기와 그 과정에서 겪은 중국 명나라의 문화, 풍물, 사건, 제도, 기타 노정 길에서 본 것들을 세심히 모두 기록했다.

1500년대 우리나라와 중국의 사행길의 모습과 사행과정, 사행간의

---

17) 조천일기의 원제목은 연도일기(沿途日記)이다.

절차, 양국의 문물교류를 연구할 수 있는 귀중한 자료이다.

조헌이 쓴 조천일기 친필 원본은 보물 제1007호로 지정되어 칠백
의총관리소가 보관하고 있다. 그 외에 필사본을 국사편찬위원회가
소장 중이고, 조헌의 글을 모은 중봉문집(重峯文集) 10, 11, 12권에도
그 내용이 그대로 수록되어 있다.

하지만 조천일기는 간행하는데 우여곡절이 많았다.

오호라! 이 책은 중간에 없어져 버려 비록 그 집안의 자손
이라도 책의 존재를 알 수 없게 된 지가 100여 년이나 지
났는데, 증손 조광한(趙匡漢)이 우연히 오래된 상자 속에서
발견해 간행하려고 했지만 그러지 못했다. 지금 임금께서 이
러한 명령을 내리셨으니 얼마나 다행인가! 이로부터 집안에
소장하던 것을 남들이 알게 될 것이니 〈조천일기〉가 사라졌
다가 나타나게 된 것은 운명이 아닌가!
　　　　　　　　　　　　　　　　－閔鎭遠의 조천일기 발문[18]

또 민진원은 발문에서 중봉이 여행 도중 손수 차기(箚記)를 쓰신
것이라 번쇄하고 글자 오류가 많으니 책으로 만들기 부족하여 간행
할 필요가 없다고 여긴 것 같다고 하면서 하지만 후학들이 당연히 보
물과 같이 여길 것이니 매몰되게 해서는 안 된다고 하였다.

중봉집 권 10과 11에 수록된 조천일기는 1574년 5월 11일 궁궐에
서 배사(拜辭)하는 것부터 8월 4일 북경에 도착, 9월 5일 북경을 출
발, 9월 14일 영평부를 출발하는 것까지 일기로 기록되었으며 날짜,
간지, 날씨, 시간의 순서에 따라 노정과 경험한 일을 순차적으로 적
었다. 그리고 일기 중간에 감흥을 적은 시를 쓰기도 하였다. 권 12에

---

18) 조헌, 조천일기, 동아시아비교문화연구회, 서해문집, 2015, 재인용

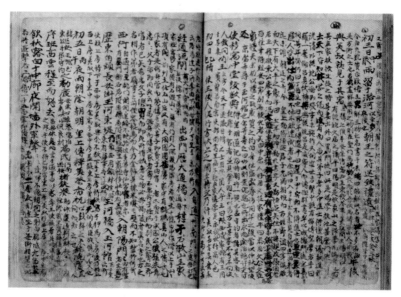

조천일기, 보물 1007호

는 중국에서 읽은 중조통보(中朝通報)를 1574년 6월1일부터 8월30일까지 날짜별로 정리해 놓았으며, 그리고 질정록이라는 제명 아래 21개의 물명과 2개의 어휘에 대한 질정 결과를 수록하였다.

1574년 성절사 일행은 5월 11일 한양을 출발해서 6월 10일 의주에 도착, 6월 16일 압록강을 건넜다. 조헌의 일기를 살펴보면, 한양에서부터 압록강을 건널 때까지 만나는 사람과 베풀어주는 연회, 그리고 지나는 곳의 명승지 그리고 명승지에서의 유람 등에 대해 적어 놓았다. 조헌은 다른 사행록과는 달리 물품에 대해 매우 세세하게 적어 놓았다. 이는 질정관으로서 물명에 대한 의식으로 인한 것으로 여겨진다. 조헌은 노자로 받은 물품에 대해서도 세세하게 적어 놓았다. 이러한 기록은 당대 사행시 이들이 가지고 갔던 물품들에 대해 정보를 제공하는 것과 더불어 당대 생활상을 재구하는데 도움을 준다.

사행의 중요한 일정, 의례 등의 객관적 사건을 자세하게 기록하는 부분은 사행일기에서 매우 중요한 부분이다. 조헌의 『조천일기』도

朝鮮時代對中國燕行路程圖

조선시대 대중국 연행노정도

이러한 부분에서 공식의례를 성실하게 기록하는 공식적 일기류의 특성을 반영하고 있다. 이는 기록문학이 갖는 고유한 서술 특성이 반영되었기 때문이다.

그러나 기록자가 아무리 꼼꼼하더라도 모든 정보를 적을 수는 없다. 그렇기에 보고 들은 것 즉 경험한 것에 대해서 취사선택하게 되는데, 취사선택은 기록자가 가지고 있던 고정관념과 시각에서 이루어지게 된다.

## 1) 생활 풍속 비판

조헌의 전 사상을 관통하는 것이 주자학이라면 조천일기도 그러한 관점에서 보아야 한다.

조헌은 성혼과 이이, 이지함을 스승으로 섬겼으며, 조선 주자학을 배웠다. 당시 이러한 주자학적 시각 속에서 여행한 중국의 모습은 이념적 중화의 모습이 아니었다. 따라서 주자학적 시각 속에서 바라본 명나라의 풍속은 비판적일 수밖에 없었다. 가장 비판을 받았던 부분은 명나라 풍속 중 바로 '상사(喪事)'와 장례풍습, 국자감에서 만난 유생들의 모습이었다.

명나라에서는 관을 매장하지 않고 그대로 두었다가 길일을 택해 매장하였다. 때문에 길일이 택해질 때까지 오랜 시간 관(棺)이 그대로 방치되는 경우가 많았다. 조헌은 6월 17일, 19일 일기에 송골산(松鶻山)을 지나면서 산 위에 무덤을 쓰지 않고 밭 사이 혹은 집의 후원에 관을 묻지 않은 채 그대로 둔 것을 보고 중국인에게 물어 중국은 길일이 되어야 장례를 치른다는 사실을 객관적으로 적었다.

그러나 탕참 근처 부친상을 치르는 김조상(金祖尙)의 집에서 하룻밤을, 김조상과 그 형제들이 아버지의 상을 당하고서도 고기를 먹고 서로 다투는 것을 보고는 크게 비웃었다.

또한 동관(東關)에서 머물 때, 보름을 맞이하여 절로 달려가 향을 사르고 절을 하며 복을 구하는 관원들을 서술하면서, 관원들이 이러하니 백성들은 말할 것이 없음을 지적하고, 사대부 집안에서 설사병에 걸린 아이를, 무당을 불러 지전을 태우며 신에게 비는 행위 등을 서술하면서 요동 서쪽의 풍속이 이와 같다고 적었다. 그리고 벽이 무너진 채 있는 국자감과 먼지가 쌓인 장서실의 모습, 예의를 모르는 국자감 학생들의 모습을 서술하면서 공자의 가르침을 존중하지 않는다고 적었다.

이러한 주자학적 시각 속에는 중화의 예를 아는 동방예의지국인으로서의 자존감도 보인다.[19]

## 2) 백성에 대한 관심

조헌은 명나라에서의 보고 듣는 것들 중에서 백성들의 경제적인

---

19) 김지현, 조헌의 조천일기에 대한 소고, 溫知論叢 제40집, p.81

부분에서 가장 중요한 세금과 부역에 대해 여러 차례 적었다.

연산관에 이르러 조헌은 팽문주의 집에 묵는다. 그날 밤 조헌은 팽문주에게 전세(田稅)에 대해 묻고는 수령을 감사하는 어사에 대해서까지 이야기를 나눈다. 연산관의 거리는 황폐하여 단지 5~6채의 집이 있을 뿐이었다. 조헌이 팽문주에게 가지고 있는 농지와 전세에 대해 물은 것은 바로 황폐한 곳에서 살고 있는 중국인의 현실적 문제를 물어본 것이다. 그리고 가장 중요한 세금과 부역에 대해 여러 차례 적었다.

## 3) 객관적 시선과 구체적 생활묘사

조헌은 중국인의 삶의 모습을 최대한 사실 그대로 객관적 시선으로 적었다. 산해관을 지나서 본 달자(達子)의 머리 모양도 적고 있으며, 9월 3일 일기에는 내시들의 복색도 자세하게 적었다.

또한 조헌은 처음 본 낙타의 모습 중 가장 특징적인 등의 혹을 적고는 다시 몸통의 크기, 다리의 길이, 대가리의 생김새, 발과 발굽의 생김새를 세세하게 적고는 낙타를 타는 법까지 서술하였다. 처음 보는 사물에 대해 세심하게 관찰하고 구체적으로 묘사하여 실제 낙타를 보는 듯 적었다. 옥하관에 머물면서는 당시 중국의 풍속 등을 적고 있으며, 당대 사행의 폐단도 채록해 두었다. 이러한 내용은 다른 사행록에서는 보지 못한 내용도 있다.

책을 중시하던 당시 선비답게 일기 속에 책의 구매와 본 책, 선물로 받은 책에 대해 적고 있다. 거련관에서 운부군옥(韻府群玉)을 포(布) 2필로 구매, 의례경전(儀禮經傳)을 연대(硯臺) 하나로 구매, 춘추집전(春秋集傳)은 입모(笠帽) 하나와 흰 부채 10자루로 구매 하였으며, 당서(唐書), 하언(夏言)의 계주집(桂洲集), 척계광의 문첩(文帖) 등을 여행 중에 살펴보았으며, 왕지부에게는 두율(杜律) 2권을 선물로 받았다. 이러한 기록은 생활일기적 성격을 볼 수 있다.

조헌 이전의 사행록에서는 사생활을 드러내는 부분이 매우 드물게 나타나는 것에 비하면, 구체적 생활 주변을 기록함으로써 앞 시대에 기록되지 않았던 당대 명나라의 생활풍습을 많이 기록해 놓음으로써 명에 대한 이해의 폭을 넓혔다.

400여 년 전에 조헌은 문명의 공간을 여행하고 그 견문을 조천일기로 남겼다. 조천일기의 일종의 시간 여행은 우리와 다른 시공간을 살던 선인의 자취를 통해 지금의 우리와 우리의 삶을 돌아볼 수 있는 계기가 될 수 있을 것이다.


## 5. 주자대전의 교정

1575년 32세가 되던 해 조헌(趙憲)은 교서관(校書館) 박사(博士)에 올랐고 그 해 호조좌랑(戶曹佐郎) 및 성균관(成均館) 전적(典籍), 사헌부(司憲府) 감찰(監察) 등을 다양한 직책을 거친다.

그러나 조헌은 예조좌랑에 재수되자 곧바로 상소를 올렸다. 그 대략의 뜻은 출신 가문이 미천하기 때문에 예조 좌랑을 사직하겠다는 것이었다. 또 새로운 계(啓)를 진술(陳述)하기를

"시간이 있는 인장(印匠)들을 시켜 진서산(眞西山)의 《정경 (政經)》과 《지지당고(止止堂稿)》를 인각(印刻)하게 하시고, 또 《동몽수지(童蒙須知)》를 인쇄하소서. 한 질의 《정경》은 백성을 기르는데 이보다 절실한 책이 없으니 만약 성은을 입어 민생을 깨우치기로 기약하신다면 1본(本)은 중앙에 두고 그 나머지는 책 첫 면에 어보(御寶)를 찍고 아울러 경계하는 말을 써서 8도의 대읍(大邑)에 반포하되, 모든 공액(貢額) 이외에 지가(紙價)를 더 거두는 등의 백성을 괴롭히고 관리

를 살찌우는 일이 없게 하소서."[20]

하고, 또 진술하기를,

"계장(薊將) 척원경(戚元敬)은 사람됨이 공정하고 부지런하며 적(敵)을 물리쳤으니, 그의 문집(文集)을 비변사에 내려 초록(抄錄)하여 널리 반포하게 하소서. 신이 또 《동몽수지》를 보건대, 자제를 미리 가르치고 바르게 기르는 데는 이 책보다 더 절실한 것이 없습니다. 그런데 세상의 부형들은 이 책으로 먼저 자제를 가르칠 줄을 모르기 때문에 그 자제가 장대한 뒤에는 부형의 명이 항거하여 《소학(小學)》·《대학(大學)》에 나아가려 하지 않습니다. 회암(晦菴) 주자(朱子)께서 긴절하게 후세를 계도(啓導)하신 뜻이 폐추(廢墜)될까 두렵습니다. 그러므로 신이 제조(提調) 유희춘(柳希春)에게 구결(口訣)을 묻고 김현성(金玄成)에게 책을 빌려다가 베껴서 현재 판각(板刻)이 이미 끝나 곧 인쇄하려고 하고 있습니다. 인쇄가 끝나는 대로 15질을 각각 묶어서 8도 감사에게 보내겠으니, 열읍(列邑)에서 오는 이민(吏民)들로 하여금 각각 한 부씩을 베껴서 돌아가 어린이들을 가르치게 하소서. 신이 또 《주자어류(朱子語類)》·《주자대전(朱子大全)》 등의 책을 보건대 모든 이치가 분명하였습니다. 이는 주자께서 당시에 미처 거행하지 못했던 것을 글로 써서 만세에 전하여 가르치신 것이니, 전하께서 주자의 가르침을 미루어 밝히려 하신다면 주자의 글들을 널리 인쇄하여 반포하는 것이 실로 우리 나라 천백 년의 다행이 될 것입니다. 바라건대 8도와 토관(土官)이 있는 4~5곳에 모두 이 책을 간직하여 감사·병사·수령·변장(邊將)들과 기타 뜻 있는 곤궁한 선비들로

---

20) 선조실록, 선조 8년 을해(1575) 3월 16일(을묘)

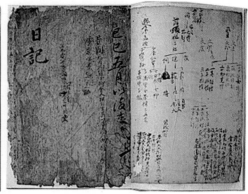

미암 류희춘의 미암일기

하여금 각각 그 사류(事類)를 찾아보게 하소서."

하니, 상이 답하기를,

"그대가 예관(禮官)에 합당하지 않은 것은 아니니 사직하지 말라. 인쇄한 3종의 책은 각각 한두 질씩을 올리라." 하였다.

중봉이 교서관 전적(校書館典籍)으로 있을 때 교서관에서는 주자대전과 주자어류의 간행을 준비 중이었는데 이를 교정할 사람이 마땅치가 않았다. 이에 미암(眉庵) 류희춘(柳希春)은 이 책을 교정할 수 있는 사람은 오직 조헌뿐이므로 교감이 끝날 때까지 직책을 옮기지 않도록 선조에게 주문하고 있다.

교서관 관원들은 학식이 천단(淺短)하고 문적(文籍)도 또한 적어 교정을 할 수가 없으니, 옥당의 입번(入番) 관원들에게 《훈의강목》에 의거하여 교정하게 하소서. 신과 교서관 저작 조헌(趙憲)이 《주자대전(朱子大全)》 교정을 끝낸 다음에 하기로 한다면 내년 무렵에야 《강목》을 교정할 수 있을 것입니다. 교서관 안에서는 오직 조헌만이 책을 교정할 수 있습니다."[21]

이는 유희춘이 선조 7년 12월 1일 석강(夕講 : 조선시대에 저녁에 임금이 신하들과 글을 강론하는 일)에서 강목 목판이 올라왔으니 인출해야 한다고 하면서 그러나 중종조 판본은 잘못된 글자가 많다고 하면서 교서관 관원들은 학식이 얕고 참고할 서적도 적어서 교정할 수가 없고 오직 조헌만이 교정할 수 있다고 역설하고 있다.

## 6. 외직시절

### 1) 통진현감 시절

1575년 12월 조헌은 주자대전과 주자어류의 교정을 마치고 통진(通津) 현감(縣監)에 제수(除授)되었다. 통진은 고향 김포와 인접했으니 백성들을 편안히 살도록 해주고 싶은 마음이 남달랐을 것이다. 이때 율곡이 중봉에게 하나의 제도를 시험할 것을 주문하고 이렇게 말했다.

선생이 통진현감(通津縣監)으로 있을 때 율곡(栗谷) 선생이 말하기를 "조여식(趙汝式)이 통진 현감으로 나에게 조언(助言)을 구하기에 나는 한 읍(邑)을 다스리는 데 두 가지 방안(方案)이 있음을 말하였다. 즉 백성들의 이익을 더하고 해독을 제거하여 백성들을 풍족하게 살게 하는 것이 상책(上策)이고, 구폐(舊弊 : 오래전부터 내려오는 폐단)를 요량(料量 : 앞일을 잘 헤아려 생각함)하여 덜어 줌으로써 맑고 깨끗하게 살게 하는 것이 차선(次善)의 방법이니, 앞에서 말한 것은 번

---

21) 조선왕조실록, 선조 7년 갑술(1574) 12월 1일(신축)

요(煩擾 : 번거롭고 소란스러움)케 하여 실수하면 백성의 원망이 일고 뒤에 말한 것은 소탈(疎脫)함에 빠지면 서리의 일이 해이(解弛)해 지니 일을 하면서도 번거롭지 않게 하고, 하지 않으면서도 성글지 않은 연후(然後)에야 가히 십실(十室)의 읍(邑)을 다스릴 수 있다. 여식(汝式)은 독서하고 궁리하며 마음은 사물을 아끼고 사랑하는 데 쓰고 있으니 이제 일읍(一邑)을 다스림에 하나의 목숨뿐만 아니라 반드시 많은 백성들을 가르쳐야 할 것이다. 백성에게 임하는 요체(要諦 : 중요한 점)는 그 정(情)을 서로 옮겨 주는 데 불과한 것이며 이서(吏胥 : 서리들)를 제어(制御)하는 방법은 자기를 바르게 하고 사물의 이치를 연구하는 데 있다고 한 정자(程子)의 말로 다 토로(吐露)되었으니 내가 어찌 다시 췌언(贅言 : 쓸데없는 군더더기 말)하겠는가? 다만 한 가지 일은 한 번 시험해 보고자 하였지만 아직 시행(施行)해 보지 못한 것을 이제 이야기한다. 옛날에 읍(邑)을 다스리는 자(者)는 백성에게 세금을 부과하여 봉급(俸給)을 만들었다. 봉급(俸給)에는 상제(常制)[22]가 있어 먹고 남은 것은 친구들에게 두루 나누어주었고 봉급의 다소(多少)를 보고, 많고 적게를 스스로 판단하여 처리 하였다. 지금은 그렇지가 못하고 읍(邑)을 다스리는 수령(守令)에게 상규(常規 : 보통의 경우에 널리 적용되는 규칙이나 규정)의 봉급이 없다. 읍중(邑中)의 두미(斗米)[23] 이상(以上)은 모두가 국유물이니 비록 청백리(淸白吏)와 같이 청렴한 사람이 수령노릇을 한다 하여도 국유물을 사사로이 이용치 않으면 호구(糊口)[24]의 방법이 없게 되었으니 이것은

22) 항상 정해져 있는 제도.
23) 원래 쌀 한 말을 지칭하며, 얼마 안 되는 적은 봉급이나 녹봉을 비유적으로 이르기도 한다.
24) '간신히 끼니만 이으며 사는 일'을 비유하여 이르는 말.

국법이 제대로 갖추어져 있지 않는 것이다. 이에 군자도 법을 지키기 어렵게 되었으며 탐관(貪官)들은 법을 어기는 것이 매우 심하게 되었다. 국가에 바치는 공부(貢賦)[25] 이외의 무명(無名)의 과세는 백성(百姓)들이 견디기 어렵게 만들었다. 오직 다행히 의창(義倉)[26]이 있는 고을에는 봄철에 양곡을 대여하였다가 겨울에 걷어 들일 때 이자로 일할(一割)을 더 걷을 수 있었는데 이 곡식이라고 하는 것이 수령이 사용할 수 있는 통례가 성립되어 있다. 내 어리석은 생각이지만 이름 없는 세금을 모조리 혁파(革罷)하고 한 해의 더 걷을 수 있는 곡식 중 삼분지일(三分之一)은 아속(衙屬)들에게 주고 또 일부는 사신(使臣)이나 친구들의 응수(應需 : 수요나 요구에 응함) 쓰고도 항상 일분의 잉여(剩餘)가 있을 것이니 이 방법이 가히 시행될 수 있을 것인지 알 수 없겠다.

여식(汝式)은 부임하는 현(縣)에 부임하면 이것을 시험삼아 헤아려 보고 시행할 수 없을 것 같으면 돌아와서 나와 의논함이 가(可)할 것이다."[27]


율곡은 통진현감으로 있는 중봉을 통해서 자신이 구상하는 제도를 시험하고자 했다. 특히 율곡 선생이 생각했던 지방 수령과 서리들의 녹봉 문제는 중봉도 그 폐단을 인식하고 8조소와 16조소에서도 상언한 바가 있었다.

그는 통진 현감으로 있으면서 백성을 사랑하는 마음이 지극하였고

---

25) 나라에 바치던 물건과 세금을 통틀어 이르던 말. 넓게는 조세 일반을 의미하나 좁게는 전세(田稅)와 공물(貢物)을 이른다.
26) 고려 시대에, 곡식을 저장하여 두었다가 흉년이나 비상 때에 가난한 백성들에게 대여하던 기관. 성종 5년(986)에 흑창(黑倉)을 고친 것으로, 처음에는 순수한 구호 기관으로 출발하였으나 나중에는 이자를 붙여 받는 대여 기관이 됨에 따라 관리들이 백성들을 착취하는 기관으로 전락하였다.
27) 栗谷集

스스로는 검소하여 옛 폐단을 없애기에 힘쓰는 등 선정(善政)을 베풀어 관리들과 백성들이 모두 편안하게 살게 되었다. 조헌(趙憲)이 이곳에 유임한 기간은 만 2년 동안이었는데, 어느 날 이 지방에 권세(權勢)를 믿고 모진 행패(行悖)를 부리는 노비(奴婢) 한 사람이 있었다. 조헌(趙憲)은 그의 못된 짓을 법으로 다

중봉 조헌 표준영정

스리기 위해 엄한 매질을 하다 그만 그가 죽고 말았다. 이런 일이 있는 후 이 지방의 간사한 무리들이 사방으로 조헌을 헐뜯고 무고하여, 결국 34세(1577)가 되던 해 겨울 누명을 쓰고 인근 부평(富平)으로 귀양을 가게 되었다. 그가 귀양간 지 얼마 안 되는 이듬해 1월 24일 부친 응지 공(應祉 公)이 세상을 떠났다. 귀양을 간 곳은 그의 생가에서 불과 몇 십 리밖에 안 되었으나 선생은 죄인(罪人)의 몸이라 조상(弔喪)도 못하였다.

비록 집안은 가난하였지만 늘 의롭게 살아야 한다고 좌우명(座右銘)처럼 말씀하시던 부친, 그것도 유배 중에 상을 당하여 마지막 임종마저 지켜보지 못한 조헌에게는 평생(平生)에 이보다 더 큰 슬픔은 없었다. 조헌은 부친을 잃은 슬픔에 아침저녁으로 땅을 치며 통곡하니 듣는 사람마저도 울지 않는 이가 없었다.

## 2) 부친의 묘소와 토정 이지함의 묘소 참배

  1580년 봄에 중봉은 상복을 벗고 4월 부평 귀양에서 풀려나 바로 아버지의 묘소를 찾았다. 하염없이 흐르는 눈물을 주체할 수 없었다. 그리고 자식으로서 임종을 지키지 못한 불효를 빌었다. 부친은 비록 벼슬도 하지 않았고 집안은 가난했으나, 면학(勉學)과 수성(修省)으로 도리를 가르치신 분이었다. 더구나 10살 때에 어머니를 여읜 조헌에게 아버지는 더욱 소중한 존재였다. 부친이 임종 때 소고기를 드시는 게 소원이었으나 집이 가난하여 드리지 못했다는 집안 식구들의 이야기를 전해 듣고 그 후부터는 소고기를 대하면 늘 눈물을 흘렸고 평생토록 소고기를 입에 대지 않았다고 한다.

  부친의 묘소에 성묘한 조헌은 곧바로 충남 보령으로 가서 토정(土亭) 이지함(李之菡) 선생의 묘소를 찾아 제사를 드렸다. 유배 중에 스승 토정 이지함도 세상을 뜨고 말았다. 중봉에게는 율곡과 우계, 토정 세 스승이 있었다. 그 중에서도 토정 선생은 중봉을 가장 잘 알고 아끼고 사랑해준 스승이었다. 중봉이 통진현감으로 있을

토정 이지함과 가족 묘 충남 보령 소재

때는 토정 선생이 찾아와 시정을 논하고 많은 가르침을 주고 간 일
도 있었다. 중봉이 부평에 유배 중에 아버지가 돌아가셨으나 죄인
의 몸이라 조상하지 못했을 때도 토정 선생은 김포 생가에 문상하
고 돌아갔다.

　당시 사람들은 중봉을 잘 모르고 평하기를 사리에 어둡고 어리석
으며 재주가 적고 쓸 만한 것이 없다고 할 때도 토정을 초야(草野)의
인재로서 쓸 만한 재주를 가진 사람은 조헌뿐이라고 했다. 이처럼 각
별한 관계였던 두 사람이기에 중봉은 유배에서 풀려난 즉시 묘소가
있는 보령으로 달려온 것이다. 그리고 감회를 다음의 시에서 표출하
고 있다.

保寧途中　憶土亭先生庚辰冬
　　　　　〈保寧 도중에 土亭先生을 생각하며 庚辰年 겨울〉
碩人千里昔同遊　옛날 千里길에 큰 어른과 함께 노닐었는데
期我終身少過尤　내가 죽기까지 허물이 적도록 기대하셨네
今日重來思不見　오늘 다시 와 생각해도 뵈올 수 없으니
可憐誰進濟民謨　슬프다, 누구라 백성을 구제하는 계책을 進言할
　　　　　　　　것인가

　이 시에서 중봉은 토정에 애틋한 존경과 토정의 사랑, 스승에 대한
존경과 그 부재에 따른 허전함을 노래하고 있다.
　조헌이 보령지방(保寧地方)으로 이지함 선생을 조상(弔喪)하러
가는데 날이 저물어 가겟집에 투숙하여 잠자리에 들려고 하는데 마
침 이생(李生)이라는 사람이 그곳에 이르렀다. 그도 하루 밤을 쉬
어 가려던 터에 선생의 행색이 초췌한 것을 보고는 떠돌아다니는
천한 사람으로 여겼으나, 가만히 보니 용모가 뛰어나게 훌륭함이

70

서민과 같지는 않은 것이었다. 이에 곧 점사(店舍)를 떠나 다른 집으로 가려 하니 선생이 그를 불러 말하기를 "이 집도 꽤 넓으니 하루를 같이 지내는 것도 무방(無妨)할 것이오."라고 하였다. 이생(李生)은 이 말을 듣고 되돌아와서 머리를 조아려 성명(姓名)을 묻고는 곧 선생과 한 방에 머물게 되었다. 저녁에 선생은 종을 불러서 관솔불을 밝히고 큰 주머니에서 책을 꺼내 의관을 정제하고 단정히 앉아 밤이 깊도록 책을 보았다. 그 책은 바로 송(宋)나라 때의 명신(名臣)들의 언행을 수록한 책이었다. 선생은 이생이라는 사람이 선비로 가히 이야기 할 만함을 알고, 율곡 선생이 지은 『격몽요결(擊蒙要訣)』을 꺼내어 이생에게 보이면서 "일찍이 이 책을 본 일이 있느냐?"고 물었다. 이생이 못 보았다고 대답하니 선생은 말하기를 "수신(修身)과 응사(應事)의 중요한 점은 여기에 갖추어져 있어서 선비로서 이 책을 읽지 않으면 안 된다."하니 이생이 송구(悚懼)한 마음으로 경청(傾聽)하였다. 선생은 곧 큰 주머니 속에서 종이를 꺼내어 책을 만들고 베껴 써서 그것을 이생에게 건네주고 새벽닭이 울 무렵에야 자리에 누웠다. 잠시 후에 또 일어나 앉아서 책을 읽는데 이생이 며칠을 동행하였지만 한시도 책 보기를 폐(廢)하는 일이 없었고 말은 항상 수기독행지사(修己篤行之事)[28]가 아님이 없었다. 이생이 조헌이 타고 온 말에 실린 것을 살펴보니 그것은 모두 책과 관솔뿐이었다. 이처럼 선생은 힘써 배우며 또 후생(後生)들을 권장(勸奬)함이 이와 같이 매우 모범적이었음을 알 수 있다.

조헌은 보령에 도착하여 제문을 지어 치제하는데

만력(萬曆) 8년(八年) 경진(庚辰) 윤사월(閏四月) 십삼일(十三日)에 후학(後學) 은천(銀川) 조헌(趙憲)은 토정선생(土亭

---

28) 자기 스스로 행동을 성실히 함.

先生)의 영전(靈前)에 감히 밝게 고하옵니다.

아! 선생(先生)께서 살아 계실 때에는 나라와 백성이 의지(依支)하였으며 도(道)가 부칠 바 있었고 선비들이 돌아갈 바가 있었습니다. 그러나 이제는 선생이 작고(作故)하신 바 나라에는 삼강(三綱)의 기둥이 없어졌고 백성들은 사유(四乳 : 文王을 일컬음)와 같이 희망하던 뜻을 잃었습니다. 이 도(道 : 성인의 길)는 고요하고 쓸쓸하게 되었으며 후학(後學)들은 향하여 갈 곳이 없게 되었습니다. 헌(憲)같이 어리석은 자로서 의문(疑問)이 있으면 어디에다 질문하여 바르게 알며 죄과(罪過)가 있으면 누가 경계(警戒)하여 주겠습니까? 그런즉 선생이 가시는데 어찌 나로서 목매어 통곡(痛哭)하며 하늘을 우러러 눈물 흘리지 않겠습니까?

아! 선생(先生)이 세상에 태어나신 것은 한 시대를 바로 잡으라는 하늘의 명령이었습니다. 선생은 사람 된 바탕과 타고난 성질(性質)이 이미 절리(絶異)하셨을 뿐 아니라 일찍부터 수양(修養)에도 완전(完全)하셨으며 경학(經學)을 연구(研究)하실 때도 통달(通達)치 않으시면 결코 그만 두지 아니하셨습니다. 총명(聰明)이 아주 뛰어났으나 공부는 오히려 다른 사람에 비하여 몇 배를 더 하셨으므로 조예(造詣)가 이미 깊으셨고 도(道)를 몸소 실천하셨으며 성현(聖賢)들의 격언(格言)도 모두 가슴 속에 지녔습니다.

일찍이 경락(京洛 : 서울)에서 백씨(伯氏)와 함께 고상(翺翔)[29]할 때에 시국(時局)의 어지러움을 만나자 통정하던 친구가 세상을 떠났습니다. 선생께서는 그 낌새를 보시고 곧 자연으로 높이 숨으셨지요. 밭 갈고 담 쌓기를 옛날 이윤(伊尹)과 전설(傳說)처럼 하시어서 아무리 곤궁(困窮)하여도 조금도 후회(後悔)하시지 아니하시고 오직 효성과 우애에만 그

---

29) 하는 일 없이 놀며 돌아다님을 비유하여 이르는 말.

성심(誠心)을 다 하셨습니다. 어버이를 위한 무덤의 일에는 손수 흙과 돌을 가지고 날랐습니다. 천추만세(千秋萬歲)에 조수(潮水)의 침입(侵入)을 막기 위하여 제방(堤防)을 쌓은 것을 재물을 모으는 목적(目的)이 아니었건만 사람들이 혹 여러 말을 하였으니 이것은 말하는 자가 잘못 본 것입니다.

큰 형의 병환(病患)을 들으시고는 천리(千里) 길을 멀게 여기시지 않았으며 그리고 성묘(省墓)의 편의(便宜)를 따라 여러 차례 천관(遷官)으로 여러 번 곤란(困難)도 겪으셨습니다. 포천(抱川)에 부임(赴任)한 것은 피폐한 백성의 소생(蘇生)을 위함이요 자신(自身)의 영화(榮華)를 원한 것이 아니었습니다.

큰 형의 상(喪)을 당해서는 좁쌀 밥으로 3년을 지냈으며 중씨(仲氏)의 죽음에는 시체(屍體)를 끌어안고 통곡(慟哭)을 하셨습니다. 형수(兄嫂)의 상(喪)에는 애절(哀切)하셨고 조카의 질병(疾病)에는 부지런히 치료하셨으므로 거의 죽어 가던 조카가 다시 되살아났습니다.

남의 착함을 들으시면 반드시 찾아가 보셨고 남의 궁함을 보시면 곧 도와주셨습니다. 사욕(私慾)을 버리고 정의(正義)를 좋아하셨으며 임금님의 부르심을 받고도 여러 차례 사양(辭讓)하셨습니다. 정사(政事)가 혹 잘못된 점이 있으면 얼굴빛에 근심을 나타내셨고 임금님이 덕(德)있는 말씀을 하시면 기쁜 빛이 낯에 가득 하셨습니다.

만년(晩年)에 아산군수(牙山郡守)로 부임(赴任)해서는 백성들의 곤란(困難)을 구제(救濟)하셨습니다. 홀로 곳곳마다 가셔서 질병을 강구(講究)하셨으며 정치(政治)를 하는데는 외로운 백성부터 먼저 도우셨습니다. 물 속의 고기도 영원(永遠)히 삶을 구하는데 하물며 벌거숭이와 같은 백성들이랴. 이리하여 교활(狡猾)한 관리(官吏)들이 수단을 못 부리자 간사(姦邪)한 자취가 영원(永遠)히 근절되었습니다. 그리고 몇 달이 못 되어 원근(遠近)은 모두 심복(心服)을 하였습니다.

선생께서 만일 쌓으신 경륜(經綸)을 다 펴셨더라면 백성들 모두가 행복(幸福)을 누렸을 것입니다. 어찌하여 하루 저녁 병환으로서 쌓으신 뜻을 펴시지 못하고 작고(作故)하셨습니까? 읍민(邑民)들의 곡(哭)소리가 진동하면서 모두 선생을 너무도 빨리 빼앗아 간 하늘을 원망하였습니다. 부녀(婦女)들은 앞을 다투어서 제물(祭物)을 올렸고 수레를 끄는 사람들은 길에 멀리 연(連)하였으니 선생의 인애(仁愛)하신 덕(德)은 천지(天地)와 아울러 영원(永遠)히 없어지지 않을 것입니다.

아! 선생은 겨우 이 정도(程度)를 살으시고 말으셨습니까? 우매(愚昧)한 헌(憲)은 소호(巢湖)에서 늦게사 선생을 뵈었습니다. 그때에 선생께서는 저를 권(勸)하여 힘쓰게 하여 주심에 너무도 부지런하셨고 여러 차례나 저를 찾아 주심에 조금도 거리낌이 없었습니다.

명승지(名勝地)를 찾아 안면도(安眠島)를 저와 함께 가셨고 멀리 두류산(頭流山)으로 은사(隱士)를 방문(訪問)도 하였습니다. 저를 이끌고 다니실 때 선생의 동정(動靜)과 언행(言行)은 모두 처세(處世)의 교훈(敎訓)을 암시(暗示)하여 주심이었습니다. 그러나 저의 머리가 완고하고 둔함으로써 10년이 지난 오늘에도 오히려 처음과 다름이 없으니 슬프기 그지없습니다.

제가 통진현감(通津縣監)으로 있을 때 저는 재주와 지모(智謀)가 짧아서 무척 근심하였습니다. 그때에 선생은 일엽편주(一葉片舟)를 타고 오셔서 많은 치민법(治民法)을 가르쳐 주셨습니다. 강대(江臺)에서 선생에게 절하고 봬올 당시(當時) 선생은 백성들의 미련함을 탄식하시면서 저에게 일러 주시기를 만일 이 때에 벼슬을 버리지 않는다면 큼직한 화변(禍變)을 반드시 당(當)할 것이라 하셨습니다. 과연 얼마 안돼서 선생님의 말씀이 맞았으니 선생의 밝음이 신(神)과 같았습니다.

저는 유배지에서 부친상(父親喪)을 당하자 매우 슬펐습니다. 이때 선생은 필마(匹馬)를 타고 멀리 오셔서 저를 위로(慰勞)하여 주시고 눈물이 비오듯 하였습니다. 선생은 저에게 보신(保身)의 방법(方法)과 효를 마치는 이치(理致)를 예(禮)에 의거하여 깨우쳐 주셔서 몸에 상처(傷處)를 내지 않게 하여 주셨습니다. 그런데 어찌 오늘날 이같이 선생을 영결(永訣)하게 될 줄을 알았겠습니까? 선생의 덕용(德容)을 깊이 회상(懷想)하옵고 남쪽을 바라보며 슬퍼 할 뿐입니다. 아! 경세(經世)의 뜻도 그만이었고 육영(育英)의 계획도 길이 바랄 수 없습니다. 어진 사람은 반드시 장수(長壽)한다 하였는데 어찌하여 높은 수(壽)를 못하셨습니까? 벼슬자리도 만족하지 못하셨으니 덕(德)도 믿을 수 없으며 어진 사람은 자손(子孫)이 있다 하였는데 어찌 착한 아들을 잃으셨습니까? 더구나 난리 속에 죽었으니 하늘도 알 길이 없습니다.

　　아! 슬프도다. 시변(時變)이라 할까, 아니면 천명(天命)이라 할까요. 사방(四方)을 두루 돌아다보아도 그 누가 다시 저를 사랑하여 주겠습니까? 아무리 바쁘게 다녀 보아도 지극(至極)한 말 한마디 들을 곳이 없습니다.

　　선생의 묘소(墓所)를 두루 돌아보니 풀뿌리가 얽혀 있습니다. 선생님 다시 받들 길 없어 통탄(慟嘆)한 생각을 견디지 못하겠습니다. 아무리 통탄(慟嘆)하고 사모(思慕)를 하여도 소용이 없군요. 한마디 거칠고 지저분한 제문(祭文)으로 이별을 고하옵고 닭고기와 술을 올려 저의 조그마한 정성(情誠)을 표시하오니 아! 선생은 저의 마음속에서 울어 나오는 참된 정을 감촉(鑑燭)하시옵소서.[30]

조헌은 토정(土亭) 선생을 제사지낸 뒤 서천의 명곡서당(鳴谷書堂)

---

[30] 제토정선생문(祭土亭先生文)

을 찾아가 몇 달 동안 그 지방 유생들에게 강학(講學)을 하였고 여름이 지나서야 김포로 돌아왔다.

그 해 가을에는 해주 석담(石潭)으로 스승 율곡(栗谷)을 찾아 이곳에서 여러 달 동안 율곡(栗谷)으로부터 가르침을 받는 한편 유생들에게 강론도 하였다. 조헌의 사상 형성에 누구보다도 큰 영향을 끼쳤던 인물이 율곡(栗谷)이다. 돌아올 때 율곡이 호연정(浩然亭)까지 나와 시를 지어 전송하였다. 그리고 황해도 관찰사 이해수(李海壽)도 나와서 전송하였다.


與李大仲, 趙汝式, 登浩然亭

〈이대중(大仲), 조여식(汝式, 조헌)과 호연정에 올라〉

相携地上仙　　지상의 신선을 서로가 부여잡고

坐弄滄海月　　둘러앉아 창해(滄海)에 달빛 희롱하니

秋光滿上下　　가을 경치 천하에 가득하여

萬景皆淸絶　　만경이 모두 절승(絶勝)이로다.

神飆吹嫋嫋　　맑은 바람 산들산들 불어오는데

玉笛雲衢徹　　피리소리 구름 가에 사무치누나

臨觴忽惆悵　　잔을 들고 슬픈 생각 금치 못함은

美人天一來　　저 하늘가에 우리 님이 계시겠기에

— 栗谷先生全書卷之二詩下


浩然亭 次栗谷先生

〈浩然亭에서, 栗谷선생의 시에 차운함〉

烟島乘桴晩　　저녁 안개 낀 섬에서 뗏목을 타니

結亭高壓巓　　정자는 높이 벼랑을 누를 듯

潮聲洲外壯　　파도소리 모래섬 밖에 웅장한데

| 松影水中懸 | 소나무 그림자 물 속에 걸렸네 |

| 岫色青連海 | 산 빛은 푸르게 바다에 이어 있고 |
| 風光爽滿天 | 바람과 햇빛 하늘 가득 상쾌하다 |
| 襟懷方丈濶 | 가슴에 품은 생각 方丈山이 넓은데 |
| 何處更求仙 | 어느 곳에 다시 신선을 구할 것인가 |

－ 조헌

토정이 말하기를 '근래에 윤자앙(尹子仰)이 모사(模寫)한 포은(圃隱)의 유상(遺像)을 보니 그대와 흡사(恰似)하다'라고 하면서 포은과 같은 충효(忠孝)라면 죽어도 유감이 없겠으나 다만 가난한 살림살이가 우려된다고 깊은 동정을 표하였다. 영조(英祖) 16년 어전에서 조헌의 5세손 혁(㷒)이 아뢰기를 '큰 귀에 키가 크고 눈이 빛나기가 샛별 같았다'라고 하였으며, 그 의형(儀形)에 대하여 묻자, 집안에 전해오는 토정의 말을 들어 그것을 미루어 보건대 선조의 용모(容貌)가 정몽주(鄭夢周)와 서로 같다고 하였다.

## 3) 전라도사 시절

38세가 되던 해(1581년) 봄 조헌은 공조좌랑(工曹佐郞)에 임명되었다가 얼마 안 되어 전라도사(全羅道事)로 부임하였다. 그는 전라도사로 있으면서 연산군(燕山君) 때 실시해온 곡물(穀物)로 바치는 세금이 너무 과중하여 이를 혁신할 것과 율곡이 동인 세력의 미움을 받자 율곡(栗谷)을 옹호하는 〈병술소(丙戌疏)〉를 올려 율곡(栗谷)을 극구 두둔하였다.[31] 이에 임금의 비답(批答)이 있었으나 받아들여 쓰

---

31) 重峯先生文集附錄卷之一, 年譜, 拜工曹佐郞 俄除全羅道都事 上疏請革燕山朝貢案
   且論李珥孤危之迹 上優答而不能用

여지지는 않았다.

송강 정철

조헌이 전라도사로 간 지 얼마 안 되어 정철이 전라도관찰사에 임명되어 왔다. 이 때 조헌은 최영경(崔永慶), 이발(李潑), 김우옹(金宇顒) 등 여러 사람들과 가까이 사귀어온 터였다. 이들은 한결같이 송강의 인간 됨됨이가 소인(小人)일 뿐만 아니라 흉험(凶險)한 인물이라고 말하면서 그와 함께 일하기가 힘들 것이라는 등 송강을 크게 비방하였다. 이에 조헌은 그들의 말만 옳게 여기고 송강(松江)이 전주(全州) 감영(監營)에 도착했다는 소식을 듣고 그를 피해 가까운 삼례역으로 떠나갔다. 송강은 조헌의 이런 행동을 만류하기 위해 사람을 보내 "도사도 사무를 인수인계(引受引繼)해야 할 일이 있는데 이토록 바삐 떠날 수는 없지 않겠느냐."라며 말하니 조헌은 하는 수 없이 전주 감영으로 되돌아오게 되었다.

송강(松江)은 술자리를 정중히 마련하고 "도사(都事)께서 나를 흉험한 인물이라 하여 같이 일할 수 없다고 떠나시려 하셨다는 데 그게 사실인가요?"라고 묻자, 조헌은 주저(躊躇)없이 "그러하옵니다."라고 대답하였다. 조헌(趙憲)으로부터 의외의 이런 대답이 나오자 송강(松江)은 "도사(都事)와 나는 지금까지 서로를 모르고 지내온 처지인데 어찌하여 내가 흉험(凶險)하다는 것을 알겠소. 열흘이고 한 달이고 같이 일을 하면서 정상을 살핀 후 사실대로 내가 흉험하다는 것을 알고 난 다음에 나를 버리고 떠나도 늦지 않을 것이요."라고 하였다. 그러나 조헌(趙憲)은 "내 뜻은 이미 정한 바 있습니다."하고는 마침내 떠나가고 말았다. 이 사실을 송강은 조헌의 스승인 율곡(栗谷)과 우계(牛溪)에게 알리고 그를 권유하여 전주 감영으로 돌아와 일해 줄 것을 부탁하니, 그들의 간곡한 권유에 조헌은 할 수 없이 다시 임지(任地)로 돌아왔다.

그러나 풍월을 즐기는 송강(松江)은 임지(任地)에 있으면서 술을 아주 즐겨 하였기 때문에 조헌은 이것이 매우 못마땅하였다. 어쩌다 송강과 술자리를 함께 하게 될 때면 조헌은 늘 "수령이라는 자들은 백성(百姓)의 고혈(膏血)을 빨아 자기 뱃속이나 돈주머니만 채우는 데 급급할 뿐더러 또 그것을 가지고 자기 상관(上官)들에게 아첨(阿諂)하기가 예사이며 감사(監司)라고 하는 자는 백성의 즐거움과 슬픔은 생각지도 않고 오직 술이나 마시는 것을 자기의 직책(職責)으로 삼으니 이것이 어찌 백성의 피를 빨아먹는 것과 다를 것이 있겠습니까?"하며 송강을 책망(責望)하였다.

어느 날 송강이 강진 지방을 순시할 때 청조누상(聽潮樓上)에서 조헌과 자리를 함께 한 적이 있었다. 이 누각(樓閣)은 바다 입구에 자리를 잡고 있어서 일찍부터 호남(湖南)의 경관으로 이름이 나 있었는데, 송강이 이곳에 왔다는 소문을 듣고 손님들이 꽤 많이 몰려들었다. 곧이어 주연이 베풀어졌다. 이때 송강은 술잔을 조헌에게 주면서 "오늘은 경치가 아름다워 술을 먹을 만한데 공은 왜 한사코 사양을 하느냐?"라며 적극 권하였다. 조헌(趙憲)은 아무런 대답도 하지 않은 채 술잔을 뿌리치고는 "어떻게 백성의 피를 먹을 수 있겠습니까!" 하며 끝내 술을 입에 대지 않으니, 송강도 결국 조헌의 굳은 의지를 꺾지 못하였다.

뒷날에 송강이 해남현(海南縣)에 가서 지인(知人)을 방문하니 주인이 그를 위하여 술자리를 마련하였다. 이때 송강은 술에 취하여 다음과 같은 시를 지었다.

傍人莫笑酩酊醉　　주위에 임자님들 내가 취하였다 웃지들 마오.
此酒應非赤子血　　이 술은 백성들의 피가 아닐세.

　　이것은 조헌(趙憲)이 일찍이 송강(松江)에게 술 먹지 말 것을 충고하며 수령자(守令者)가 마시는 술은 백성들의 피라고 말한 것에 대한 풍자인 것이다.

　　그러나 이런 일이 있은 뒤 두 사람의 교분(交分)은 점차 두터워졌는데, 조헌은 후에 "처음에는 내가 남의 그릇된 말만 믿고서 공을 잃을 뻔했다."라며 송강에게 용서(容恕)를 청하였다고 한다. 조헌은 송강과의 관계 속에서 그에 대한 주변의 비판(批判)이 모함(謀陷)인 것을 알게 되었고, 이를 사실대로 말하여 용서를 구함으로써 튼실한 교우(交友) 관계(關係)를 형성하게 된 것이다.

　　이때 전국은 동서분당으로 당쟁이 극심했는데 율곡은 이를 통합하려고 노력했으나 오히려 서인으로 몰려 당쟁은 날로 격렬해졌다. 이러한 현실을 안타까워하던 조헌은 율곡에게 선비들의 분열(分列)을 한(恨)하는 시(詩)를 지어올린다.

上栗谷先生[32]

〈栗谷先生께 올림〉

氷炭元難合　　얼음과 숯불은 원래 합치기 어려우니
朱林豈相調　　朱子와 林栗이 어찌 서로 화합하리오
大老思渭上　　大老께서는 渭水가를 생각하시니
陽道恐漸消　　군자의 도가 점차 사라질까 두렵습니다

　　이때부터 선생은 이발, 김우옹 등과 틈이 벌어졌다.

───────────────

32) 변형석, 중봉시역주

이처럼 조헌(趙憲)은 교우관계를 맺되 원칙에 충실(充實)했으며 따뜻한 인정미(人情味)를 그 바탕에 두었다. 송강과의 관계에서는 주변의 평가를 자기 평가로 삼는 과오(過誤)를 범하기도 하였지만, 후에 진정(眞情)을 알고 이를 솔직하게 말하는 진솔(眞率)함으로 새로운 관계를 형성하기도 하였다.

전라도사로 있는 동안 중봉은 호남의 지리와 백성들의 사정을 익히는 대단히 중요한 기회였을 것이다. 전라도의 각 고을을 다니며 백성들의 삶을 가까이에서 직접 볼 수 있었고 남쪽의 지리를 소상히 살펴보고 익혀둘 수 있었다.

중봉은 전라도사(全羅都事)에 부임한지 1년 후(1582년) 임기가 끝났다. 임기를 마친 조헌은 다시 한양으로 올라가게 된다. 마침 공산(公山 : 공주)을 지나며 고청 서기를 찾아보지 못하고 지나치는 마음이 매우 아쉬웠음을 다음의 시로 표현하고 있다.

### 過公山 寄徐山長龜堂起[33]

〈公山을 지나며 山長 徐龜堂起에게 보냄〉

| | |
|---|---|
| 德人心眼定何如 | 큰 인물의 마음과 눈 어떻게 정해졌기에 |
| 泉石膏肓想未祛 | 泉石膏肓을 없애지 못하는가 |
| 靜對雲山供嘯咏 | 고요히 구름 산 대하고 휘파람 불고 읊조리며 |
| 新開蝸室展圖書 | 새로 蝸室을 열고 圖書를 펼쳐 놓았구나 |
| 冠童日見昏蒙豁 | 어른과 어린 학생들 날로 어리석음이 열리고 |
| 侯伯時詢弊瘼除 | 고을 원님들 때때로 폐해 없앨 방책을 자문하네 |
| 悵我方憂將母急 | 슬프게도 나는 막 어머니의 급한 일이 근심되어 |
| 寒驢不克造門閭 | 저는 나귀 타고 서당 문에 나아가지 못하네 |

---

33) 변형석, 중봉시 역주

공주 계룡산에서 書院(서원)의 원장으로 있는 서기에게 고을 수령들의 폐해를 없애 방도를 자문하고 싶었으나 어머니의 급한 일 때문에 찾아보지 못하는 조헌의 안타까운 마음을 전하고 있다.

## 4) 보은 현감 시절

1582년 39세 때 조헌은 전라도사 임기가 끝나고 종묘령(宗廟令)에 전임되어 한양으로 올라왔다. 그해 8월 보은 현감(報恩縣監)으로 부임하게 되었다. 중봉이 보은 현감을 택한 것은 어머니를 보양하기 위해 한직인 외직(外職)을 자청(自請)했기 때문이다.

보은 현감에 부임한 지 몇 달 만에 중봉은 비언칠사(備言七事)의 소(疏)를 지었으나 임금께 올리지는 못하였다. 중봉은 이 소를 통해

　　오늘날 수령(守令)된 자들은 모두가 농업(農業)과 상업(商業)을 성(盛)하게 하고 호구(戶口)를 증가시키며 학교를 일으키고 군정(軍政)을 닦으며 부역(賦役)을 고르게 하고 사송(詞訟)[34]을 간결하게 처리하고 간사하고 교활(狡猾)한 무리들을 없이 하는 칠사(七事)[35]를 능히 할 수 있다고 하나 신(臣)의 생각으로는 한 가지도 능(能)한 것이 없습니다.

하고 당시의 시폐(時弊)를 한탄하였다.

조헌이 보은 현감으로 1년을 보내고 반대하는 무리가 있음에도 불구하고 재임하게 되었다. 1583년 가을 이산보(李山甫)가 경차관(敬差

---

34) 소송(訴訟)에 관한 규정인데 지금의 민사(民事)에 관한 각종 소송으로 볼 수 있다.
35) 새로 임명된 수령(守令)이 대궐을 하직하고 임지(任地)로 떠날 때 계판(啓版) 앞에서 수령으로서 해야 할 7가지 일 즉 농상성(農桑盛), 호구증(戶口增), 학교흥(學校興), 군정수(軍政修), 부역균(賦役均), 사종간(詞訟簡), 간활식(奸猾息)의 7조목을 외우던 일.

보은 동헌

官)[36]이 되어 호서지방의 민정(民情)을 두루 살피고 돌아와 복명(復命)할 때 임금이 그에게 백성을 잘 다스리는 수령(守令)이 누구냐고 물었다. 이때 이산보(李山甫)는 "신(臣)이 살펴 본 바로는 충청우도(忠淸右道)에는 잘 다스리는 자가 별로 없고 좌도(左道)에는 보은 현감 조헌(趙憲)의 백성 다스림이 제일이라 하옵니다."라고 아뢰었다.

그해 겨울 사간원 정언(司諫院正言) 송순(宋諄) 등이 사사로운 원한(怨恨)을 품고 중봉을 파직(罷職)시킬 것을 임금께 간(諫)하였다. 이때 선조 임금은 이미 경차관(敬差官) 이산보(李山甫)로부터 중봉이 백성을 잘 다스린다는 얘기를 들은 바 있었기 때문에 "조헌은 백성을 잘 다스릴 뿐 아니라 그와 같은 사람은 쉽게 얻을 수 없다."[37]며 논계(論啓 : 신하가 임금의 잘못을 따져 아룀) 7일동안 끝내 허락하지 않았다.

---

36) 조선시대 중앙집권적 지방통치체제의 강화과정에서 국가의 필요에 따라 여러 가지 특정한 임무를 띠고 지방에 파견된 중앙 관원.
37) 선조 16년 계미(1583) 10월 13일(신유).

## 5) 옥천에 웅거

다음 해인 선조17년(1584) 정월에 조헌이 스승으로 모시고 많이 의지했던 율곡 이이가 죽었다. 조헌은 관직에 매여 문상을 가지 못하는 대신에 虞位(우위) 베풀고 곡을 했다. 또한 만시(輓詩)를 지어 율곡의 죽음을 애도했다.

| | |
|---|---|
| 胡爲夫子便長休 | 어찌하여 선생님은 길이 쉬게 되셨나 |
| 斯道斯民不幸秋 | 이 道와 이 백성이 불행한 때로구나 |
| 弊瘼從今誰與議 | 폐단은 이제부터 누구와 더불어 의논하며 |
| 危微自此罔攸求 | 사람의 마음 이로부터 求할 수 없네 |
| 溪堂永夜憂時歎 | 긴 밤 溪堂에서 시국을 근심하여 탄식하고 |
| 海閣高談經世謀 | 바닷가 누각에서 세상을 경륜하는 꾀를 높이 얘기하셨네 |
| 萬事悠悠嗟已矣 | 아아 모든 일이 아득하게 다 끝났구나 |
| 愚蒙增痛喪交修 | 어리석은 사람 交修를 잃어 슬픔이 더하구나 |

후율사

즉 동서분당이 점점 심해져 정치적으로 혼란하고 백성의 삶이 팍팍한 이때 스승이 돌아가셨으니 그 슬픔이 오죽 했겠는가? 이제 사회의 폐단을 함께 논의할 사람 없음을 아쉬워하고 있다. 또 해주 석담에 있는, 율곡 선생께서 처음에 강학(講學)하시던 서당(書堂)인 청계당(聽溪堂)에서 긴 밤 시국을 근심하던 모습, 바닷가 누각에서 세상을 경륜하는 얘기를 하는 모습 등 율곡을 그리워하고 추모하는 마음이 여실히 담겨 있다.

1584년 겨울에 또다시 대간(臺諫)의 모함을 받아 파직(罷職) 되었다. 억울하게 관직에서 물러난 중봉은 이러한 당쟁의 소굴에서는 더 이상 살 수 없다고 마음먹고 서울을 떠나 옥천(沃川) 안읍(安邑) 밤티[栗峙] 산속에 들어가 두문불출(杜門不出)하며 은둔생활을 시작하였다. 조헌은 깊은 산골에 홀로 집을 짓고 계모와 식솔들을 모두 이곳으로 옮겼다. 우물을 파고 농토를 개간하여 농사를 지어 생활하였으며 이곳에다 후율정사(後栗精舍)를 짓고 학덕이 있는 선비들과 더불어 지내면서 학문을 강론(講論)하고 몸 닦기를 게을리 하지 않았으며 한편으로는 가끔 밭에 나가 동복(僮僕)이 하는 일을 몸소 보살

1922년 이지당. 사람이 살림한 모습이 보임

오늘날 이지당, 2021년 보물 2107호로 지정.

'覺新書堂' 중봉 조헌선생 친필

피기도 하고 이산 저산을 오르내리며 나라 일을 근심하다 돌아오곤
하였다. 후율정사 상량문(後栗精舍上樑文)을 보면 그때의 사정을 확
인할 수 있다.

봉산(篷山)의 북쪽 노악(老嶽)의 한 가닥이 남쪽으로 굽혀
내렸도다. 하나의 원천(源泉)은 도도한 물결이 되어 바다를
연결(連結)하였고 네 개의 우뚝 솟은 산봉우리는 울울한 숲
이 하늘을 가렸도다. 산골짝이 깊숙하여 비록 살 수는 있겠
으나 너무 황적(荒寂)하여 풍교(風敎)가 없을까 걱정되도다.
또한 수토(水土)는 좋으나 오래 으슥하였으니 사람들은 재지
(才智)를 안고 거의 고락(枯落)하였도다.

우물 파서 마시고 밭 갈아 먹으니 임금은 멀리 하였으나
어버이를 근심없게 하였도다. 태고시대(太古時代)의 순박(淳
朴)은 비록 가상(嘉尙)하나 풍속(風俗)을 교화(敎化)하는 서
륜(胥淪)이 두렵도다. 자제(子弟)들이 견문(見聞)이 없으니
부모(父母)들이 크게 근심하도다.

나의 천(賤)한 자취는 이곳에 우거(寓居)하노라. 그러나 자
신(自身)이 이미 혼미(昏迷)하니 사람들을 깨우치지 못하는
것이 부끄럽고 벗들이 늘 찾아오건만 성의(誠意)를 다하지
못하도다. 두 세 개의 서까래를 바위에 걸쳤으니 여러 사람
이 같이 살 수 없는 것이 민망하도다.

곁에는 사원(寺院)이 없으며 주위의 실가(室家)는 멀도다.

'二止堂' 우암 송시열 친필

오직 인재(人材)의 양성(養成)에 뜻을 독실(篤實)히 하였으며
후생(後生)들을 이끌어 도와주는 긍지와 울분을 위하여 서재
(書齋)를 세우게 되었도다. 산기슭에 서 있는 이 초가집은 오
직 비바람의 어지러움을 막았도다.

　건립(建立)할 때는 재력(財力)이 궁핍(窮乏)하여 온갖 곤란
(困難)을 겪으면서 일을 이루게 되었도다. 이제 강론할 곳을
얻었으니 사람마다 근심이 없게 되었도다. 뿐만 아니라 눈으
로 보고 마음으로 느끼는 바에 오는 선비들이 계속 있게 되었
으니 어른과 아이가 모두 이 기쁜 경사(慶事)를 함께 하리라.

－後栗精舍上樑文


　중봉은 또한 후율정사 외에도 옥천의 각신서당(覺新書堂)에서 강
학하였다. 지금은 이지당(二止堂)으로 불리지만 본래는 각신서당이
라는 서당의 기능을 하였다. 서당(書堂)은 조선시대 향촌 사회에 근
거를 둔 사림과 백성이 중심이 돼 마을 단위로 설립한 사립학교이다.
상급 교육기관 역할을 한 관립의 향교(鄕校)나 사립의 서원(書院)에
들어가기 전에 익혀야 할 기본자세와 기초적인 유교 경전을 학습하
였다. 조선 중기 이후 유교적 사회 체제가 강화되면서 전국에 설치되
었다. 향교나 서원과 달리 일정한 격식이나 규정이 없기 때문에, 필
요에 따라 누구나 건립할 수 있었으며, 주로 향촌 사회에 강한 영향
력을 지녔던 양반 가문에 의해 운영되었다.

이지당이라는 이름은 우암 송시열이 "산이 높으니 우러러 보지 않을 수 없고, 밝은 행실은 따르지 않을 수 없다.(高山仰止 景行行止)"라는 『시경(詩經)』 소아(小雅) 차할편에 나오는 문구 중에서 지(止)를 따서 '이지당(二止堂)'이라 이름을 고치고 현판을 써서 걸었다. 2021년 서당 건물로는 처음으로 그 가치를 인정받아 보물 2017호로 지정되었다.

밤티에서 멀리 떨어진 옥천 각신리 주민들이 새로이 강당을 지어놓고 중봉을 청한 것이다. 중봉은 강당에 친필로 각신서당이란 현판을 내걸었다. 중봉은 이곳의 뛰어난 경치를 아주 좋아해서 선비들과 자주 어울렸다. 우암 송시열도 이곳에서 강학한 바가 있고 입구 산중턱에 있는 바위에 '重峯趙先生遊賞之所'라고 음각해 놓았다.


## 7. 도학 세상 갈망 – 율원구곡가

중봉은 밤티에 들어와서 1년여 동안 바쁜 중에도 아름다운 옥천의 산천을 주유(周遊)하며 선비들과 시를 짓고 강학으로 세월을 보냈다. 이때 남긴 율곡구곡가 있다. 율원구곡가의 제목은 유율원차무이도가운(遊栗原次武夷棹歌韻)이다. 이는 주자의 무이도가(武夷棹歌)에서 차운한 것이다.

구곡은 팔경과 함께 대표적인 동아시아 유교문화유산으로, 구곡과 팔경은 성리학적인 세계관이 그대로 반영된 인문경관으로, 수많은 지식인과 시인묵객들이 노닐던 문학과 문화경관이기도 하다.

율곡, 퇴계 등 많은 성리학자들이 구곡시를 남겼다. 조헌의 율원구곡시도 그러한 맥락에서 지어졌다고 볼 수 있다.

율원구곡시는 1584년 조헌이 41세 때 창작했음을 알 수 있다. 조헌은 율곡이 서거한 후, 율곡에 대하여 실제 사실과 다른 내용을 거론하는 세대에 염증을 느껴 서울을 등지고, 1584년 첩첩산중인 옥천 안읍에 은거할 양으로 거처를 옮겼다. 옥천(沃川)의 안읍(安邑) 율치산(栗峙山)의 현재의 위치는 충북 옥천군 안내면 용촌리 도리밤티(도레밤티)이다. 조헌이 이곳에 거처한 첫 번째 이유는 오지라 은거하기 좋기 때문으로 보인다. 둘째 자신의 선조의 고향을 잊지 않기 위해, 지명이 유사한 곳을 택한 것으로 보인다. 그의 선조들은 황해도 배천(白川) 율원(栗原) 치악산 근처에 살았다.

구곡은 통상 산수가 수려한 하나의 작은 하천 또는 작은 강에 설정한다. 대개 하류로부터 1곡을 설정한다. 때로는 상류로부터 1곡을 설정하기도 한다.

서시(序詩)격인 〈遊栗原次武夷棹歌韻〉을 보면

| 天成老嶽閟精靈 | 하늘이 만든 노성산(老城山)에 정령(精靈)이 숨어 있으며, |
|---|---|
| 嶽下泉流步步淸 | 산 아래 샘물 흘러 한결같이 맑아라. |
| 行到栗原奇勝處 | 율원(栗原)의 기이하고 아름다운 곳에 도달하니, |
| 武夷須續棹歌聲 | 모름지기 무이도가 이어보리라. |

하늘이 조성한 노악산에 정령이 숨어있으며 산 아래 샘물이 한결같이 맑다. 노악산은 지금 충북 보은군 회남면과 회북면에 걸쳐 있는 노성산이다. 여기에 정령이 숨어 있다. 신령한 산이라는 뜻이다. 조헌이 거처했던 도율리 인근에 있다. 당시 조헌이 파놓았다는 샘물이 지금도 남아있어 주민들이 사용하고 있다.

율원의 기이하고 아름다운 곳에 도달하니, 「무이도가」의 노젓는 소리 이어진다고 읊었다. 이는 이곳에 무이구곡처럼 승경지라는 점을 강조한 것이다. 조헌은 율원구곡을 설정하고 율원구곡시를 창작함으로 주자와 같은 생활을 실현하려 했던 것이다. 조헌은 서시에서 이런 점을 밝힌 것이다. 율원구곡의 설정은 주자의 학문과 생활면에 대한 숭상심을 자연에 표출한 것이다. 그가 강학소 이름을 후율정사라 한 것은 율곡의 뒤를 잇겠다는 의지의 표명이다. 이렇듯 조헌은 주자와 율곡의 학문과 문학을 추앙했다.

| | |
|---|---|
| 一曲滄江有小船 | 일곡이라 창강(滄江)에 작은 배 떠있는데, |
| 發源南嶽作長川 | 남쪽 산에서 발원하여 긴 강을 이루었네. |
| 西歸錦麓因歸海 | 서쪽으로 금록(錦麓)을 돌아 바다로 흘러들어가, |
| 碧浪應通洙泗烟 | 푸른 물결 응당 수사(洙泗)의 안개와 통하네. |

제1곡은 창강이다. 지금 충북 옥천군 군서면 금산리 일대에 전개된 계곡이다. 남쪽 산에서 발원하여 긴 내를 이루었다. 곳곳에 기암괴석이 여기저기 자리잡고 있으며 소(沼)가 형성되어있다.

1곡에서는 금천계곡의 물길이 서해로 흘러들어가서 중국에서 발원하는 주수와 사수와 통하는 점을 표명했다. 조헌은 율원구곡의 물이 서해로 흘러들어가는 실상을 읊으면서, 자신의 학문이 공자의 학문, 즉 유학을 계승했다는 사실을 내포시켰다.

| | |
|---|---|
| 二曲岩嶢奬峴峰 | 이곡이라 높디높은 장현봉(奬峴峰), |
| 千巖萬壑淡秋容 | 수 많은 바위와 골짜기 가을 모습 맑아라. |
| 西臺望了因瞻北 | 서대산(西臺山)을 바라보다 북쪽을 쳐다보니, |
| 緬想蓬萊翠萬重 | 만 겹의 봉래산(蓬萊山) 푸른 봉우리 생각나네. |

제2곡은 장현봉이다. 지금 충북 옥천군 군서면에 있는 마성산과 연

결된 한 봉우리를 장용산 또는 장령산이라고도 부른다. 2곡에서 조헌은 장현봉의 산세와 풍광이, 금강산처럼 아름다우며 봉래산처럼 신선경이라는 점을 읊었다.

三曲林亭小似船　　삼곡이라 숲속의 정자 배와 같이 작은데,
一隣茅屋自何年　　이웃에 띠풀집(초가집) 언제부터 있었나?
人攜棗栗呈新釀　　사람들이 대추와 밤, 새로 담근 술 가져다주니,
老守風流爾亦憐　　늙은 태수의 풍류 그 또한 아름다워라.

　제3곡은 임정이다. 이 정자는 배와 같이 작다. 정자가 허공에 떠있는 듯한 장소에 있으며 날렵한 형상을 하고 있다는 표현이다.
　조헌은 산수 좋고 인심좋은 이곳에서 풍류를 즐기는 것을 노년에 큰 기쁨으로 여긴다. 조헌은 3곡시에서 이곳이 산수도 아름답고 인심도 좋은 곳이라는 점을 읊었다.

四曲蒼屛大石巖　　사곡이라 창병(蒼屛) 큰 바위로 둘러쌌는데,
巖前楓葉影監毯　　바위 앞에 단풍잎 그림자 짙어라.
山容峻秀無人見　　산은 높고 빼어나지만 보는 사람은 없는데,
憂玉鳴泉馨碧潭　　옥소리 나는 샘물(강물) 푸른 연못을 울리네.

　제4곡은 창병이다. 지금 옥천군 군북면 추소리 부소머니에 있다. 바위가 푸른 병풍과 같은 형상을 하고 있다. 제4곡에서는 고즈넉하고 한적한 절경이다. 산과 암벽 그리고 나무와 물이 조화를 이룬 절경을 잘 그려냈다.

五曲東南谷口深　　오곡이라 동남쪽의 골짜기 입구 깊은데,

依俙仙侶隔雲林　신선의 세계와 닮아 운림(雲林) 속에 떨어져있네.
林邊有客形容癯　숲가에 나그네 몸과 얼굴은 가냘퍼도,
山水高歌千古心　산수(山水)속에서 천고심(千古心)을 큰 소리로
　　　　　　　　노래하네.

제5곡은 동남곡이다. 지금 충북 옥천군 군북면 추소리 '골냄이'이
다. '윗골냄이' '아래골냄이'가 있다. 제5곡에서는 동남곡이 신선의
세계와 같이 아름다운 곳으로, 불변의 마음으로 즐길 수 있는 절경이
라는 점을 강조했다.

六曲松杉護碧灣　육곡이라 소나무 삼나무 푸른 물굽이 감쌌는데,
蕭疏一逕石爲關　쓸쓸하고 한적한 오솔길 돌이 관문(關門)을 이루었네.
蒼崖翠壁高千尺　푸른 벼랑 비취빛 절벽 높이가 천 자인데,
俯仰夷猶客意閒　올려다보고 내려다보니 오히려 나그네 마음 한가하네.

제6곡은 문암이다. 지금 충북 옥천군 군북면 추소리 추동 연하봉
서당골 강기슭에 있었다. 서화천 물가에 바위가 문모양을 이루고 있
는 곳이다. 그래서 문암이라 불렀다. 제6곡에서 조헌은 문암 주변의
한적한 분위기와 그 정경을 통해 느낄 수 있는 정감을 그려냈다.

七曲褰裳渡碧灘　칠곡이라 바지 걷고 푸른 여울 건너며,
隱屛幽谷費回看　은병(隱屛) 깊은 골짜기 뒤돌아보곤 하네.
人語秋雨霖霪甚　사람들 가을비가 장마비처럼 거세다 말하지만,
我愛飛泉添得寒　나는 날리는 샘물이 더 차가워져서 좋아라.

제7곡은 은병이다. 지금 충북 옥천군 군북면 이평리 이탄여울 근처

에 있다. 여울물을 건너다가 은병 깊은 골짜기를 바라본다. 이 시에서 조헌은 시냇물의 청냉함과 병풍같은 절벽의 조화미를 예찬했다.

八曲穹林眼豁開　팔곡이라 높은 숲 눈앞이 탁 트였는데,
岡巒寥廓水東廻　높은 산의 고요한 성곽 물은 동쪽으로 감도네.
秋原喜問耕雲叟　가을 언덕에서 구름을 갈고있는 노인에 기쁘게 물으니,
爲道二三佳客來　두 셋 멋진 손님이 와계신다 말하네.

제8곡은 환산성이다. 지금 옥천군 군북면 이백리와 환평리에 걸쳐 있다. 산에 고요한 성곽이 자리 잡고 있으며, 물이 동쪽으로 감돈다. 성곽이 나오는 것을 보면 지금 환산성 일대를 가리키는 것으로 보인다. 조헌은 제8곡에서 구름 속에 솟아있는 환산성의 신비로운 모습을 잘 그려놓았다.

九曲三峯對肅然　구곡이라 삼봉(三峯)을 숙연하게 대하는데,
遠山西鶩隔南川　먼 산이 서쪽으로 내달려 남쪽 시내와는 막혔네.
巖松溪柳裝新巷　바위의 소나무 시냇가 버들 새 동네를 단장하니,
果是塵寰別箇天　과연 여기가 속세의 별천지(別天地)로다.

제9곡은 삼봉이다. 지금 군북면 추소리 하류 어느 지점이다. 율원 구곡 중 마지막 절승이다. 삼봉은 숙연한 마음으로 대하게 해주는 곳이다. 먼 산은 서쪽으로 내달리는 형상이며, 남쪽에 있는 하천과 막혔다. 이곳의 산수자연은 인간의 심성을 순화시켜주는 현장이다. 조헌은 제9곡을 신선이 사는 별천지로 간주한 것이다.[38]

___

38) 이상주, 조헌의 율원구곡과 율구곡시, 중원문화연구 10.

조헌은 1584년 41세 때 율원구곡시를 창작했다. 율원구곡은 옥천 군내 유일의 구곡이며, 율원구곡시는 옥천군내 유일의 구곡시이다. 조헌의 율원구곡시는 주자의 「무이도가」의 운에 차운하여, 지금 충 북 옥천군 서화천 일대의 수려한 자연경관을 읊었다. 이는 율원구곡 의 산수풍광이 매우 수려하다는 점을 강조하려는 표현들이다. 율원 구곡시는 시의 내용이나 표현상으로 볼 때 일정한 수준에 도달했다.

율원구곡은 구곡문화의 한 현장이다. 율원구곡이 무이구곡처럼 웅 장하고 험준하지는 않다. 율원구곡은 물굽이가 태극문 중앙분할선 모양으로 몇 구비 휘돌아 흐른다. 높고 낮은 주변의 산들이 서화천을 따라 물가에 솟아있다. 그들이 조화를 이룬 풍광은 '별유천지'와 '선 경'에 온 것 같은 착각을 느끼게 한다.


## 8. 이발(李潑)과 절교

율곡이 세상을 떠난 지 얼마 안 되어 정여립이 율곡과 성혼을 모함 하는가 하면 이발도 이에 동조하였다. 정여립은 처음에는 동인과 서 인의 붕당에서 서인에 속해 있었으며 율곡 이이 밑에서 학문을 연구 하였다. 그러나 이후 정여립은 서인을 떠나 동인 편에 가담하여 서인 의 사람들과 율곡을 공공연히 배반하고는 "계미년(1583) 초여름에 나는 율곡의 무상함을 비로소 깨닫고 서한을 보내 그와 절교할 것을 알렸었다. 그러나 다만 이보다 일찍 절교하지 못한 것이 한스럽다" 고까지 하였다.

이발은 호남의 명문가 광산 이씨 집안으로 나주 남평에서 태어났 다. 1568년 과거에 급제해 관직생활을 시작했고 부제학 등 여러 관직 을 거쳐 1584년 대사간 자리에 올랐다. 그러나 동서 분당 사태가 일 어난 때 이조전랑에 기용되어 자신과 친분이 있는 사람들을 다수 기용하여 자연스럽게 동인의 지도자가 되었다. 동인이었지만 후일에 서인의 거두로 추증되는 이이를 무척이나 존경하여 이이와의 사이가 각별했다. 이이는 이발과 정철을 불러 손을 맞잡게 하고 화해를 주선하기도 했다. 그러나 동서 분당 과정에서 감정의 골이 깊어졌다. 1589년 기축옥사가 일어나자 이발은 정여립과 공모했다는 의혹과 선조에 의해 왕권을 위협하는 권신과 국정을 망하게 하고 나라를 혼란스럽게 빠지는 간신으로 지목당하는 누명을 씌우고 체포되어 종성으로 유배되었다. 그러다가 다시 문초 과정에서 정여립과의 연루 의혹과 예비 권간 의혹의 누명이 재등장하자 한양으로 다시 끌려와 정철의 혹독한 고문 끝에 사망하고 말았다. 이발 뿐만 아니라 이발의 가족 모두 끌려와 혹독한 고문 끝에 사망했는데 이발의 80세 노모는 맞아 죽었고 이발의 어린 아들들은 선조의 노여움을 사서 압슬형을 받다가 사망했다.

중봉(重峯)은 우계(牛溪) 성혼(成渾)과 율곡(栗谷) 이이(李珥)를 스승으로 섬겼고 그 동료들 가운데서도 이발(李潑) 등과 제일 친분이 있었다. 이발(李潑)도 중봉(重峯)을 가장 소중히 여겨 중봉(重峯)의 등·불용(登·不用)에 자신의 진퇴(進退)까지 걸기도 하였다.

또한 이때 여러 사람의 여론(輿論)이 정여립에게 침을 뱉고 욕을 하니 정여립은 세상 여론에 몰려 도망쳐 달아났다. 그러나 이발(李潑)은 오히려 세상의 이론이 그르다고 생각하고 있어서 비로소 선생(憲)과 대립하게 되었고 서로가 왕복하며 시비 논변(論辨)을 하였으나 이발은 끝내 선생의 말을 듣지 않으니 선생은 드디어 그와 절교(絶交)하는 내용의 서한(書翰)을 보냈다. 그러나 아직도 옛정을 못 잊어 늘 이발의 태도를 개탄(慨嘆)하는 마음이 있었다.

홍가신(洪可臣)은 조헌과 교류하던 인물이다. 호서지방(湖西地方)에서 벼슬을 하고 있었고, 그때 이발(李潑)은 남평(南平)에 살고 있

었다.

홍가신

　조헌은 김포(金浦)에서 추위와 눈보라를 무릅쓰고 도보(徒步)로 호서(湖西)에 갔고 홍가신(洪可臣)과 이야기하면서 우계(牛溪) 성혼(成渾)과 율곡(栗谷) 이이(李珥)를 지극으로 추장(推獎)하고 존경하는 뜻으로 이야기를 하였는데 이 말을 들은 홍가신(洪可臣)의 말이 "율곡(栗谷)은 소인(小人)이란 평(平)을 면(免)하지 못한다."고 하였다. 이 말을 들은 선생은 "당신이 나를 앞에 대해 놓고 공공연(公公然)하게 작고한 스승을 소인(小人)이라 배척(排斥)하니 당신의 심사(心事)를 알만 하다." 하고 옷자락을 떨치고 일어서니 홍가신이 내가 농담으로 그러한 것뿐인데 당신이 왜 이렇게까지 하느냐고 일어나서 만류하였으나 선생은 들은 척도 않고 그 길로 남평(南平)으로 가서 이발(李潑)과 더불어 논쟁하며 율곡(栗谷)을 배반(背叛)한 행위를 힐책(詰責)하니 이발이 말하기를 "율곡은 성인(聖人)이 아닌데 어떻게 매사에 옳을 수 있으며 나더러 배반(背叛) 운운하는데 나는 그런 일이 없으며 당신의 말이 잘못되었다." 하였다. 조헌은 "정여립의 엎치락 뒤치락 하는 꼴이 무상하다는 것은 거리에 있는 사람까지도 다 아는 사실인데 당신은 어째서 즉시 그와 절교(絶交)하지 않고 도리어 일을 같이 하니 그것은 무엇이냐?"고 질타하였다. 이발의 말이 "사람의 소견은 처음은 옳았는데 결과가 그를 수도 있고 처음에는 나빴지만 결과는 옳을 수도 있으니 인백(人伯 : 汝立의 字)이 무슨 잘못

이 있겠는가. 아마도 그는 회오(悔悟 : 뉘우침)하는 뜻이 없을 것"이
라 하였다.

　그리하여 선생은 애절하고도 차마 하기 어려운 말로 간곡(懇曲)하
게 충고하기를 무릇 십여 일(十餘日)이나 하였으나 이발은 받아들이
지 않았다. 조헌이 전라도사(全羅都事) 때에 이발이 자기가 입고 있
던 털옷을 조헌에게 증정(贈呈)한 일이 있었다. 이때에 조헌은 이발
에게 말하기를 "자네가 내 말을 쫓지 않고 자기의 견해에만 편집(偏
執)[39]을 하며 우계(牛溪)·율곡(栗谷) 선생을 배척(排斥)하고 정여립
(鄭汝立)을 추장(推奬)하니 뒷날에 가서 후회막급 하는 일이 있을 것
이고 내가 자네와 절교를 한 바엔 이 물건을 내가 가지고 있을 수 없
다."고 하여 그 옷을 되돌려 주고는 손을 잡고 눈물을 뿌리며 그와 결
별하였다. 이 때에 박천연(朴天挺) 형제가 한자리에 있었는데 천연
은 선생과 예전에 상식(相識 : 서로 얼굴이나 알 정도의 친분이 있는
사람)이 있는 사람이다. 선생이 물러간 뒤에 천연이 이발에게 여식
(汝式)은 어떠한 사람이냐고 물었다. 이발은 "삼대(三代 : 夏殷周)시
대에나 볼 수 있는 인물인데 단지 그 사람의 고집(固執)이 질병(疾
病)"이라고 말하였다. 천연이 말세(末世)와 같은 우리나라에 어떻게
삼대(三代)에서나 볼 수 있었던 인물이 있을 수 있느냐 당신의 말이
지나치다고 하니 이발이 말하기를 "여식은 자네나 우리 따위는 그 사
람을 이렇다 저렇다 하고 헤아려 논(論)할 바가 못된다." 하고 일어
나 날이 저무는 깃을 보고 "오늘 여식이 몇 리나 길을 가다가 쉴 것인
지!" 하며 꽤 많은 아쉬움의 정(情)을 나타냈다. 그 뒤로 이발이 서울
에 올라오는 길에 공주(公州)에 도착하였다. 이때에 선생은 제독관
(提督官)으로 공주(公周) 상(庠 : 학교)에 있었다. 이발이 만나 보기

---

39) 끝까지 어떤 일에 집착함.

를 청하였으나 선생은 거절하고 만나지 않았다.

　이듬해 공주 제독관으로 있으면서 올린 만언소에서 이발과 결별하는 부분을 기술한 부분이 있다.

　　신은 그래도 이발이 옛 친구인 것에 연연하여 차마 즉시 교제를 끊지 못하고 추위를 무릅 쓰고 남쪽으로 달려가 반복하여 충고하여서 미혹된 마음을 돌이키기를 바라고 애절한 말로 간절하게 타일렀습니다. 그러나 그들 형제는 노여워하는 뜻이 더욱 치솟아 수그러지지 않고 오히려 성혼을 그르고 여립은 옳다 하며 숫자가 많은 쪽이 사림이고 적은 쪽이 불초(不肖)한 자들이라고 하면서 눈썹을 치켜 올리고 눈을 부라리며 마치 날뛰는 돼지와 같은 기세였습니다. 신이 이에 세 차례 편지를 보내 교제를 끊고 개탄해온 지가 오래 되었습니다. 그래서 지금 고을을 지나면서 한 번 만나기를 청했으나 신은 병을 핑계로 가지 않았고 두 편의 시를 지어 거절했습니다.

중봉이 이발 형제와 절교하며 쓴 다음의 시가 있다.

| 嗟我與君皆甲辰 | 아아, 나는 그대와 함께 모두 甲辰年에 낳았는데 |
| 樹雲南北不同鄰 | 숲과 구름 남북으로 이웃하지 못했네 |
| 最憂曾子無聞歲 | 가장 근심하기는 曾子의 나이 들음 없음인데 |
| 須惜蘧卿寡過春 | 모름지기 蘧卿의 허물 적음을 아껴야 하리 |
| 一眼初從賢否定 | 한눈에 처음부터 따랐으니 어질고 그렇지 않음 정해졌는데 |
| 百年終信是非眞 | 백년 세월 끝내 믿음 참됨이 아니구나 |
| 可憐生也爲文仲 | 가련하게도 살아서는 文仲이 되었는데 |

寧學堯夫請養親 　 차라리 堯夫를 배워 어버이를 봉양하기를

조헌이 이조 전랑(吏曹銓郎)으로 있던 동인 이발(李潑) 형제에게
준 시에 "그대 한 번 보고서 현부를 정했으나, 평생토록 시비의 참 끝
끝내 믿으리라.〔一眼初從賢否定 百年終信是非眞〕"라고 했던 것을
가리킨다. 이 시는 조헌이 이발 형제와 절교하면서 준 시인데, 자신
이 이발을 처음 보고는 훌륭한 사람이라고 판단해서 종유했었으나
스승 율곡의 학문과 충성심에 대한 시비는 자신의 판단이 옳다는 것
을 평생토록 믿어 의심치 않을 것이라는 뜻이다.


## 9. 공주 제독관 시절

1586년 조헌은 교수(敎授)겸 제독관(提督官)에 임명되어 공주(公
州)에 부임하게 되었다. 모함을 받아 파직 돼 옥천에 은거한 지 거의
1년 반이 넘었을 때다. 제독관은 조선시대 교육을 감독, 장려하기 위
해서 지방에 파견된 관원을 말한다. 선조 19년에 8도에 각 1인을 파
견하여 해당 도의 향교를 감독하게 하다가 1592년 폐지하였다.

중봉은 공주에 내려와 선비를 양성하는 규범(規範)과 규약(規約)
을 엄하게 하고 이를 몸소 실천에 옮기니 원근(遠近)에서 배우려고
찾아오는 사람이 퍽 많았다. 제독관이란 벼슬이 비록 한산한 자리이
긴 했으나 당시 조정(朝廷)에서는 옳고 그른 판단의 뒤바뀜이 예사
였고 또 스승과 벗들이 무고(誣告)를 당하게 됨을 슬퍼하여 중봉은
늘 "위망(危亡)의 환난(患難)이 아침 저녁으로 임박하였다."라고 세
상을 내다보았다.

그리고 그해 10월 붕당의 시비와 학정의 폐단을 논하는 변사무겸
논학정소(辨師誣兼論學政疏)를 올린다.

공주 향교

## 1) 변사무겸논학정소(辨師誣兼論學政疏)

1586년 공주 제독으로 부임한 후 그해 10월에 올린 〈변사무겸논학
정소(辨師誣兼論學政疏)〉는 학정(學政)의 폐단을 논하면서 우계 성
혼, 율곡 이이, 송강 정철을 극력 지지하는 내용이다. 제독관으로서
직무와 직접 관련된 상소였다.

　　공주 교수(公州教授) 조헌(趙憲)이 소를 올려 이이(李珥)·성
　　혼(成渾)의 학술의 바름과 나라에 충성한 정성을 극력 진술하
　　고, 시인(時人)이 나라를 그르치고 어진 이를 방해하는 것을
　　배척하였는데, 내용이 몹시 길었다. 상이 수십 일 동안 궁내
　　에 머물러두고 비답(批答)을 내리지 않자, 헌이 다시 상소를
　　하여 머물기 어려우니 돌아갈 것을 청하고, 또 누구누구가 인
　　척으로 결탁한 정상을 일일이 지척(指斥)하니, 답하였다.
　　"구언(求言)에 따라 진소(陳疏)한 정성은 참으로 가상하
　　다."[40]

<hr />

40) 조선왕조실록, 선조 19년 병술(1586) 10월 20일(신사).

장문의 상소문으로 학정(學政)의 여러 문제점을 제시했다. 즉 청운(靑雲)의 뜻을 품은 선비는 초려(草廬)에서 일어나는 것인데 뇌물로 교사를 뽑아서 자격이 되지 않는 사람에 의한 교육이 이루어지는 여러 문제점을 상세히 논했다. 훌륭한 선현들을 가장(嘉獎)해서 사도(師道)를 세울 것과 과장(科場)의 문란한 기강으로 요행을 품고 과거에 응시하는 자들이 입격하는 사례가 만연하는 것을 방지하기 위한 제도적 보완을 주장했다.

그러나 임금에게 상소가 들어간 지 7일이 넘도록 비답이 없자 조헌은 다시 상소하여 말한 바를 번복하니 임금이 임지로 돌아가 임의대로 시행하라고 대답했다.

이때 홍문관 부제학 정윤복(丁允福) 등이 조헌 상소가 그릇되고 망령된 것이라 비방하자 선조는 다음과 같이 답했다.

"나는 부족한 덕과 어두운 식견으로 반생(半生)을 질병과 근심을 안고 지냈으므로 인사(人事)에 밝지 못한데, 하물며 누가 옳고 누가 그른가를 알겠는가. 다만 차자(箚子)를 보고 생각해보니, 이러한 쟁변은 무익하다고 여겨진다. 대저 시비란 모양이 없는 물건이라 인심에 기반을 두고 행사에 나타나므로 한 때의 말의 기세를 가지고 억지로 우열을 정할 수는 없다. 어느 누가 3척(尺)의 입을 가지고 있지 않겠는가. 내가 말을 잘한다면 저 사람도 말에 능한 법이다. 그런 까닭에 끝없는 구설로 무익한 시비를 다투는 것이 자신을 반성하여 스스로 살피는 것만 못하다. 다른 사람의 관점으로 자기를 보지 않으며 마찬가지로 자기의 관점으로 남을 보지 않는다면 다행스러운 일이다."[41]

---

41) 조선왕조실록, 선조 19년 병술(1586) 10월 22일(계미).

라고 하여 오히려 스스로를 반성하라 하였다.

## 2) '만언소(萬言疏)'와 제독관 사임

1587년 조헌은 정여립를 논박하는 만언소(萬言疏)를 관찰사를 통해 올린다. 조헌의 상소문이 제출되자 관찰사 권징은 자기에게 화가 미칠 것을 두려워하여 이를 받으려 하지 않았다. 조헌은 다시 짧은 소(疏)를 지어 원래의 상소와 함께 올린다. 6월에서 9월까지 무려 다섯 차례나 상소를 올렸으나 관찰사 권징은 이를 받아들이지 않는다. 그러자 조헌은 문묘에 글을 지어 고별하고 제독관 벼슬을 사임하고 옥천에 내려왔다.

> 아! "쓰이면 나와서 도(道)를 행(行)하고 버리면 물러가 은퇴한다."는 것은 소자(小子)의 바랄 바가 아니고 세상(世上)을 잊는 데 과단성(果斷性)이 있고 용감하게 하는 것은 선성(先聖)께서도 한탄(恨歎)하신 바입니다. 명정(明廷)에 삼가 작별(作別)을 고하게 되니 깊이 사모(思慕)함을 이기지 못하옵니다.
> ─ 고사성묘문(告辭聖廟文) 고사성묘문(告辭聖廟文)

조헌은 문묘에 고하는 글에서 지난 해 스승과 벗들이 무고를 당한데 대하여 두 차례나 임금께 소를 올려 임금이 밝게 고쳐주기를 믿었으나 간사한 자들의 계략으로 자신의 뜻이 관철되지 못함을 애통해 하고 있다. 그리고 조정의 의논들이 불안하고 모두 자기로 인해 시끄럽게 되었다고 하였고 또한 성균관의 선비들이 모두 다른 말만 믿고 조헌에게 배우다가는 미치광이가 될까 두렵다고 하고서 산골로 돌아가서 벌을 받으라는 명령이 내리기만을 기다리겠다고 하였다.

지난해 조헌이 이미 만언소(萬言疏)를 올려 시사(時事)를 말하자 조론(朝論)이 공박하기를 마지않았으나 상이 용서하였다. 이 해 5월에 다시 소장을 올려 시사에 대해 극언(極言)하면서 고금의 사례를 원인(援引)하여 분주(分註)하여 첩황(貼黃)하였는데 모두 수만언이었다. 가난하여 행장을 꾸려 서울에 올라올 수가 없었으므로 관례대로 주도를 통하여 소장을 올렸다. 감사가 그 소장의 내용이 시기(時忌)에 크게 저촉됨을 보고 연루될까 두려워하여, 격례(格例)에 잘못이 있다고 핑계하여 물리쳤다. 조헌이 곧 다시 짧은 소장을 첨부하여 네 번 올렸으나 네 번 모두 받지 않았다. 뒤에 초소(草疏)를 올리려 하였으나 시행되지 못하였다. 드디어 글을 지어 선성묘(先聖廟)에 고하고 관직을 사임하고 옥천(沃川)의 향리로 돌아갔다. 그의 첫번째 소장의 대략에,

"삼가 헤아려보건대, 우주가 있은 이래로 한 세상의 뭇 소인들에게 거스름을 받은 사람으로 천신(賤臣)보다 심한 경우가 있지 아니하며, 천지 부모 같은 은혜로 사적으로 관대하게 비호한 것도 천신보다 더한 사람이 있지 아니한데, 한마디 말이 행해지지 않자 깊은 산 속으로 물러나는 것은 신이 차마 못할 일이긴 합니다.

소장을 올린 뒤부터 역(易)으로 달을 계산하면, 복괘(復卦)·임괘(臨卦)로부터 태괘(泰卦)에 이르고 태괘로부터 대장괘(大壯卦) 및 건괘(乾卦)에 이르러 이미 육양(六陽)이 자라난 것을 보았습니다. 망령된 의견으로는 천심(天心)이 화를 뉘우치고 경사(卿士)가 허물을 반성하여 지난 일을 생각하고 어제의 잘못을 깨달았다면, 성주(聖主)께서 곧 선으로 돌아오심을 보는 것이 마땅히 지난 해 겨울에 있었어야 하고 선류(善類)를 일으켜 인정(仁政)을 보필함은 금년 봄에 있어야 했습니다. 그런데 몽폐가 더욱 심하고 저해가 더욱 심해서, 도깨비 같은 무리가 번갈아가며 환괴(幻怪)를 부려 짐은 안

개와 구름이 하늘의 해를 가리듯 성상을 속이고 있으니 신은 삼가 성주께서 요순(堯舜)의 자질이 계시나 좌우 측근에 강직한 신하가 적은 것을 우러러 슬퍼합니다. 성인이 없다고 여겨 제멋대로 하면서 참되게 하지 않고 교묘한 말로 변명하는 것은 자신을 위해 경영하는 것뿐이요, 한 마디도 국가의 계책에 대해 언급한 것이 있다는 말은 듣지 못하였습니다. 붕당을 만들어 원수가 되었는데도 당이 없다고 하고 벼슬길이 극히 혼탁한데도 맑은 조정이라고 하고, 민생이 흩어지게 되었는데도 그런 대로 안정되었다 하고 변경의 계책이 오래도록 졸렬한데도 근심이 없다고 합니다. 그리하여 근심하고 두려워하고 염려하시는 전하의 뜻으로 하여금 스스로 연안(宴安)하는 가운데 태만해지게 만들고 도를 바라고 현인을 애타게 구하는 전하의 성의로 하여금 하루 따뜻하게 하고 열흘 동안 차게 하는 즈음에 은연 중 사라지게 해서, 임금의 덕이 고립되어 팔다리 같은 신하의 도움이 적고 사방의 문이 열리지 않아서 듣고 보는 것을 의탁할데가 없게 만들었습니다.

작상(爵賞)과 형벌이 혹 중화(中和)와 지성(至誠)의 발로에서 나오지 않기 때문에 제 잘난 체하는 소장을 올려 사정(邪正)을 다투고 선류를 무함하는 말로 사람의 시비를 미혹시키고 바르지 못한 노여움이 하늘에 사무치고 뭇 의심이 나라에 가득하여 몇 해를 지나도 맑아질 기약이 없습니다. 이 또한 신이 분기를 타고 소장을 지으면서 그 예봉을 거두지 않고 현인을 해치고 나라를 좀먹는 것을 개탄한 나머지 한갓 거리에 떠도는 의논을 채집하였을 뿐 실지의 악을 밝혀 탄핵하지 못한 탓이기도 합니다. 그리하여 말하는 사람이 조정에 가득하여 논쟁하느라 안정되지 않음에 따라 우리 군부(君父)를 참소와 하소연 사이에 시달리게 하기에 이르렀습니다. 그러나 아직까지 지위 높은 고관들이 한 사람도 앞장서서 기운을 내어 공적인 시비의 소재를 진달한 것이 있다는 말을 듣지 못하였습니다. 모르겠습니다만 성주께서는 조선의 사직이 편안하다고 여기십니까, 아니면 위태하다고 여기십니까. 그리고 팔도의 민생이 안락하다고 여기십니까, 아니면 고통스럽다고 여기십니까. 출입하며 보필하는 인사로는 누가 참으로 우리 임금을 사랑하는 자이며, 주변(籌邊)의 일을 주간하는 신하로는 누가 참으로 나라를 근심하는 자이겠습니까.

신은 생각건대 나라를 근심하는 것이 자기 집을 근심함만 못하고 임금을 사랑하는 것이 자신을 사랑함만 못하다고 여깁니다. 그리하여 분산(分散)의 형세는 유악(帷幄)에서 결정되는데 머리가 불타고 문드러지는 화는 엉뚱하게 숲과 못의 고기에게 미칩니다. 안위(安危)라는 두 글자를 말할 여지도 없이 존망(存亡)의 기미가 이미 결정되었고, 휴척(休戚)이라는 두 글자를 논하지 않더라도 산란(散亂)의 형세가 이미 이루어졌습니다. 신은 실로 모르겠습니다만, 누가 혜택을 베풀어서 백성의 살과 뼈를 기름지게 하고 누가 심사(心思)를 다하여 임금을 밝게 도와 유지하고 공고히 하여 수십 년 거수(居守)할 계책을 세우겠습니까. 생각이 여기에 미치니 가슴이 무너지고 간담이 서늘해집니다.

신이 이미 일생 곧고 고집스런 목숨으로 간인의 칼날 위에 내맡겨졌으니, 어떻게 차마 명주(明主)를 위해 공정한 시비의 소재를 다 진달하여 국론을 결단하지 않을 수 있겠습니까.

신이 신의 소장에서 어질다고 한 자를 곧 참으로 주공(周公)·공자(孔子)·정자(程子)·주자(朱子)로 여기는 것이 아니고, 사행(事行)의 시종도 진선 진미(盡善盡美)하다고 여기는 것이 아닙니다. 다만 임금을 사랑하고 나라를 근심할 줄만 알고 자기 몸을 아끼지 않는 자는 주공·공자의 무리이고, 그 선유(先儒)의 훈계를 실천하고 양주(楊朱)와 묵적(墨翟)을 배척해야 한다고 말할 수 있는 자는 정자·주자의 무리라는 말입니다.

　판탕(板蕩)의 시기를 당하여 소인들이 뜻을 얻게 되자 여러 현인이 어육(魚肉)이 되고 선왕(先王)의 사랑하는 아우와 아들이 죄없이 형벌을 당하는데도 사람들이 감히 말을 하지 못하니 권간(權奸)이 국정을 담당하여 참독(慘毒)을 부린 것이 어떠하였습니까. 그런데 이탁(李鐸)이 능히 박순(朴淳)의 말을 들어 죽음도 돌보지 않고 시랑(豺狼)을 쳐서 내쫓았습니다. 이때를 당하여 이산해는 황혹(惶惑)하여 벌벌 떨면서 감히 붓을 잡지 못하였습니다. 만일 이탁이 또 이산해처럼 나약하고 비겁하였다면 박순의 말이 홀로 행해질 수 없고 우리 조선 한 나라도 심히 위태롭게 되었을 것입니다. 선왕(先王)의 지혜로운 결단을 어디에 시행할 수 있었겠습니까. 사적(事跡)에 의거하여 마음을 논하여 보면 길가는 사람이나 심부름 다니는 사람이라도 박순이 자신을 위해 도모하지 않았고 자기 집을 위해 계획하지 않았다는 것을 훤하게 알 것입니다. 그런데 곧 척리(戚里)에 의탁하려 하였다 하여 그가 일생토록 현인을 구하고 왕을 보좌한 충성까지 묻어버리고서 자신이 그의 웃자리에 있고자 힘썼는가 하면 중심으로 공직에 봉사한 일대(一隊)의 사람까지 헐뜯으며 손으로 많은 사람들의 눈을 가리고자 힘썼습니다. 그리하여 박순더러 정사를 전단(專斷)했다 하였는데, 박순의 형 박개(朴漑)는 한 고을의 군수를 지낸 데 불과하고 고종(姑從) 아우 고덕부(高德符)는 염근(廉勤)한 것으로 이름이 나서 감무(監務) 벼슬을 역임한 데에 불과하였습니다. 박순더러 당여를 부식했다 하였는데 그가 천거하여 쓴 사람은 기개를 숭상하고 염치가 있는 동서남북에 사는 사람으로서 오늘날 시배들의 형제와 인아(姻婭)가 모두 현달한 자리에 있는 것과는 다릅니다. 성명(聖明)이 위에서 통촉하시고 공의가 오래도록 펴졌는데도 사부(士夫)의 횡론(橫論)이 마침내 송응개(宋應漑)의 견식을 벗어나지 못할 줄을 어찌 생각이나 하였겠습니까.

송응형(宋應洞)은 반드시 그의 아비가 형의 팔을 비틀 의사가 없었다고 할 것이나 신은 이를 믿지 않습니다. 신은 듣건대 송인수(宋麟壽)의 어짊은 동국(東國)의 보배라 합니다. 그가 죽던 날 그를 알건 모르건 탄상(歎傷)하지 않은 사람이 없었는데 송기수(宋麒壽)는 홀로 출사를 그만두지 않고 정원에 사진(仕進)하였다고 합니다. 동료들이 괴이하게 여겨 물으니, 답하기를 '이미 국적(國賊)이 되었으면 마땅히 속적(屬籍)에서 끊어야 하니, 무슨 복(服)이 있겠는가.' 하였습니다. 뒤에 송인수를 위해 묘지(墓誌)를 지을 적에는 찬양을 극도로 하여 공론에 죄를 얻지 않으려 하였으니, 이른바 '평생의 간위(姦僞)는 그가 죽은 뒤에야 진성(眞性)을 알 수 있다.' 한 것이 이것입니다. 신종효(愼宗孝)는 두둑이 잇달아 있는 기름진 전지를 소유하고 있었는데 그의 아들이 무관이 되자 벼슬자리를 잃게 된다는 것으로 을러서 그 전지를 빼앗았습니다. 윤임(尹任)의 아내가 그의 사패 노비(賜牌奴婢)가 되었는데 그에게 직접 길쌈을 짜서 바치게 했고 공신의 사제(賜第)를 받아서는 이를 팔아 댓가를 적립하였다고 합니다. 이는 사기행위로서 청렴한 행동이 못됩니다. 만일 자신을 이롭게 하려는 마음이 없다면 그 집을 온전히 보존하여 백년 뒤 공론이 정해지기를 기다리는 것이 옳은데, 어찌 반드시 급급히 팔아서 그 댓가를 저축하여 후일 이름을 사려는 계책을 한단 말입니까. 그것이 간계(奸計)에 의한 재물임이 드러나서 사람의 대열에 넣어주지 않았으므로 박순·백인걸(白仁傑)·김계휘(金繼輝)·이이(李珥)가 바야흐로 청론(淸論)을 주장하던 때 송기수가 이조 판서로 있었으나 감히 직무를 수행하지 못하고 날로 분한을 축적하고 있었으며 그의 아우는 더욱 악하여 특히 청의(淸議)를 원수처럼 여겼습니다. 그리하여 밖으로는 허봉(許篈)·김첨(金瞻)과 혼인을 맺어 감히 이이를 무함하는 소장을 올리는 한편, 박순·정철·백인걸·김계휘의 무리도 아울러 언급하여 번번이 추후하여 무함하였습니다. 송응개·송응형·허봉·김첨이 과연 나라를 근심하는 사람이라면 어찌 차마 양조(兩朝)의 강직한 신하를 아울러 한결같이 배척하여 내쫓기를 도모한단 말입니까.

그러나 이때 조정 반열에 선을 좋아하고 악을 미워하는 마음을 가진 사람이 전혀 없지는 않았습니다. 그러므로 홍가신(洪可臣)이 김첨에게 '그대는 그대의 처남 송응개가 한 일을 옳다고 보는가? 이이를 군자(君子)이면서 인(仁)하지 못한 자라고 하는 것은 옳거니와 소인이라고 하는 것은 옳지 않다.' 하였습니다. 김제갑(金悌甲)도 오히려 하낙(河洛)의 소장을 옳게 여겼는데 성낙(成洛)·박근원(朴謹元)에게 견제되어 모두 중한 견책을 입었습니다. 그러나 어찌 오늘날 일단 언로(言路)나 시종(侍從)의 자리에 들어간 자이면 모두 허물을 숨기고 잘못을 얼버무리는 것만을 힘쓰면서 조금도 선을 도울 생각이 없는 자와 같은 지경에야 이르겠습니까.

대저 이발(李潑)·이길(李洁)이 처음에 성혼·이이의 문하에 종유(從遊)하면서 자신을 굽히고 남에게 겸허하였으므로 칭예(稱譽)하는 사람이 많아서 선인(善人)이란 이름을 얻었고, 성혼·이이도 함께 선을 할 수 있는 사람이라고 여겼습니다. 심의겸이 김효원에게 미움을 받게 되어서는 그 무리가 심의겸과 일을 같이하는 자는 박순이라고 공격했기 때문에 이발의 무리가 몰래 김효원을 주도하여 심의겸을 모함하고 박순을 내쫓으려고 힘썼는데, 정인홍(鄭仁弘)·김우옹(金宇顒)은 그들의 술책에 빠지는 것을 알지 못하였습니다. 성혼과 이이는 마음 속으로 반드시 '심의겸이 병통이 있기는 하나 평생의 일을 살펴보면 나라 일에 마음과 힘을 다 바치고 스스로를 봉식(封植)하지 않았으니, 외부의 의논이 비등하다 하여 호언(狐偃) 같은 충신을 가벼이 내쫓아서는 안 된다.'고

108

여겼던 것입니다. 그런데 이발과 김우옹·정인홍은 성혼이 심의겸을 편든다고만 의심하였을 뿐 이것이 국인의 공언(公言)이라는 것을 몰랐던 것입니다.

당초 각립(角立)할 즈음 이발이 정철에게 '공이 어찌하여 심의겸을 끊지 않는가.' 하니, 정철이 '의겸이 어버이를 섬기고 사람을 사랑함에 있어 볼 만한 점이 많이 있다. 어찌 그대 아저씨 윤의중(尹毅中)이 형의 아들을 죽이고 자기 아들에게 종통(宗統)을 빼앗아 준 것과 같은 지경에야 이르렀겠는가.' 하였는데, 이것이 정철이 준엄하고 강직하여 이씨와 윤씨의 가문에 거듭 거스름을 받게 된 이유였음은 물론 친우까지 아울러 배격하여 있는 힘을 다하게 된 이유입니다. 이이의 허물을 논함에는 말단의 사람 쓰는 것에 대한 잘못을 말하였으니, 이는 구사맹(具思孟)과 고경명(高敬命)의 무리를 가리켜 말한 것입니다. 구사맹이 선을 좋아하는 마음을 지닌 것은 윤의중에 비하면 말할 수 없이 현격하게 다르고 고경명이 나라를 영화롭게 한 것은 허봉에 비하면 같은 선에다 놓고 말할 수 없습니다. 그렇다면 심의겸과 혼인을 맺었다 하여 반드시 구사맹을 내쫓고 이량(李樑)과 서로 안다 하여 반드시 고경명을 내쫓는다는 것은 모두 일방적인 말입니다.

이발이 친한 사람은 박근원(朴謹元)이므로 박근원을 허물이 적은 사람으로 여겼고, 이길이 사이좋게 지내는 사람은 허봉이므로 손을 빌어 이이를 해치는 것을 해롭지 않다고 여긴 것입니다. 당대의 특립(特立)한 선비들 중에는 혹 간인을 배척하는 데에 힘을 다하는 한편 선류(善類)를 힘껏 진용(進用)하는 자도 있고, 혹 예를 삼가고 정사를 밝히며 재화(才華)가 특이한 자도 있고, 혹 경서를 깊이 궁리하여 쓰여질 수 있음은 물론 도에 의거 나아가고 물러나는 자도 있고, 혹 신실하고 질박하고 정직하여 뭇 소인에게 흔들리지 않는 자도 있고, 혹은 세풍(世風)을 계술(繼述)하여 기골이 강한 자도 있습니다. 가령 작은 허물이 있다 하더라도 백성이 우러르는 정승의 자리에 오래 처한다면 이는 곧 첫 정사를 바르게 부호하고 만절(晩節)을 꿋꿋이 지키는 사람입니다. 그런데 털을 불어 흠을 찾아내듯이 과오를 지적하여 한결같이 공박할 것을 도모하여, 반드시 경석(經席)에서 과감히 말을 못하게 하는 풍조를 만들고 재신(宰臣)의 반열에 있는 자는 아부에 따르도록 습관이 되고 있습니다. 심지어 열읍의 뇌물이 권요(權要)의 문전에 폭주하기에 이르렀습니다. 그리하여 군사와 백성의 원망이 하늘에 사무치고 땅을 움직이게 하는 자라도 능한 관리라 하여 해마다 영전하여 제수해 마지않습니다.

영남·호남의 수운(輸運)이 적신(謫臣)의 집에서 없어지게 되자 옮겨 간 백성과 거주하는 군사들의 굶어 죽은 시체가 잇달아 널려 있었는데도 두 차례 보낸 어사는 하나도 이에 대해 자세히 주문(奏聞)한 적이 없습니다. 언로(言路)에 바칠 탐장(貪贓)에 관한 서간이 영동(永同)의 도안(盜案)에 드러나고 재상에게 바칠 채수(債帥)의 댓가가 영새(嶺塞)의 빈한한 군사를 두루 박탈하기에 이르렀습니다. 모두 박순의 무리가 평소 개탄하던 바이므로 이름이 알려진 자까지 일체 논박하여 쫓아내었습니다. 오직 음으로 권세가에게 후하게 한 자는 비록 나라를 좀먹는 역적이라도 사람들이 감히 지적하지 못하였으니 공도(公道)가 씻은 듯 없어지고 사욕이 범람하였습니다.

심지어 뜻이 있는 변방 장수라면 자신의 비장(裨將)으로 마땅히 형초(荊楚)의 기재(奇材)를 선발해야 할 텐데, 당로자(當路者)의 부탁으로 시정(市井)의 자제가 아니면 향리의 용렬한 자들입니다. 그러므로 활을 잡을 줄 아는 자가 드물어서 하찮은 적을 만나도 반드시 패하여 왜적이 횡행하게 하였습니다. 수령으로서 직무를 수행하는 자는 마땅히 잠질(箴

旺)·범방(范滂)의 아류(亞流)를 향사(鄕司)로 삼아야 하는데, 경재소(京在所)에서 뽑은 것은 권세가의 족당(族黨)이 아니면 전노(田奴)들이므로 기강을 정돈하는 술책이 없어서 모든 직무가 해이해져서 마침내 해충 같은 탐관오리가 구름처럼 일어나게 만들었습니다.

황전(荒田)의 부세(賦稅) 등급을 한결같이 중하(中下)로 하게 되어 있는데도 불구하고 암행 어사[繡衣御史]가 핵실한 것은 조신(朝臣) 가운데 얼굴과 이름을 모르는 자뿐이었으므로 한수(漢水)가에서 이미 탄핵의 논의가 정해졌는데, 백성을 편리하게 하는 조종(祖宗)의 법이 쇠잔한 민호(民戶)에게는 미치지 않게 되었습니다. 그리고 형송(刑訟)의 판결은 일체 세리(勢利)에만 의거하므로 법관이 적용하는 법은 오직 그 종족이 한미하냐 혁혁하냐를 볼 뿐이니, 향려(鄕閭)의 사이에 쟁탈이 서로 잇따를 뿐 밤낮으로 다친 사람 보듯하는 군주의 은택이 선량들에게 전달되지 않습니다. 온갖 관사에는 간사한 서리(胥吏)들이 고슴도치 털처럼 일어나게 되어 포목(布木)을 실어나르는 것이 큰 길에 잇따랐는데 조당(阻當)하는 비용이 사문(私門)으로 사라져 버리는 것이 10에 6~7할 이상입니다. 그러나 중외의 유사는 다시 정리할 계획을 하지 않고 소관(小官)과 대관(大官)을 막론하고 듣기 싫어하는 것이 습성이 되었으니, 군민(軍民)의 폐막(弊瘼)을 월(越)나라 사람 야윈 것을 보듯 합니다.

강직한 말을 전하께 앙달(仰達)하게 된 까닭은, 감히 스스로 읍장(邑將)과 방백(方伯)에게 진달하지 못하여 억울하고 원통함을 소설(疏洩)할 길이 전혀 없어서입니다. 아래에서 원망하는 사람이 한이 없고 하늘이 위에서 노하는 것이 한 달에 한두 번에 그치지 아니하니, 위망의 화가 조석에 임박하여 있습니다. 그런데 수년 사이에 하나의 사(私) 자로 말미암아 선량한 백성들이 고민하니 전하의 국사를 패망하게

111

하는 것이 장차 어떠한 지경에 이르겠습니까. 그러나 대관
(臺官)과 학사(學士)는 이를 버려두고 논하지 않은 채 들어
와 집에서 논하는 것은 오직 사적인 일로 공격당할까 두려
워할 뿐이고 나아가 조정에서 논하는 것은 오직 자신의 당
에 부회하는 것을 어질게 여길 뿐입니다. 그리하여 방정(方
正)이 전도되고 충사(忠邪)가 도치되었습니다. 밝은 천일(天
日)이 홀로 위에서 운행하는데 음냉한 기운이 힘써 엄폐하
려 합니다. 이이가 죽고 박순이 쫓겨난 뒤로부터 하늘의 빛
이 밤처럼 어둡고 별들이 밝지 못한 지가 지금까지 이미 4
년이 되었는데, 어찌 태백(太白)과 흰 무지개 그리고 지진과
서리·우박만이 지난 해보다 많을 뿐이겠습니까.

아, 변고는 까닭없이 생기지 않는 것이어서 반드시 부르게
된 이유가 있는 것입니다. 위앙(衛鞅)이 진(秦)나라에 들어가
자 혜성(彗星)이 서쪽에 나타났고, 가사도(賈似道)가 국권을
잡자 별이 어둡고 혜성이 나타났으며, 무오년의 살육(殺戮)
에는 큰 비바람이 일고 대낮에도 깜깜하였으며, 기묘년의 화
변에는 음란한 무지개가 해를 둘러쌌습니다. 하늘이 소인을
싫어하여 진노함이 메아리처럼 빠른데 혓바닥을 잘 놀리는
사람은 도리어 정류(正類)가 부르게 된 것이라 하면서 차마
상천(上天)도 속이니, 이를 차마 할 수 있다면 무슨 일인들
차마 하지 못하겠습니까.

사숭지(史嵩之)가 송(宋)나라의 정권을 잡고 있을 적에 아
비의 병을 간호하지 않다가 상을 당하게 되었는데도 기복(起
復)되기를 바라면서 지류(遲留)하며 떠나지 않고 있었습니
다. 집정(執政)이나 시종(侍從)이 사숭지의 팔다리와 우익이
었고 대간과 급사(給舍)가 사숭지의 심복이며 조아(爪牙)였
으므로 감히 잘못을 말하지 못하였습니다. 그런데 황개백(黃
愷伯)·김구만(金九萬)·손익봉(孫翼鳳) 등이 국자감(國子監)의
유생을 거느리고 말하였고, 삼학(三學)의 유생인 옹일선(翁

112

日善) 등이 잇따라 일어나서 말하였는데, 이종(理宗)은 용렬하여 회보하지 않았습니다. 이에 무학생(武學生) 유내(劉耐)가 홀로 사학(四學)을 배반하고 나서서 제생(諸生)을 축출하기를 청하였고 당시 정승은 경조윤(京兆尹)을 넌지시 타일러 선비를 축출하고 유적(儒籍)에서 삭제하게 하였는데, 송(宋)나라의 사직도 그만 지켜지지 못하였습니다.

신은 삼가 생각건대, 유공신(柳拱辰)·임석지(任釋之) 등 관학 유생(館學儒生)의 소장은 황개백의 공언(公言)이고, 이홍로(李弘老) 등은 허봉(許篈)과 평소에 후하게 지냈으므로 감히 유내와 같은 소장을 올렸던 것입니다. 유공신이 옥당에 들어갔을 적에는 내쳐 평사(評事)로 삼았고 임탁(任鐸)이 동몽교관(童蒙敎官)이 되었을 적에는 유성룡이 드러내 놓고 배척하며 화를 내어 곧 그로 하여금 문을 닫고 들어앉게 하였습니다. 그 뒤로도 공의(公議)가 없어지지 아니하여 정여립(鄭汝立)·이발(李潑)·이길(李洁)이 도리를 어기고 성명을 속인 죄를 분명히 알게 되어서는, 안소(安玿)·신응구(申應榘)·유대건(兪大建)·윤시헌(尹蓍獻) 등이 곧 을유년에 70인의 동지를 거느리고서 소장을 올리려 하였는데 유전(柳㙉)이 유홍(兪泓)에게 글을 보내어 자기 아들을 금지시키게 하였으며, 노식(盧植)은 호조에 있으면서 손수 글을 보내어 윤자신(尹自新)에게 후일의 화를 들어 경계하였습니다. 이 때문에 유대건·윤시헌이 감히 유생의 대열에 나오지 못하였습니다. 배삼익(裵三益)이 또 안소를 형신(刑訊)하고자 하자 신응구가 소장을 지어놓고도 내놓지 못했고 70인의 제생(諸生)도 모임을 파하였습니다. 이들은 바야흐로 성주(聖主)의 총애를 입고 있으면서도 성주의 사문(四門)을 닫아버리도록 힘써 하낙(河洛)의 소장을 가로막았으니 어찌 박근원(朴謹元)뿐이었겠습니까. 배삼익이 안소를 형신하려 한 계책은 이사(李斯)가 시서(詩書)를 불태우고 유생을 구덩이에 묻어 죽인 그런 조짐입니다.

아, 박팽년(朴彭年)은 노산군(魯山君)의 충신이었으나 오히려 강희안(姜希顔)을 머물러두어 후일 기용되기를 원하였습니다. 그런데 이발·이길의 무리는 기필코 일시의 청류(淸流)를 잡아다가 일망타진하니 편당(偏黨)의 해가 이미 온 나라를 텅 비게 하였습니다. 그러나 이산해는 그의 기염(氣焰)을 두려워하여 조부의 여풍(餘風)을 잃어버렸고 옛날 종유(從遊)하던 바를 잊은 채 겁내고 두려워하고 시종 벼슬을 잃어버릴까만 근심하였습니다. 김응남(金應南)과 백유양(白惟讓)이 간사한 사람이라 하면 충심을 바치고 정성을 다하는 사람일지라도 친소(親疎)를 따지지 아니하고 배척하되 미처 못할까 두려워하였고, 김응남·백유양이 어진 사람이라 하면 도덕에 어긋난 짓을 하는 사람도 신구(新舊)를 논하지 않고 진용하되 속히 하지 못할까 두려워하였습니다. 이러므로 임금의 마음을 바르게 하고 관의 부정을 다룰 수 있는 자는 일체 황야에 물러나 은둔하였고, 포의(布衣)로서 공론을 지닌 사람에 이르러서도 입을 다물고 말을 하지 못하게 하였습니다. 그리하여 혹 선비의 반열에 발을 들여놓으려 하지 않은 자도 있으니 선비가 백성의 말을 전할 날을 어떻게 기약할 수 있겠습니까. 하정(下情)이 막혀 답답한데도 하늘이 재앙을 내리지 않는 경우는 있지 않았으며 재난과 해독이 아울러 이르는데도 나라가 망하지 아니한 경우도 있지 않았는데, 위로는 하늘의 경계를 두려워하지 아니하고 중간으로는 밝은 임금을 두려워하지 아니하고, 아래로는 사람의 말을 두려워하지 않고서 선인을 미워하는 사람을 진용(進用)하기를 힘쓰고 선인이 오게 하는 길은 영원히 폐지하였습니다. 이산해의 무리가 이발·이길이 풍력(風力)이 있어서 박순과 정철을 제어할 수 있다고 여겨 급급히 그들을 임용하면서 스스로 잘못을 알지 못하였습니다.

아, 가사도(賈似道)가 국정을 담당할 적에 대간이 일을 말하는 것을 꺼려한 나머지 모두 용렬하고 나약하여 제어하기 쉬운 자들을 써서 감히 마음대로 탄핵하지 못하게 하였으므로, 오직 먼 주현(州縣)의 관사만을 취하여 작은 일을 낱낱이 들어서 고사(故事)에 응하게 했을 뿐이었습니다. 이들의 전하의 국사를 농간한 것을 살펴보면 가사도의 소위와 무엇이 다르겠습니까. 그러나 묘당(廟堂)의 대신들은 분명하게 말하려 하지 않고 협심하여 녹봉만 보전하였습니다.

노수신(盧守愼)은 을사 사화를 겪고 살아난 사람입니다. 당초에는 만절(晩節)을 보전하고자 하지 않은 것이 아니나 유성룡의 의논에 미혹되어 중년의 견식을 변개하였고 배회하면서 여생을 마치려 하였습니다. 정유길(鄭惟吉)은 정광필(鄭光弼)의 손자입니다. 당초에는 어찌 스스로 선대의 미덕(美德)을 버리고자 했겠습니까. 성낙(成洛)의 논박에 겁을 내어 겉으로는 양쪽이 옳다는 논의를 하면서도 몰래 아들의 당을 주도하였습니다. 그리고 천문(天文)이 경고를 나타내 보였으나 몸을 삼가고 행실을 닦는 도리를 진달하지 않고, 인도(人道)가 괴란하였으나 기강을 정돈하는 거조가 일체 없었습니다. 이 위급한 시기를 당하여 박순의 충성과 유전(柳㙉)의 간사한 정상을 집에 있었기 때문에 모른다고 해서는 안 되는데, 마음을 같이 하여 서로 존중하며 간당(奸黨)을 힘껏 원조하고 잠시 병으로 사직하였다가 잠시 벼슬에 나서서 오직 권세와 총애만을 굳힐 뿐이었으니 이를 곧 대신이라고 할 수 있겠습니까.

아, 인주의 의사가 한번 좌우되는 바가 있으면 시세를 관망하고 빌붙는 자들이 마치 바람 앞의 풀처럼 휩쓸리는 것이니, 차라리 꺾일지언정 소나무·잣나무처럼 우뚝한 자가 몇 사람이나 되겠습니까. 전하의 예성(睿聖)스런 자질로 천인(天人)이 서로 감응하는 도를 밝혀 조용히 깊이 생각하고 원대한 식견을 두어 정교(政敎)와 호령을 발한 것이 크게 국인의 경복(敬服)을 받아온 지 지금 21년이 되었습니다. 그러나 겸손이 너무 지나쳐 스스로 퇴탁(退托)을 달갑게 여기십니다. 대각(臺閣)의 공론을 오래도록 믿고 계시나 대각에 있는 사람은 실로 학식과 역량이 이이·성혼에게 미치는 자가 없습니다. 그저 편협한 소견으로 망령되이 수년간 분쟁의 단서를 일으켰을 뿐 변경의 근심과 백성의 고통은 일체 도외시하여 버려두고 잘못을 반복하여 변호하며 오직 당여를 부식시키는 것만을 일삼아서 간인을 가리켜 충신이라 하고 현인을 가리켜 사인(邪人)이라 합니다. 그리하여 성명의 거조가 백성들에게 열복받지 못하게 하고 조정의 기강과 군사의 기율이 여지없이 패하여 수습할 수 없게 만들었습니다. 성상의 춘추가 한창이시고 행의(行義)가 드러난 군주이신데도 힘써 멋대로 옹폐하는 것이 이와 같으니 백대 사이에 가령 어린 임금이 있을 경우 생각대로 행하는 이 무리들을 본받는다면 무슨 짓인들 하지 못하겠습니까.

아, 권세는 아랫사람에게 옮겨져서는 안 되고 조짐이 자라나게 해서도 안 됩니다. 당당한 대조(大朝)에 어찌 구할 만한 정승 한 사람이 없고 임용할 만한 경(卿) 한 사람이 없고 발탁할 만한 선비 한 사람이 없기에 기필코 이발·이산해·백유양의 무리로 하여금 권강(權綱)을 마음대로 농락하여 형정(刑政)을 탁란시키는 것이 이처럼 극도에 이르게 한단 말입니까.

아, 정부(政府)는 병을 요양하는 방리(坊里)가 아니고 대각(臺閣)은 간사한 자를 배양하는 곳이 아니니, 선왕의 중대한 부탁을 이 무리로 말미암아 갑자기 소홀히 해서는 안 됩니다. 바라건대 우리 성주(聖主)는 여정(輿情)을 밝게 살펴 건단(乾斷)을 과감하게 행하시어 곧 늙어서 안일만 탐내는 자들은 치사(致仕)하게 하고 간인과 붕당을 지어 일을 그르치는 자들은 멀리 내쳐 빙산(氷山)이 절로 녹아버리고 삼굴(三

窟)의 거점을 잃게 하소서. 전하께서 처음 즉위하여 정사하실 적에 보필하던 사람을 거두어 불러들여 선왕께서 만년에 몸소 공검을 닦던 덕을 거행하시고, 한편으로는 사람을 사랑하는 인사를 불러들여 상하가 부지런히 수행하소서. 이를 오래도록 게을리하지 않았는데도 나라가 다스려지지 아니하면 신은 문을 닫고 죽음으로써 간당(姦黨)에게 사과하겠습니다."

두 번째 소장의 대략에,

"신은 시론(時論)이 크게 변하여 간언을 극진히 하는 자는 반드시 배척하였으므로 공의(公議)가 오래도록 답답해 하고 임금을 사랑하는 사람이 없는 것을 슬프게 여겨서 삼가 소장 한 편을 갖추어 5월에 올리려 하였으나 감사가 '지위는 낮으면서 말은 높아 사도(斯道)에 무궁한 화가 있을까 염려된다.' 하여 신에게 그만두기를 권하였고 신도 스스로 두려워하여 감추어버렸습니다.

마침 조보(朝報)를 보건대 5월 23일 위에서 글을 내려 구언(求言)하셨는데, 간절함이 극진하였습니다. 신이 인하여 생각건대, 《역(易)》중부(中孚) 구이(九二)의 효사(爻辭)에 '우는 학이 음폐(陰蔽)한 곳에 있는데 그 새끼가 소리에 따라 화응(和應)한다.' 하였는데 공자(孔子)가 사설(辭說)을 덧붙이기를 '군자가 집에 거주하면서 말을 한 것이 선하면 천리 밖의 사람이 그 소문을 듣고 응하는데, 하물며 가까운 곳에 있는 사람이야 말할 게 뭐 있겠는가.' 하였습니다. 임금의 위대하신 하문에 대해 신하가 뜻을 다해 대답하지 못하면 사람에게는 유분(劉蕡)에게 부끄러움이 있고 짐승에게는 학의 새끼에게 부끄러움이 있게 됩니다. 그러므로 화복을 도외시하고 어리석음을 무릅쓰고 소장을 봉진(封進)합니다.

성상의 근일 정사를 헤아려보건대 기근에 시달리는 백성

을 부지런히 구휼하지 않은 것이 아니고 봉강(封疆)의 수비를 두루 완전하게 하지 않은 것이 아닌데도 하늘의 견책과 노여움이 달마다 생겨납니다. 타는 듯한 가뭄이 오래되어 논에 모를 심지 못했고 거센 바람과 사나운 비에 기장과 조가 시들어갑니다. 그리고 여름철에 눈이 산에 가득히 쌓인 것은 전사(前史)에 듣지 못하던 일이고 소나무가 마르고 땅이 꺼지는 것은 지난 문적에도 매우 놀랍게 여기던 것이니, 이는 반드시 숨겨진 억울함이 실로 많아서 원한이 하늘에 사무쳤기 때문이며 반드시 영행(佞幸)이 치장(鴟張)하여 언로가 막혔기 때문인 것입니다. 지금 성주께서 조심하여 행실을 닦음에 있어서 먼저 하셔야 할 것은 영행을 배척하고 충직한 사람을 진용(進用)하며 언로를 열어서 숨겨진 억울한 일을 진달하게 하는 일입니다. 그러면 공검(恭儉)의 덕이 백성에게 미치는 은택이 있게 될 것입니다. 이른바 영행이 치장하는 것에 대해서는 신이 이미 전의 소장에서 다 진달하였으니 신의 몸의 위태로움이 아, 두렵습니다."

**세 번째 소장의 대략에,**

"인신이 진언(進言)하는 길은 하나뿐이 아니나 충성을 바치는 것은 같습니다. 언책(言責)이 있는 신하가 소장을 품고 탄문(彈文)을 소매 속에 넣고 와서 진언하는 것은 곧 상례로 하는 일입니다. 그러나 종묘·사직의 안위가 호흡 사이에 걸려 있는 경우에는 난간을 부러뜨리고(折檻) 임금의 옷자락을 끌어당기기도[牽裾]하며 뜰에서 통곡하기도 하였는데 그때는 그렇게 하지 않을 수 없었기 때문입니다. 옛 사람이 소장을 올릴 적에 혹 두세 건의 일을 대략 거론하여 자루에 넣어 우역(郵驛)으로 급히 전하는 경우도 있고 혹 조진(條陳)하여도 소회를 다 피력할 수 없으면 안으로는 세주(細註)로 물정을 두루 통하게 하고 밖으로는 첩황(貼黃)하여 요령을 특별히 진달하기도 하였으니, 일생 동안 쌓인 소회를 하나의 봉장(封章)에다 담아 멀리 부치는 것은 참으로 부득이한 일인 것입니다.

신이 지금 변변치 못한 사람으로 제독(提督)이라는 학교에 소속된 관직에 있으면서 사우(師友)가 무함당한 까닭으로 지난해 가을 망령되이 진달하였었습니다. 그런데 성주께서는 곧 주벌하여 배척하지 않으셨으나 당로자(當路者)는 있는 힘을 다해 신을 치죄하였습니다. 신을 유숙하게 한 주인도 아울러 신을 유숙케 한 견책을 당하였으므로 도성 사람으로서 신이 왔다는 말을 들으면 관문을 닫고 받아들이지 못하게 하였으며, 남은 노기가 혁혁하여 중외(中外)의 사람이 모두가 지목하였습니다.

신의 헌언(獻言)은 단지 감사를 통하여 전달(轉達)하는 규례가 있을 뿐이니 신도 어찌 입을 다물고 기미를 살펴 행동할 줄 모르겠습니까. 그러나 참으로 성주(聖主)는 저버릴 수 없고 사우(師友)는 버릴 수 없고 하늘의 노여움은 소홀히 할 수 없고 백성의 곤궁함은 보고만 있을 수 없고 변경 근심은 잊을 수 없었습니다. 그러므로 다시 만언소를 진달하되 옛사람이 첩황(貼黃)한 규례에 따라 소장의 끝에 붙였습니다. 그러나 감사는 격례(格例)가 아니라 하여 신으로 하여금 제거하도록 하였습니다. 신이 왕복하며 굳이 다투다 보니 세월이 이미 가버리고 시사(時事)가 여러 번 변하였습니다. 정사(精寫)하던 초기에는 오동나무 꽃이 한창 피었는데 주저하는 사이에 오동나무 잎이 언뜻 나부끼고 있습니다. 도리어 두견새가 먼저 울어 온갖 풀이 아름답지 못할까 두려우므로 다시 한 장의 종이에 곡절을 진술하여 성감(聖鑑)이 계시기를 바랍니다. 망령되이 옛 사람의 봉장을 본받은 것은 곧 고집스런 신의 죄입니다. 바라건대 성상은 언로를 크게

넓히고 근래의 격례에 구애되지 마소서. 그러면 하정(下情)
이 진달되지 않을 것을 근심하지 않아도 될 것이며, 백성의
원망이 조금은 피고 하늘의 노여움이 조금은 그치게 될 것
입니다."

네 번째 소장의 대략은 다음과 같다.

"필부로서 종묘 사직의 대계(大計)를 진달하고 초야에 있
으면서 조정의 시비를 논하는 것은 사람들이 모두 사리에 맞
지 않는다 하여 가소롭게 여깁니다. 그러나 칠실읍(漆室邑)
의 과부도 오히려 노(魯)나라의 일을 근심할 줄 알았으니 국
가의 대계는 필부라 하여 소홀히 할 수 없습니다. 석공(石
工) 안민(安民)도 차마 간당(姦黨)의 비석을 새기지 못하였으
니 시비는 초야에 있다고 하여 만홀히 할 수 없습니다. 하물
며 신의 직분은 한 지방의 교화의 책임을 지니고 있는데야
말할 것이 뭐 있겠습니까.

사론(邪論)이 오래도록 들끓어 사우(師友)의 도가 없어져
감에 따라 사습(士習)이 날로 잘못되는 것을 민망히 여기고
왕법의 기강이 문란해지는 것을 마음 아프게 여겨 첫 번째
소장과 두 번째 소장으로 지리하고 번다한 말을 무릅쓰고 진
달하였습니다만 사람들이 대부분 잘못을 고집하여 처음의
본성으로 돌아가지 못하였습니다. 일세(一世)의 조론(朝論)
이 모두 공도(公道)를 말미암지 않게 되어서는 신이 세 번째
소장을 짓지 아니할 수 없었습니다. 그러므로 간인의 심보
를 바로 지적하여 굴혈(窟穴)을 파고 숨어 있는 것을 밝혔던
것입니다. 사람으로서 이를 들은 자는 몸을 움츠리고 혀를
내두르며 모두들 신의 생사가 오늘날에 결단될 것이라 하였
습니다. 신이 진실로 거두어 저장해 두려 하였으나 삼가 헤
아려보건대 상소에는 성상께 관계되는 문자가 수백 군데 이

상인데 이를 강물에 던져버리는 것도 신이 차마 할 수 없고 불 속에 던져넣는 것도 신이 차마 할 수 없었습니다. 집에다가 보관하자니 집 안에 용납하기 어려운 것이므로 모름지기 궁전에 진달하여 태묘(太廟)에 간직하게 한 뒤에야 하늘과 땅이 각기 제자리가 정해지고 얼음과 숯이 제 처소를 얻어서 만물이 형창(亨昌)하고 나라가 영원히 튼튼해질 것이라 여겼습니다.

신의 소장이 지체된 뒤로부터 가을 장마가 농사를 해치고 하늘의 해가 항상 흐리며, 각도 민생의 곤고함이 하루하루 더욱 심해진다는 소문만 들릴 뿐 도적을 그치게 하고 흉년을 진휼(賑恤)하는 계책은 사람들의 희망을 위로할 만한 것이 있다는 말을 전혀 듣지 못하였습니다. 그리하여 상하가 그저 예사로이 여겨 태평 시대의 조도(調度)와 같으니 신은 삼가 민망하게 여깁니다. 성주께서 만일 신의 말을 여덟 아홉을 쓰는데도 하늘이 환하게 개지 않고 해와 달이 밝게 빛나지 않으면 신은 목을 빼고 죽음을 기다림으로써 망언한 죄를 사과하겠습니다."

## 10. 청절왜사소(請絶倭使疏)

1587년 9월 일본의 풍신수길이 사신(使臣) 귤강광(橘康廣)을 보내 왔다.

당시 일본은 16세기 전반에는 전국 다이묘[大名]들의 영국경영에 기반하여 상공업 발달이 이루어졌고, 후반에는 권력을 잡은 오다 노부나가[織田信長] 정권이 전국통일전쟁 과정에서 국내의 상권과 국제무역권의 통일을 강화해갔다. 그리고 포르투갈인의 내항과 총의 급격한 보급으로 철포대 등 총보병부대를 중심으로 새 전투대형을 편성했다. 오다 정권의 뒤를 이은 도요토미 히데요시[豊臣秀吉]는 간토[關東]의 도쿠가와 이에야스[德川家康]와 연합한 뒤 1587년 전국을 통일했다.

도요토미 정권은 통일 과정에서 도시 부상들의 협력을 기반으로 대륙과의 교통 창구인 하카타[博多] 등을 장악하여 역시 상권과 무역권의 통일적 확보를 중시했다. 그리고 토지와 농민을 일원적으로 파악하기 위해 전국적 검지와 호구조사를 실시하고, 새로운 신분규정을 정하는 등 체제정비를 서둘렀다. 그러나 도요토미 정권은 다이묘들의 전폭적인 지지를 얻지 못했고, 토지소유에서 제외된 하급 무사들의 불만을 많이 샀다. 더욱이 삼포왜란, 영파의 난 등으로 명·조선과의 무역이 거의 폐쇄되자, 정치적으로 강력한 다이묘들의 무력을 해외로 분출시켜 국내의 안정을 기하고 경제적으로 국제교역상의 불리를 타파하기 위해 '당입'을 통한 '체제변혁전쟁'을 구상하게 되었다.

그래서 도요토미는 규슈 정벌로 전국통일이 막바지에 이른 1587년에 중국 침입의 구체화를 위해 조선 내 사정에 정통했던 쓰시마 섬 도주 종의조(宗義調)에게 조선침략 방안을 의논했다. 이때 종의조가 우선 조선과 교섭할 것을 건의함에 따라, 조선에 통신사 파견을 요청하기 위해 가신인 다치바나[橘康廣]를 파견했다. 조선에서는 다치바나가 가져온 서계의 서사가 오만하다며 회답하기를 미루다가, 이듬해에 수로가 미비해서 통신사를 파견할 수 없다고 거절했다.

조헌은 누구보다 국제 정세에 해박해서 일본의 사정을 훤히 알고 있었다. 그래서 그는 일본에 대한 경계를 특별히 해야 한다고 역설했다. 하지만 조정에서는 일본의 실정에 어두웠을 뿐만 아니라 당파로 인해 일본의 야욕을 전혀 파악하지 못하고 있었다.

제독관을 사임하고 옥천으로 돌아온 조헌은 왜국(倭國) 사신의 입국 소식을 듣고 11월에 왜국 사신을 배척하는 상소 청절왜사소(請絶

倭使疏)를 지어 당시 관찰사 권징(權徵)에게 주어 임금께 올리도록 하였다. 그러나 관찰사는 자신이 연루자가 될 것을 두려워하여 조헌의 소를 임금께 올리지 않았다.

조헌은 이처럼 자신의 상소가 관찰사에 의해 계속 묵살되고 있음을 크게 분개하여 그해 12월 몸소 머나먼 길을 걸어 대궐 앞에 나가 다시 지은 소와 올리지 못한 두 개의 상소를 아울러 올렸다.

소의 내용은 청절왜사소 1에서 통신사를 보내라는 일본의 요청을 단호하게 거절하고 왜적의 강함을 인정하면서도 저들이 우리를 공격한다고 하여도 우리나라 지세는 층층이 관문으로 성을 이루고 있고 바다를 이용하여 방어하다면 능히 지켜낼 수 있다고 했다. 그리고 조헌은 일본과 통호를 하지 않는 것이 상책이지만 부득이 할 수밖에 없다면 다음과 같은 요구를 해야 한다고 했다.

1. 외교문서에 나타난 일본의 위호(僞號)를 삭제하도록 명분을 바로 세울 것
2. 왜구 및 왜상의 불법 침입을 금할 것.
3. 전라도 왜구 침입시 포로가 되어 끌려간 반민(叛民)과 사화동(沙火同) 같은 놈을 송환할 것

이처럼 조헌은 국내외 정세의 올바른 인식을 바탕으로 왜사의 요청을 거절하는 까닭과 우리가 시급히 해야 할 일을 상소했다.

조헌의 소를 받아 본 선조는 소에서, 왜국 사신의 척절(斥絶)과 이산해(李山海)의 나라를 그르침을 논한 내용을 보고 크게 노하여 소를 불태워 버리게 하고 승정원(承政院)에 이르기를 "내가 차마 볼 수가 없어 이제 이미 이것을 불태우게 하였다. 원컨대 사관(史官)은 짐(朕)의 악(惡)함을 크게 써서 후세를 일깨우게 하라."라고 하였다.

선조가 소를 불태웠다는 말을 듣고 조헌은 옥천으로 내려왔다.

조헌은 집으로 돌아오는 길에 서기(徐起)를 찾아갔는데 서기는 조헌에게 크게 꾸짖기를 "토정 선생이 그대는 원대한 그릇이 될 것이라 하기에 내가 태산(泰山)과 북두(北斗)같이 바랐는데 어찌 오늘에 다못 진소양(陳少陽)과 호담암(湖澹菴)[42]의 부류가 되고자 하는가?"라고 벽을 보고 돌아 앉아 선생과 말하려 하지 않았다.

선생이 말하기를 "내가 지은 소(疏)를 한 번 보시오." 하니, 서기가 머리를 흔들며 보고 싶지 않다 하였다. 이에 선생이 스스로 소를 읽기 시작하여 읽기를 반도 채 못하여서 서기는 갑자기 자리에서 일어나 의관을 가다듬고 선생에게 사과(謝過)하며 말하기를 "그대의 이 소에 힘입어 우리 나라는 장차 오랑캐가 됨을 면할 것이니 홍수(洪水)를 휘어잡고 맹수(猛獸)를 몰아 낸 무리와 같다." 라 하였다.

그러나 대체적 조정의 분위기는 조헌에 우호적이지 않아 소에서 조헌이 비난한 이산해, 김홍민, 이발 등이 사직하겠다고 하고 사간원에서도 "조헌의 상소는 근거도 없는 것을 날조하였으니 이발을 출사케 하소서" 하고 아뢰니 선조도 아뢴 대로 하라 하였다. 이처럼 전반적으로 선조와 조정의 반응은 조헌에 비우호적이었다.

## 1) 고향 김포 선영 방문

조헌은 서울에서 내려와 후율정사와 각신서당을 오가며 후학을 지도하고 강론으로 지냈다. 후율정사에는 조헌은 따르는 문인들의 발길이 끊이지 않았고 조헌은 나랏일만 생각하면 걱정이 앞섰다. 또한 각신서당에도 선비들이 모여들었다. 일본의 야욕을 알지 못하고 오직 당파 싸움에만 몰두하는 조정이 한심스러웠다. 이미 여러 차례 상

---

42) 남송(南宋)의 관리인 호전(胡銓). 담암(澹庵)은 그의 호. 벼슬은 자정전(資政殿) 학사(學士)를 지냈다. 당시의 간신 진회(秦檜)가 북쪽 오랑캐인 금(金)나라와 의 화의(和議)를 주창하자, 호전은 진회(秦檜) 등을 목 베라는 상소(上疏)를 하였다.

소를 올려 정국을 바로잡고 일본의 속셈을 알리려 했으나, 아무도 그의 말을 귀담아들으려 하지 않았다. 오히려 임금은 상소문을 불태워 버리는 등 조헌의 충정을 이해하지 못했다. 그래서 중봉은 1588년 봄이 되자 오랫동안 찾아뵙지 못한 김포 선영을 방문하고자 김포로 향했다.

김포에는 전에 살던 집과 전답이 그대로 남아 있었다. 조헌은 선조의 묘를 찾아 성묘부터 했다. 그리고 친구와 지인들을 만나 오랜만에 정을 나누고 삶의 어려움도 보고 들었다.

조헌이 일찍이 김포에서 서울에 볼 일이 있어 다녀오는 길에 의술이 뛰어난 의사 양예수(楊禮壽)[43]를 방문하였다. 이때 그는 여러 사람들과 자리를 같이 하고 있다가 선생을 여러 사람에게 소개하면서 "여러분들이 일찍이 이 분을 본 일이 있느냐?" 하니 손님들이 "이름은 들었으되 본 일은 없다."고 하였다. 양예수는 웃으면서 "여러분들이 나의 친구들이기 때문에 이 분을 면식(面識 : 얼굴을 서로 알 정도의 관계)할 수 있었으니 진정 다행한 일 아니냐?"고 하였다. 본래 양예수라는 사람은 재기가 뛰어난 사람으로 겉으로 보기에는 공손한 듯 하면서도 속으로는 거만하였고 사람들에게 약간의 존경을 받았다. 그는 원래 발에 병이 있었고 벼슬이 재상의 자리까지 올랐었다.

무릇 그에게 약방(藥方)을 물으러 오는 사람이 비록 명향달관(名鄕達官)[44]이라도 맞아들이고 돌려보내는 데에 문밖에까지 나오지 않았는데 선생이 올 때에는 일어나 뜰에 내려가 무릎을 꿇고 절을 하며

---

43) 의술(醫術)에 능하고 박학하여 1563년(명종18) 내의(內醫)로 순회세자(順懷世子)의 병을 치료했으나 세자가 죽어 투옥되었다가 곧 석방되어 이듬해 예빈시판관(禮賓寺判官)이 되었다. 1565년 어의(御醫)로서 명종의 신임을 받아 통정대부(通政大夫)에 오르고, 명종을 임종까지 간호했다. 선조 초에 박세거(朴世擧)·손사명(孫士銘) 등과 『의림촬요(醫林撮要)』를 저술하였다.
44) 이름난 고을의 고관(高官).

지극한 존경을 표하였다. 선생이 상좌에 앉아 용무를 마치고 돌아간 뒤에 그 자리에 모였던 손님들이 양예수에게 이르기를 "당신은 발의 병으로 인하여 손님을 영송(迎送 : 마중과 배웅)하는 예절을 하지 않은지가 벌써 오래 되었는데 오늘은 무슨 기운으로 공경하는 것이 이토록 지극하냐?" 하였다. 이 말을 들은 양예수는 감탄하기를 "이 분의 평생하는 거지(擧止 : 행동거지)는 옛 사람들에게서 구하려 하여도 짝할 수 있는 사람은 드물 것이다. 백성에게 인자하고 사물을 아끼는 그분의 마음씨는 비록 그분을 성인(聖人)이라고 하여도 옳을 것이다." 하고, 계속하여 말하기를 "이 분이 전에 제관 벼슬을 할 때 길을 가다가 좁은 길목에서 장작을 싣고 가는 사람과 마주쳤다. 그 사람이 선생을 앞에서 인도(引導)하는 사람에게 채여 짐을 실은 말이 넘어지면서 그 장작이 엎어졌었다. 이때 이 분이 급히 자기를 따르는 사람을 불러 넘어진 말과 짐을 다시 챙겨 보낸 다음에 자기의 길을 간 일이 있었다. 이런 과정의 일은 이분에게는 예사로운 일이지만 이 한 가지의 일만 보더라도 여타(餘他)의 행동을 알만하다. 내가 의업(醫業)으로 하여 여러 사람을 접해 보았지만 일찍이 그분과 같은 사람은 본 일이 없다." 하면서 감탄하기를 마지않았다.

김포 머물던 조헌은 더위가 한풀 꺾일 무렵에야 다시 옥천으로 내려왔다. 오는 길에 어떤 사람이 달아난 조헌의 종이 모현(某縣)에 살고 있다고 하였다. 그러나 여러 대를 두고 이 사실을 모르고 있었는데 어떤 사람이 이 사실을 선생에게 일러 주었다. 그리하여 선생은 도보(徒步)로 그를 찾아갔다. 마침 그곳에 사는 신언경(愼彦慶)이 선생과 전부터 알고 있던 인물이라 그 사실을 듣고 형리 [45]를 보내어 그 종을 붙잡아 왔다. 그 종이 처음에는 선생을 자기의 주인으

---

45) 지방 관아의 형방(刑房)에 딸렸던 아전.

우저서원

로 인정하지 않고 자기는 본래의 양가의 출신이라고 속였다.

　이에 신언경이 노하여 태(笞)⁴⁶⁾ 수십을 쳤으나 그래도 승복하지 않았다. 이때 선생은 그 종놈이 매를 맞는 고초를 가엾게 여겨 신공(愼公)에게 이르기를 "이 놈이 과연 나의 종놈이라고 하면 비록 중한 형장을 맞고 죽어도 괜찮겠으나 만일 매질에 못 견디어 거짓으로 승복하게 한다면 이것은 양민을 위협해서 강제로 천민을 만드는 것이니 불가한 일이요, 일이 잘못될까 의심스러우니 강권으로 승복시키는 것은 온당치 못하다. 형벌을 중지하고 정으로 물어 봄이 가할 것이다."고 하였다. 이에 신공(愼公)이 크게 웃으면서 말하기를 "과연 그럴까? 아마도 공(公)이 몰라서 하는 말이다. 이 자(者)가 도망쳐 멋대로 산 것만 해도 이미 그 죄가 중하고, 또 이제 이놈이 공의 위세를 두렵게 여길만한 것이 없다고 여겨 요행(僥倖)히 종놈의 신세를 모면하려 하여 중한 장형을 가하여도 승복치 않는데 하물며 온화한 말로 물어 본다고 하여 어찌 스스로 사실을 고백할 리가 있겠는가?" 하였다. 그러나 선생은 극렬히 힘을 다하여 신공(愼公)의 형신(刑訊 : 죄

---

46) 매로 볼기를 치는 형벌.

인의 정강이를 때리며 캐묻던 일)을 만류(挽留)하니 신공도 더 이상 고집(固執)하지 못하였다. 좌중(座中)에 있던 사람들이 모두 선생의 세상 사정이 어둡다며 웃었다. 선생은 곧 그 종놈을 앞으로 불러 말하기를 "네가 과연 양민이라고 하면 이제까지 말한 것 같이 하여도 좋겠다. 그러나 그렇지 않다고 하면 주인을 배반하고 양민을 모독한 것이니 그렇다고 하면 죄는 네게 있는 것이다. 너도 인간으로 양심이 있는 것이니 물러가서 깊이 생각해 보라." 하니 그 종놈은 유유히 집으로 돌아갔다. 다음 날 선생과 신공이 마주 앉아 있는데 그 종놈과 그의 노모 및 자녀들이 아관(衙官 : 마을 관아)에 나타나 머리를 조아리고 눈물을 흘리며 사죄하기를 "누세(累世 : 累代)를 두고 주인을 배반하였으니 소인의 죄가 만 번 죽어도 다 하지 못할 것인데, 오늘날 주인 어른의 정성스러운 마음에서 우러나오는 따뜻한 말씀이 또한 이와 같으니 하늘이 두려운지라. 어찌 감히 끝내 주인을 배반할 수 있겠습니까?" 하였다. 이 광경을 지켜보고 있던 신공은 경탄하여 탄복하기를 "관가에서 형벌을 가하는 것이 공의 후덕한 한 마디의 말만 같지 못하다."하고 오래도록 탄복하였다.

## 2) 1차 지부상소-論時弊疏

1589년 여름 조헌은 조정의 잘못과 여러 소인이 나라를 그르침을 극언(極言)하고 성학(聖學)을 밝히며 형벌을 감하며, 사치(奢侈)를 삼가며 기욕(嗜慾 : 좋아하고 즐기려는 욕심)을 절제하며 조세(租稅)를 줄일 것을 청하는 소를 가지고 어깨에는 도끼를 메고 옥천에서 한양으로 향했다. 일만 자가 넘는 만언소였다. 오랫동안 시정을 관찰하고 품어오던 생각을 실행에 옮기는 것이었다. 조헌은 여러 차례 상소를 올렸지만 들어주지 않자 죽음을 각오한 지부상소를 결심한 것이다.

지부상소

 '지부상소(持斧上疏)'는 나의 의견을 받아들이지 않으려면 머리를
쳐 죽여 달라는 뜻으로 도끼를 지니고 올리는 상소로, 고려의 역동
(易東) 우탁(禹倬, 1262~1342)이 원조이다. 우리 역사상 지부상소로
자신의 옳음에 도전했던 기개 높은 선비는 우탁과 조헌, 구한말 면암
(勉菴) 최익현 세 사람뿐이다.

 특히 이 소(疏)에서 당시 재상(宰相)이었던 이산해(李山海)가 권력
과 당쟁에만 눈이 어두워 나라를 그르치고 있다고 통렬히 비난하였
다. 그 동안 수차례에 걸쳐 소를 올렸지만 번번이 무위로 끝나고 만
중봉은 나라 안이 이처럼 어지럽고 위태로우니 이번만은 임금께서
반드시 자신의 소를 받아 줄 것으로 믿고 임금의 비답(批答)을 기다
리고 있는 참이었다.

 그때 중봉이 머무른 곳은 종루(鐘樓) 옆에 있는 초라한 민가였다.
그는 그곳에 유숙하면서 밤낮없이 초조와 근심에 싸여 임금의 비답
을 기다렸는데 이를 보다 못한 집주인이 그 까닭을 물었더니 중봉은

묵묵부답(默默不答)인 채 눈물만 흘렸다. 당시 그 집은 지은 지가 퍽 오래되어서 자칫하면 기둥이 내려앉을 만큼 낡고 찌그러져 있었다. 마침 주인이 이런 사정을 미리 알아채고 하루는 큰 기둥나무를 구해다 지주(支柱)로 받쳐 놓았다.

임금님으로부터 혹 무슨 비답(批答)이 없을까하고 밖에 나갔다 돌아온 중봉은 낡은 기둥 옆에 큼직한 새 기둥이 받혀 있는 것을 보고 새삼 주인의 기지에 놀랐다. 그러면서 이렇게 탄식하였다.

아, 슬프도다! 다 쓰러져가는 주인집도 이제 새 기둥으로 바꾸어 앞으로 몇 년간은 무너지지는 않을 텐데…… 만약 나라가 장차 기울면 누가 그것을 받혀줄 것이며 또 무슨 물건을 가지고 그것을 버티게 할 수 있단 말인가.

단 하루라도 나라 일을 걱정해보지 않은 날이 없는 중봉은 불길처럼 타오르는 분함과 울분에 못 이겨 눈물을 그칠 줄 몰랐다. 그러나 중봉의 슬픔은 바로 이런 것들만 있는 것이 아니었다.

중봉의 이 상소로 말미암아 그를 시기하고 질투하는 높고 낮은 벼슬아치들이 많았다. 그중 몇몇들은 위에 아부(阿附)하고 잘 보이기 위해 그가 유숙(留宿)하고 있던 집주인을 관아(官衙)로 끌고 가 매질을 하는 등 괴롭히는가 하면 중봉을 유숙시켰다는 죄(罪)를 뒤집어 씌워 벌을 주기까지 하였다. 이 일로 인해 선생을 맞아 주는 사람이 없게 되었고, 친구들마저 문을 닫고 선생을 거절하였다.

선조 22년 5월 1일 선조실록을 보면 옥당(玉堂)이 조헌(趙憲)에 벌주자는 일에 대해 차자를 올리니, 선조는 다음과 같이 답하였다.

"전후(前後)의 차자를 보건대, 참으로 많은 애를 쓴 것이 가상하다. 그러나 조헌에 대한 의논이 너무 과하지 않은지

모르겠다. 내가 이미 조헌의 말을 채용하지 않고 있는데, 조
정의 제공(諸公)은 무엇을 혐의하는가. 다만 제공의 언론은
힘써 그 중도(中道)를 다하고 대체(大體)는 힘써 그 공정함
을 다하여 어진 것은 어질다 하고 그른 것은 그르다 하여 주
기 바란다. 아침 저녁으로 국사(國事)에 힘써 인심으로 하여
금 스스로 복종하게 한다면, 조헌의 광돌(狂突)한 말 같은 것
은, 있어도 그만이고 없어도 그만이다. 그렇지 않고 찬출(竄
黜)하기만을 일삼는다면 지금 조헌에게 죄를 준다하더라도
이 다음에 조헌과 같은 자가 또 다시 나올 것이다. 그러면
무슨 이익이 있겠는가."

하고 거절하였다. 그러나 그 다음 날 양사가 조헌의 일에 대한 논
계하니 선조는 양사에 이렇게 답한다.

"삼사(三司)에서는 조헌을 이미 귀괴(鬼怪)로 간주하고 있
다. 대저 귀괴가 대낮에도 모양을 나타내어 대들보에서 휘
파람을 부는 등 꺼리낌없이 행동하여 집안 사람을 욕하고 꾸
짖게까지 한다 하더라도, 어찌 서로 따지며 화를 낼 필요가
있겠는가. 만약 팔을 걷어붙이고 떠들어 여러 날 시끄럽게
군다면 보는 사람들의 비웃음을 받을 것이니, 임금된 자는
듣고도 못들은 체하면 그만이다. 대저 조헌은 하나의 필부
(匹夫)이다. 즉시 찬출(竄黜)을 명하여 모든 사람의 분개하는
마음을 위로해 주는 일이 어렵지는 않다. 그러나 소(疏)로 인
하여 찬극(竄殛)을 가한다면 사람들의 의심은 물론, 후일의
폐단을 야기시킬 것이니 이점을 헤아려야 한다."

노수신도 "조헌이 어리석고 망령되기는 하나 이미 헌언(獻言)한 사
람이니 유배시킬 수 없다"고 했으나 조정이 따르지 않았고 허봉이 3

사의 탄핵한 내용을 보고 "내가 여식과 만 리를 동행했으므로 그의 심사를 안다. 겸허한 마음에서 남을 믿고 이러한 소장이 있게 되었다고 한다면 오히려 가하거니와 그가 흉험하고 교사하다고 지목한다면 후세에 공론이 되지 못할 것이다."라고 조헌을 두둔했다.

선조는 논계(論啓 : 신하가 임금의 잘못을 따져 아룀)하기 10일 동안에 끝내 윤허(允許)하지 않았다. 그런데 홍문관(弘文館)에서도 또 한 차(箚: 간단한 상소문)를 올려 선생을 탄핵하기에 이르니 할 수 없이 선조는 길주(吉州) 영동역(嶺東驛)에 정배(定配)할 것을 명하였다.

조헌의 기개에 동조하는 사람들은 많았으나 관에서 조헌에 편의를 베푸는 사람에게 죄를 주려 하니 한양의 친구들까지 행여 피해를 입을까 문을 걸어 닫고 만나주지 않았다. 더 이상 버티지 못하고 조헌은 옥천에 내려왔다. 그리고 며칠 후 길주 영동역에 정배하라는 어명을 받았다.

## 3) 영동유배

조헌이 길주(吉州) 영동역(嶺東驛)에 찬배(竄配)가게 되자 금부(禁府)의 나졸(羅卒)이 압행(押行)하려고 갑자기 그의 집 문에 이르렀는데, 조헌이 듣고는 곧바로 길을 나서니 나졸이 말리며 말하기를,

"내가 오늘 아침에 여기에 도착할 수 있었으나 내려올 때 동배(同輩)가 나에게 부탁하기를 '조 제독(趙提督)은 어진 사람이라 반드시 왕명을 머물러 두지 않을 것이다. 너는 저녁에 그의 집에 도착하여 밤에 행구(行具)를 준비하도록 하고 이튿날 날이 밝은 뒤에 떠나게 하라.' 하였습니다."

하니, 조헌이 말하기를,

"임금의 명령은 집에 묵힐 수 없다."

하고, 그날 밤에 도보로 떠났다. 압송해 가는 사람은 으레 죄인에

게 뇌물을 징수하고 조금이라도 마음에 차지 않으면 온갖 방법으로 곤욕을 주었다. 조헌의 지구(知舊)로서 이웃에 있는 자가 재물을 모아 그들에게 주니, 나졸이 그를 물리치며 말하기를,

"우리 동배들이 이미 나에게 뇌물을 받지 말도록 경계하였고, 내가 돌아간 뒤에 으레 보례(報禮)가 있으나 동배가 이미 감면을 허락하였다. 지금 이를 받으면 무슨 면목으로 사람들 사이에 설 수 있겠는가."

하고, 길에서 부호하고 일을 집행함에 있어 노복과 같이 하였으며, 돌아올 때에는 눈물을 흘리며 이별하였다.

조헌이 도보로 2천 리를 가니, 발과 다리가 부르트고 부어 고통스러움이 말할 수 없었으나 의기(意氣)가 자약하였다. 춘천 부사(春川府使) 권덕여(權德輿)가 그의 행색을 엿보고서 감탄하기를,

"참으로 철한(鐵漢)이다. 채원정(蔡元定)도 이보다 더할 수 없다."

하였다. 배소(配所)에 이르게 되어서는 북방에 여역(癘疫)이 바야흐로 치성하여 종행(從行)하던 아우 조전(趙典)과 두 종이 모두 염병으로 죽었다. 조헌이 벗에게 보내는 편지에,

"하찮은 나의 어리석은 계책은 해내(海內)의 만물로 하여금 각각 살 곳을 얻게 하고자 한 것인데, 도리어 우리 일가의 노인과 어린 아이로 하여금 먼저 살 곳을 잃게 하였습니다. 20년 동안 독서하고도 오히려 물이 얕으면 옷을 걷고 건너고 깊으면 옷을 입고 건너가는 적의한 도리를 통달하지 못하여 스스로 이 화를 겪게 되었으니 누구를 원망하고 누구를 탓하겠습니까."

하였다.

노수신(盧守愼)이 다른 사람에게 말하기를,

"조헌이 어리석고 망령되기는 하나 이미 헌언(獻言)한 사람이니 유배시킬 수 없다."

하였으나, 조정이 따르지 않았다. 허봉(許篈)이 삼사(三司)가 탄핵

한 내용을 보고 말하기를,

"내가 여식(汝式)과 만 리를 동행하였으므로 그의 심사(心事)를 안다. 겸허한 마음에서 남을 믿고 이러한 소장이 있게 되었다고 한다면 오히려 가하거니와 그가 흉험하고 교사하다고 지목한다면 후세에 공론이 되지 못할 것이다."

하였다. 이때 조정에서 조헌을 너무 미워하여 거정(居停)한 사람을 치죄하기까지 하였으므로 친구라도 통문(通問)하지 못하였다. 그러나 심희수(沈喜壽)만은 날마다 가서 위문하고 시를 지어주었는데,

미친 말 종이에 가득하나 모두 충분에서 나온 것
형벌이 앞에 닥쳐도 임금 사모하는 마음일 뿐

이라는 구절이 있었다. 김현성(金玄成)도 털옷을 주니 사람들이 위태롭게 여기는 이가 많았으나 개의하지 않았다.

대체로 조헌이, 사로(仕路)가 혼탁하고 민생이 곤궁하건만 조정에서는 오직 성혼과 이이를 배척하고 억제하는 것으로 진취(進取)하여 지위를 보전하는 계책으로 삼을 뿐이어서 국사가 날로 잘못되어 장차 위란(危亂)한 경지로 들어감을 보고 충분(忠憤)을 견디지 못하여 성의를 다해 말을 끝까지 하였는데 말이 지리하였다. 인품의 본품(本品)을 논하지 않고 오로지 재위(在

김현성 유묵

134

位)한 자를 그르다 하고 실지(失志)한 자를 옳다함으로써 감동시키기를 바란 것으로서 자신의 말이 과도한 것은 미처 알지 못하였다. 이때 일방적인 논의를 주장하는 것이 심하여 사람의 형색(形色)을 살펴보아 조금이라도 성혼과 이이의 문하에 관계되면 중상하여 척절(斥絶)하였다. 그러나 조헌의 위태로운 말과 준엄한 비난은 고금을 통해 없던 것이었는데도 찬배에 그쳤으니 아마도 밝은 임금이 위에 계시어 거칠고 우직한 것을 포용하지 않았다면 중형을 면하기 어려웠을 것이다.

당시 중봉은 대궐에 나가 소를 올린 뒤 임금의 비답이 없자 서울에서 옥천으로 내려와 있었다. 중봉의 유배(流配) 소식을 전해들은 의금부(義禁府) 나졸(羅卒)들은 "조대인(趙大人)은 너무나 충직하기 때문에 도리어 이런 화(禍)를 만나게 되었다."라고 하나 같이 탄식(歎息)하였다.

임금의 명(命)을 받고 내려온 나졸들이 이 사실을 중봉에게 알리자 그는 그 즉시로 귀양 채비를 서둘렀다.

저는 오늘 아침에 이곳에 도착할 수 있었으나 떠나 올 때 저희 동료들이 '조대인(趙大人)은 어진 분이라 유배(流配)의 명(命)을 받으면 한 시각도 지체(遲滯)하지 않을 것이니 너는 모름지기 저녁에 도착하여 그분으로 하여금 밤에 행장(行裝)을 꾸리도록 하라.'고 하였습니다. 그리하오니 원컨대 날이 밝는대로 떠나도록 하십시오.

나졸(羅卒)은 중봉의 사람됨과 그의 곧은 명성(名聲)을 잘 알고 있었기 때문에 자신이 베풀 수 있는 최대한의 편의를 주기 위해 이렇게 말하였으나 중봉은 오히려 "임금님의 명(命)은 밤을 새울 수가 없는 것이다."라며 그날 밤 굳이 길을 떠났다. 중봉은 귀양을 떠나는 날부터 유배지에 도착할 때까지 40여 일 동안 매일 매일 일기(日記)를 썼는데 이 일기가 바로 '북적일기(北謫日記)'이다.

중봉이 유배길에 나섰을 무렵은 장마철이어서 두 달 동안이나 계속된 비로 길이 흙탕으로 변해 사람이 다닐 수가 없었고 기호(畿湖)에서 영동(嶺東)에 걸쳐 전염병이 창궐(猖獗)하여 이 병에 걸렸다 하면 10명 중 7~8명은 사망하였다. 중봉은 도보(徒步)로 길을 떠났는데 18세밖에 안 된 막내 아우 전(典)과 아들 완기(完基)와 더불어 옥천(沃川)에서 영동(嶺東)에 이르기까지 2천리의 험한 길을 가느라 발이 붓고 피가 터져도 그 의기(義氣)는 자약(自若)하였다.

중봉이 유배지(流配地)에 도착하니 온 마을이 전염병으로 죽은 자가 수를 헤아릴 수 없이 많았다. 아우 전(典)과 아들 완기(完基) 그리고 두 몸종도 길주(吉州)로 가는 도중 모두 이 병에 전염되었는데 아들 완기(完基)는 겨우 살아났고 아우 전(典)과 두 종은 전부 사망하였다. 중봉은 동생과 아들이 전염병에 걸려 앓기 시작하자 온갖 간호(看護)와 정성(精誠)을 쏟았지만 귀양길이라서 한시도 지체(遲滯)할 수 없는 형편에다 약(藥)도 제대로 쓸 수 없어 결국 동생을 잃게 된 것이다. 그러나 그는 의술(醫術)에도 정통하여 병을 앓고 있는 동네를 지날 때마다 침(針)도 놓고 약을 써 주어 살아난 사람이 매우 많았다고 한다. 동생을 잃은 슬픔은 이만 저만이 아니었지만 중봉은 이 모든 것을 하늘에 맡기고 동생의 시체를 고향 김포(金浦) 선영(先塋)으로 보내어 안장(安葬)하기로 하였다.

## 4) 귀양지에서 쓴 상소─청절왜사삼소

그가 유배 생활을 한 지 얼마 안 되어 왜국(倭國)은 사신(使臣)을 파견, 우리 조정(朝廷)과 통호(通好)할 것을 다시 요구해 왔다. 이에 조정에서는 의견이 엇갈려 결국 황윤길(黃允吉)과 김성일(金誠一) 등을 통신사(通信使)로 일본(日本)에 파견(派遣)하였다. 이 소식을 듣고 통신사의 일본 파견이 현 정세(情勢)에 비추어 볼 때 옳지 못하다고 주장하는 소(疏)를 지어 임금께 올렸다. 그러나 중봉의 이 상소(上疏)는 그곳 관찰사(觀察使)에 의해 묵살되어 결국 선조께 상달(上達)되지 못하였다.

## 5) 유배에서의 방면

당시 조정에서는 정여립(鄭汝立)의 난이 일어난 이후 정여립의 난을 미리 예견하고 대책 강구를 설파(說破)한 조헌을 조정(朝廷)은 물론 전국 각지의 뜻있는 사람들이 인정하기 시작하였다. 특히 호남(湖南) 유생(儒生) 양산숙(梁山璹)과 양천회(梁千會) 등은 중봉을 유배(流配)에서 풀어 줄 것을 선조(宣祖) 임금께 청원(請願)하였다. 이들의 청원서를 받아 본 선조(宣祖)는 "당초에 중봉을 귀양까지 보내게 된 것은 사실 내 뜻이 아니었다."[47]라며 중봉을 귀양에서 풀어주게 하였다.

유배(流配)생활에서 풀려난 중봉은 귀향길에 북령(北嶺)에 이르러 감격에 찬 시(詩) 한 수를 지었다.

대궐(大闕)에 계신 임금님의 은혜가 무겁고
남녘땅에 계신 어머님의 병환(病患)이 깊고나
마천령(磨天嶺)을 되돌아오는 날에
감격의 눈물이 옷소매에 흥건하도다

전사(銓司 : 吏曹)에서 선생을 성균관전적(成均館典籍)으로 천거

---

47) 선조 22년 기축(1589) 11월 3일(정미).

(薦擧)하니 임금이 전하여 이르기를 "이 사람은 가벼이 쓸 수 없다."[48]고 하셨다. 전사(銓司)에서는 임금의 뜻을 잘못 알고 예조정랑(禮曹正郞)으로 고쳐 천거하였다. 이에 임금이 크게 노하여 이조판서(吏曹判書) 홍성민(洪聖民)을 경상도(慶尙道) 관찰사(觀察使)에 좌천(左遷)시켰다. 선생이 이 사실을 전해 듣고 곧 대궐(大闕) 앞에 나아가 거적을 깔고 죄를 기다리니 성안의 백성이 이 광경을 보고 근심하여 탄식하여 말하기를 "하늘이 조공(趙公)을 내심은 사직(社稷)을 위해서이다."라고 하였다.

## 11. 이발(李潑)과 그의 어머니

1590년 봄 중봉은 역적모의(逆賊謀議)에 가담했다 죽은 친구 이발(李潑)의 어머니 윤씨(尹氏)가 관가(官家)에 잡혀가게 되었다는 소식을 전해들은 바 있었다. 이발(李潑)은 중봉과 죽마고우(竹馬故友)로, 생전(生前)에 이발(李潑)은 중봉을 아꼈고 그의 등용(登用)에 대해서도 자기보다 상사(上司)인 조정(朝廷) 대신(大臣)들에게 품신(稟申)까지 했다. 그러나 이 율곡(李栗谷)을 둘러싸고 중봉과 이발(李潑)은 5년 전에 서로 결별한 처지였다. 결국 이발은 정여립(鄭汝立)의 모반사건(謀叛事件) 때문에 죽음을 당하고 말았지만 옛 벗으로서의 우정(友情)만은 끊긴 것이 아니었다.

이발(李潑)의 어머니 윤씨(尹氏)도 이제 자식을 잘 못 둔 죄(罪)로 압송(押送)을 당하게 된 것이다. 중봉은 이 소식을 듣고 부랴부랴 옥천(沃川)에서 술과 옷가지를 마련, 먼 길을 걸어 윤씨(尹氏)와 만나게 되었다. 서로 얼굴을 마주했을 때 윤씨(尹氏)는 중봉을 알아보지 못하였다. 이에 조헌은 이발(李潑)과 친구인 것을 밝혔다. 그제서야

---

48) 선조 22년 기축(1589) 12월 7일(경진).

중봉을 알아본 윤씨(尹氏)는 크게 놀라며 "공(公)이 어인 일로 이렇게 몸소 나를 만나러 오셨습니까? 내 아들이 일찍이 공(公)의 말을 들었던들 어찌 역적모의(逆賊謀議)에 가담(加擔)할 수 있었겠습니까." 하며 눈물을 흘렸다.

중봉 역시 백발(白髮)이 된 윤씨(尹氏)의 손을 잡고 흘러내리는 눈물을 억제하지 못하였다. 중봉이 준비해 간 술을 윤씨(尹氏)에게 권하자 "내가 평소에도 술로 몸을 지탱해왔음은 공(公)도 잘 아는 바이지만 아들의 역적모의(逆賊謀議)가 있은 뒤로는 단 한 잔의 술도 입에 대본 일이 없었는데 공(公)의 정성이 이와 같으니 어찌 사양(辭讓)하겠습니까."하며 여러 잔을 마셨다. 중봉은 윤씨(尹氏)와 헤어질 때 털옷을 그에게 친히 걸쳐주며 날씨가 차가우니 이 털옷은 행자(行資)에 보태 쓰라고 신신당부하였다.

이발(李潑)의 어머니 윤씨(尹氏)와 그의 아들들을 고문으로 죽였다. 발과 이길(李洁)의 가속이 옥에 연루된 지 2년이었다. 대신(大臣)이 미봉책으로 형국(刑鞫)은 면하게 하였지만 석방시키자고 청하지는 못했다. 이때에 옥사를 이미 완결시켰으나 발의 가속에 대해서만은 미결된 상태였는데, 모두 신국(訊鞫)하라고 명하였다. 윤씨는 82세였고 이발의 아들 이명철(李命哲)은 10세였다. 우의정 이양원(李陽元)이 감국(監鞫)하면서 늙은이와 어린 아이에게는 형벌을 실시할 수 없다고 하였으나 허락하지 않았다. 명철은 압슬(壓膝)에도 승복하지 않았고, 윤씨는 나이 80여 세에 장형을 받았지만 역시 승복하지 않고서 죽었다.

발의 아우 현감 이급(李汲)은 앞서 형벌을 받고 죽었고 그의 아들 이만생(李晚生)·이순생(李順生)도 장형을 받고 죽었다. 발의 아들 이효동(李孝童)과 길의 아들 이효손(李孝孫)은 모두 연루되어 옥에 갇혔는데 효동은 병으로 죽고 효손은 임진년 난리에 옥문을 크게 열자 석방되었으나 역시 역질(疫疾)로 요사(夭死)하였다. 온 가문이 화를 면한 자가 없었는데 이직(李溭)만이 먼저 죽었기 때문에 화를 입지 않았다. 사람들은 '이직이 본래 길인(吉人)이어서 그의 형제와는 비교할 수 없다. 그래서 아무 탈없이 죽게 되었던 것이다.'고 하였다.

## 12. 영남주유

1590년 조헌은 논산 고운사를 찾아 노닐다 여름에 금천사에서 강학하였고 겨울에는 영남지방을 유람(遊覽)하였다. 다음 해 1월까지 한 달 정도의 짧은 기간이었지만 영남 지방의 여러 곳을 돌아보고 많은 사람을 만났다. 그리고 이 때 가장 많은 시를 남겼다.

그 여정을 따라가 보면 다음과 같다. 12월 15일 해평현(선산)에 도착해서 금오산을 바라보며 길재(吉再) 선생의 충절을 사모하는 시를 읊는다.

海平縣 東望金烏山有感 次古人韻
〈十五日 海平縣에서, 동쪽으로 金烏山을 바라보며 느낌이 있어서, 옛사람의 시에 차운함.〉

| 萬代高名吉注書 | 萬代의 높은 이름 吉注書 |
|---|---|
| 金烏當日早幽居 | 당시에 일찍이 금오산에 은거했네 |
| 漢山蔥欝新王氣 | 漢山은 푸르게 우거져 새 王氣가 도는데 |
| 松岳悲凉故國墟 | 松岳은 슬프게도 옛나라의 남긴터가 되었다 |
| 杖策幾人開甲第 | 채찍질하고 몇사람이나 고귀한 집 문 열었는가 |
| 採薇甘自守窮閭 | 고사리 캐며 곤궁한 집 지킴을 달게 여겼네 |
| 欲尋盥手逍遙處 | 손을 씻고 逍遙할 곳 찾으려하면 |
| 茂樹清泉倘導余 | 우거진 숲 맑은 샘이 아마도 나를 인도하리라 |

12월 16일에 영천의 속현(屬縣)인 장수(長水)의 우헌(郵軒)에서 잠을 자고 척금(滌襟)의 잔치에 참석했다. 이 자리에서 군수 원언위, 경판 이진지 등 지역유지와 시를 주고받으며 마음껏 취했다. 그리고 영천 임고서원을 찾아 포은 정몽주의 유상(遺像)에 글을 지어 제사를 지냈다.

정몽주 초상

아! 선생은 삼강(三綱)과 오상(五常)[49]을 한 몸에 맡으셨습니다. 이 백성들 모두가 힘입게 되었으니 우리의 도(道)가 더욱 빛나졌습니다. 공이 계실 때는 나라도 있었고 공이 돌아가시고는 나라도 망(亡)하였습니다. 아! 선생은 나라와 더불어 존망(存亡)을 같이 하셨습니다. 학문(學問)은 정자(程子)와 주자(朱子)를 천명(闡明)하셨으니 우리나라는 이 도(道)로 밝았습니다. 경륜(經綸)[50]이 구비(具備)하셨으니 중화(中華)[51]와 조선(朝鮮)이 일체(一體)로 되었으며 효심을 옮겨 충성을 다하셨으니 송도(松都)[52]와 영천(永川)의 두 곳에 충신비(忠臣碑)와 효자비(孝子碑)를 세우게 되었습니다. 아! 선생은 만고(萬古)에 그 이름이 빛나졌습니다. 생(生)이 와서 술 한잔 올리오니 뒤에 태어난 옛 도읍의 미친 선비입니다.

　　　　─임고서원 제포은선생문(臨皐書院祭圃隱先生文)

49) 사람으로 마땅히 지켜야 할 5가지 도리. 인, 의, 예, 지, 신를 말함. 오륜(五倫).
50) 국가를 통치하는 일 또는 그 방책.
51) 중국(中國)
52) 지금의 개성.

조헌은 위의 제문에서 정몽주가 정자와 주자를 천명하여 우리나라에 성리학의 비조(鼻祖)로 칭송하면서 그의 충절이 조선까지 이어지고 있다고 칭송하였다.

12월 22일에는 하양으로 가서 현감 조윤신을 만났고 23일에는 경산의 객관에 들러서 회재 이언적의 시에 차운하여 시를 지었다.

碧澗琮琤下　　푸른시내 졸졸졸 흘러 내려가
北流西入江　　북쪽에서 서쪽 강으로 들어가네
歷山凡有幾　　경산을 몇번이나 들렀던가
此縣固無雙　　이 고을 참으로 짝이 없다네.
爽氣通高閣　　상쾌한 기운 높은 누각에 통하고
蒼屏對小窓　　푸른 병풍은 작은 창문 마주하였네
沈吟一題絶　　絶句 한 수 깊이 읊조리나니
巨筆欠如杠　　큰 붓에 긴 자루가 없는 것 같네

　　　　　　　　－二十三日歷慶山館次晦齋先生韻

12월 24일에는 청도를 방문했다. 당시 청도에는 어릴 때 시서를 가르쳐준 어촌 김황이 군수로 있었다. 오랜만에 김황과 옛이야기를 나누며 밤을 지새웠다, 3일을 머물며 옛 스승과 못다한 이야기를 나누었다. 12월 27일에는 청도의 탁영 김일손의 사원을 찾았다. 김일손은 김종직의 문인으로 춘추관 사관을 지냈으며 무오사화에 연루되어 처형되었다.

12월 28일에는 합천을 유람하고 29일 대구로 왔다. 다음 해 1월 3일에는 박팽년 신위에 제를 올렸다. 5일에는 성주, 6일에는 금릉을 주유했다.

조헌의 영남 주유는 금릉을 마지막으로 끝이 난다. 조헌이 임진왜란의 변란을 예측함에도 불구하고 급박한 시기에 이처럼 영남지방을 유람한 이유는 무엇이었을까? 그것을 전란을 대비해서 영호남비왜지책을 구상하기 위해서가 아닐까?

## 13. 제2차 지부상소

　나라 일을 더 이상 어떻게 할 수 없음을 깨달은 중봉은 비통(悲痛)에 잠긴 채 다시 옥천(沃川)으로 내려와 산수(山水)를 찾아 시름을 달랬다. 중봉이 옥천(沃川)에 내려온 1591년 음력 윤삼월(閏三月) 그는 박정로(朴廷輅)와 전승업(全承業) 등 문인(門人)들과 함께 시세(時勢)에 대해 자주 토론(討論)하였다. 조헌은 그해 겨울 선배요 친구였던 서기(徐起)가 작고(作故)하자 공암(孔岩)으로 가 문상(問喪)한 후 옥천(沃川) 집으로 돌아왔다.

　1591년 왜(倭)는 현소(玄素) 등을 다시 우리나라에 사신(使臣)으로

지부상소

보내와 명(明)나라를 쳐들어갈 길을 빌려줄 것을 청(請)해왔다. 이 사실을 알게 된 중봉은 그해 3월 깨끗한 흰 옷으로 갈아입고 옥천(沃川)에서 급히 상경(上京)하여 도끼를 품고 대궐(大闕) 앞에 나가 왜국사신(倭國使臣)의 목을 베어 명(明)나라 조정(朝廷)에 아뢰기를 청(請)하는 소(疏)를 올렸다.

중봉이 상소(上疏)를 올리자 조정(朝廷)의 신하(臣下)들은 "조헌(趙憲)은 여러 차례 미치고 망령된 소(疏)를 올렸기 때문에 귀양살이까지 했는데 상소(上疏)하기를 그치지 않으니 참으로 부끄러움이 없는 자"라고 이구동성(異口同聲)으로 말하였다. 그러나 3일 동안 기다렸지만 위로부터 아무 회답(回答)이 없었다.

이런 일이 있은 후 중봉은 곧바로 명(明)나라 조정(朝廷) 및 유구(流球)와 대마도(對馬島), 일본(日本) 유민(流民)에게 풍신수길(豊臣秀吉)을 타도(打倒)하는 내용의 글과 현소(玄蘇)를 목 벨 죄목(罪目) 및 영남(嶺南)과 호서(湖西)지방의 방어책(防禦策)을 지어 올렸다. 그러나 이 소(疏) 역시 승정원(承政院)으로부터 아무런 회답(回答)이 없었다.


조헌이 옥천(沃川)으로 돌아가 아들 조완도(趙完堵)를 시켜 평안감사 권징(權徵)과 연안 부사(延安府使) 신각(申恪)에게 글을 보내어 참호를 깊이 파고 성을 완전히 수리하여 전수(戰守)에 대한 준비를 미리 수거(修擧)하도록 권하였는데, 권징은 그 글을 보고 크게 웃으면서 말하기를 '황해도·평안도에 어찌 왜적이 올 리가 있겠는가. 돌아가 그대 부친에게 부디 다시는 이런 말을 하지 말라고 하라.' 하였다. 신각은 그 말을 옳게 여겨 기계(器械)를 대대적으로 수리하고 성내(城內)에 봇물을 끌어들여 큰 못을 만들었다. 뒤에 왜란이 일어나자 이정암(李廷馣)이 성을 지켜 온전할 수가 있었으므로 고을 사람들이 신각이 사전에 준비한 공로를 추모하여 아울러 비석을 세워 그 공을 기렸다.


## 14. 임진왜란 전 상황

조헌이 활동한 선조(宣祖) 연간(年間)은 붕당 정치가 아주 심한 때였고, 따라서 조헌의 온전한 위치를 가늠하기 위해서 이에 대한 이해가 선행되어야 하겠다. 왜냐하면 그의 정치적 입지는 당시 붕당정치(朋黨政治)의 구조 속에서만 온전하게 이해되기 때문이다.

조헌이 옥천(沃川)에 내려와 초야(草野)에 묻혀 하루하루를 보내는 동안 조정에서는 사색당파(四色黨派)가 극에 달해 서로 헐뜯고 모함하고 배척(排斥)하는 일이 더욱 심해져 갔다. 율곡이 세상을 떠난지 얼마 안되어 정여립(鄭汝立)이 율곡(栗谷)과 성혼(成渾)을 모함하는가 하면 이발(李潑)도 이에 동조(同調)하기에 이르게 되었다. 정여립(鄭汝立)은 율곡(栗谷)을 공공연히 배반(背反)하고는 "계미년(1583) 초여름에 나는 율곡(栗谷)의 무상함을 비로소 깨닫고 서한을 보내 그와 절교할 것을 알렸었다. 그러나 다만 이보다 일찍 절교하지 못한 것이 한스럽다."고까지 하였다. 정여립(鄭汝立)의 이런 패륜(悖倫)을 본 율곡의 조카 이경진(李景震)은 임금께 상소(上疏)를 올리는 한편 정여립(鄭汝立)이 계미년에 보낸 편지까지도 함께 써서 바쳤다. 이때 여론이 들끓어 모두가 정여립(鄭汝立)에게 침을 뱉고 그를 비판하였는데, 이발(李潑)은 오히려 세상 여론이 그르다면서 정여립을 두둔하고 나섰다. 이때부터 조헌은 이발과 서로 모가 나게 되었고 틈이 벌어지게 되었다.

조헌은 여러 차례에 걸쳐 이발을 찾아가 서로 옳고 그름을 토론(討論)하였으나 이발은 끝까지 조헌의 말을 들으려 하지 않았다. 조헌은 마침내 이발과 절교를 하겠다는 내용의 글을 보냈으나 마음속으로 는 아직도 옛 정을 못 잊어 늘 이발의 태도를 개탄(慨歎)하였다.

임금이 어진 사람을 친(親)하고 착한 사람을 벗으로 삼아 일찍이 수양하며 친히 모범이 되게 하시면 천하가 화(化)하 여 령(令)을 내리지 아니 하여도 백성이 따를 것이니 이것이 바로 당우(唐虞)와 3대의 정치가 뭇 임금의 으뜸가는 것이 옵니다. 우리나라가 군신(君臣)과 부자(父子)의 도(道)를 알 게 된 것은 유현(儒賢)이 쏟아져 나왔기 때문입니다. 먼저 이 색(李穡)과 정몽주(鄭夢周)가 이학(理學)을 밝혀 고려(高麗) 의 꺼져 가는 운명의 위급함을 연장함으로써 우리 조선의 문 명을 창설하게 되었고, 김종직(金宗直), 김굉필(金宏弼), 정 여창(鄭汝昌) 등이 도학(道學)을 밝혔으며 조광조(趙光祖)의 등용(登用)으로 민속(民俗)이 많이 변화하였습니다.
　…중략…
율곡이 선조 5년에 올린 소(疏)는 간사한 싹을 미리 내다 보고 숨은 근심과 큰 탄식이 일자(一字), 일구(一句)가 모두 임금을 사랑하는 정상에서 나오지 않은 것이 없었습니다.
정철(鄭澈)은 기대승(奇大升)에게 배웠고 기대승은 이황에 게 배웠으며 율곡은 친히 이황의 가르침을 받았고 또 조광 조를 사모하였으니 도덕(道德)과 모유(謀猷)와 기개(氣槪)가 그 유래가 있습니다. 충렬(忠烈)은 위로 전하의 마음을 감동 시켜 크게 임용되었고 정철의 청명(淸名)과 직절(直節)은 율 곡(栗谷)이 중하게 여겨 같이 벼슬하기를 기약하였습니다. 그런데 보합(補合)할 계책은 박순(朴淳)에게 있었으며 박순 (朴淳)이 율곡(栗谷)과 송강(松江)을 천거함은 정승(政丞)으 로 당연한 임무(任務)며 율곡(栗谷)도 임금께 모든 사리를 논 할 때에 엄하고 자중한 선비가 없어서는 안 된다고 생각하 였으므로 힘써 성혼(成渾)을 천거하였던 것입니다. …저 유성룡, 김응남, 이발 같은 무리도 일찍이 청반(淸班)에 버려 있지 않았습니까? 하지만 오직 발탁하여 주기를 빨리 하지 않았다 하여 반기를 들고 나와 산 사람은 몰아내기를 꾀하고 죽은 이는 추악하게 헐뜯어서 위로는 경상으로부터 아래로는 미천한 사람에게 이르기까지 몸을 용납할 곳이 없게 하였습니다. 어찌 군자가 정치를 하는 데 한 때의 현인과 충신을 괴롭게 굴어서 살 곳을 잃게 하겠습니까? 신이 이 세상에서 스승으로 섬기는 세 사람이 있으니 세 사람이 율곡(栗谷)과 우계(牛溪)와 토정(土亭)이옵니다. 이 세 사람의 학문의 진도는 비록 다르지만 그 맑은 마음에 욕심이 적고 지극한 행실이 세상에 모범이 됨은 같사옵니다. 신은 이 세 사람이 신에게 가르친 바로써 선비들을 가르쳐 주고자 하는 데 간사한 말이 성행함으로 신을 율곡, 우계의 무리라 하여 반대하는 사람이 많고 헐뜯고 소리도 사방에서 일어납니다. 신의 변변치 못함으로 인해 욕됨이 스승과 벗에게까지 미치니 신은 참으로 부끄럽습니다.

그러나 이런 상소문(上疏文)을 올린 지 10여 일이 되어도 임금으로부터 아무런 비답(批答)이 내리지 않자 조헌(趙憲)은 피나는 정성(精誠)을 다하여 다시 소(疏)를 올려 사악(邪惡)함과 올바름의 분별(分別)을 재론하니 그 말이 더욱 명백(明白)하고 간절(懇切)한 것이었다.

이 때 선조 임금은 "그대의 소(疏)가 도달된 지 오래 되었도다. 그러나 요사이 짐(朕)의 심정이 편하지 못하여 읽어볼 여가(餘暇)가 없었기 때문에 바로 펴 보지 못 했으니 그대가 집으로 돌아가거나 아니면 머물러 기다리거나 그대 마음대로 하라."고 비답(批答)을 내리는 한편 "중봉(重峯)이 직언(直言)을 구하는 소를 올렸으니 참으로 가상한 일이다"며 중봉(重峯)의 소에 회답(回答)을 주도록 명령을 내리었다.

그러나 조헌의 소를 검토한 홍문관(弘文館)에서는 오히려 현직 대신(大臣)들을 비난하는 내용(內容)이 들어있다는 등의 구실로 조헌을 죄인(罪人)으로 몰아붙였고 그에게 엄한 벌을 내리도록 하는 글을 임금께 올렸으나 선조가 이를 엄하게 물리쳤다고 한다. 또한 가장 친한 벗이었던 이발을 비롯하여 김홍빈(金弘敏) 등도 잇달아 같은 내용의 소를 올리고 조헌에게 마땅한 죄를 내릴 것을 강경(强硬)하게 청하였으나 선조는 이를 모두 들어주지 않았다.

조헌(趙憲)이 44세가 되던 이듬해(1587)는 당쟁(黨爭)이 극도로 심화(深化)되었던 해이다. 이 모든 것은 임금을 보좌(補佐)하는 신하들 가운데 파벌(派閥)을 조성하여 더 높은 벼슬자리와 명예를 얻으려는 간사(奸邪)한 무리들 때문이었다. 특히 정여립은 동인(東人)이 우세하여짐에 이에 아부(阿附)하여 동인 편에 서서 동인이 증오하던 율곡을 극구 비난하고 마침내 동인의 힘으로 수찬(修撰)이란 벼슬까지 올랐다. 그러나 이런 심술이 선조(宣祖)의 눈을 거슬리게 되고 이에 그는 벼슬을 버리고 고향인 전주(全州)로 돌아가게 된다.

고향에서 많은 선비와 접촉하는 동안 정여립의 이름이 날로 높아지자 은연중에 반란을 일으켜 정권(政權)을 잡고자 하는 야심(野心)을 품게 되었다. 이러한 사실을 미리 내다본 조헌은 정여립이 장차 반란(反亂)을 꾀할 것이라는 사실과 그의 행패를 논박(論駁)하고 만언소(萬言疏)를 지어 충청도 관찰사 권징(權徵)에게 주어 이를 임금께 올리도록 하였다.

그러나 권징(權徵)은 조헌의 상소가 임금께 올라갈 경우 앞으로 큰 화(禍)가 미칠 것을 우려하여 아예 조헌의 상소를 받아들이지 않았다. 조헌은 이렇게 소를 올리기 다섯 차례나 했으나 모두 거절당하였다. 이에 조헌은 나라를 걱정하는 자신의 상소가 임금께 올라가지 못함을 개탄하여 관직을 버리고는 다시 옥천으로 돌아와 두문불출(杜門不出) 하며 후학(後學) 양성에 일생을 마치려 하였다.

이미 조헌은 여러 차례 상소로 인해 동인(東人)으로부터 크게 공격을 받고 있었던 것이다. 따라서 그의 말과 행동은 늘 경계의 대상이 되었다. 동인(東人)들이 그를 공박할 때에 어떤 사람은 교묘(巧妙)한 말씨로 사람을 속인다 하기도 하고 또 다른 사람들은 간사(奸邪)하고 악독(惡毒)하다고 하고 또 어떤 이는 도깨비 같다는 등 가지가지의 명목으로 그를 헐뜯었던 것이다.

　당시 조헌은 동인들이 주장하는 논의(論議)는 오직 성혼(成渾)과 율곡(栗谷)을 배척하는 것으로써 출세의 밑천으로 삼고 국가의 안위(安危)와 생민(生民)의 애환(哀歡)은 곧 망각(忘却) 속에 버려두는 것으로 판단하였다. 이러한 상황에 그는 슬픔과 분노(憤怒)를 느끼고 인물의 본품(本品)이야 어찌 되었든 다만 그 형적(形迹)을 보아서 성혼(成渾)과 율곡을 추존(推尊)하는 사람은 모두 군자(君子)라 하고 그와 반대되는 사람은 소인이라고 하였다. 그리하여 조헌을 원망(怨望)하고 원수(怨讐)로 삼은 사람이 많아 그런 오해를 중간에서 풀어주려고 하는 사람도 죄인으로 몰리게 되니 친구들도 모두 화가 미칠 것을 두려워하여 그가 온다는 말만 들어도 문을 걸어 잠그고 만나주지를 않았다. 그러한 가운데 끝까지 우정(友情)을 변치 않은 사람은 오직 일송(一松) 심희수(沈喜壽)와 남창(南窓) 김현성(金玄成) 등 두어 사람뿐이었다.

　조헌(趙憲)의 정치적(政治的) 대안(代案)은 동(東)·서(西) 붕당(朋黨)에 관계없이 꾸준하였으나 선조에게 용납(容納)되지는 못하였다. 그런데 이의 근본(根本) 원인(原因)은 아무 것에도 치우치지 않겠다는 그의 순수(純粹)하고 강직(剛直)한 성품(性品) 때문이었는데, 오히려 이것이 그의 정치적 입지를 협소(狹小)하게 하는 이유가 되었다고 본다. 그러나 사림정치(士林政治)를 지향한 그의 정치적 개혁안(改革案)은 상당히 실효성(實效性)이 있는 것이었는데, 단지 동인에 대한 비판에 머물렀던 것이 아니라 16세기의 사회변화에 적절히 대응하려 한 정책 제시였다는 점에서 더욱 그 의의(意義)가 크다고 할 수 있다.

임진왜란(壬辰倭亂)은 1592년 4월 13일에 일어났다. 이때 동아시아 정세는 크게 소용돌이 치고 있었다. 동쪽 일본에서는 토요토미 히데요시(豊臣秀吉)란 괴이한 인물이 나타나, 일본을 통일하더니 그는 많은 장수들이 자기에게 반란을 일으키지나 않을까 몹시 두려워했다. 그리하여 조총(鳥銃) 등으로 훈련된 역전의 군사를 내몰아, 영토를 넓히고 역사에 그 이름을 남기려는 허망한 야심을 품게 되었다. 그리하여 토요토미 히데요시는 우리나라에 사신을 보내어 조선의 내정을 탐지하게 하더니 급기야 "명나라를 치겠으니 길을 빌려 달라"라고 오만(傲慢)을 부리기 시작했다.

이때 우리나라는 태평 속에서 국방문제는 관심도 없이 오직 당쟁(黨爭)만을 일삼았고 명나라 역시 건국한 지 224년이 지난 노대국(老大國)으로서 쇠퇴의 길을 걷고 있었다. 우리 조정에서는 결국 선조 23년에 황윤길(黃允吉)을 정사로, 김성일(金誠一)을 부사로 삼아 통신사를 일본에 파견하여 내정을 살폈으나, 여기에 두 사람의 판단이 상반(相伴)되어 동인은 김성일의 무전론(無戰論)에 동조하고 서인은 황윤길의 유전론(有戰論)에 기울어지며, 국론이 분분하더니 결국 태평세월에 민심만 소란케한다 하여 아무런 대책도 세우지 않았다.

그러나 율곡 선생과 조헌 선생 등이 예견한 바와 같이 왜군이 갑자기 침입하자 부산에 상륙한지 불과 20일 만에 서울이 함락되고, 2개월 후에는 평양성이 떨어졌으며, 선조대왕은 임진강, 대동강을 건너서 의주(義州)까지 피난을 가게 되었고, 두 왕자(王子)는 함경도까지 피난길에 오르게 되었다.

그동안 왜군은 제1차로 상륙한 15만 대군을 3대로 나누어 동로군

(東路軍)은 카토오 키오마사(加藤淸正)가, 중로군(中路軍)은 고니시 유키나가(小西行長)가 서로군(西路軍)은 구로다 나가마사(黑田長政)가 이끌고 북상하였는데 우리의 관군(官軍)은 무방비 상태였으므로 왜군은 거침없이 서울을 점령하기에 이르렀다. 왜군은 계속 제4군 모리(毛理), 제5군 후구시마(福島), 제6군 고바와가와(小早川隆景) 등이 계속 부산에 상륙하여 약탈과 살육을 일삼았다.

그래서 우리나라는 호남과 평안도 일부 지방을 제외한 모든 지역이 왜군에게 유린당하게 되었다. 관군은 뿔뿔이 흩어져 백성들은 공포에 떨고 있었다.

그러나 호남, 영남, 강원, 호서 등 각 지방에서는 의병이 줄기차게 일어나 왜적과 충돌하였다. 유명한 의병 대장으로는 호남의 김천일(金千鎰), 고경명(高敬命), 영남의 곽재우(郭再祐), 정인홍(鄭仁弘), 호서의 조헌(趙憲) 등이 있었다. 이들은 이름 있는 지방 명사들이었으며 일단 궐기하니 백성들의 많은 호응을 받아 국난 극복에 큰 역할을 담당하게 되었다.

## 1) 전운(戰雲)의 기운(氣運)을 걱정

조헌은 임진왜란이 일어나기 전에 〈절왜소(絶倭疏)〉 등을 통하여 강경한 대왜정책(對倭政策)을 주장한 바 있고, 방어책을 지어 올려 적의 침입에 대비해야 한다고 주장하였다. 그러나 당쟁(黨爭)의 소용돌이 속에서 조헌의 주장은 받아들여지지 않았다. 이에 조헌은 왜란이 일어날 것을 예측하고 미리 준비를 하는데 몇 가지 일화를 소개한다.

선생이 일찍이 대둔산(大芚山)에 발력(渤歷)하며 보름을 돌아다니면서도 글을 읽는 것으로 일과를 삼지 않고 날마다 산속간(山俗間)

이나 혹은 높은 봉에 올라가서 먼 곳을 바라보며 풀잎을 뜯어 흐르는 물에 흩어 보냈는데 이것은 근심을 달래고 슬픔을 덜어 보자는 것이요, 그 뜻이 아름다운 경치에서 유람하고자 한 것은 아니었다. 신이 헤어지면 스스로 얽어서 신었지 중의 손을 빌리지 않았으며 늘 말을 할 때에 혀 차는 소리가 입에서 끊이지 않았다. 밥을 먹다가도 때로는 수저를 놓고 탄식하는 소리를 하니 중들이 그의 뜻을 헤아리지 못하였다. 하루는 네 사람의 중들과 같이 밥을 먹는데 선생이 먼저 두어 술 뜨고 그 나머지를 중들에게 밀어주면서 "내년에는 반드시 왜란이 있을 것이고 나는 응당 의병(義兵)을 일으켜 근왕(勤王 : 왕을 지킴)을 할 것인즉 오늘 이 밥을 같이 먹는 자는 내가 의병을 일으켰다는 말을 듣거든 곧 나에게로 와서 일을 같이 도모하자." 하였다. 이에 중들이 그 말을 괴이하게 여기면서도 건성으로 그렇게 하기를 응낙하였었다. 이듬해 임진년(壬辰年)에 과연 변란의 소식이 들리니 중들이 놀라 탄복하고 앞을 다투어 의(義)를 쫓는데 네 명의 중들 가운데 한 사람은 이미 죽었고 또 한 사람은 발에 병이 나서 걷지를 못하였지만, 나머지는 모두 선생(先生)과 더불어 같이 싸우다가 죽었다. 발에 병이 나서 의병에 가담치 못한 자가 사자산(獅子山)에 있을 적에 그 중을 만났다. 그가 나에게 그런 말을 들려주었고 선생과 같이 죽지 못한 것을 한스럽게 여기며 오래도록 눈물을 흘렸었다.

선생은 위로는 천문(天文)을 보았고 아래로는 인사(人事)를 살펴서 왜란이 있을 것을 알고 돌을 광주리에 담아 그것을 부인으로 하여금 머리에 이게 하고 날마다 산을 오르내리게 하였다. 이것을 본 주위의 사람들이 그렇게 하는 까닭을 물으니 선생은 "나는 수고스러움을 미리 익히게 하여 장차 난리를 피하려 한다."라고 하였다. 그래서 모든 사람들이 선생의 이 말을 듣고는 그 행동을 가볍게 웃어넘겼다.

왜란(倭亂)이 일어나기 전해 칠월 초이일에 선생은 금산군수(錦山郡守) 김현성을 찾아보았는데 이때 박정노(朴廷老)와 더불어 영벽루(映碧樓)에 올라 경치를 구경하였다. 그때 해는 한낮이 기울어 3~4시가량 되었다. 별안간 붉은 요기(妖氣)가 동쪽에서 일어나더니 세 갈래로 나뉘어 한 줄기는 북쪽으로 향하여 길게 하늘로 뻗었고 또 한 줄기는 서쪽으로 향하였으며 또 다른 한 줄기는 서남간으로 길게 뻗었는데 그 빛이 매우 밝았다. 선생은 이것을 살펴보고 박정노에게 이르기를 "수길(秀吉)의 군대가 이미 행동을 개시하였으니 명년(明年) 봄에는 이 적기(赤氣)와 같이 대거로 우리 땅에 침입할 것이다. 나는 장차 모친을 모시고 공주로 피난을 할 것이니 자네도 나를 따르는 것이 좋겠다." 하였다. 그 이튿날에 선생은 김현성 군수를 만나 어제의 천문(天文)과 자기의 의견을 모두 말하고 이것을 감사(監司)에게 보고하고 그로 하여금 조정(朝廷)에 전문(轉聞)[53]하여 급히 방어대책을 도모할 것을 청하였다.

김현성이 선생의 말과 같이 도형(圖形)을 그려 감사(監司)에게 보고하였으나 감사(監司) 이광(李洸)은 이것을 묵살하고 조정에 보고하지 않았다.

## 2) 부인 신씨의 죽음

임진왜란(壬辰倭亂)이 발발(勃發)하던 해인 1592년 음력 2월 18일 부인 신씨(辛氏)가 세상을 떠났다. 신씨가 중봉과 혼인(婚姻)한 지 만 31년 되던 해였다. 신씨는 중봉이 귀양을 가고 옥살이 할 때 집안 일을 꾸리고 시어머니 김씨를 봉양하는 것이 중봉과 같았으며 아들 완기(完基)를 훌륭하게 키워온 현모양처(賢母良妻)였다. 갑작스레

---

53) 다른 사람을 거쳐 간접으로 들음. 여기서는 간접으로 전하였다는 뜻.

상(喪)을 당한 식구들은 슬픔 속에 어쩔 줄 몰랐다. 고향도 아닌 타향(他鄉)에서 장사(葬事)를 지낸다는 것이 보통 일이 아니었고 또 대대(代代)로 내려오는 선영(先塋)이 김포(金浦)에 있는지라 아들 완기(完基)는 그곳으로 가서 장례(葬禮)를 치르자고 하였다.

그러나 중봉은 변란(變亂)이 일어날 것을 예상하고 격식(格式)도 갖추지 않은 채 집 뒤에다 임시(臨時)로 장사(葬事)를 치르기로 하였다.

조헌이 1592년 2월 30일 전승업에게 보낸 편지에 부인의 부고를 전하면서 "김포 고향에 가서 논과 밭을 환매할까 하면 낮에는 부현(婦峴)을 넘으려 하는데, 그대가 만일 일이 없으면 잠시 강가에 나오든지 또는 부현의 고개 위에서 기다리는 것이 어떠하겠소"[54] 하는 부탁을 청하는 내용이 있다.

이후 중봉은 김포 선영에 가서 부인의 죽음을 고하고 또한 장차 변란이 일어날 것이므로 영원히 물러간다는 뜻의 제문(祭文)을 지어 고유(告由)하였다.

이때 친구들이 와서 보고 그네들은 마음속으로는 선생의 뜻을 헤아리지 못해 그것을 믿지 않고 시험 삼아 "과연 난이 일어날 것이며, 그렇다면 어디로 난을 피해야 하겠는가?"를 물었다. 이에 선생은 "강화도(江華島) 마니산(摩尼山)으로 들어갈 것 같으면 난을 면할 것 같다."라고 하였는데 이 말은 그대로 들어맞아 임진왜란 때 마니산으로 피난한 사람들은 전란의 피해를 입지 않았다고 한다.

3월 21일 조헌은 김포에서 옥천으로 돌아왔다. 그동안 부인 신씨의 장례에 필요한 물자를 조달하는데 전승업의 경제적 지원이 많았던 것 같다.

---

54) 仁峰全承業先生遺稿, p.24

154

헌이 전합니다. 그저께 고향에서 돌아와서 그대가 서신으로 많은 부의를 했다는 말을 들었다오. 지극히 궁핍한 때 인하여 역사하는 공인(工人)에게 주식(酒食)을 먹여 모든 장례(葬禮)를 계획했다 하니 만일 그대의 지극한 애호(愛護)가 아니었다면 어찌 환란이 많은 때 구원하여 줌이 이와 같겠소 감탄함이 진실로 깊소이다.[55]

이 글은 조헌이 김포에서 돌아와 이틀이 지난 3월 23일 전승업에게 보낸 편지에서 부인의 장례에 물심양면 도와줌을 고마워한다는 내용이다.

신씨 부인의 정식 장례(正式葬禮)는 두 달이 넘은 4월 20일에야 겨우 치르게 되었는데 이날 장례에는 동네사람들은 물론 멀고 가까운 곳에서 문인(門人)들이 많이 모여들었다.

## 15. 임진왜란 발발

### 1) 의병모집

중봉이 김포 선영에 성묘를 하고 옥천(沃川)으로 내려와 한 달이 채 못 된 4월 14일, 전 일본을 통일하고 전쟁준비를 해온 풍신수길은 마침내 소서행장(小西行長)과 가등청정(加藤淸正) 등을 선봉장으로 삼고 바다를 건너 우리 강토를 쳐들어오니 그들의 군사는 무려 15만 명이 넘었다. 왜적은 조총(鳥銃)이라는 신무기로 무장했을 뿐만 아니라 선봉에 나선 진격군의 대부분이 훈련을 잘 받은 정예부대였다. 이와는 대조적으로 우리나라의 군사들은 훈련도 제대로 안되어 있

---

의병봉기-금산혈전출진도

는데다 겨우 창이나 칼·활 등 구식무기로 무장되어 있었을 뿐이었다. 더욱이 조정에서는 당파가 분열되어 정쟁이 심하였고 왜적을 무찌를 방비책이 전혀 갖추어져 있지 않았다.

조헌은 왜적이 침입했다는 비보를 듣고 "이제 올 것이 기어이 오고야 말았다. 내 일찍이 여러 차례에 걸쳐 상소를 올려 그 대비책과 방어책을 구했건만 그 누가 귀를 기울였단 말인가! 이제 와서 통탄한들 무슨 소용이 있단 말인가. 오직 의로운 마음으로 임금과 백성을 구하는데 몸과 마음을 바치는 것만이 남았도다." 하고는 비장한 각오와 결심으로 즉시 어머니 김씨를 청주시 선유동으로 피신시킨 뒤 행동에 옮기기로 하였다. 청주 선유동 지인의 집에 노모를 모시고 장남 완기(完基)에게 보필하게 하였다. 완기와 둘째 완도(完堵)는 스물이 넘는 청년이었으나 아래로 둘은 아직 갓난아기였다. 그래서 조헌은 둘째 완도를 데리고 의병 모집에 나섰다.

청주에서 의병 모집에 실패한 조헌은 그 즉시 옥천(沃川)에 내려와 의병 모집에 나섰다. 옥천은 수년 동안 머물렀던 곳이라 문인(門人)과 지인(知人)들이 많았다. 이곳에서 조헌은 문인인 김절(金節), 박충검(朴忠儉), 전승업(全承業) 등과 향병(鄕兵) 수백 명을 모병(募兵)하는 성과를 올렸다. 의병들의 무장은 기껏해야 몽둥이와 도끼, 쇠스랑 등 그야말로 보잘것없는 농기구뿐이었으나 임금을 보위(保衛)하고 강토를 수호하겠다는 결의만은 목숨을 내놓을 만큼 대단한 것이었다. 당시 충청도의 전황(戰況)은 왜군의 주력부대가 이미 영동·옥천·청주를 거쳐 서울로 북상한 후였으며 청주에는 왜군의 수비부대가, 주변지역에는 잔여부대 혹은 후원부대가 남아 각 고을을 약탈하고 살상하기를 그치지 않았다.

6월 중순 조헌은 의병 수백 명을 이끌고 북상길에 올라 보은, 차령에서 왜적과 첫 대면을 하게 되었다. 이들 왜적은 이 길목을 통해 회인을 거쳐 청주지방으로 진군할 기회만을 엿보고 있던 참이었다. 조헌의 향병은 그야말로 오합지중(烏合之衆)이었지만 선봉에 서서 지휘하는 중봉의 명령에는 일사분란 하였다. 중무장(重武將)을 한 왜적들은 중봉의 군사들이 보잘 것 없는 향병이라고 처음에는 대수롭지 않게 여기고 깨알 볶듯 조총을 마구 쏘아대며 진격해 왔다. 그러나 활과 창 그리고 각종 농기구와 돌멩이 등을 이용하여 맹렬하게 대적하자 비록 왜군의 수효는 많았으나 쓰러지는 병사가 많았고 여기저기서 하늘을 찌르는 비명소리가 산을 울려 메아리쳤다. 마침내 왜군은 패배하여 몇몇 살아남은 병사들만 도망하였다. 이 차령 싸움에서 크게 패퇴한 왜적들은 이후로부터 감히 이곳을 넘어 청주나 호서지방을 치려던 생각을 버리게 되었다고 한다. 그러나 전반적인 당시의 전세는 우리 측이 크게 불리하여서 왜군은 부산과 동래를 함락한 지 얼마 안 되어 조령을 넘게 되었고 파죽지세로 북진을 하니 선조도 피난할 수밖에 없었다.

이 차령 전투는 향토방위(鄕土防衛)라는 지역적 한계를 벗어난 것은 아니지만 모병(募兵)의 성과와 더불어 조헌의 첫 실전이자 전공이었다고 할 수 있다. 차령전투의 성과에 힘입어 6월 12일 경에는 호서(湖西)와 영남(嶺南)에 의병의 봉기를 촉구하는 격문을 보냈으며 그 결과 많은 장정이 응모하는 성과를 올렸다. 그러나 향병(鄕兵) 모집은 그리 쉽지는 않았던 것으로 보인다.

> 의리상 향병(鄕兵)을 규합하여 힘을 다해 싸워야만 전하의 행차가 환도하게 될 것입니다. 그런데 신(臣)이 외롭고 천하기 때문에 일찍이 따르지 않으므로 재차 격서를 띄우게 되자 응모하는 사람이 자못 많았습니다. 동시에 왜적이 옥천(沃川) 지방을 넘봄으로 이곳의 방어가 급하여 병정을 모으려 했으나 여의치 않았고 또 순찰사가 관군의 응모를 허락하지 않으므로 이미 모집한 군사도 도로 해산(解散)하고 말았습니다.

2차 모병은 옥천(沃川)이 이미 왜군의 세력권에 들어가 효과적인 모병활동을 전개하지 못했을 뿐만 아니라 응모대상에 대한 관군(官軍)과의 마찰 때문에 성사되지 못했던 것이다. 임진왜란 초기에 관군(官軍)과 의병의 유기적인 협조 관계가 형성되지 못했던 것은 대부분의 의병활동 과정에서 나타나는 공통된 사실이다. 예를 들어 경상 순찰사 김수와 의병장 곽재우(郭再祐), 전라도 순찰사 이광과 의병장 고경명(高敬命) 사이의 원만하지 못했던 관계는 널리 알려진 사실이다. 조헌도 충청도 순찰사 윤선각과 자주 갈등을 빚었음은 예외가 아니었다.

처음에 윤선각은 중봉이 내세우는 대의명분에 동조하고 오히려 함께 일하기를 청하는 한편 의병모집을 서둘기로 하였다. 그리하여 불

의병봉기-토적맹약도

과 며칠 사이에 의병에 지원한 사람은 무려 1천명에 달했다.

　그러나 순찰사 윤선각 밑에는 안세헌이란 음흉한 인물이 있었는데 어느 날 그는 순찰사에게 "공(윤선각)은 한 도의 병사와 말을 가지고도 일찍이 조그만 공로도 세우지 못했습니다. 그러나 조헌이란 사람은 가진 것이라곤 하나도 없는데 공보다 먼저 채찍을 잡았지 않습니까? 그가 만약 의병을 얻게 된다면 싸움터에 나서기를 꺼려하는 공의 죄를 반드시 다스리게 될 것입니다."라고 말하며 중봉에게 협조할 경우 앞으로 큰 화가 미칠 것이라고 아뢰었다. 그러자 윤선각은 안세헌의 말이 옳다고 여겨 관할 수령들에게 공문을 보내 의병에 나섰던 자들의 부모나 처와 자식을 모조리 가두게 하였다. 더구나 청양현감 임순까지도 중봉에게 1백여 명의 사졸을 보냈다는 명목으로 그를 잡아다 공주 감옥에 가두니 그동안 모여들었던 의병들이 모두 뿔뿔이 흩어지고 말았다. 중봉은 순찰사 윤선각이 안세헌이란 자의 농간에 넘어가 의병에 나섰던 장정들의 부모와 처자를 감옥에 가두었다는 소식을 듣고 크게 분개하여 순찰사에게 서신을 보내 "협잡하는 놈(안세헌)의 말만 듣고 충신과 의사의 용기를 억누르고 있다."라는 내용의 꾸짖는 글을 보내니 이 글을 받아 본 순찰사는 중봉의 준엄한 꾸짖음에 몹시 못마땅해 하였다.

6월 말경 중봉은 순찰사와 맞서 보았자 당시 형편으로는 불리하다는 사실을 깨닫고 마침내 이곳에서의 의병 모집을 포기, 충청우도로 떠나 그곳에서 새로운 작전계획을 세우기로 결심하였다. 그리고 이 소식을 전해들은 전 참봉 이광륜, 선비 장덕개 · 신난수 · 고경우 등이 모두 그의 충의를 흠모하여 뒤따랐다. 그리하여 이광륜 등의 의사들은 즉시로 관군에 속하지 않은 사람들을 모으니 멀고 가까운 곳에서 모여든 사람이 무려 천육백 여 명에 이르렀다. 중봉은 비록 전날에 의병을 일으키는 문제로 순찰사와 크게 마음을 상한 일이 있었으나 이제 다시금 힘과 용기가 솟아났다. 중봉은 곧 병영을 갖추고 충의의 깃발을 세우는 한편 의병들을 각 부서로 나누어 배치하여 임무를 맡겨 주었으며, 정산(定山) · 온양(溫陽) 등지를 순방(巡房)하여 위풍(威風)과 기세(氣勢)로써 단속하니 인심(人心)이 크게 안정되었다.

7월 4일 중봉은 휘하 병사들을 거느리고 웅진[56]에서 필승을 다짐하는 제사를 하늘에 드리고 싸움에 임하는 자세를 가다듬었다. 그리고 다음날 먼동이 트자 중봉은 아침 일찍 군사들을 위로 하고 오직 국난과 진격만을 생각하라는 맹세를 하였다.

시끄럽게 떠들지 말고, 게으름을 부리지 말고, 대오를 잃지 말고, 자리를 떠나지 말라. 남을 해치지 말고, 적병을 두려워하지 말며, 오직 군령만을 생각하고, 국난만을 생각하며, 진격만을 생각하라. 감히 물러나지 말고, 오직 큰 적을

---

56) 웅진(熊津) : 공주의 옛 이름.

의병봉기-전략회의도

죽이며, 작은 이익을 탐내지 말고, 마음과 힘을 하나로 하면
마침내는 공훈이 있을 것이나, 마음과 힘을 하나로 하지 않
으면 벌이 있고 후회가 있으리라. 오직 의로움만을 처음부
터 끝까지 생각하라.[57]


조헌의 의병은 다른 의병들에 비해 뒤늦게 의병활동을 전개하는데
이는 모병과 군수품의 확보 때문이었다. 우여곡절 끝에 천여 명의 의
병을 모집하고 유생들의 지원으로 군량을 확보하여 진군할 수 있었
는데 이 때 의병부대는 정산, 온양을 거쳐 연해 지방인 홍주로 서진
한 데 이어 곧바로 회덕으로 진군하여 청주성 전투를 전개하였다.

조헌이 의병을 일으킨 배경은 당시 의병의 일반적인 성격 속에서
보다 체계적으로 이해할 수 있다. 임진왜란 당시의 의병활동은 유교
적(儒敎的) 근왕정신(勤王精神)과 향토보전의식(鄕土保全意識), 민

---

57) 犒軍誓辭

족적(民族的) 저항의식(抵抗意識)에서 이루어졌다. 그의 의병활동도 그러한 정신에서 구현되었으며 더 나아가 동인정권(東人政權)에 대한 비판적 자세에서 구체화 되었던 것이다.[58]

조헌은 임진왜란이 발생하여 왜군에게 국토가 유린된 배경에 대해 "신이 그윽이 나라의 화재(災禍)로 인한 실패의 까닭을 생각하여 보니 모두 계미년(1583) 이후로 조정에서 실언(失言)한 바가 많았습니다. 그러므로 민심(民心)은 조정을 믿지 않고 군사는 투지가 없어, 적의 종횡(縱橫)함을 보고서도 한 사람도 나와서 대적(對敵)하는 자가 없습니다."라고 하였다. 다시 말해 조헌은 동인정권(東人政權)에서 시행한 조정의 정책이 잘못되었기 때문에 왜란이 일어났다고 보고 임진왜란 발생의 책임도 위정자들에게 있다는 점을 강조한 것이다. 따라서 조헌의 창의기병(倡義起兵)은 동인정권(東人政權)의 실정(失政)과 관군의 패산(敗散)으로 촉발된 것이었으며 왜군에게 국토가 유린되고 선조가 피난하는 국가 위기 속에서 유교적(儒敎的) 근왕정신(勤王精神)을 실천했던 것이다.

이에 조헌은 왜군의 침략을 예견하고 있었던 만큼 호서지방(湖西地方)에서 가장 먼저 의병(義兵)을 일으키게 된다. 그는 비록 조선의 군비(軍備)가 약화되었던 것은 사실이지만 삼도(三道)가 힘을 합하여 이 나라의 위급(危急)을 극복하는 것은 오직 이때가 적당한 시기라고 생각하여 의병(義兵)의 궐기를 촉구하였다.

중봉은 율곡이 죽은 후 동인정권에서 시행한 조정의 정책이 잘못된데서 임진왜란이라는 국가의 위기가 초래되었다고 하였다. 특히 그는 임진왜란 발생의 책임이 정치를 담당하고 있던 자들에게 있다고 다음과 같이 말했다.

---

58) 李錫麟, 壬亂義兵將 趙憲 硏究, 新丘文化社, 1994. p.111.

"유성룡(柳成龍)이 화의를 주창하여 왜적을 초래함은 진회(秦檜)[59]보다 심하고 이산해(李山海)가 어진 사람을 해치고 나라를 그르친 것은 이림보(李林甫)[60]보다 심하며 김공량(金公諒)[61]이 백성에게 원망을 쌓은 것은 양국충(楊國忠)[62]보다 심합니다. 그러면서도 지금껏 수령(首領)을 보존하고 있으며, 혹은 그 일당으로 중요한 직위에 있게 함으로써 어진 사람의 진로를 막고 있으니 어찌 민심을 위로하고 사기를 진작 시키겠습니까. 아, 이 간신들이 백성들에게 재앙을 전가시켜 나라를 뒤집어엎고 망하게 하려고 하니 전하의 사사로운 총애는 비록 깊으나 종묘와 사직의 치욕은 적지 아니합니다."

이와 같이 중봉은 임진왜란의 초래가 일본과 단교하여 국방을 강화 하지 않고 오히려 유성룡 등의 화의 주창에 그 책임이 크며 이산해와 김공량의 잘못으로 민심을 동요시키고 사기를 떨어뜨리게 하였다는 것이다. 이것은 서인의 입장에서 동인을 간신으로 규정하고 이들의 퇴진을 요구한 것이기는 하지만 당시 동인 위정자들의 그릇된 정세판단과 잘못된 정치에서 왜란이 비롯되었다고 본 것이다. 특히 그는 임진왜란 초기에 관군이 패주한 것도 역시 동인정권 실정(失政)에서 기인한다고 보았다.

"몇몇 간사한 자가 모두 당시의 어진 선비로 인정받아 혹은 관찰사가 되었으며, 혹은 목사나 부사직에 올랐습니다.

---

59) 남송 고종 때의 재상. 악비를 무고하여 죽이고 주전파를 탄압하여 금나라와 굴욕적인 화약을 체결하였으므로 후세에 대표적인 간신으로 꼽힌다.
60) 당나라 현종때의 재상. 성품이 음흉하여 이묘(李猫)라고 불리었음.
61) 조선 선조 때 사람. 선조가 총애했던 인빈 김씨의 오빠.
62) 당나라 양귀비의 사촌 오빠. 현종 때에 어사를 거쳐 재상이 되어 불법을 자행하다가 안녹산의 난 때 참살 당했다.

김수는 영남에서 잔인하고 포악하여 도민의 원망을 쌓았을 뿐만 아니라 왜적들이 진격해 오자 먼저 도망하였기 때문에 백성들까지도 대적하지 않았으므로 온 나라가 화를 입게 되었습니다. 서예원(徐禮元)은 이름은 용맹한 장수였지만 왜적이 김해로 향하니 먼저 놀라서 달아나고 적에게 화살 하나 쏘아 보지 못함으로써 하나의 도(道)가 무너졌습니다. 그리고 이광은 임금님의 근심을 급히 여기지 않아서 처음에 호남의 군중을 거느리고 공주에 이르러서는 앞으로 갈까말까 주저하다가 근왕(勤王)의 행진이 계속되자 진위에 도착해서 일부러 지체하면서 삼도의 군사가 흩어지고 영구히 수습하기 어렵도록 하였으니 이 세 사람은 정언신(鄭彦信)이 어질게 여기고 간당(姦黨)의 보배로 삼은 바입니다. …나라가 200년 동안 평화를 누릴 수 있었던 것은 신상필벌(信賞必罰)이 있기 때문이었습니다. 나라가 장차 위태로운데도 달려가서 구원하는 사람이 없으니 이들 소인들의 화가 한결같이 이러한 상황에 이르게 한 것입니다. 이제 옛 평화를 회복하고자 한다면 이러한 소인배를 그대로 두고서 어찌할 수 있겠습니까?"

중봉은 동인이 정권을 장악하여 올바른 정치를 펴지 못하고 인사를 공정하게 하지 않고 김수 · 이광 등이 적임자가 아닌데도 관찰사에 올랐다고 비판하고 그들은 백성들에게 원망을 사는 대상일 뿐만 아니라 왜군과 싸우지도 않고 도망하여 국토를 유린케 하였다는 것이다.

한편 중봉은 싸움에 임하는 충청 · 영남 · 호남 삼도의 순찰사에 대해서도 "요즈음 우리의 군사를 지휘하는 사람은 그 대부분이 옳은 장수들이 아니다. 황금대만을 두르고 있을 뿐이며 나라로부터 받은 교지(教旨)만 중하게 여길 뿐이고 영 · 호남 사이를 돌아다니면서 임금님의 걱정은 알지 못하고 경기도에 머뭇거리면서 원수들의 병력만 굳게 만든다. 삼도의 임무를 가지고도 먼저 싸움에 나아간 자를 구원하지 않고 한차례 싸움에서 패전한 뒤로는 다시 일어날 기세마저 잃었다. 그 왜구를 기른 큰 죄를 논하면 어찌 병사와 수사의 대권이 합당하겠습니까?"라고 하면서 삼도의 순찰사들이 임금의 근심을 알지 못하고 왜군의 전력만 강하게 만들어 주었다고 지적하면서 적을 토벌하는데 앞장섰던 고경명(高敬命)같은 의병장을 구해 주지도 않았고, 삼도의 군사가 단 한 번의 패배로 주저앉았으니 삼도의 대권을 어찌 맡길 수 있겠느냐고 반문했던 것이다.

중봉이 의병을 일으킨 것은 동인정권에서 관찰사로 임명된 자들이 패주한 것에 영향이 컸다. 특히 임진왜란이 발발하기 전에 그는 이미 일본을 도(道)를 모르는 나라로 규정하여 외교를 단절할 것을 요구하고 일본의 의민(義民)에게 격문을 보내어 풍신수길(豊臣秀吉) 정권을 타도해야 한다고 주장한 바 있었다. 이렇게 볼 때 중봉이 의병을 일으킨 것은 의리정신에 입각한 유교적 근왕정신(勤王精神)에 의해 출발하였다. 그는 일본을 원수로 규정하고 그들의 무례한 분탕질로 황폐화된 강토를 복구하고 선조 임금의 환궁(還宮)을 위하여 의병을 일으켰던 것이다. 그리고 금산전투에 임하면서 "오늘은 단 한 번의 죽음이 있을 뿐이니 마땅히 의(義)에 부끄러움이 없도록 하라."고 강조하였으니 이러한 의리와 근왕정신은 중봉집(重峯集)에 충의정신으로 일관되게 나타나고 있다.

따라서 중봉이 의병을 일으키게 된 배경은, 첫째 동인정권의 실정(失政), 둘째 임란 초기 관군의 패주, 셋째 왜군에게 국토가 유린되고 선조가 피난하는 국가위기 속에서 유교적인 근왕정신(勤王精神)을 실천하기 위해서였다. 그리고 그는 왜군의 침략을 예견하고 있었던 만큼 호서지방에서 가장 먼저 의병을 일으키게 된 것이다.

중봉은 비록 조선의 군비가 약화되었던 것은 사실이지만 "삼도의 힘을 합하여 이 나라의 위급을 극복하는 것은 오직 이때가 적당한 시기이다. 이 나라의 위급을 극복하는 것은 오직 이때가 적당한 시기이다. 일생동안 기른 재주를 다하여 이 고난을 이기는 것도 바로 오늘이다."라고 하면서 의병의 궐기를 촉구하였던 것이다. 중봉 역시 의리(義理)와 근왕을 실천하기 위하여 모집과정의 어려움에도 불구하고 본격적인 의병활동에 나섬으로써 이 정신을 구현하려 했던 것이다.

### 2) 청주성 탈환

중봉의 의병들이 회덕을 거쳐 형강에 이르렀을 무렵 왜적들은 이미 청주를 점령한 후였고 전라도 지방을 치기 위하여 기회를 호시탐탐 엿보고 있을 때였다. 즉 청주방어사 이옥의 군대가 이미 무너져 버렸고 오로지 승장 영규대사의 군대만이 외로이 적병과 대치해 있는 상황이었다. 이 소식을 들은 중봉은 급히 의병을 이끌고 형강을 떠나 청주로 향했다. 도중에 방어사 이옥을 만나 그의 군사 5백 명을 청주로 진군하도록 하는 한편 8월 1일 자신이 이끄는 의병과 영규대사가 이끄는 승병들을 합세시켜 청주성을 공격하기로 하였다.

청주성 주변의 여러 고을 사람들은 모두 산속으로 난리를 피해 숨어 흩어졌고 청주성에는 왜병들이 승전가를 부르며 고기와 술로 배를 채우고 있었다. 이튼에 의병장 중봉의 의병이 1천 1백 명, 승장 영규대사가 이끄는 승병이 1천명, 관군 이옥의 군사가 5백 명, 도합 2천 6백여 명이 청주성 서문 밖에 모여 들었다.

드디어 8월 초하루 아침 8시 정각에 중봉의 부릅 뜬 눈동자와 얼굴은 최후의 결전에 임하는 굳은 의지로 가득한 채, 승장 영규대사와 선봉에 서서 북과 징소리에 맞추어 청주성을 향하여 돌진하였다. 무

청주전장기념비

심천을 건너선 우리 군사는 다시 구체적인 작전에 들어가 서문을 중
심으로 포위대형으로 군사를 배치하였다. 그리고 우선 30여명의 척
후병들을 보내어 정탐하면서 다시 전방에 50여 명의 돌격대를 성문
가까이 보내 일제히 화살을 퍼부었다. 그러자 갑자기 서문이 열리고
수백 명의 왜군이 함성과 함께 칼을 휘두르고 조총을 쏘면서 쏟아져
나왔다. 지금의 서문시장과 고속버스터미널 쪽으로 달려 나온 왜적
은 무심천 언덕 위에 진을 친 우리 병사들이 일제히 쏘아대는 화살에
일단 진격을 멈추고 총으로 응사해 왔다. 이렇게 서로 쏘아대기 1시
간 남짓, 숲 속에서 매복하고 있던 중봉은 갑자기 일어서며 둥 둥 둥
북을 두들기며 전진을 외치니 죽음을 각오한 의병들이 고함소리와
함께 적진을 향해 돌격해 들어갔다. 비명소리와 함성, 칼과 칼, 창과
창이 맞부딪치는 소리가 뒤섞여 하늘을 진동했고 번뜩이는 칼날아
래 시뻘건 선혈이 튀기었다. 이렇게 싸우기 서너 시간, 오후 1시쯤이
되어서 왜군은 많은 사상자를 낸 채 무기를 버리고 성안으로 도망쳐

들어갔다. 우리 측에도 희생자가 많아 전열을 다시 가다듬기 위하여 중봉은 북을 울려 일단 군대를 무심천 너머로 후퇴시켰다.

중봉은 두 번째 공격의 작전계획을 수립하여 지형적으로 가장 유리한 서문을 주공격대상으로 삼아 주력부대를 이곳에 다시 배치하고, 이어 군사 백 명씩을 남문과 북문 쪽으로 보내어 성안의 왜적들을 분산시키는 위장전술을 폈다. 오후 2시 공격의 북소리와 함께 진격하여 싸움은 점점 치열하게 전개되고 필사적인 청주성 탈환작전은 무르익어 갔다. 그러나 하늘도 무심하게 별안간 먹구름이 격전지를 뒤덮더니 앞을 분간 할 수 없을 정도로 소낙비가 퍼붓기 시작하였다. 조헌은 이를 보고 탄식하여 말하기를 "옛 사람의 말에 '성공과 실패는 하늘에 달렸다.' 하더니 과연 그러하구나!" 하고 쟁을 쳐서 군사를 후퇴시켰다. 숙원의 청주성 탈환을 눈앞에 두고 분하게 절호의 기회를 놓쳐버린 중봉은 한없이 하늘을 원망하며 깊은 시름에 잠겨 있었다.

이때 한 여인이 나타나 이르기를 "지금의 성안의 왜군 참모들은 '의병장의 군사는 순찰사나 방어사의 군사에 비할 바가 아니어서, 죽음을 무릅쓰고 곧장 달려들어 조금도 꺾이지 아니하니 그 날카로운 기세와 칼날을 도무지 당해낼 수가 없다' 며 곧 닥칠 야간기습이 두려워 성위의 깃발을 모두 뽑고 성에서 도망가려는 기미가 보인다."는 것이었다. 이 의외의 정보에 중봉은 다시금 척후병을 보내어 성안의 동정을 살피게 하니 돌아온 척후병의 말도 그 여인의 말과 같아 왜적들은 밤이 이슥해지기를 기다려 북문 쪽으로 달아나려는 계획 같다고 아뢰었다.

중봉은 방어사 이옥에게 성 북문밖에 복병을 숨겨두었다가 달아나는 왜병을 공격하라고 당부하였다. 아니나 다를까 이날 밤 왜적들은 희생자의 시체를 거두어 불태우고 몰래 북문으로 빠져 달아나 버렸다. 그러나 이옥은 왜병이 두려워 중봉의 말을 듣지 않았고 이로 인해 왜병들은 쉽게 성을 빠져 나갈 수 있었다.

다음날 새벽 먼동이 트기 직전에 중봉의 군사는 성안으로 진격하여 들어갔다. 그러나 이미 왜병들은 성을 버리고 모두 도망친 뒤여서 아무런 저항도 없이 쉽게 성을 탈환할 수 있었다. 관군조차도 엄두를 못 냈던 청주성 탈환이 드디어 죽음을 각오한 의병과 승병에 의해 이룩된 것이었다. 청주성의 승전소식이 곳곳에 전해지자 충청우도에 퍼져 있던 왜병들은 겁을 잔뜩 집어먹고 청주를 거쳐 다른 곳으로 침략하려던 생각을 아예 버리게 되었다.

이 때 성 안에는 창고의 곡식이 그대로 있었다. 왜적들은 도망하는 데 급급하여 손도 대지 못하고 그대로 두고 떠났다. 의병은 물론 굶주리는 백성들에게 생명과 같은 요긴한 식량이었다. 방어사 이옥(李沃)이 와서 보고 말하기를 '이것을 남겨두었다가 적이 다시 점거했을 때 밑천으로 삼도록 할 수는 없다.' 하고 모두 태워버렸다. 조헌은 군사를 먹일 양식이 없었으므로 여러 군사들에게 영을 내려 각기 흩어져 취식(就食)한 뒤 의장(衣裝)을 갖추라고 하였다.

선생은 청주에서 왜적을 격파한 뒤에 곧 상소문(上疏文)을 지어 아들 완도(完堵)와 문인(門人) 전승업(全承業)을 시켜 그들로 하여금 행재소(行在所)에 가지고 가서 올리게 하였다.

이 때에 안세헌(安世獻)은 또 다시 순찰사를 꾀어 권하기를 "이제 듣자 하니 조헌(趙憲)의 소 중에는 공(公)을 애써 헐뜯는 말이 들어 있다고 하니 이 소가 만약 행재소에 도달하게 되면 공은 반드시 무거운 처벌을 받게 될 것이오."라 하였다. 이에 순찰사는 심복(心腹)을 시켜 수군(水軍)을 단속(團束)한다는 핑계로 소를 가지고 가는 사람을 막아 강을 건너지 못하게 하였다. 전승업 등은 그 까닭을 짐작하고 소를 내어 보여 헐뜯은 사실이 없음을 밝히니 겨우 배를 타는 것을 허락받을 수 있었다.

청주성 전투는 북행(北行)의 과정에서 이루어졌던 것으로 보인다.

충청도(忠淸道) 의병장(義兵將) 전(前) 제독관(提督官) 조헌(趙憲)은 결사대(決死隊) 삼천 명을 소집(召集)하여 팔월(八月) 초(初) 일일(一日) 사시(巳時)에 승장(僧將) 영규(靈圭)[63]가 인솔(引率)하는 승군(僧軍)과 더불어 합세하여 청주에 주둔(駐屯)하고 있는 왜적을 포위하였다. 한편 방어사(防禦史) 이옥(李沃) 등이 인솔하는 연기(燕岐) 문의(文義) 청주(淸州) 등의 곳에서 군병(軍兵)의 지원을 재촉하면서 온종일 힘껏 싸웠다.

왜적의 살상자(殺傷子)는 심히 많았다. 적의 세력은 궁(窮)하고 어려워 죽치고 들어 있었다. 적병(賊兵)은 시체를 쌓아 불태워 버리고 어두운 밤을 이용해서 도망쳤다. 나는 군사를 이끌고 연기(燕岐)로 향하였다.

바야흐로 아산(牙山)과 직산(稷山) 사이로부터 날짜를 정하여 북쪽으로 정벌함으로써 왜적을 모조리 섬멸(殲滅)하여 단 한 놈도 저의 나라에 돌려보내지 않으려고 한다. 경기와 황해도의 여러 읍(邑)의 관리와 백성들은 적의 세력을 세밀하게 살피고 향병(鄕兵)을 많이 모집해서 공격할 만한 것은 공격하여 도로(道路)를 통하고 공격할 수 없는 것은 모든 전략(戰略)을 세웠다가 우리의 군대가 오는 것을 기다려서 힘을 합하여 공격하려고 한다.

그리하여 나는 이 달 안으로 임금께서 옛 서울로 환궁(還

---

63) 조선 중기의 승병장(僧兵將). 본관 밀양(密陽). 호 기허(騎虛). 속성 박(朴). 휴정(休靜)대사의 고제(高弟)로 공주(公州) 청련암에서 수도, 선장(禪杖)으로 무예를 익혔다. 1592년(선조 25) 임진왜란이 일어나자 500명의 승병을 모아 의병장 조헌(趙憲)과 함께 청주(淸州)를 수복하고 이어 금산(錦山)에 이르러 일본군과 격전 끝에 조헌 등 700의사(義士)와 함께 순국하였다.

宮)하시게 하려는 의도를 기약하여 별도로 이웃 군(郡)에 알
아듣도록 타일렀다. 그리고 각군(各郡)은 군량을 서로 도와
서 추위가 오기 전에 일을 잃고 사방으로 도망가 흩어진 우
리의 백성을 다시 안전하게 모이게 할 일도 또한 마땅히 알
아야 한다.[64]

즉 청주성 전투는 조헌이 근왕(勤王) 가는 도중에 일어났던 것이
다. 원래 그의 북행 계획은 "일찍이 호남의병장 고경명과 약속하기
를 형강(荊江)을 건너 왜적을 무찌르고자 하였다"는 것에서 짐작되
듯이 고경명과의 연계 속에서 추진된 것이었다. 즉 고경명이 금산에
은거(遁居)한 왜적을 공격하기로 하고 조헌 등은 지원하기로 하였으
나, 이 작전은 양군의 합사가 이루어지기도 전인 7월 9일 금산 전투
에서 고경명이 전사함으로써 무산되었다.

이와 같이 청주성 전투는 호서지역의 의병들이 일본군에게 점령당
한 청주성을 탈환하여 근왕(勤王)을 이행하는 하나의 과정이었다.
따라서 호서의병들이 청주성 전투에서 승리하여 청주성을 회복한 것
은 상당한 전략적 효과를 거둔 것으로 그 의미는 더욱 크다고 할 수
있다. 그의 의의를 다음과 같이 정리할 수 있다.
첫째, 청주성 전투 결과 얻은 청주성의 회복은 단순히 청주 지역만
의 회복이 아니라, 왜군이 호남지역과 충청우도(忠淸右道)로 진출하
는 데 교두보 역할을 할 수 있는 거점을 빼앗은 것이다. 따라서 이들
이 침략하는 것을 미리 방지하고 반대로 국토회복의 밑바탕이 되었
다는 데 큰 의미를 들 수 있다.
둘째, 청주성 전투에서는 의병(義兵)과 승병(僧兵) 그리고 관군(官

---

64) 勤王時指路文

軍)이 연합하여 승리하였다는 데 의의가 있다. 종전까지 관군은 일본 군과의 격전에서 패배 내지는 미리 도망했었고, 의병과는 갈등 관계를 초래하여 합일된 역할을 발휘하지 못하였지만 청주성 전투에서는 대규모 연합세력을 구성함으로써 승리하였던 것이다.

셋째, 청주성 전투에서는 이 지역 출신의 의병들이 직접 참여하여 승리하였다는 점에서 특기할 만하다. 이들은 청주성의 익숙한 지형을 이용해 작전을 전개함으로써 보다 유리했으며 전투에 필요한 물자를 공급하는데 용이했다고 할 수 있다. 또한 청주 지역 출신의 의병은 자기 지역에서 전투를 치렀기 때문에 친족의 참여와 협조를 받을 수 있었다.

이에 조정에서는 전라도 유생 양산숙(梁山璹), 곽현(郭賢) 등이 행재소(行在所)에 가서 말하기를 "김천일(金千鎰)이 의병(義兵)을 일으켜 전라병사(全羅兵使) 최원(崔原)으로 군대를 모아서 수원(水原)에 당도하였고, 조헌(趙憲)·고경명(高敬命)도 또 의병을 일으켜 적을 토멸하고 있다."라고 보고하였다. 이에 왕은 산숙(山璹) 등을 안으로 들라 이르고 "내 부덕(不德)한 죄로 너희들이 산을 넘고 물을 건너 천 리 길의 적중(賊中)을 뚫고 찾아왔으니 부끄러워 무슨 말을 하랴."고 위로하였다. 이에 산숙(山璹)은 "김천일(金千鎰)이 거느린 군병에 정용(精勇)된 자가 비록 많기는 하나 반 이상이 유생들로 오로지 충성과 의분으로 일어섰을 뿐 성패(成敗)는 천운(天運)에 맡기고 있습니다."고 아뢰니 왕은 눈물을 흘리면서 "충의(忠義)가 물결치는 곳에 무슨 일인들 성공치 못하겠는가?"라고 하였다. 곽현(郭賢)이 또 아뢰기를 "신(臣)은 본래 조헌(趙憲)과 우의(友誼)가 돈독(敦篤)하였습니다. 신(臣)이 거사(擧事)한 뒤에 헌(憲)이 말하기를 근자(近者)에 천문(天文)을 보니 우리나라는 멸망(滅亡)의 비운(悲運)은 없으니 필경에는 왜적이 뜻을 얻지 못하고 물러가리라고 합니다." 하니 왕

教 贈領議政文烈公趙憲從祀 文廟書

王若曰國家之未章正學所以明人倫 聖廟之躋事先賢所以扶世教土趙由是而蓋尊仰惟 本朝事尚儒術教人備共庠序五

百年久道化成道接感於人交十二賢名世輩出推卿上天降任大賢為師純〔〕健之資稟河嶽之正氣篤實貫積之學鍾天人〔〕大原地失以一等

自期克舉君民之策畎畝存而三代之志伊呂伯仲之才共君臣父子之倫獨往人極非孔孟程朱之道不陳 王前自其正色立朝之時無非大人捨君之

事觀風上國燦然從周之秩文抗章北震凜乎身華之義理廿百論共領海如有君不如有身聞一善若江河其追未見其正士挽百六之運

事更主萬方之綱常至今閏立〔〕一身百世標準豪傑之才聖賢之學可謂魚則真之譽忠烈之光特其一腔耳惜卿未盡布之志媿予不

徯蹊挨心言發十萬之師前屬膽常持斧伏闕之日誰識事文靖聖人泚佟橫挺錦之初皆開願其卿義士唯子仁至而義盡乃兄身拙而道伸至識

前知眾推飯林芳斗大卿莫養爻解鞍共錦茍非兄精忠平生所養宣有七百義誅說死如歸沒而不朽之將廣死命蹄學耕成仁之

〔〕稱宗報之實鄉社之禋祀若過猶欽作新之支斗 文廟駿享之術即舉國公共之請即奏室重雖歷 四朝之斯愈師道所存立卓爾賢龍聖而無髮朝家之起膈屢加未

悃道之己降揆摸軋潤之可尋事旅禮之摩稠振作舞之斯在兹以卿從祀于 文宣王廟庶舉 先王所未是者非臧德乾能與萬祀蘉典

〔〕松谷東序廡乾壬年舉文武賢道議駁戡戡大者其報彌陸道積存其髦淹王以學先生多士國之元氣可培大本蒉得斯斯文萬代之瞻仰吳義戡務教示想宜知忝

光緒九年十月二十日

조헌 종사문묘교서

173

은 그게 과연 아무개[趙憲]의 말이었냐고 반문(反問)하였다. 현(賢)
은 또 아뢰기를 "기축년(己丑年 : 선조 22년)에 조헌(趙憲)이 북도(北
道)에 귀양을 가서 있으면서 역변(逆變 : 정여립 사건)이 일어날 것을
벌써 미리 알았고, 또 신미년(辛未年 : 倭亂前年)에 나라가 큰 변란이
있을 것이니 난을 피하여 살만한 곳을 미리 강구해 두라고 명언(明
言)하였으니, 이것은 반드시 그 사람이 천문(天文)을 볼 줄 안다는 것
을 증거(證據)한 것입니다."라고 하였다. 왕은 "그의 말이 이렇듯 사
실에 부합(符合)되느냐?" 하시며 기뻐하는 안색을 보이고 드디어 김
천일(金千鎰)을 판결사(判決事)로 삼아 창의사(倡義使)라 부르게 하
고 고경명(高敬命)도 초토사(招討使)라 칭하게 하며 모두 교서(敎書)
를 내리셨고 또 조헌(趙憲)에게 내린 교서에 "충신(忠臣)의 충언(忠
言)을 받아들이지 않아 오늘날 여기에 이르렀다."는 후회(後悔)의 말
이 있었다.

## 3) 금산 전투

조헌이 근왕(勤王)하기 위해 청주에서 북상길에 오르려던 8월 10
일경인 당시 상황은 이미 왜군들의 주력부대가 평안도와 함경도를
손아귀에 넣은 뒤였고, 나머지 서울 이남의 경상, 경기, 충청우도, 전
라우도 등지에는 잔여 수비부대가 지역을 방어하고 있었을 따름이
었다. 조헌은 청주를 떠나 온양에 이르렀다. 조헌이 이 길을 택한 이
유는 그때까지 서해안 일대가 왜군의 수중에 들어가 있지 않아 별다
른 싸움 없이 진군할 수 있고 또 더 많은 의병을 모집하고 군량을 확
보할 수 있다는 전략 때문이었다.

그러나 조헌이 근왕(勤王) 길에 올랐다는 소식을 접한 순찰사(巡察
使) 윤선각은 청주성 전투에서의 자신의 과오(過誤)와 비행(非行)이
드러날 것이 두려워 장덕개란 선비를 시켜 조헌의 북상을 저지시키

중봉 조헌이 사용하던 화살통, 보물 1007호.

려 하였다. 의병장 고경명이 전사한 뒤로 금산에서 왜적이 더욱 창궐하여 장차 호남과 호서에 침공할 것 같으니, 관군과 힘을 합쳐 금산을 점거한 왜적들을 토벌한 다음에 근왕해도 늦지 않다고 설득하였다. 그뿐 아니라 조헌의 휘하 부장들까지도 수시로 찾아와 금산, 무주 등지의 왜적을 토벌하는 것이 상책(上策)이라고 주장하였다. 이에 조헌은 순찰사의 제언(提言)이나 여러 부장들의 권고가 일면 타당하여 금산으로 진군하기로 하였던 것이다.

조헌은 공주에 있는 순찰사(巡察使) 윤선각을 만나 금산 토벌 계획을 서로 의논하였으나 그는 관군에게 불리하여 자신의 군대를 내놓을 수 없다는 등의 이유로 처음의 약속을 파기하였다. 뿐만 아니라 의병에 참여한 장정들은 물론 그들의 부모와 처자를 잡아 가두는 등 의병 모집을 방해하였다. 조헌은 순찰사의 비겁한 배반 행위가 몹시 괘씸했고 피가 거꾸로 솟도록 분통이 터지는 일이었으나, 당시의 사정으로는 어쩔 수 없음을 알고 금산으로 진군하기로 하였다. 그러나 순찰사의 지속적(持續的)이고 계획적(計劃的)인 방해로 의병 모집에는 상당한 어려움이 있었고 결국 죽음을 무릅쓰고 끝까지 그를 따른 사람은 고작 7백 명뿐이었다.

금산을 향해 행군해 온 조헌은 회덕을 거쳐 유성에 진군하여 영규대사(靈圭大師)가 이끄는 승병(僧兵)과 다시 합세하였다. 조헌과 영규 휘하의 군사들은 8월 17일 유성에 이어 복수면을 거쳐 이날 저녁 무렵 금산성 10리 밖에까지 진군하게 되었다. 의병과 승병들은 공주에서부터 2일간의 먼 길을 계속 행군하여 왔기 때문에 육체적으로 몹시 피로해 있었다. 그러나 금산에 당도한 의병장 조헌과 승장(僧將) 영규는 왜적을 눈앞에 두고 있는 상황에서 한 시각도 지체할 수 없다고 생각하고, 곧 진지 구축에 나서기로 하는 한편 권율의 관군이 지원해 오기를 기다리기로 하였다. 조헌은 편지로 권율과 합세하여 8월 18일 금산의 적을 토벌하기로 약속한 바 있었기 때문이다. 그러나 권율은 그 약속 날짜를 바꾸자는 글을 조헌에게 써 보냈으나 이 글이 도달하기 전에 그는 이미 이곳에까지 와 있었던 것이다.

조헌과 영규의 군대는 금산성에서 북쪽 5리쯤 떨어진 연곤평을 끼고 있는 경양산 뒤에 진을 치고 군대를 남북으로 포진하였다. 조헌은 영규대사에게 글을 보내 날이 밝는 아침에 일제히 성을 협공하자고 하였다. 그러자 영규대사와 휘하 부장들은 관군의 지원도 없는 상황에서 약한 우리 군사로 많은 수의 정예부대인 왜군과 대결하는 것은 승산이 없는 일이라고 결전을 다음으로 미루자고 하였다.

그러나 조헌은 적은 본래 우리와 대적할 만한 상대가 아니었음에도 불구하고 속전속결(速戰速決)을 하고자 하는 것은 다만 격앙된 충의(忠義)와 사기에 편승코자 함이니 목숨을 아끼지 말고 끝까지 싸워 살신호국(殺身護國) 할 것을 고집하였다. 그의 확고부동한 충의(忠義)에 찬 결의에 영규와 부장들도 감동되어 필사무퇴(必死無退)의 정신으로 전투에 임하기로 하였다.

다음 날 적들은 우리의 진영(陣營)을 포위하여 선제 공격을 하기 시작하였다. 여러 곳에서 공격하여 오는 적과 맞서 사력을 다해 싸웠으나 중과부적(衆寡不敵)이었다. 조헌을 비롯한 부장 이광륜, 임정식, 이려, 곽자방, 박충검, 기절, 박현령 등 7백 의사는 저마다 최후의 일각까지 분전하였으나 전원 장렬한 최후를 마치고 말았던 것이다.

그때 조헌의 나이 48세였다. 비록 우리 전군(全軍)이 불꽃으로 싸우다 모두 순절하였으나 적병의 타격 또한 만만치 않았다. 적병은 죽은 병사(兵士)가 너무도 많았고 기세도 크게 꺾인 채 그들의 본 진영으로 돌아갔다. 그 뒤 슬피 우는 소리가 벌판을 진동하였다는 것을 보면 의병군(義兵軍)들이 얼마나 치열하게 저항했는지를 미루어 짐작할 수 있다. 왜적(倭賊)은 3일 동안이나 병사의 죽은 시체를 자기 진영으로 운반하였으나 다 거두지 못하고 거둔 시체만을 불태운 채 무주에 주둔하고 있는 주력부대와 함께 달아나 버렸다.

이와 같이 치열한 금산성 싸움이 있은 뒤 호서와 호남 지방은 왜적의 침입으로부터 안전하게 되었다. 또한 이를 계기로 나라를 회복하는 기틀이 되었으니 이 싸움에서 혈전하다 돌아간 7백 의사의 전공(戰功)은 이루 다 헤아릴 수가 없는 것이다. 임진왜란 초기 어려운 상황 속에서 조헌과 그의 문생들이 강한 결속력으로 의병전쟁(義兵戰爭)을 수행할 수 있었던 것은 이 시기 양반 사대부들이 지방에 거주하면서 향촌사회를 보존하는 지도자 역할과 나아가 근왕정신(勤王精神)으로 표시되는 유교이념(儒敎理念)에 대한 이해를 당시의 국가의식 즉 충군의식(忠君意識)으로 표출할 수 있었기 때문이다.

조헌의 의병 활동은 불과 한 달 여의 기간이었지만 청주성과 금산 전투에서 보인 절의정신(節義精神)은 이후 지속적(持續的)인 의병활동(義兵活動)의 지표가 되었다. 칠백의사(七百義士)의 장렬한 최후의 소식이 각 지방에 전해지자 유족(遺族)은 물론 화(禍)를 면한 사람들까지도 오랫동안 소식(素食)을 하며 의사(義士)들의 순절을 애도하였다.

이 금산 전투는 의의를 살펴보면 다음과 같이 정리할 수 있다.

첫째, 중봉은 사전에 전황의 불리함을 알았음에도 절의정신(節義精神)을 구현한 싸움이었다. 절의정신의 표방은 당시 사림들의 공통

금산전투순절도

적인 성격이기는 하지만 충의의 신념을 실천에 옮긴 중봉에게 있어
서는 더욱 투철했던 것이다. 따라서 중봉의 금산전투는 곧 사림과 관
군·의병들에게 귀감이 되었던 것이며 임진왜란 초기에 적의 세력
을 꺾는데 크게 작용하였다.

둘째, 중봉은 호서와 호남지방을 국가의 부고로 인식하고 있었는
데 금산전투로 인해 왜군의 이 지역에 대한 공략을 저지함으로써 우
리의 곡창지대를 안전하게 보존하였다. 금산을 교두보로 하여 호
서·호남지방을 진출하려던 왜군의 주력부대가 중봉과의 금산전투
에서 커다란 손실을 입음으로써 이순신의 남해안 제해권 장악과 더
불어 수륙양면에서 차단되었기 때문에 우리 군사들에게 군량의 지
속적인 보급이 이루어지게 되어 임진왜란을 승리로 이끌게 하는데
기반을 제공하였다.

셋째, 금산전투는 중봉 의병부대의 패전이었음에도 불구하고 왜군에게 결정적인 타격을 가한 것이었다. 고바야가와가 이끄는 일만의 최정예부대가 커다란 손실을 입음으로써 호남 공략을 포기하고 영남지방으로 퇴각하였던 것이다.

넷째, 중봉의 금산전투는 그의 첫 싸움인 차령싸움과 같은 향토방위의 소극적 전투가 아니라 근왕과 국가수복이라는 거국적 차원의 전투였다.

다섯째, 의병·관군·백성이 합심하여 총력을 다 해야 이 난국을 극복할 수 있다는 교훈을 남겼다. 평상시 외침에 대비한 방어대책이 소홀했던 점과 임진왜란이 발발한 후 관군과 의병간의 공조체제 구축이 실패함으로써 중봉과 칠백의사가 모두 적에게 죽음을 당하는 쓰라린 고통을 남겼던 것이다. 더 나아가 민족의 단결된 힘만이 사전에 외침을 방지할 수 있으며 전란이 일어난다 해도 이를 극복할 수 있는 밑거름이 되는 것이다.

금산 전투가 끝난 후 조헌의 동생 범(範)이 죽음을 무릅쓰고 싸움터에 들어가 보니 조헌은 의 자(義字)의 깃발 아래 쓰러져 죽어 있었으며 그 곁에는 장수와 사졸들이 서로 둥글게 모여 베고 죽어 있었다고 한다. 범(範)이 형의 시체를 등에 업고 옥천으로 돌아와 빈소를 차리니 숨진 지 4일이 지났어도 그 얼굴빛이 꼭 살아있는 사람과 같았다고 전해진다. 돌아가신 후에도 애국충절(愛國忠節)의 기개가 도도하게 살아있음을 증명하는 것이리라.

중봉의 시신은 당시 옥천(沃川) 안읍(安邑) 도리동(道理洞)에 모시었다. 현재 이곳의 행정구역(行政區域)은 옥천군(沃川郡) 안내면(安內面) 도이리(道李里)로 개칭되어 있지만 임진왜란(壬辰倭亂) 전 안내(安內 : 지금의 안내면) 밤티(栗峙 : 지금의 용촌리(龍村里))에 있던 후율정사(後栗精舍)가 옮겨져 후율당으로 남아 있고 후율당 안에는 중봉의 아들 완기(完基)의 효자각(孝子閣)이, 이곳에 가까운 언덕바지에 완기(完基)의 묘소(墓所 : 초혼장[招魂葬])가 있다.

이곳에 모신 중봉의 묘소는 후에 다른 곳으로 옮겨져 지금은 밭으로 변해있지만 그 옛날 묘소 밑에는 표충사(表忠祠)도 함께 있었다고 한다.

후율당(後栗堂)은 이후 건물이 낡고 담장도 군데군데 헐리어 있었으나 지난 1977년 옥천군(沃川郡)에서 3천 여 만 원의 예산을 들여 후율당과 담장 등을 완전 개축, 말끔히 다듬어 놓았다.

18세기 후반에서 19세기 전반에 주로 활동한 담정 김려가 쓴 사유악부[65]에 "중봉 조헌의 사당"이란 시에 보면 중봉 사후 유적관리가

---

65) 오희복 역, 김려작품집, 문예출판사, 1990, pp.146~147.

얼마나 허술했는지 알 수 있다.

　함께 전사한 자로 드러난 자는 다음과 같다. 참봉 이광륜(李光輪)은 효성스럽고 우애하였으며 절개가 있었다. 처음에 향병(鄕兵) 수백 명을 모집하여 처음부터 끝까지 계획에 참여하였다. 봉사 임정식(任廷式)은 성품이 질박하고 곧았으며 무재(武才)가 있었는데, 척후(斥候)로 진(陣) 밖에 있다가 조헌이 위급함을 보고 말에 채찍질하여 돌격하여 전사하였다. 사인(士人) 이려(李勵)는 이탁(李鐸)의 손자로 학문과 덕행이 있었고, 사인 김절(金節)은 맨 먼저 군사를 모집하여 전투에 참여하면서 역전(力戰)하였다. 만호 변계온(邊繼溫), 현감 양응춘(楊應春), 봉사 곽자방(郭自防), 무인(武人) 김헌(金獻)·김인남(金仁男)·이양립(李養立)·정원복(鄭元福)·강인서(姜仁恕)·박봉서(朴鳳瑞)·김희철(金希哲)·이인현(李仁賢)·황삼양(黃三讓)·박춘년(朴春年)·한기(韓琦)·박찬(朴賛)은 모두 편비(褊裨)로 혈전을 벌이다 전사하였다. 사인(士人)·박사진(朴士振)·김선복(金善復)·복응길(卜應吉)·신경일(申慶一)·서응시(徐應時)·윤여익(尹汝翼)·김성원(金聲遠)·박혼(朴渾)·조경남(趙敬男)·고명원(高明遠)·강몽조(姜夢祖)는 모두 문인(門人)으로 종군하다가 전사하였다. 일이 알려지자 조헌에게 이조 참판이 추증되고 그의 아들 조완도(趙完堵)를 녹용(錄用)하였으며 그 집에 월름(月廩)을 지급하였다. 이광륜은 사헌부 집의에 추증되었다.

　묻노니 너 무엇을 생각하느냐
　북쪽의 바닷가를 생각하노라

　임명의 중봉 사당 적막하기 그지없다

단청 낡아 벗어진 채 빈 산속에 놓였구나.

이곳 사람들 북에 사나 남인들을 숭상하여

중봉은 낮보면서 미암[66]만을 내세우네.

백발머리 검은 유건 사당지기 누구인가

텅 빈 사당 지키면서 향불을 사르누나.

나를 보자 그 늙은이 절하고서 가리키네.

말라죽은 소나무의 이끼 덮인 뜨락들을


공주[67] 고을 동강[68] 사당 부러운 듯 말하누나.

당집도 화려하고 설비 또한 많더라고

(회령에는 미암 류희춘의 사당이 있고 종성에는 동강

김우옹의 사당이 있다.)


금산성(錦山城) 싸움이 끝난 4일 후 중봉의 제자 박정량(朴廷亮)과 전승업(全承業) 등이 순절지(殉節地)인 경양산(景陽山) 양지바른 곳에 7백 의사의 시체를 모아 한 무덤에 모시고 칠백의총(七百義冢)이라 이름하였다.

중봉은 비록 만년에 벼슬길에서 떠나있는 몸이었지만 나라의 운명이 위태로울 때 분연히 일어나 의병을 일으키고 규합(糾合)하였으며 자신의 몸과 마음을 초개(草芥)와 같이 조국과 민족의 제단(祭壇) 앞에 바친 구국의 사표(師表)였다. 중봉이 7백 의사와 함께 장렬한 최후를 마치는 그를 흠모(欽慕)하고 아끼던 사람들은 서로 다투어 그의 넋을 기리었다. 그의 제자 전승업(全承業)은 제문(祭文)을 지어

---

66) 류희춘의 호.
67) 종성의 딴이름이다.
68) 김우옹의 호.

이렇게 애통(哀痛)해 하였다.

　슬프다! 선생이 어쩌다 이 지경이 되었습니까? 나와 상별 (相別)한 뒤로 열흘도 못 되는 사이에 아버지는 충(忠)을 위 하여 죽고 아들은 효(孝)를 위해 죽었으며 7백명 사졸(士卒) 은 흩어질 생각 없이 같은 날 함께 죽었습니다.

　슬프다! 선생은 두어 달도 못되는 사이에 능히 사람의 마 음을 감화하고 감동시켜 선생을 위하여 죽음에 이르게 함이 이와 같았습니까? 이로써 미루어 본다면 만약 하늘이 선생 에게 두어 달 동안의 목숨을 연장케 하였더라면 곧 한 나라 의 남녀노소들로 하여금 모두 선생을 위하여 죽고자 하는 마 음을 가지게 하였을 것입니다.

　전 전횡(田橫)의 사사(死士) 5백명도 실로 천고(千古)에 드 문 일이거늘 누군가 운수(運數)가 비색(否塞)한 세상에 능히 의(義)를 중히 여기고 생(生)을 홍모(鴻毛)와 같이 가볍게 여 기는 자가 천명에 이르기를 생각하였으리오!

　이는 선생의 충의(忠義)와 의리(義理)의 크나 큰 절개(節 槪)가 사람의 마음속에 본래가 지니고 있는 철리(哲理)를 격 려하는 바 있어 그림자와 소리의 상응(相應)함 보다 빠름을 알 수 있겠습니다.

　…슬프다! 사람이 한 세상을 사는데 누가 능히 오래도록 생존(生存)할 수 있으리오. 일찍 죽거나 오래 살더라도 고루 한 번의 죽음은 있는 것이니 죽는다는 것은 마찬가지나 열 렬한 대장부의 죽음은 마땅히 이와 같은 것이거늘 내가 또 무엇을 한(恨)하리오…

또 송강(松江) 정철(鄭澈)은 중봉을 잃은 애도의 심정을

나의 친구 여식(汝式)이여—공자(孔子) 안자(顔子 : 공자의
제자)의 학(學)을 배워 그 행의(行誼)를 사모하고 원래부터
곧게 죽고자 하더니 필경 절의(節義)에 죽었도다. 아—슬프
다! 여식(汝式)이여.

라고 탄식(歎息)하였다. 또 석주 권필은 "중봉 조선생의 돌아가심
을 슬퍼하여"라는 시에서 조헌의 강직한 성품과 충절을 높이 기리고
있다.

몇 번이나 나라에 바른 말을 올렸던고
어두운 이 세상에 혼자 잠을 깨였었지

이전부터 알았어라 높은 재주 지니고서
조정에 구차히 용납될 수 없다는 걸

강직한 님의 기상 온 누리에 서려 있고
거룩한 님의 충절 햇빛처럼 빛나누나.

거룩하고 높은 금산의 넋은
청사에 길이길이 변함없이 푸르리.

중봉이 순절(殉節)한 지 4개월 만인 1592년 11월 나라에서는 살신
호국(殺身護國)한 그의 공을 높이 치하하여 가선대부(嘉善大夫) 이
조참판(吏曹參判) 동지경연(同知經筵) 춘추관(春秋館) 의금부사(義
禁府事)에 증직(贈職)하였다.
11년 후인 1603년(선조 36년) 호남(湖南)과 호서(湖西) 지방의 유

사(儒士)들이 금산의 순절한 곳에 순의비(殉義碑)를 세웠으니 그 비문은 다음과 같다.

아아! 이곳은 참판(參判)의 관직(官職)을 추증(追贈)받은 조(趙)선생이 나라를 위하여 목숨을 바친 곳이며 죽음을 같이 한 부하 여러 동지(同志)들의 유체(遺體)가 묻혀 있는 곳이다.

선조(宣祖) 임진(壬辰)년에 왜란(倭亂)이 갑자기 일어나서 우리의 영토를 침범하니 우리 군대는 가는 곳마다 패배(敗北)하여 그들을 대항(對抗)할 사람이 없었다.

왜적(倭賊)은 드디어 승리(勝利)한 기세(氣勢)를 이용하여 바로 치몰아 들어와서 곧장 한강(漢江)을 건너섰다.

서울 개성(開成) 평양(平壤)이 모조리 함락(陷落)되고 임금께서는 의주(義州)까지 후퇴하였으나 아무도 임금을 위하여 나서는 사람이 없었다.

이때 선생은 옥천(沃川) 시골집에서 있다가 옷소매를 걷어 부치고 일어나서 피눈물을 흘리며 격문(檄文)을 써서 돌리어 의병(義兵)을 모집하였다로 시작하여 […순찰사(巡察使)의 방해(妨害)로 선생의 부하 군대들은 모여들었다가 다시 많이들 흩어져 돌아가고 다만 7백명의 의사(義士)만이 선생을 따라 목숨을 바칠 각오를 할 뿐이었다.…] 적(敵)들은 기세가 더욱 험악(險惡)하여 금삼(錦山)을 점령하고 있었으나 아무도 그들 적을 막을 자가 없었다.

선생은 우리의 군대를 격려(激勵)하며 하루 빨리 이들을 섬멸하기 위하여 용감히 적진(敵陣)을 무찔러 들어갔다. 장시간(長時間)에 걸친 피나는 전투 끝에 화살은 없어지고 갈 길은 막혔는데도 북소리는 오히려 최후의 일각을 재족하였다.

힘에 지치도록 적을 살상(殺傷)하여 임금의 은혜(恩惠)에

185

보답(報答)하였으니 싸움은 패(敗)하였으나 사실은 이긴 것 [勝]이다.

임금을 위하여 죽는데 무엇을 회피(回避)하며 스승을 따라서 싸우는데 무엇을 슬퍼하랴. 장렬(壯烈)하도다! 온 진영(陣營)의 순국(殉國)이여! … 여기에 묻힌 영령(英靈)들이여 영원히 살아 계신 듯 하여라]로 끝나 살신호국(殺身護國)한 중봉과 7백 의사(七百義士)의 충절(忠節)과 넋을 만세에 기리고 있다.

나라에서는 1604년(선조 37년)에 선무원종공신(宣武原從功臣) 1등으로 공신록(功臣錄)에 올렸으며 1649년(인조[仁祖] 27년) 문열공(文烈公) 시호(諡號)에 이어 1754년 영의정(領議政)을 증직(贈職)하였다.

이렇게 나라에서는 중봉에게 시호(諡號)를 내리고 1등(一等) 공신(功臣)으로까지 추대를 하였지만 수십 년의 세월이 흘러감에 따라 중봉과 7백 의사들이 묻힌 묘소 관리에는 별다른 신경을 쓰지 않았다. 중봉이 옥쇄(玉碎)한지 40여 년이 흘렀을 즈음 의총(義冢)에는 가시넝쿨이 무성하게 번져 덮여있고 계단도 무너져 평평하여졌을 뿐 아니라 밭을 일구느라 쟁기의 보습이 미치지 못한 것이 겨우 한자 가량 남아 있었다고 한다. 뿐만 아니라 날씨가 음산(陰散)하고 비가 오는 밤이면 이 의총(義冢)에서 울부짖는 소리가 하늘에 사무치고 울음소리가 그치면 통분해 하는 아우성 소리가 몇 개의 들판을 건너 먼 곳에까지 이르러 세월이 여러 번 바뀌어도 조곡(弔哭)하고 제사(祭祀)를 지냄이 없어 그들의 충성스런 분노가 그때까지도 풀리지 않았다고 전해오고 있다.

마침내 인조(仁祖) 12년(1634년)—당시 금산군수(錦山郡守)였던 김성발(金聲發)과 제원역찰방(濟原驛察訪) 조평(趙平)이 의총(義冢) 주변 사람들로부터 이런 사실을 전해 듣고 직접 칠백의총(七百義冢)

칠백의총(충남 금산 소재)

을 답사한 뒤 호남과 호서의 유생들의 힘을 얻어 순의단(殉義壇)을
설치하여 제향(祭享)을 지내기 시작하였다.

　이때가 중봉과 7백 의사가 순국한 지 꼭 42년만의 일이었고 그 후
19년이 지난 1653년(효종 4년)부터는 나라에서 해마다 예조(禮曹)의
대신(大臣)들을 의총(義冢)과 종용사(從容祠)에 보내 제사(祭祀)를
지내도록 하였다. 경내(境內)에는 의총(義冢)과 일군순의비(一軍殉
義碑) 종용사(從容祠) 기념관 등이 있으며 기념관 안에는 중봉의 문
과급제교지(文科及第教旨)와 31세 때 질정관(質正官)이 되어 명(明)
나라에 사신(使臣)으로 가고 오며 쓴 조천일기(朝天日記), 화살통, 선
조(宣祖)가 의주(義州)에서 중봉이 의병을 일으켜 왜적을 크게 무찌
르고 있다는 소식을 양산숙(梁山璹)과 곽현(郭賢)으로부터 듣고 "힘
을 다하여 왜적을 토벌(討伐)하여 나로 하여금 환도(還都)케 하라"라
는 내용의 교서(教書)와 1883년(고종 20년) 유학자의 최고의 영예인
문묘(文廟)에 배향(配享)하는 교서(教書), 영조(英祖) 16년(1740년)
7월 18일 발간된 중봉집(重峯集), 중봉의 언행(言行)과 봉사(封事)를

전쟁기념관에 전시되어 있는 중봉선생의 흉상.

간추려 기술한 항의신편(抗義新編)[69] 등 유물(遺物)이 보관 보존(保存)되어 오고 있다.

또한 충북(忠北) 옥천군(沃川郡)에서는 중봉의 높은 뜻을 기리는 한편 현재 국가적인 차원(次元)에서 펼치고 있는 충효사상(忠孝思想) 고취에 발맞추어 중봉과 유서(由緖)가 깊은 옥천(沃川)에서 제1회 중봉충렬제(重峯忠烈祭)를 지난 1976년 성대히 베푼 이래 이를 거도(擧道)적인 연례행사(年例行事)로 치르고 있다. 올해까지 48회를 치른 이 행사는 매년 9월 중에 이틀간 진행하여 중봉의 우국충정을 선양하고 있다.

중봉이 순절(殉節)한 지 어언 4백 31여 성상(星霜)이라는 기나긴 세월이 흘러갔다. 그러나 그의 의(義)와 충(忠) 그리고 나라를 위해 마침내 살신호국(殺身護國)한 높고 높은 푸른 절개(節槪)는 오늘에도 모든 사람의 마음속에 되살아나 숨결처럼 이어지고 있다.

---

69) 임진왜란 때 순절한 조헌(趙憲)의 유문(遺文) 및 행록(行錄)을 수록한 책으로 4권 2책으로 되어 있다. 1619년(광해군11) 판각(板刻)에 착수, 1621년(광해군13)에 완성. 청절왜사봉사(淸絶倭使封事), 청참왜사몽사(淸斬倭使封事)) 등의 여러 글과 궁경양친도(躬耕養親圖) 등 9圖를 책머리에 붙이고 편자의 서발(序跋)이 들어있다.

하느님이 사람에게 착한 마음 점지(占指)하실 적에

중화(中華)라 하여 풍성하게 주지 않고 오랑캐라 하여 인색(吝嗇)하게 주지 않았도다.

선생이 이를 받으사

효도로써 이들의 법(法)을 삼으시고 충(忠)으로써 신하의 법을 삼으셨다

이 마음을 다 같이 가진 자가

누구인들 감복(感服)하지 않으리요

일이 만 가지로 다르고

이치(理致)가 한 가지가 아니어서

산(山) 머리의 구름은 쉽게 걷히건만

임금님의 총명은 오히려 흐렸었고

사나운 고기도 길들일 수 있건만

간사한 마음들은 고쳐지기 어려웠네.

임진(壬辰) 계사(癸巳) 그 무렵에 천지(天地)가 번복되자

선생의 한 몸으로 지극한 인간상(人間象)을 혼자서 도맡았다

왜사(倭使)를 목 베라고 위태로운 말을 하니

위아래 모두가 얼굴빛을 잃었었고

피나는 울음으로 군중에게 맹세하니

의리 있는 군사가 구름처럼 모여섰다

상당(上黨)[70]에서 전투할 때 왜놈들 넋 잃었네

승리한 보고 듣자 온 조정이 기뻐했네.

두 번째로 금산(錦山)싸움 화살처럼 다가갔다

군사(軍士)는 용감(勇敢)해서 적을 많이 죽였는데

하늘은 어찌하여 악(惡)한 자(者)를 두둔하나

구름은 해를 가리고

군사는 화살이 떨어졌네.

---

70) 청주(淸州)에 있는 성(城)으로 여기에서는 청주싸움을 말한다.

부자(父子)가 크게 고함치니

(……)

보라 여기는 민족의 혼(魂)이 깃든 천추(千秋)에 전할 거룩한 피의 제단(祭壇) 1592년 임진왜란이 일어나 나라가 온통 도탕(塗蕩)에 빠졌을 때 중봉(重峯) 조헌(趙憲)선생과 영규대사(靈圭大師)가 뜻을 같이한 7백명 의사(義士)들과

금산성(錦山城) 밖 연곤평(筵崑坪) 너른 들에서 왜적에 항전(抗戰) 파나게 싸운 끝에

모두 다 옥쇄(玉碎)하니 8월 18일

의골(義骨)을 모아 한 무덤에 모시고

칠백의사종(七百義士塚)이라 이름 한 뒤부터

대대로 이 땅 겨레의 자손들이

마음의 예배(禮拜)를 바쳐 왔었다.

그러다 일제시대(日帝時代)에 이르러서는

분묘사당비(墳墓祠堂碑)들이 모두 헐리어

풍우(風雨) 속에 버린 곳이 되었다가

해방후 임진(壬辰) 6주갑(六周甲)되는 해에

군민(郡民)들의 성력(誠力)으로 재건(再建)했더니

다시 박정희(朴正熙) 대통령(大統領)의 특지(特旨)로

묘역(墓域) 전체를 보수정화(補修淨化)함으로써

마침내 새 면모(面貌)를 갖춘 것이니

이는 실로 빛나는 큰 업적이라

만세(萬歲)에 영원히 전(傳)할 것이다라고 추모(追慕)하였다.

(1971년 4월 칠백의총 중수기념비문 내용)

칠백의사 순의탑

# Ⅲ

## 조헌의 학문

# Ⅲ. 조헌의 학문

조헌은 학문연구에 있어서 그 보편적인 정신을 성현(聖賢)의 학문(學問)에서 구하여 요순공맹(堯舜孔孟)을 원류(原流)로 하고 정주(程朱)를 정통으로 삼았다. 또한 도학사상(道學思想)의 태두(泰斗)인 정암(靜庵) 조광조(趙光祖)와 퇴계(退溪) 이황(李滉)을 사숙(私淑)하였으며, 율곡(栗谷) 이이(李珥)를 스승으로 삼았다. 조헌은 스스로 율곡의 뒤를 잇는다는 의미의 '후율(後栗)' 또는 '도원(陶原)'이라 하였던 만큼 그는 율곡 이이의 기발리승설(氣發理乘說)을 준봉(遵奉)한 율곡학파[71]의 대표적인 학자라고 할 수 있다. 이는 중봉이 41세(1584) 되던 해에 스승 율곡이 별세하자 옥천(沃川) 안읍(安邑) 율치산(栗峙山)에 서실(書室)을 짓고 이름을 '후율정사(後栗精舍)'라 하고 그 상량문(上樑文)에 "정암(靜庵)의 충효(忠孝)와 퇴계(退溪)의 학(學)이 일맥소소(一脈昭昭)하게 석담(石潭)에 있도다."[72]

라고 하는 데에서 도통(道統)이 율곡에게 이어져 있음을 알 수 있

---

71) 김용헌, 「율곡학파의 비판적 계승」, 『조선유학의 학파들』, 한국사상사연구회 편, 예문서원, 1997.
72) 重峯先生文集. 卷13 後栗精舍上樑文

다. 그리고 43세 때 공주목 교수 겸 제독(公州牧敎授兼提督)이 되어 만언소(萬言疏)를 올리는 가운데 다음과 같은 구절이 있다.

> 이이(李珥)로 말하면 이황(李滉)의 기침소리까지 친승(親承)하였고 또한 조광조(趙光祖)의 도통(道統)을 사모(思慕)하였으니 모유(謀猷)와 기개(氣槪)가 스스로 외래(來歷)가 있사오며, 정충(精忠)이 격렬(激烈)하여 임금께서 그 뜻을 주심에 심력(心力)을 전포(展布)하고자 하였습니다.[73]

위의 우암 송시열의 이 말은 도학정신(道學精神)이 어떻게 흘러서 조헌에게 연결되었는가를 말하는 것이다. 그밖에 조헌이 스승으로 모신 분은 율곡(栗谷) 이이와 평생 지우(知友)였던 우계(牛溪) 성혼(成渾)과 해우(海隅)에 은거(隱居)하던 토정(土亭) 이지함(李之菡)을 들 수 있으며,[74] 구봉(龜峯) 송익필(宋翼弼)도 이에 속한다. 조헌은 관직(官職)에 있으면서도 때때로 스승을 찾아 성현(聖賢)의 학문(學問)을 연마(硏磨)하였으며, 깊은 신뢰(信賴)와 이해(理解)에 도달하였다.

조헌의 학문은 단순한 이학론(理論學)이 아니었다. 중봉은「상십육조소(上十六條疏)」에서 "만약 가까운 것에서 일마다 옳은 것을 구하고, 말마다 선한 것을 취하여 분연히 뜻을 세워 쉬지 않고, 이를 행한다면 요순(堯舜)같이 될 수 있는 것도 멀지 않습니다."[75]라고 하였는데, 이는 실사구시(實事求是)가 목적이 아니라 요순지도(堯舜之道)에 들어가는 방편을 말하는 것이다. 이것은 훗날 실학사상(實學

---

73) 宋子大典, 卷107, 重峯先生行狀
74) 重峯은 公州牧에서 올린 萬言疏에서 율곡, 우계, 토정 세 사람을 스승으로 삼았고, 세 사람의 학문을 취했다고 했다.
75) 重峯集 卷4, 上十六條疏

思想)의 학풍(學風)이 복고적(復古的) 의미를 지닌다는 견해와 상통한 점을 찾아볼 수 있거니와 현실적 출발점은 구시(求是)에 있었으나 도착점은 요순치세(堯舜治世)가 목표였음을 알 수 있다.

조헌의 충절정신(忠節精神)의 바탕은 어렸을 때부터 익힌 실천적(實踐的) 생애(生涯)에서 갖추어진 것이다. 중봉은 어릴 때부터 몸소 소를 몰아 밭갈이를 하였으며, 땔나무를 해다가 부모의 방에 불을 지피기까지 하였다. 3년 간 부평의 유배생활 속에서 궁경(躬耕)하면서도 책을 읽었고 실제로 몸에 익혔다. 이와 같이 중봉의 학문은 실천적(實踐的)이라 하지만 그의 호학태도(好學態度)는 유별난 것이었다.

그는 신체적 노동(勞動)을 하면서도 틈만 있으면 글을 읽었다. 밭갈이하면서도 쉬는 사이에 글을 읽었고, 일을 나가면 먼저 책을 올려놓을 받침을 가설(架設)하였으며 아궁이에 불을 지피고 나면 재 속에서 불을 골라 빛을 밝혀 글을 읽다가 꺼진 다음에 그만두곤 하였다. 또한 과거(科擧)를 보아 임로(任路)에 든 다음에도 손에서 책을 놓지 않았으며, 중국(中國)에 다녀올 때도 달리는 수레 속에서 독서(讀書)를 그치지 않았다. 여행을 하면 말에다 관솔을 가지고 다니며 불을 밝혀 글을 읽었고, 함경도 길주로 귀양 갔을 때 전염병(傳染病)이 돌 때에도 사방(四方)에 시체가 둘러싸인 가운데서도 독서를 그치지 않았다.

조헌은 이와 같이 글읽기에 힘써 고금(古今)의 일에 박학(博學)하였으나 그의 학문은 결코 서적(書籍)에만 의존하는 관념적인 학문이 아니었다. 조헌의 궁리수신(窮理修身)하는 학(學)은 결코 실사(實事)와 실천(實踐)에 직결(直結)되었으니, 한마디로 "이천지학(踐履之學)"[76]이라 할 수 있다. 즉 궁리수신 하는 성리학(性理學)이 그에게

---

76) 隱峯全書, 抗義新編

있어서는 현실을 떠난 관념론(觀念論)이 아니라 현실 속에 실천적 학문으로 표출(表出)되었던 것이다.

은봉(隱峯) 안방준(安邦俊)은〈항의신편발(抗義新編跋)〉에서 중봉의 실천지학(實踐之學)을 다음과 같이 말하고 있다.

> 세상에서 이른바 학문(學問)이란 과연 어떠한 것인가? 일언일행(一言一行)을 모두 예법(禮法)에 좇아서 하며, 충효대절(忠孝大節)이 고인(古人)에게 부끄러움이 없는 자가 학행지사(學行之士)가 될 수 없다고 하고서, 기송(記誦)에 종사하여 다만 구이(口耳)의 자(資)로 삼아 성명을 높이 말하고, 가만히 말할 적에는 맞으나, 써보면 그릇되는 것을 말함이 이에 학문이라 하겠는가?[77]

이상에서 볼 수 있듯이 선생은 정암 조광조, 퇴계 이황 그리고 율곡에 이어지는 경세론(經世論)과 퇴계의 수양론(修養論)을 함께 함으로써 동방 도학(道學)의 정맥을 재현하였으며, 경세제민(經世濟民)의 대의(大志)를 품은 진유(眞儒)였다. 중봉은 돈신호학(篤信好學)하여 학적(學的) 연구를 잠시도 그치지 않았고, 그의 학문은 처음부터 실천(實踐)과 실행(實行)을 토대로 한 이천지학((踐履之學)으로 그의 이론은 고매(高邁)하여 실제로 있는 사실을 떠나서 추상론에 떨어지지 않았고, 실제 문제와 직결되는 것이다. 이러한 양면은 중봉의 인격 속에 융화(融和)되어 강렬한 행동으로 나타난 것이다.

중봉은 일생을 위기지학의 자세에서 부동심(不動心)을 이루고 매사 최선을 다하는 성실한 자세와 신독(愼獨)의 자세로 일관되게 의리를 실천하였음을 알 수 있다. 일찍이 담헌(湛軒) 홍대용(洪大容,

---

77) 重峯集, 卷首, 抗義新編跋

1731~1783)은 동궁(東宮) 시절(時節)의 정조 임금에게 중봉을 소개하기를, "지극한 공심과 정성 그리고 오륜이 모두 갖추어져 천고에 비교할 수 없어 실행한 바와 같으니 그 학문을 알 수 있다.[78]고 하였다. 위기지학을 실천한 중봉의 학문적 특성을 올바르게 지적한 평가라고 할 수 있다.

중봉의 유별난 충효사상(忠孝思想)과 자주정신(自主精神)은 후세에 민족을 지키는 의리사상(義理思想)으로 전개되었고, 현실에 대한 올바른 판단과 구체적 시설(施設) 등의 경세론(經世論)은 후기의 실학사상(實學思想) 형성에 크게 영향을 주었다. 실제로 반계(磻溪) 유형원(柳馨遠), 초정(楚亭) 박제가(朴齊家) 같은 실학파와 병자호란 시기의 청음(淸陰) 김상헌(金尙憲), 우암(尤庵) 송시열(宋時烈) 그리고 한말의 면암(勉庵) 최익현(崔益鉉)과 같은 의리학파는 다 같이 중봉을 숭상(崇尙)하고 본받았던 것이다. 중봉의 학문은 실행(實行)과 실공(實功)을 지향한 도학(道學)이요 실학(實學)이며 성학(聖學)이라 하겠다.

## 1. 사상적 배경

중봉은 정치, 경제, 사회, 민생의 개혁사상을 소유한 경세가로서 충군애민(忠君愛民)의 충정을 토로하였고 상소의 형식을 통하여 자기의 생각을 과감하게 직언하였다. 이와 같이 선진적이고 애국적인 견해는 멀리 성현에 뜻을 두어 공맹(孔孟)과 정주(程朱)의 학(學)으로부터, 가까이는 스승이었던 율곡, 우계, 토정, 구봉과 학우들의 영향이기도 하겠지만, 중봉 자신의 학문 성격이 실천지학이

---

78) 『湛軒書』卷2,「桂坊日記」: 至公血誠 五倫全備 千古無兩 實行如此 其學可知

었다는 점을 간과할 수 없을 것이다. 즉 궁리수신 하는 성리학이 중봉에게는 현실을 벗어난 관념론이 아니라, 현실을 직시하는 경세적인 사상의 동향으로 표출되었던 것이다. 이석린은 중봉이 율곡을 지극히 존숭하면서도 이기(理氣), 심성(心性) 등의 이론적 탐구에는 관심이 적었던 것으로 보고, 율곡의《성학집요(聖學輯要)》를 경륜지지(經綸之志)와 광제지규(匡濟之規)를 갖춘 책이라고 높이 평가하여 스스로 2권으로 요약하고 있는 것으로 보아 그의 관심은 역시 경세학 쪽에 더 치중해 있었던 것으로 짐작된다고 하였다.[79]

> 대개 사람을 받드는 것은 장차 그 도를 쓰려고 하는 것인데, 세상의 임금은 다만 외면적인 존경만을 하여 배우는 자에게 보이고, 성현의 말씀을 몸소 실행하지 못하기 때문에 예나 지금이나 천하가 잘 다스려짐은 적고 어려운 것은 많은 것입니다.[80]

조헌이 이와 같이 성현을 존숭함은 인간 생활에 높은 가치를 실현하기 위한 것이며 성현의 학문은 곧 사회적 실천을 위한 것으로, 그는 성현지학(聖賢之學)의 현실적인 적용을 중요시하였다.

중봉에게 있어서 진리란 구체적인 현실을 떠나서 구하는 것이 아니며 그것은 곧 백성들의 복지를 지향하는 애민사상이라 하겠다. 다시 말해 생민을 위할 수 있는 일이라면 서슴지 않고 직언할 수 있었다. 그는《논어(論語)》의〈계씨편(季氏編)〉에 이른바 "군자는 천명(天命)과 대인(大人)과 성인지언(聖人之言)을 두려워한다."는 구절을 풀이함에 있어서 다음과 같이 말하였다.

---

79) 이석린, 중봉 조헌 연구, 경희대학교박사논문, 1984, p.65.
80) 重峯集, 卷3, 八條疏, 聖廟配享之制.

이른바 천명이란 그윽하고 황홀한데서 찾는 것이 아니라, 일상생활을 삼가고 백성의 일을 힘써 하는데 지나지 않습니다. 대인이란 반드시 높은 자리에 있은 연후에 대인이라고 하는 것은 아닙니다. 비록 빈궁한 처지에 있는 사람이라도 능히 옛 사람의 덕행을 상고하고, 헤아려 꾀함이 천성에서 나와 군심의 그릇된 것을 바로잡는 사람이면 대인이라 할 수 있습니다.

성인의 말씀이란 방책에 실려 있어 무슨 일이든 두렵지 않는 것이 없습니다. 그리하여 쓰임새를 절약하여 백성을 애호한다는 한 구절은 백성에게 임금 노릇하는 분으로써 제일 먼저 힘써야 할 일입니다.[81]

즉 '천명(天命)', '대인(大人)' 그리고 '성인지언(聖人之言)'이란 경전(經典)에 있는 추상적인 관념론이 아니라 실사에 논의되니 다름 아닌 일용실사에서 백성의 일을 도모하라는 것, 임금의 마음이 그릇된 점을 지적하여 바로잡는 인물을 가까이 하라는 것, 그리고 윗사람의 쓰임새를 줄이고 민중의 생활을 보장하라는 것이다.

이와 같은 중봉의 사회적 실천을 중시하는 학문적 태도를 현실인식과 결부되어 당시의 피폐한 사회현실을 극복하려는 개혁론으로 나타나는데, 그 개혁론의 방향은 당시 백성들의 안정, 즉 '안민(安民)'에 주안점을 두고 있었다. 당시 사람들에 있어서 민에 대한 인식은 어느 때보다도 성숙해 있었고, 이러한 민에 대한 인식의 변화는 당시 사림들의 보편적 경향이지만 중봉에 있어서 위민(爲民)은 누구보다 강했던 것이다.

이러한 중봉의 굳은 의지와 사상은 《동환봉사(東還封事)》에 구체적

---

81) 重峯集, 卷4, 十六條疏, 命令之嚴

인 시안으로 잘 나타나 있다. 《동환봉사》는 중봉이 1574년 11월에 질
정관(質正官)의 임무를 마치고 돌아와 올린 〈팔조소(八條疏)〉와 〈십
육조소(十六條疏)〉로 이루어져, 후일 은봉(隱峯) 안방준에 의해 간행
되었다. 이는 대부분의 중국의 문물제도를 둘러보고, 우리나라의 제
도와 비교하여 개선하려는 의도로 작성되었다. 은봉은 이에 대해 설
명하기를 현실에 절실한 것이 〈팔조소(八條疏)〉이고 근본문제를 다
룬 것이 〈십육조소(十六條疏)〉로 된 두 가지 글이라고 하였다.[82]

또한 이는 후일 북학파에게 절대적인 영향은 미쳤다. 박제가는 그
의 〈북학의서(北學議序)〉에서 최치원과 조헌의 경세지지(經世之志)
를 높이 찬양하고, 북학의를 저술하는 동기와 목적은 고운, 중봉의
뜻을 계승하는 것이라고 하였고,[83] 홍대용도 그를 "至公血誠 五倫全
備 千古無兩 實行如此 其學可知"[84]라고 하여 그 실행을 천고(千古)
에 비할 데 없는 인물이라고 하였을 정도이다. 그러나 그의 이상은
실현되지 못하고 임진왜란을 맞이하여 장렬한 순절로 의리의 길을
선택하였다.

따라서 그의 의리사상은 선비정신의 발휘에 따른 선비의 희생을
통해 다져진 것이며, 충절과 신의의 의리를 실현하는 인물의 출현은
유교이념의 역사적 발전과정에서 피어나는 꽃이요 열매였다고 할 수
있다.[85]

이처럼 의리사상은 국가존망의 위난에 처했을 때 생명을 버리면서
투쟁하는 용기의 원천이요 정당성의 근거이다.

---

82) 重峯集, 卷4, 東還封事跋
83) 김용덕, 중봉 조헌 연구, 아세아학보 제1집, 1965. p.88.
84) 湛軒書 卷2 桂坊日記
85) 금장태, 의리사상과 선비정신, 조명기 외, 한국사상의 심층연구, 우석, 1982, p.234.

중봉은 단지 지모와 용맹이 뛰어난 의병장이 아니라 현실을 직시하는 실천적인 경세가이며 의리에 바탕을 둔 확고한 사생관에서 발휘되었던 의용을 구현한 선비정신의 소유자였다.

## 2. 동환봉사(東還封事)

주지하듯이 중봉이 가장 사모했던 율곡은 한 시대나 사회를 올바로 파악한 위에 그에 따른 적절한 방안이 제시될 수 있다고 보았다. 구체적으로 현실인식을 전제로 그에 따른 처방을 내릴 수 있다고 본 것이며, 이것이 바로 시무(時務) 혹은 시의(時宜)이자 동시에 그의 현실인식에 따른 구체적 방안으로 제시된 것이라고 할 수 있다. 율곡은 《성학집요(聖學輯要)》에서 '시무(時務)'에 대해서 다음과 같이 설명하고 있다. 율곡은 시무 즉 현실인식은 하나의 고정된 것이 아니라 시대나 사회에 따른 구체적 상황 속에서 마땅히 해야 할 구체적 임무[各有攸宜]라고 보았다. 율곡의 현실인식에 의하면, 한 국가는 창업(創業), 수성(守成), 경장(更張)의 세 단계[86]를 거치게 되는데, 율곡 당시의 시기는 중쇠기이며, 따라서 절박하게 경장해야 할 시기라는 것이다. 구체적으로 살펴보면 첫째 창업(創業)의 도는 요·순·탕·무의 덕으로 개혁할 세태를 당하되 천리에 응하고 인사에 따르는 것으로 하지 않으면 안 되는 것이다. 둘째 수성(守成)이라는 것은 성스러운 임금과 현명한 재상이 제도를 만들고 법을 세워서 정치제도를 다 펴서 예악을 융성하게 하면 후세의 임금과 후세의 현명한 이는 다만 그 이루어 놓은 법규에 따라 가만히 팔짱을 끼고 이것을 준수하기만 하면 되는 것이다. 셋째 경장(更張)이라는 것은 나라가 번성한 가운데에 미약해지고 법이 오래되어 폐가 생기고 마음이 안일에 젖어

---

86)『栗谷全書』卷25,「聖學輯要」

고루한 것에 인습되어 백 가지 제도가 해이해지면 나날이 어긋나서 나라를 다스릴 수 없기 때문에 여기서는 반드시 현명한 임금과 현명한 신하가 있어서 개연히 일어나 근본을 붙들어 혼탁한 것을 환기 각성시키고 묵은 인습을 깨끗이 씻어서 숙폐를 개혁하며 선왕이 남긴 뜻을 잘 계승하여 일대의 규모를 새롭게 바꾸어야 그 공업이 선열에 빛나고 후손에 끼쳐지는 것이다.[87]

돌이켜 보면 후율(後栗)을 자처했던 중봉이 생존했던 16세기는 조선의 태평성대 하던 시기가 지나가고 혼란의 시기로 접어들었고 정치가 문란해지며 사화들이 일어났을 뿐만 아니라 임진왜란까지 이어지는 것까지를 고려한다면 그 당시는 사회정치적 혼란이 계속되는 역동의 전환기였다고 할 수 있다. 이러한 전환기 속에서 중봉이 제시했던 개혁사상은 동환봉사(東還封事)[88]에 잘 나타나 있다.[89]

'우리나라에 돌아와서 밀봉하여 임금에게 올리는 글'[東還封事]라는 제목에서 엿볼 수 있듯이 그의 개혁안은 1574년(선조 7년) 명나라 신종(神宗)의 생일을 축하하기 위하여 파견된 성절사(聖節使)의 질정관(質正官)으로 다녀온 중국경험 즉 당시의 세계경험의 영향이 강했음을 알 수 있다. 중봉은 귀국한 후 당시 사회의 폐해를 적실하게

---

87) 『栗谷全書』卷25, 「聖學輯要」
88) 이 책은 質正官回還後先上八條疏와 擬上十六條疏(1574년 선조 7년 11월)로 구성되어 있다.
89) 중봉의 저술과 그에 대한 기록들은 20권 10책의 『重峯集』에 잘 집성되어 있다. 활자본으로 된 중봉집의 초간본은 중봉이 순절한 지 22년 뒤인 1613년(광해군 5) 동학이요 의병동지였던 安邦俊이 그의 遺文과 사적을 수집, 편찬하고, 李廷龜의 서문과 姜沆의 발문, 그리고 자신의 발문을 붙여 1615년에 발간되었다. 안방준이 중봉의 家藏草稿를 바탕으로 수집하여 편차한 뒤 1666년 호남관찰사 閔維重이 목판으로 초간하였는데, 이 초간본의 원형은 封事·잡저 등 6권, 請絶倭·擧義兵 등에 관한 疏章·書檄·비문·언행 등을 묶어 엮은 『抗義新編』으로 구성되었다. 1698년(숙종 24) 왕명으로 『東還封事』와 『抗義新編』을 종합·간행하였으며, 그 이전에는 책명이 『遺蹟』, 『遺稿』, 『先憂錄』으로 되어 있던 것을 『重峯集』으로 통합, 일원화되었다.

지적한 팔조소와 이 사회가 이상적 세계로 나가기 위한 근원적 대책을 논한 십육조소를 지어 사회개혁의 구체적 방안을 제시하였다. 이 두 소(疏)는 중봉이 죽은 후 1622년(광해군 14년) 은봉 안방준에 의해 동환봉사로 간행되었다.

전자에는 주로 당시 조선의 현실적 폐해를 적실하게 지적하며 그 문제들을 해소시키기 위한 방안들이 제시되어 있으며, 후자에는 현실적 폐해가 나타나게 된 원인적 요인과 그 대처 방안들을 모색하기 위해서 전제되어야 하는 문제들을 나열하고 있다. 양자에 나타난 내용들을 정리해 보면 유가적 민본주의 위에 전개된 경세제민을 지향하는 개혁주의와 실학적 성격으로 요약해 볼 수 있다.

중봉이 그 자신이 후율(後栗)이라 자처할 정도로 율곡의 영향을 받았던 것을 여기서 단적으로 확인할 수 있는데, 특히 동환봉사는 율곡의 철학에 직접적으로 영향을 받은 것으로 만언봉사와 그 취지와 방안들이 일치된다.[90] 초정(楚亭) 박제가(朴齊家, 1750~1805)은 〈북학의서(北學議序)〉[91]에서 "율곡의 만언봉사와 중봉의 동환봉사는 한 사람의 손에서 나온 것 같다[如出一手]"는 평가를 하기도 할 정도로 율곡과 중봉의 사상은 유사하다고 하겠다.

중봉 스스로도 율곡의 경세제민의 재주를 칭송하면서 시폐의 개혁안과 수기와 위정의 도를 계승하고자 율곡의 〈동호문답(東湖問答)〉과 〈성학집요(聖學輯要)〉의 중요성을 역설하곤 하였다.[92] 다음의 인용들에서 확인할 수 있듯이 중봉은 율곡의 저서들에 담겨져 있는 핵

---

90) 그 구체적 내용은 김용덕의 「율곡과 중용─동환봉사와 율곡경제책과의 비교」에 나타나 있다. 『조선후기사상사』, 590~596면 참조(을유문화사, 1977).
91) 초정 박제가는 孤雲 崔致遠(857~?)과 중봉 조헌의 經世之志를 높게 찬양하며, 북학의를 저술하는 동기와 목적이 바로 고운 최치원과 중봉 조헌의 뜻을 계승하는 것이라고 밝힌 바 있다.
92) 『重峯集』 卷5, 辨師誣兼論學政疏

심들을 강조하고 이것을 선양함으로써 유학의 이상을 구현시킬 수 있다고 볼 정도로 율곡의 사상을 계승 선양하였다.[93]

〈성학집요〉의 논지(論旨)도 입지(立志)·수렴(收斂)에서부터 시작하여 기강을 세우고 백성을 편안케 하는 데까지 범위를 넓혔고, 고금 성현들의 교훈을 모아 종류별로 합치고 부문별로 나누었으며, 한 마디마다 온 뜻을 기울였고, 한 단락마다 깨우쳐주는 것으로서 기필코 인주가 스스로 반성하여 요순의 도를 지금 시대에 행할 수 있다는 것을 알게 하려고 하였습니다. 따라서 그 긴요한 말과 절실한 일은 마땅히 《대학》이나 《근사록》에서 그 연원을 찾아야 되고 보통의 문집처럼 등한시하여서는 안 되는 것이니, 태양처럼 빛나는 그의 고충(孤忠)은 반드시 성주의 살펴보심을 입을 것입니다. 다만 용현(用賢), 취선(取善) 두 장(章) 속에서 사이비한 군자·소인의 실상에 관하여 극히 밝혔으니, 오늘날 온갖 욕설로 헐뜯는 자들이 훗날 판각을 없애버리지나 않을까 걱정됩니다.[94]

중봉은 이와 같이 성학집요의 대강을 밝히는 한편 용현(用賢), 취선(取善)에서 구체적으로 밝히고 있는 당시의 현실에 대한 지적들을 염려하고 있다. 그럼에도 불구하고 중봉 자신의 이러한 염려와는 달리 그 자신의 만언소 등에 나타난 현실의 직접적인 비판은 더욱 강하게 드러나게 된다.

---

93) 『重峯集』 卷5, 辨師誣兼論學政疏
　　이이에게 경국제세(經國濟世)의 재능이 있는 것은 이미 벼슬길에 나온 초년에 드러났고, 폐단을 제거하여 백성의 고통을 없애려 한 뜻은 『동호문답(東湖問答)』에 본시 갖추어졌으며, 몸을 닦고 정치를 하는 도는 『성학집요(聖學輯要)』에 자세하게 기술하여 성상의 질문에 메아리처럼 답하였으니, 이 어찌 스스로의 힘을 요량하지 못한 자이겠습니까.
94) 『重峯集』 卷5, 辨師誣兼論學政疏

# 3. 경제개혁론과 전망 제시

백성(百姓)에게 임하는 중요한 점은 그 정(情)을 서로 옮겨 주는 데 불과한 것이며 서리들을 제어(制御)하는 방법은 자기를 바르게 하고 사물의 이치를 연구하는 데 있다고 한 정자(程子)의 말로 다 토로(吐露)되었으니 내가 어찌 다시 쓸데없는 군더더기 말을 하겠는가?

이것은 통진현감 당시 조헌이 율곡(栗谷)에게 조언(助言)을 구했을 때 율곡(栗谷)이 조헌에게 한 말이다. 당시 서리(胥吏)들의 폐단은 심각하여 이에 대한 개혁의 필요성은 대다수의 위정자(爲政者)들이 공통적으로 인식(認識)하고 있는 문제였다.

서리(胥吏)들의 폐단은 대부분 양반관료가 시부(詩賦)와 경사(經史)에만 전념하여 행정(行政) 실무(實務)를 모르는 것에 그 원인이 있었다. 모든 실무를 이속(吏屬)에게 일임한 것과 또 양반관료의 임기가 보통 30개월의 단기(短期)인 데 비하여 서리(胥吏)들은 장기(長期)인데서 기인(起因)되었다고 할 수 있다.

그런데 조헌의 서리(胥吏) 개혁론(改革論)은 정치적인 면보다는 경제적인(經濟的)인 면에 중점을 두고 있다. 당시 공물은 비토산물이 배정되기도 하였으며 공납(貢納)이 순조롭지 못하게 되자 중간 청부업자가 개입하여 직접 중앙관사에 미리 물품을 납부하고 그 대가를 징수하는 방납(防納)이 널리 행해지게 되었다. 이 때 서리는 청부업자와 결탁하고 그 이권(利權)을 취함이 극히 심하여 민생파탄(民生破綻)의 주요 요인이 되었던 것이다. 그래서 조헌은 소(疏)를 올려 서리(胥吏)들의 폐해를 지적하였다.

우리나라는 안으로 서리(胥吏) 급예(皂隷) 전복(典僕)으로부터 밖으로 아전(衙前) 서원(書員) 사령(使令) 등에 이르기까지 날마다 관(官)을 떠나지 않고 그 노고(勞苦)는 막심(莫甚)하나 일전(一錢)도 받는 것이 없는 데다 농사(農事)지을 겨를도 없고 또 장인(匠人)이 하는 일이나 장사를 할 수 없으니 그 옷과 음식은 대체로 출처(出處)가 없는데 도적질하자니 틈이 없고 개걸(丐乞) 하자니 한가하지 않습니다. 그들이 관(官)을 속이고 농술(弄術)을 부려 백성을 협박(脅迫)하여 재화(財貨)를 요구(要求)하고 문부(文簿)를 농간(弄奸)하여 재물(財物)을 훔치고 창고(倉庫)에 들어가 곡식을 훔치는 것은 저 항심(恒心)이 없고 항산(恒産)이 없는 자들이 곧 죽을 수 없어서 염치(廉恥)를 돌보지 않고 하는 것입니다.

조헌은 서리(胥吏)들에 의한 폐단(弊端)이 제도적으로 급료를 보장받지 못하기 때문에 부정을 저지를 수밖에 없다고 인식(認識)하였다. 따라서 그는 이를 해결하기 위해서 다음과 같은 대안을 제시하였다.

만약 형(刑)을 엄히 하고 법(法)을 중(重)히 하여 그 폐를 막는다면 장차 그 간계(奸計)가 백출(百出)할 것이니 그것보다는 그 의식(衣食)의 근원(根源)을 열어 주고 염치(廉恥)를 가르쳐 그들로 하여금 스스로 간(姦)하지 않게 하는 것이 어떻겠습니까? 의자(議者)는 반드시 말하기를 국용(國用)이 이미 다해서 허다(許多)한 재곡(財穀)을 얻어 많은 서리(吏胥)의 급료를 나누어주기가 어렵다고 할 것입니다. 신이 어리석지만 생각하건데 허다한 서리(吏胥)가 그 급료를 받지 못하고 여러 가지로 무롱(舞弄)하고 사기(詐欺)하여 국가사(國家事)를 그르치는 것이 몇 가지 일이나 되는지 모르고 국가의 재화를 훔치는 것이 얼마만한 수(數)가 되는지 모르며 군민(軍民)의 산업(産業)을 파(破)하는 것이 얼마의 호(戶)가 되는지 모르겠습니까? 어차피 그들의 사기(詐欺)를 당하느니 차라리 그들에게 도적(盜賊) 맞는 것을 나누어 그들의 보수(報酬)를 고르게 하여 그들로 하여금 나라를 그르치고 백성을 해(害)하지 말게 하면 설혹(設或) 범법자(犯法者)가 있더라도 위에서 잡으라고 말할 수 있고 저들도 그 죄에 자복(自伏)할 것입니다.

조헌은 서리들이 불법(不法)으로 얻은 재화를 감안하여 실질적인 급료로써 제도화 시켜 보장해 주고, 오직 법으로만 그 폐단을 막으려고 하면 오히려 부정(不正)의 방법이 많아질 뿐이라고 하였다. 또한 각 읍에 이속이 업무에 비해 그 수가 너무 많기 때문에 비롯되는 폐단을 없애기 위해서는 이속의 수를 줄이고 임용자는 녹봉을 지급하되 나머지는 모두 군역에 충당시킬 것을 제안하였다.

이러한 조헌의 서리(胥吏) 개혁론(改革論)은 지방관직의 실무 경험을 통해 녹봉(祿俸)이 없는 서리(胥吏)들의 생활을 경제적으로 뒷받침하여 줌으로써 그 폐단을 없애려는 것으로 당시로서는 현실적이고 구체적인 방안이었다고 할 수 있다.

조헌은 이러한 서리제(胥吏制)의 폐단의 주요한 원인을 공납제(貢納制)의 폐단에서 찾았다. 공물이란 왕실과 중앙 관아의 잡색용도(雜色用途), 각 영의 수용(需用)에 충당하기 위해 당해 지역의 전결(田結), 호구(戶口), 물산(物産)에 따라 지방의 토산물을 바치는 것을 말한다. 이 같은 공물은 지방관부가 다시 민호에 분정 부과 시켜 공납의 책임을 다하게 했던 것으로 조선사회에서 가장 중요한 세제 중에 하나였다. 그러나 공납(貢納)은 그 물품의 다양함과 수납 절차의 까다로움으로 백성들에게는 가장 무거운 부담이었다.

대개 물신(物膳)의 산출(産出)은 혹 옛날에는 생산(生産)되던 것이 지금은 생산되지 않는 것도 있는데 그 유무(有無)를 불문(不問)하고 일체(一切) 책변(責辯)하여 겨우 조석(朝夕)을 이어가는 백성이 양식(糧食)을 걸머지고 수일(數日) 걸리는 먼 곳에 가서 배가(倍價)로 구합니다. 즉 일어(一魚)의 값이 본토 (本土)에서는 쌀되에 불과한데 멀리서 온 사람이 갈구(渴求) 함에 이르러서는 반드시 사오두(四五斗) 쓴 연후(然後)에야 사 가지고 돌아갈 수 있습니다. 그래서 품을 팔아도 지탱하기 어려운즉 부득이(不得已) 고지(雇地)를 내서 지탱합니다.

비록 토산물(土産物)이라도 경주(慶州)의 전어(錢魚) 같은 것 은 세(細) 일필(一疋)로 바꾸어 내고 평양(平壤) 동수어(凍秀 魚)[95]는 정목(正木) 일필(一疋)로 바꾸어 내는데 열읍(列邑)의 진상물가(進上物價)가 이와 같은 것이 어찌 끝이 있겠습니까?

하물며 그것을 수운(輸運)할 때 색리(色吏)의 양식(粮食)과 경리(京吏)의 뇌물(賂物)이 모두 백성에게서 나옵니다. 그리 고 원방(遠方)의 물품(物品)은 얼음을 재어 짐이 무거우므로 등이 상(傷)하여 성한 말이 없고 역마(驛馬)가 지탱하기 어 려우면 민우(民牛)를 끌어냅니다. 그리고 황해·강원·충청· 양남지방의 역은 대소사행(大小使行) 및 왜·야인의 왕래에 또한 지탱할 수 없어서 열 집에 아홉 집은 비었습니다.

위의 인용문에서 조헌(趙憲)은 공물(供物)과 진상물(進上物)이 산 출되지 않음으로 인하여 먼 곳에서 물품을 구하기 때문에 많은 비용 이 가중되고, 토산물(土産物)일지라도 그 진상 물가가 고가인 폐단 을 말한 것이다. 또한 현물을 직접 공납함으로써 운송하는 데 비용이 많이 들고 중간에서 서리(胥吏)들의 폐해가 일어나고 있음을 지적하 고 있다.

---

95) '동숭어'의 원말

그래서 조헌은 공납제도(貢納制度)의 폐단(弊端)을 해결하기 위해서는 어선(御膳)을 줄이고 먼 도(道)에서 생물(生物)을 올리는 것은 제사용(祭祀用)으로만 국한하여 진상의 수를 줄여야 한다고 주장하였다. 또한 조헌은 "신이 듣건대 황조(皇朝)의 어선(御膳) 비용은 모두 민부(民賦)에서 나오는데 은(銀)을 거두어 상선감(尙膳監)에 간직했다가 태감(太監)이 날마다 은을 내어 물선(物膳)을 시장(市場)에서 사고 감임(監飪)이 요리(料理)하여 올립니다."라고 하여 운송비용과 부역의 과중한 부담을 줄이기 위해 중국의 은납제도(銀納制度)를 제시하여 바람직한 공납제도의 대안을 제시하고 있다.

조헌은 공납제도(貢納制度)의 개혁과 함께 백성들의 부담이 되었던 부역(賦役)의 폐해를 해결해야 한다고 주장하였다. 양인(良人)이 담당해야 할 역(役)에는 신역(身役)으로서의 군역(軍役)과 호역(戶役)으로써의 요역(徭役)이 있었다. 요역(徭役)이란 부역(賦役), 차역(差役)을 말하는 것으로 전(田) 8결당 1부(夫)의 기준으로 민호(民戶)가 보유하는 전토(田土)의 다과(多寡)에 따라 부과되고 1년에 6일 이내로 규정되어 있는 것이 원칙이었다. 그러나 요역은 실제로 지방관이 임의대로 징발할 수 있었으며 권세가의 노비가 부담해야 할 요역도 소농민에게 전가되기 마련이었다. 이러한 과중에 부역 때문에 백성들은 피역(避役), 유망(流亡) 등의 폐단이 발생하게 되었다.

상부(常賦) 외에 횡감(橫歛)이 다단(多端)하여 팔결(八結)에 무명을 1년에 삼 필(三匹)씩 거두고 봉족(奉足)의 가(價)를 1년에 오 필(五匹)씩 내어 주는데 권농이정(勸農里正)으로 호(戶)를 대소통(大小統)으로 편성(編成)하는 자가 한 달에 여섯 번 점검(點檢)하여 한번 빠지면 벌(罰)로 포(布)를 거두고 관속(官屬)된 자가 혹 매일 한 번씩 점검하여 빠지면 벌로 포를 거둡니다. 그리고 일족(一族)의 역(役)은 원근(遠近) 친소(親疎)를 불문(不問)하고 한사람이 삼·사인(三四人)의 궐가(闕價)를 냅니다. 그러므로 북으로 포를 짜는 자가 모두 없어져 장자(長者)의 바지와 저고리로 해마다 마련하는 것도 부족한데 어느 사이에 어린아이의 강보(襁褓)를 돌보겠습니까? 이는 백성이 어린애를 추위로부터 보호(保護)하기 어려운 것입니다.

조헌은 군포의 징수과정에서 관리 서리(胥吏)들이 몇 배씩 징수하고 족징(族徵) 등의 명목으로 3, 4인이 납부해야 할 것을 1인이 부담한다는 주구행위(誅求行爲)에 대해 지적하였다. 따라서 조헌은 부역(賦役)의 폐단을 해결하기 위해 정철(鄭澈)이 제기하였던 균역(均役)의 규정을 전국적으로 시행할 것을 주장하였다. 그러나 그 내용이 구체적으로 무엇인지는 알 수 없지만 부역의 공정한 집행에 목표를 두었던 것으로 짐작된다.

그리고 국경선이 북방으로 확대됨에 따라 남방 민호(民戶)를 북방으로 이주시켜 국토의 균형된 발전을 도모하려는 사북령(徙北令)에 대해서 삼분사일제(三分徙一制)의 실시를 주장하였다. 즉 옮기려는 백성을 3분으로 나누어 그 1분을 옮기되 장정이 있는 호구를 먼저 옮기고 그 나머지는 머물게 하여 각각 공부(貢賦)를 거두어서 먼저 옮아간 호구를 부호(扶護)하다가 그 옮아간 자가 밭을 개간한 다음에 점차로 옮긴다면 살고 있는 자나 옮아간 자가 모두 거의 온전할 것이라는 것이다.

특히 이 같은 삼분사일제를 실시하면 연가(煙家)와 환상(還上), 산행(山行)의 세 곳에 이름이 올라 있음으로 해서 항상 한 곳의 점호에는 응할 수 있으나 두 곳은 응하지 못하고 대신 궐포(闕布)를 바쳐야 하는 삼적징궐(三籍徵闕)에 따른 폐단도 제거될 것으로 파악하였다. 그리고 이러한 폐해가 없어지면 신구민(新舊民)이 모두 농상에 진력하여 황전(荒田)도 개간되고 남도민을 사민(徙民)시킬 필요성도 없게 된다고 주장하였다.

이렇듯 조헌의 서리제도(胥吏制度)의 개혁과 공물제도, 진상 개혁안 등 경제적인 사상의 기저에는 항상 애민(愛民)의 입장에서 출발하고 불우한 백성을 대변했던 그의 사상이 바탕이 되었음을 알 수 있다. 다시 말해 그의 인식적 출발은 평범한 유학적 왕도사상(王道思想)에 있는 것이 아니라 실사구시(實事求是)에 있었다는 점이다. 다만 그의 경제개혁론(經濟改革論) 제안이 한 번도 받아들여진 일이 없음은 시대적인 상황이라 해도 안타깝기 그지없을 따름이다.

## 4. 미래에 대한 실천적 대비

조헌은 군정(軍政)의 문란(紊亂)으로 인해 장차 임진왜란(壬辰倭亂) 같은 전쟁이 있을 것을 예언(豫言)하고 군제(軍制)를 개혁하여 국방강화(國防強化)를 역설하였다. 그의 군제개혁안(軍制改革案)은 민생안정을 통한 국방강화에 그 목표가 있었던 것이지만, 궁극적인 이유는 16세기의 사회변화 속에서 군역(軍役)의 폐단(弊害)를 제거하고 합리적인 군제(軍制) 운용을 모색한데서 비롯한다. 그가 제기한 국방강화론(國防強化論)에 주목하는 것에는 이러한 이유가 추가된다.

16세기에는 군역제도(軍役制度)의 폐단으로 양인(良人)들의 군역 부담은 나날이 가중되어 갔다. 이러한 현실 속에서 북방(北方) 방어는 제대로 이루어지지 못했고, 남방(南方)의 경우에도 왜구(倭寇)의 침입에 대비하는 방어책이 보다 긴요한 국방문제로 대두되었다. 조헌의 국방강화론은 이와 같이 16세기 군역의 폐단 속에서 군제를 개혁하고 국방을 강화시키자는 측면에서 제기된 것이다.

조헌은 군정이 부족한 가장 큰 원인을 가중된 군역의 폐해에서 찾았다. 그는 "아조(我朝)에 이르러 군역(軍役)이 가장 고통스러워 백성들이 담당하고 지탱할 수 없습니다. 아들이 있는 자는 산승(山僧)이 되는 것을 허용하지 않으므로 천비(賤婢)에게 장가를 보내 처로 삼게 하고, 딸이 있는 자는 천노(賤奴)에게 시집을 보내 값을 받고 일변일족(一邊一族)의 비용을 면하고자 합니다."라고 하여 양인(良人)들이 군역의 과중한 부담에서 벗어나고 또한 일변일족(一邊一族)의 파산을 막기 위해 노비(奴婢)나 승려(僧侶)가 되어 군정(軍丁)의 수가 감소하여 군사력이 약화되었다는 것이다.

이에 조헌은 군정(軍丁) 확보(確保)를 위해서는 앞서 경제개혁론(經濟改革論)에서 말했듯이 공안을 개정하여 민생을 안정시켜 경제적으로 피폐한 백성들이 도산(逃散)하는 것을 방지해야 한다고 하였다. 그리고 관리들의 가렴주구(苛斂誅求)로 인해 떠돌아다니는 백성들이 없게 하기 위해서 녹봉제를 시행하여 관리들의 횡포를 막아야 한다고 하였다. 그럼으로 해서 군정(軍丁)의 수가 늘어난다고 보았다.

> 만약 위로부터 먼저 사노(私奴)를 한정(限定)하는 제도(制度)를 만들어 내수(內需) 노비(奴婢)는 각 천명으로 그치되, 그 건장(健壯)한 자를 뽑아 군정(軍丁)에 보충(補充)하고, 공경이하(公卿以下)도 차례로 노비(奴婢)의 한계(限界)를 정하되, 여력(膂力)있는 자를 뽑아 보병(步兵)으로 정하며, 전지(田地)가 있으나 몸이 약(弱)한 자는 졸정(卒丁)으로 정하고, 전지(田地)가 없고 몸이 건장(健壯)한 자는 연대(烟臺)의 성(城)에 소집(召集)하여 공지(空地)를 개간(開墾)하게 하여 세업(世業)을 삼게 하고, 전업(田業)이 아직 성취(成就)되기 전에는 관(官)에서 의량(衣糧)을 주고 또한 궁시(弓矢)를 주어 십 년간 생취(生聚)하여 재산(財産)을 모으고 십년 간 교훈

(敎訓)한다면 백만(百萬) 정병(精兵)을 가히 이십년 후에는 판비(辦備)할 수 있을 것입니다.

위의 인용문에서 조헌은 한노제(限奴制)의 시행을 통해서 군정을 확보하고자 하였다. 즉 벼슬이나 품계에 따라 노비의 수를 제한하고, 그 나머지 장정은 생활에 전력하게 하여 군사의 수를 확보해야 한다고 하였다. 또한 수호군(守護軍)의 역(役)으로 인한 폐단을 개선하여 왕실의 과다한 인력 동원으로 인한 군정 감소를 막고 재가(再嫁)를 허용하여 자연인구 증가를 통해서 군정(軍丁)을 확보해야 한다고 주장하였다.

또한 조헌은 외적 방어에 성대(城臺)가 중요하므로 견고한 성을 축조해야 된다고 하였다. 그는 당시 성대(城臺)가 구조상 매우 취약하여 변방 방어도 허약하고 내지(內地)도 역시 지킬 만한 곳이 없다고 파악하였다. 즉 장성(長城)이 있으나 말이 뛰어 넘을 수 있을 정도로 허술하고 연대(煙臺)가 있으나 바람이 불고 눈이 올 때는 얇은 옷을 입은 병사들이 거처할 수 없고, 성의 높이가 고르지 못하여 한 곳이 무너지면 전체가 함락된다고 하였다. 따라서 성대(城臺)의 축조(築造)가 시급하고 아직 성대(城臺)가 없는 남도 해안에도 성대(城臺)를 축조하여 적의 침입에 대비해야 한다고 역설하였다.

그는 "아조(我朝)의 사졸(士卒)은 겨우 한두 보인(保人)에 그치는데도 혹은 장비 지급이 불가능하여 마장(馬裝), 기계(器械)를 스스로 구비토록 하지 않음이 없습니다."라고 하여 당시 군정들이 경제적으로 곤궁함 속에서 장비까지 스스로 마련하게 하고 있어서 강군(强軍)이 될 수 없다고 하였다. 그래서 그 해결 방안으로 지면(知面), 향미(鄕味), 면신(免新) 등을 폐지하고 그 비용으로 군장마필(軍裝馬匹)을 마련하고, 일체 입자(笠子)의 사용을 금지하여 죽(竹)의 낭비를 막고 이를 조전(造箭)에 돌려 궁시(弓矢)를 확보하면 자연히 군졸을 조련시킬 수 있고, 번식(繁殖)하지 못하는 말을 군졸(軍卒)에게 나누어 주면 항상 말타기를 익힐 수 있어 전시에 대처할 수 있다고 하였다.

조헌은 군정의 확보와 군비의 보강을 전제로 군대의 강함은 그 기율(紀律)에 좌우된다고 보았다. 그는 평안 내지(內地)의 군이 군기(軍紀)가 문란하여 지나가거나 머문 곳에서 백성들의 곡식을 마음대로 취하여 말에게 먹여 백성들의 원성이 높다고 비판하였다. 또한 장수들도 국가보다는 사사로운 이익을 앞세우기 때문에 군위(軍威)가 서지 않고 유사시에 이를 평정할 인물이 없을 것이라 하였다.

따라서 그는 군율(軍律)을 확립하기 위한 대책을 다음과 같이 제출하였다. 먼저 장수의 자질을 향상시키기 위해서는 무학(武學)을 공부하고 덕망을 갖추어야 하며, 장수가 전투에 패배했을 때 조정에서 치죄(治罪)만 할 게 아니라 평소에 군대를 조련시켜야 한다고 주장하였다. 그리고 장수(將帥)는 군령을 세울 때 자식이라 하더라도 참수하는 위엄을 보이되 평일에는 사졸(士卒)을 자식같이 돌보는 정성이 있어야만 강군(强軍)을 육성할 수 있다고 하였다. 또 관직(官職)에 부임할 때 가족을 데리고 가서 안정된 직무수행을 하도록 하고 일단 임명된 자들은 오래도록 머물게 하여 빈번한 관리 교체에서 오는 각종 부조리를 제거해야 한다고 하였다. 더불어 인재등용(人材登用)에 있어서 신분에 구애됨이 없이 능력위주(能力爲主)로 선발하고 하급 관리에게도 녹봉(祿俸)을 지급하여 민폐를 끼치지 않아야 강한 군대가 될 수 있다고 하였다.

이러한 조헌의 국방강화론은 박제가(朴齊家) 등 후일 북학파(北學派) 실학자(實學者)들에게 영향을 주었던 것으로 보인다. 박제가도 우리의 성(城)이 허술함을 지적하면서 벽돌과 회를 사용하는 견고한 축성(築城)을 제기하였기 때문이다. 이러한 박제가의 축성에 관한 의견은 조헌의 축성에 관한 견해와 밀접한 관련이 있는 것으로 생각된다.

한편 조헌은 임진왜란이 일어날 것을 예측하고 국방강화와 함께 왜(倭)에 대해 강경한 입장을 고수하였다. 그러나 조선 초기의 대왜정책(對倭政策)은 을묘왜변(乙卯倭變) 이후 강경책(强硬策)이 고수되면서도 일본의 거듭된 개항, 증선 요청과 관련하여 민감한 외교문제로 대두하였다.

1587년 풍신수길(豊臣秀吉)이 사신 귤강광(橘康廣)을 파견하여 통신을 요청하였으나 조선은 바다 길이 험난하다는 이유로 거절하였다. 이에 풍신수길은 거듭 조정과 통호(通好)할 것을 요구하였지만, 조정에서는 의견만이 분분하여 결론을 내리지 못하고 황윤길(黃允吉)과 김성일(金誠一)을 통신사로 파견하여 결정하기로 하였다.

이러한 상황에서 그 동안 수차례에 걸쳐 왜국(倭國)과 통호(通好)해서는 안 되며 왜국(倭國) 사신의 목을 베어야 한다고 주장했던 조헌은 이 소식을 유배지에서 듣고 통신사(通信使)의 파견을 중지하라는 〈청절왜사소(請絶倭使疏)〉를 올렸다. 그 내용인 즉 왜국의 사신이 반년 동안 우리나라 안에 머물면서 통호(通好)를 요구한 것은 군사를 일으켜 우리 국경(國境)을 침범하겠다는 뜻이니 어진 사람을 뽑아서 변방(邊方)의 방어를 갖추어야 한다는 것이었다.

그럼에도 불구하고 부득이(不得已) 하여 왜국(倭國)과 더불어 통호(通好)를 하려면 먼저 다음과 같은 서너 가지의 약정(約定)을 한 뒤에 이를 허락(許諾)하기를 청하였다. 첫째 천정(天定)이란 참호(僭號)를 빨리 버릴 것, 둘째 저들에게 붙잡혀간 어채민(漁採民)과 귀화(歸化)했다가 반역(反逆)한 자를 불가불(不可不) 돌려보낼 것, 셋째 세폐(歲幣)의 수효(數爻)를 불가불(不可不) 감축(減縮)하여 정하라고 하였다.

그러나 이 상소문은 관찰사 권징의 묵살로 선조(宣祖)에게까지 전달되지 못하였다. 이에 조헌은 유배에서 풀리자마자 두 번째 상소문을 올려 다시 한 번 절왜(絶倭)를 주장하였다. 관찰사(觀察使)가 만류하는 것을 뿌리치고 우국충정(憂國衷情)의 마음으로 필사적인 상소를 하였지만 이도 역시 받아들여지지 않았다.

조선의 조정에서는 1591년 드디어 황윤길(黃允吉)과 김성일(金誠一) 등 통신사를 일본에 보냈는데, 풍신수길(豊臣秀吉) 또한 현소(玄蘇) 등을 다시 조선에 보내와 명나라를 쳐들어갈 길을 빌려줄 것을 청해 왔다. 당시 일본이 보내온 국서에는 좁은 일본(日本) 열도(列島)를 떠나 명나라에 쳐들어가 일본의 풍속과 정화를 실시하여 제도(帝都)를 만들고 입조(入朝)가 늦은 소국들은 결코 용서하지 않을 것이며, 명나라를 공격할 때 사졸(士卒)을 거느리고 종정(從征)하면 더욱 인맹(隣盟)이 두터워질 것이라고 하여 이미 조선침략의 내용이 시사되어 있었다.

이것을 본 조정 대신들은 우왕좌왕 어찌할 바를 몰랐다. 이와 같은 사실을 알게 된 조헌은 그 해 3월 상경하여 지부상소 하였으나 받아들여지지 않았다. 그리고 옥천(沃川)으로 돌아와서는 아들 완도(完堵)를 시켜 평안감사(平安監司) 권징(權徵)과 연안부사(延安府使) 신각(申恪)에게 글을 보내 참호(塹壕)를 깊게 파고 성채(城砦)를 완전하게 하여 수비에 대처할 것을 권유하였다. 그러나 권징은 이 글을 보고 크게 웃으며 말하기를 "황해도나 평안도에 왜적이 어떻게 들어올 수 있으랴? 돌아가서 자네 어른에게 다시는 이런 말을 하지 말라고 이르게."라고 하였다. 하지만 신각은 조헌의 권유하는 바를 쫓아서 병기를 일대수리(一大修理)하고 성내의 봇물을 막아 큰 연못을 만들었다. 그리하여 뒷날 왜란이 일어났을 때 이정암(李廷馣)으로 하여금 성을 온전하게 보전함은 물론 대승을 거두게 하였다. 이로서 연안지방(延安地方)의 백성들이 전부사(前府使) 신각(申恪)의 사전 대책의 공(功)을 생각하고 비를 세워 공훈을 표하였다.

사실 조헌의 이 상소는 당시 정세를 정확히 꿰뚫어 보고 그에 합당한 절묘한 전술적 대안이었다고 본다. 유구(琉球)와 일본(日本)의 의민(義民)과의 공동전선은 풍신수길 정권의 내부 허점을 공격하는 것이고 또한 중국을 위시한 국제여론(國際輿論)을 환기시켜 조선침략(朝鮮侵略)을 억제시키려는 대책이었다고 할 수 있다.

이와 같이 조헌은 절왜(絶倭)를 내용으로 하는 강경한 대왜외교론(對倭外交論)을 전개하고 중국과의 긴밀한 협조 아래 공동전선을 도모하였다. 그러나 그의 외교론은 정책에 반영되지 못하였는데, 이에 대한 논의는 장을 달리 해야 하겠다. 그의 대왜외교론이 타당성이 없다기보다는 붕당정치(朋黨政治)의 구조 속에서 이해해야 할 것이기 때문이다. 국가(國家)의 존망(存亡)이라는 절대절명의 과제도 사사로운 당리당략(黨利黨略)의 사악한 기운을 이기지 못한 것이다. 혜안 이전에 어찌 그리 안목이 없었는지. 조헌이 일찍이 왜군의 침입이 있을 것으로 규정하고 이에 대비하는 〈영호남비왜지책(嶺湖南備倭之策)〉을 저술하여 그 방비책을 논한 것에 비하면 얼마나 작은 일로 국력을 허비했는지 불문가지(不問可知)이다.

# IV

## 충·효·절의·도학을 겸비한 실천유학자

# Ⅳ. 충·효·절의·도학을 겸비한
   실천유학자

조헌은 그의 뛰어난 식견과 강렬한 애국충정에도 불구하고 불우한 일생을 보냈다. 특히 불의와 타협하지 못하는 강직한 기질로 인하여 그의 주장이 과격한 경우도 있었기 때문에 당시 조정으로부터 인정을 받지 못하고 오히려 정적들의 핍박을 받았다. 그러므로 살아 있을 때, 조헌을 아는 사람도 '현실을 모르는 우활한 사람'이거나 '의기에 비분강개하는 고지식하고 우직한 사람'이라고 평가하였다. 중봉을 알지 못하는 사람들은 미친 사람이라고 지목하였다. 이러한 조헌에 대한 부정적 평가는 실록이나 문집 등을 통해서 확인할 수 있다. 순절한 뒤에도 "이름을 낚기 위한 죽음(釣名而死)"이라는 혹독한 평가[96]까지 있었다. 또 조 아무개는 일개 충신에 지나지 않을 뿐이며, 그의 학문은 속이 비고 성글어서 족히 취할 바 없다고 한 정도로 중봉에 대한 당시의 평판들은 비판적이었다.

조헌 자신도 "조용히 헤아려 보건대 우주가 생성한 이래로 뭇 소인배들에게 노여움을 산 사람은 천신(賤臣)보다 더 심한 사람이 없습

---

96) 『重峯集』卷首, 抗義新編序

니다."[97]

라고 한 것과 같이 극도의 혼란기를 살아간 조선조 실천유학자였던 조헌의 고뇌와 갈등을 엿볼 수 있다.

조헌의 부정적 평가는 자신의 안위는 뒷전으로 하고 적극적 실천을 통하여 자신의 주장을 실현하려 한 것에 대한 비판이었다고 할 수 있다. 이것은 그의 사후에 대한 평가는 긍정적이며, 그에 대한 예찬으로 전환됨을 통해서 쉽게 알 수 있다. 이정구는 항의신편 서에서 중봉은 평소에 남이 알아주기를 구하지 않았고 사람들이 비록 자기를 미치광이라 하여도 마음 불안해하지 않았다[98]고 말하여 진정한 유자로서의 인물됨을 평하고 있다.

그러나 세월의 흐름에 따라 중봉에 대한 진정한 평가가 뒤따르고 존숭자(尊崇者)가 수 없이 이어졌다.

중봉의 의리정신은 은봉 안방준과 청음 김상헌, 우암 송시열 등 도학파로 계승되었으며 그의 개혁사상과 중국을 배우자는 경세치용과 이용후생을 주장하던 실학파와 북학파에 영향을 주었다.[99]

김상헌(金尙憲)은 중봉을 다음과 같이 평하였다.

국가(國家)에서 인재(人材)를 양육(養育)한 지 이백 년이 된 선조(宣祖) 때에 이르러 충효(忠孝)와 절의(節義)와 도학(道學)을 겸비(兼備)하신 선비가 한 분 계시니 바로 중봉 선생(重峯先生) 휘(諱) 헌(憲)이시다.(國家養育人材二百年。至宣祖朝。有忠孝節義道學兼備之士一人焉。重峯先生諱憲是也)[100]

---

97) 『重峯集』卷首, 抗義新編跋
98) 『重峯集』卷首, 抗義新編序
99) 김문준, 중봉 조헌의 의리정신과 부실정신
100) 重峯先生文集附錄卷之三, 碑表 神道碑銘 幷序

이와 같이 김상헌의 중봉에 대한 평가, 즉 충·효·절의·도학을 겸비한 인물로 요약한 것은 중봉의 일생과 그에 대한 평가를 총체적으로 집약한 것이라 할 수 있다.[101]

은봉(隱峯) 안방준(安邦俊)은 생전에 중봉을 만난 일이 없지만 순절한 이후에, 중봉의 도학사상과 의리사상을 흠모하여 그의 호를 포은(圃隱) 정몽주(鄭夢周, 1337~1392)의 '은'자와 중봉의 '봉'자를 합하여 '은봉'이라고 하였으며, 항상 그의 사적이 민멸하여 후세에 전해지지 못할 것을 근심하였다. 그리하여 은봉은 여러 해 동안 중봉이 남긴 글과 언행록들을 수집하여 1613년《항의신편》을 간행하였다. 또한 중봉이 명에서 돌아와 상소한〈팔조소〉와 뒤에 작성한〈의상십육조소〉를 합쳐《동환봉사(東還封事)》라는 이름으로 1622년 간행하였다. 이 동환봉사의 발문(跋文)에서 은봉은 "이때 선생의 나이는 겨우 30이었는데 그 견식과 학문은 이미 공명정대한 경지에 이르렀으니 실로 우리나라 역사 이래 수천 년 동안에 있어서 보기 드문 영재이며 뛰어난 진유(眞儒)이다"라고 평하였다. 이와 같은 은봉의 지극한 정성과 노력에 대하여 백사(白沙) 이항복(李恒福, 1556~1618)은 "중봉의 사상과 충절은 은봉이 아니면 거의 인멸되어 전해지지 않을 뻔 했다"고 논하였다.

대개(大槪) 선생은 순수(純粹)하면서도 강하고 큰 자질(資質)에 학문적(學問的)인 근원(根源), 독실(篤實)한 실천(實踐)으로 평일(平日)에도 늘 마음에 두고 정성껏 지키는 것은 천명(天命)과 인륜(人倫)의 도리를 취하여 중히 여기는 것에 있고 티끌만한 이해(利害)도 섞여 있지 않으므로 의리(義理)가 명달(明達)하여 그 하는 일에 나타나는 것이 해와 달이 하늘에 달려 있는 것 같이 가려지거나 장애(障

---

101) 이하준, 중봉 조헌의 충의 사상, 한글+한자문화

225

碣)됨이 없고 강이나 바다의 물결이 트인 것 같이 막히고 걸리는 데가 없었다. 이는 그가 춘추시대(春秋時代)의 대의(大義)를 우리나라에서 능(能)히 밝힐 수 있었던 것이다.[102]

김진규는 청주전장비명에서 선생의 순수한 학문적 탐구, 독실한 실천으로 천명과 인륜의 도리를 취하여 중히 여기고 티끌만한 이해도 섞여 있지 않다고 평가하고 그가 춘추시대 대의를 우리나라에서 능히 밝힐 수 있다고 평가하였다.

묵재 이귀는 중봉의 인물됨을 절의로 요약했고, 택당 이식은 중봉의 학문은 당대 제일이라고 평가했다.

> 대개 중봉(重峯) 조공(趙公)이 생존 하였을 때에 세상에서 공을 안다고 하는 사람들의 말이 강개(忼慨)하고 당직(戇直)한 위인에 지나지 않을 뿐이라고 말하였고 공을 알지 못하는 사람은 미친 이라고 지목하기도 하였다. 생각하건대 공은 평소에 남이 알아주기를 구하지 않았고 사람들이 비록 자기를 미치광이라 하여도 마음에 불안해하지 않았다. 다른 사람들에게서 의(義)에 부당(不當)한 사실을 보면 그를 도외시(度外視)하였기 때문에 공을 아는 사람은 진정 적었고, 원수같이 미워하는 사람은 더욱 많아졌다. 국가가 평안하고 조정에서의 정치가 심히 궐실(闕實)함이 없는데도 공은 홀로 관문 앞에서 항언(抗言)하여 위망(危亡)의 화근(禍根)이 조석지간(朝夕之間)에 있다고 하였다.[103]

또한 윤근수와 이정구, 그리고 김집이 조헌의 생애에 관해 남긴 글이 전하고 있다. 윤근수가 지은 순의비(殉義碑)는 임란 당시 조헌이

---

102) 김진규, 청주전장비명
103) 이정구, 항의신편서

옥천에서 기병(起兵)한 이후 금산에서 전사하기까지의 과정을 서술한 것으로, 구체적 행적에 관한 서술이 중심 내용을 이룬 반면 그의 죽음이 지닌 시대적 의미에 대한 평가는 매우 소략한 글이었다.

또한 이정구는 고택비(故宅碑) 및 『항의신편(抗義新編)』 서문을 통해 조헌의 일생을 정리하였는데, 정여립 모반과 왜란 발발을 예지하였던 그의 탁월한 능력, 그리고 금산 전투에서 父子가 함께 장렬히 전사한 사실 등 그의 '고견달식(高見達識)'과 '애군우국(愛君憂國)'을 위주로 한 평가를 내렸다.

한편 김집은 1642년(인조 20) 조헌의 시장(諡狀)을 지으며 윤근수와 이정구가 제시한 의병장으로서 조헌의 역사상에서 벗어나, 성혼, 이이의 학문을 계승하여 대의를 밝힌 인물로 그려내었다. 김집은 그가 이전부터 주자학 연마에 힘을 기울이며 우율의 문하에서 수학한 과정을 비롯하여, 1574년(선조 7) 문묘향사(文廟享祀)의 이정(釐正)을 청하며 주자학의 도통을 밝히고 이단을 배척한 일, 그리고 왜란 직전 『춘추』에 의거하여 풍수수길(豊臣秀吉)의 토벌을 청한 일 등을 상세히 서술하였다. 그리고 임란 당시 전사한 수 많은 의병장들 가운데 오직 조헌의 죽음만이 지닌 의미를 '강상(綱常)을 부식(扶植)한 공로'에서 찾으려 하였다. 이는 조헌의 전사를 강상윤리의 확립이라는 성리학적 이념에 입각하여 새롭게 평가한 면모라 할 수 있다.

김집의 이러한 논조는 1646년(인조 24) 송시열이 지은 행장으로 계승되었다. 송시열은 조헌의 전사가 일시적·우발적 사건이 아니라 강상윤리의 확립을 위한 것이었음을 밝히려는 의도 아래, 그의 충절을 드러내주는 일화들을 집중적으로 보충하여 행장을 찬술하였다. 그리고 의리에 따른 조헌의 행적이 주자학 연마의 결과임을 강조하며, 그가 주자의 『송조명신언행록(宋朝名臣言行錄)』과 이이의 『격몽요결(擊蒙要訣)』을 충실히 학습했던 사실을 부각시키기도

하였다. 그러나 이 단계까지는 김집이 지은 시장의 내용을 상세히
부연하였을 뿐, 조헌에 대한 새로운 평가는 드러나지 않았다.

조헌에 대한 송시열의 독창적 평가는 1655년(효종 6)에 지은 「금산
군의단당재기(錦山郡義壇堂齋記)」에서 나타나기 시작했다. 송시열
은 우선 윤근수와 이정구에 의해 이루어진 기존의 글들이 당시의 사
실을 자세히 기록하였지만 학문적 연원과 의리의 정미함을 밝히는
데 미진한 바가 있음을 지적하며, '의리'에 대한 설명으로 글을 시작
하였다.

> 일찍이 듣건대 남헌(南軒) 장식(張栻)이 말하기를, '학문 가
> 운데 의(義)·이(利)의 변별보다 중요한 것은 없다. 의란 마음
> 이 마땅히 하고자 하는 바로서 스스로 그만둘 수 없는 것이
> 며, 의도를 가지고 하는 것이 아니다. 조금이라도 의도가 개
> 입된다면 이는 인욕(人欲)의 사사로움이지 천리(天理)를 간
> 직한 것이 아니다.'라고 하였다.

송시열은 위의 글에서 의리(義理)와 이욕(利欲)의 변별이 학문의
출발점임을 강조한 뒤, '춘추대의의 실현'이라는 차원에서 조헌의
행적을 재조명하였다. 송시열은 그 예로써 정명가도(征明假道)를 내
세운 일본 사신의 참수를 청한 일, 자신의 군주를 시해한 풍신수길
(豊臣秀吉)의 토벌을 주장한 일 등을 거론하였다. 그리고 조헌의 대
왜항전(對倭抗戰)이 단순히 왜적에 대한 사사로운 원한이나 명나라
의 은혜를 바라는 마음에서 비롯된 것이 아니라 우율로부터 물려받
은 주자와 장식의 학문 즉 인심(人心)의 본연에 따른 존중화(尊中
華)·양이적(攘夷狄)의 춘추의리(春秋義理)에서 연유한 것이라 설
명하였다. 특히 임란 당시 금산 전투가 호서·호남을 지켜내는 중요
한 의미가 있었지만, 그보다 더 중요한 것은 전공 자체가 아니라 주

자와 이이의 가르침에 따라 춘추의리를 지켜낸 것이라 평가하였다. 이는 사공적(事功的) 기준에서 이루어지던 기존의 인물 평가를 비판하고 '의리'라는 새로운 가치판단의 준거를 제시한 주장이었다. 이러한 관점에서 송시열은 조헌의 죽음은 단순히 목숨을 바쳐 왜적을 막아낸 다른 의병장들의 '전사(戰死)'와 달리 춘추의리에 입각한 '순절(殉節)'의 의미를 지닌 것으로 규정하였던 것이다.[104]

> 이번에 세운 신도비문(神道碑文)은 청음(淸陰) 문정공(文正公 : 金尙憲)이 지은 것으로 상세(詳細)하게 수록하고 신중(愼重)하게 인용(引用)해서 자못 빠뜨림이 없으니 이 어찌 후세(後世)의 자운(子雲 : 楊雄)과 요부(堯夫 : 邵雍)가 아니겠는가?[105]

송시열은 조헌을 스승으로 숭앙한 인물 중 하나였다. 조헌이 후율정사(後栗精舍)를 짓고 은거하던 옥천에서 출생한 송시열이 어린 시절부터 그의 풍도(風度)에 관한 이야기를 익히 들으며 성장했던 것은 당연한 일이었다. 송시열은 늘 이이 다음으로 조헌을 존경한다고 말하는 가운데, 인조 말년부터 조헌의 행적을 정리하는 사업에 남다른 노력을 기울였다. 그리고 조헌의 행적을 정리하는 일은 한 시대의 세도(世道)를 바로 세우고 인륜을 밝히는 사업임을 강조하며, '대의(大義)의 종주(宗主)'로 추앙하던 김상헌에게 부탁하여 조헌의 신도비명을 완성케 하였다.

조선은 신라, 고려, 조선 초기까지는 중국의 선진문물을 받아드리는데 적극적이었지만 임진, 병자호란을 겪으면서 문화교류가 거의 단

---

104) 우경섭, 宋時烈의 道統論과 文廟釐正 논의, 한국문화 37. 2006. 6.
105) 重峯集, 墓表

절되었다. 그러다가 17세기 이후 실학이 출현하면서 실생활에 도움이 학문의 유입을 도모하기 시작하였다. 그리하여 실학자들은 조헌의 출신에 관계없이 인재를 등용해야 한다는 주장을 관심 있게 보게 되었고 조헌의 실천적 유학자의 모습에 매력을 느꼈음을 알 수 있다.

유형원(柳馨遠)은 17세기 중반 경 저술한 반계수록(磻溪隨錄)의 내용 중에 동환봉사에 수록된 각종 개혁안을 여러 차례 직접 인용하여 자신의 주장을 뒷받침하는 논거로 사용하였다. 인용된 내용은 전제(田制)·교선지제(敎選之制)·임관지제(任官之制)·병제(兵制) 등 반계수록의 거의 모든 항목에 걸쳐 고루 기술되어 있는데, 이 내용들은 이이의 만언봉사(萬言封事)·성학집요(聖學輯要) 등에서 인용된 논설과 함께 서술된 경우가 많았다. 이를 통해 사승관계에 있었던 율곡과 조헌의 논설에 많은 유사성이 존재하였다는 점과 함께 조헌이 가진 경세가로서의 면모에 집중하였던 유형원의 편집 의도를 짐작해 볼 수 있다.[106]

반계수록에 인용된 개별 인물의 빈도수를 보면 이이 26회, 조헌 15회, 유성룡 5회, 한백겸 4회, 조광조 3회, 이수광 2회 등으로 나타나 있다.[107] 이는 비록 단순한 수치에 불과하지만 조헌에게 할애된 유형원의 관심 정도를 간접적으로나마 짐작해 볼 수 있는 자료이다.

특히 박제가는 그의《북학의(北學議)》서문에서 어려서부터 고운(孤雲) 최치원(崔致遠)과 중봉을 사모하여 왔음을 지적하고, 이 글을 지은 것은 중봉이 명나라를 다녀온 뒤 중국의 선진문물을 본받아 조국의 발전을 도모하려고 지은《동환봉사》의 뜻을 계승한 것이라고 밝혔다.

106) 김성희, '조헌상(趙憲像)'의 변화를 통해 본 조선후기 시대정신의 추이, 역사와 현실 93, 2014. 9, pp.303~304
107) 김용덕, 북학파 사상의 원류 연구, 동방학지 15, p.98

나는 어릴 적부터 고운 최치원과 중봉 조헌의 사람됨을 사모하여 비록 뒷시대에 살고 있지만 그분들의 말을 끄는 마부가 되어 모시고 싶다는 간절한 소망을 가졌었다…… 중봉은 질정관의 신분으로 연경에 들어갔다. 동환봉사에는 중국의 문물을 보고서 우리 조선의 처지가 어떤 것인지를 깨닫고, 남의 훌륭한 점을 발견하고서 자신도 그와 같이 되고자 노력하는, 적극적이고도 간절한 정성을 담았다. 그 글은 중국의 문화를 수용하여 미개한 이족의 실정을 변화시키려는 고심 아닌 것이 없다. 압록강 동쪽의 우리나라가 천여 년을 지내오면서 보잘 것 없고 조그마한 이 외진 나라를 한번 개혁하여 중국의 수준으로 올리고자 노력한 사람은 오로지 이 두 분밖에 없었다.[108]

이와 같은 조헌에 대한 인식은 박지원(朴趾源)의 「허생전(許生傳)」에 대한 박제가의 평 '차수평어(次修評語)'에서도 드러난다.

차수가 이르기를, "이는 대체로 규염(虯髥)으로써 화식(貨殖)에 합친 것이었으나 그 중에는 중봉의 봉사(封事), 반계의 수록(隨錄), 성호의 사설(僿說) 등에서 말하지 못했던 부분을 능히 말하였다.
글은 더욱 소탕하고 비분 압수(鴨水) 동쪽에 몇 안 되는 뛰어난 문장이다."

위의 인용문에서 보이듯 박제가는 조선후기의 대표적인 경세서로

---

108) 貞蕤閣文集 권1, 密陽朴齊家著 序 北學議自序, 북학의는 조선후기 실학자 박제가가 청나라의 풍속과 제도를 시찰하고 돌아와 1778년에 간행한 견문록. 실학서이다. 연행 이후 얼마 안 있다. 광흥창에서 배를 타고 통진에 와 통진 농가에서 집필하였다고 한다.

손꼽히는 유형원의 반계수록, 이익(李瀷)의 성호사설과 조헌의 동환봉사를 같은 항렬에 포진시키고 있다. 이를 통해 조헌이 가진 경세가로서의 면모를 박제가가 상당히 높이 평가하고 있음을 알 수 있다.

박지원의 손자 박규수도 〈중복 심병성에게 보내는 편지〔與沈仲復秉成〕〉에서 〈중봉유허비(重峯遺墟碑)〉와 〈진철선사비(眞澈禪師碑)〉의 탁본을 보내주면서 임진왜란 때 순절한 조헌(趙憲)의 행적을 높이 사고 있다.

그리고 매산 홍직필이 "조중봉(趙重峯)은 도(道)를 체행하다가 순절하였으니 본조(本朝)의 포은(圃隱) 정몽주(鄭夢周)입니다."[109] 라고 평한 짤막한 글이 중봉의 일생을 평한 글이라고 할 수 있다.

이와 같이 여러 실학자들이 조헌을 높이 평가한 것은 중화 문물의 전달자 조헌의 면모에 대해 당대 지식인들이 유사한 인식을 공유하고 있었음을 재차 확인할 수 있다.

조헌에 대한 이와 같은 인식을 담고 있는 사례는 문집 자료 등에서 비교적 쉽게 발견되는데, 그 중에는 호론 계통의 권상하 · 송문흠 · 송명흠 · 임성주 · 윤봉구, 낙론 계통의 박윤원 · 성해응 · 오희상, 남인 계열의 이익 안정복 등 다양한 학파의 인물들이 남긴 자료들이 포함되어 있다. 아울러 일성록(日省錄)의 내용 곳곳에서 정조 역시 위와 같은 시각을 공유하고 있었다는 사실이 확인된다. 이러한 다양한 사례들을 염두에 두었을, 중화 문물의 전달이라는 조헌의 행적에 대한 높은 평가와 인식이 조선 후기 사상계에서 일반적으로 공유되고 있었을 가능성을 추론해 볼 수 있다.

중봉의 실학적 개혁사상은 실학파인 반계 유형원, 홍대용, 박제가

---

109) 매산집 제19권 / 서(書) 〔答林來卿 宗七ㅇ丁酉〕

등에게 영향을 주었으며 중봉의 실천적 의리사상은 도학파인 안방준, 김상헌, 송시열 등에게 영향을 주었다.

임진왜란 때 의병을 일으키다 순절한 의병장은 매우 많다. 그 가운데서도 특히 중봉을 높이는 이유는 무엇인가. 그것은 국난에 임하여 순절한 의용에만 있는 것이 아니다. 무엇보다고 공맹과 정주의 도학적 의리사상을 올바르게 인식하고 전 생애에 걸쳐 일관되게 몸소 구현한 실천성, 높은 수준의 학문과 경륜에 근거하여 근본적이고 구체적인 변혁과 대비책을 제시한 개혁성, 확고한 역사의식을 기반으로 하여 국가의 우환과 백성의 고통을 제거하려는 애국애민의 정신, 그리고 의리사상을 기반으로 한 확고한 사생관에서 그의 순절이 이루어졌다는 데에 의미가 더 크게 있다고 할 수 있다.[110]

또한 중봉의 국가를 위한 충절과 대외적 저항의식은 병자호란을 전후하여 청의 무력적 침략과 굴욕적 화약(和約)에 항거한 청음을 비롯한 척화 삼학사(三學士)들의 의기(義氣), 한말(韓末)에 서양의 제국주의적 침략에 대항하여 척화(斥和)를 주장한 화서(華西) 이항로(李恒老, 1798~1868)의 위정척사사상(衛正斥邪思想), 일제의 침략으로 인한 국권의 상실에 이르자 항일 의병을 일으켜 국권의 회복과 민족의 자존을 확립하고자 고군분투한 면암(勉庵) 최익현(崔益鉉, 1833~1906)과 의암(毅庵) 유인석(柳麟錫, 1842~1915) 등의 의병정신 등에 이르기까지 호국정신과 민족정기의 맥락으로 면면히 이어져 내려갔던 것이다. 항일기 민중들 중심의 3·1운동과 국내외에서 치열하게 전개되었던 항일독립운동의 찬연한 역사 역시 중봉의 견위수명 하는 의지가 면면히 이어진 자랑찬 역사라고 할 수 있겠다.

이렇듯 중봉의 사상과 의기 그리고 우국충정과 애민정신은 우리

---

110) 오석원, 중봉 조헌의 의리사상, 동양철학연구 39집, 2004. 9, pp.241~242

역사의 숨결로 도도하게 흐르고 있다. 역사의 참 모범을 몸소 실천한 중봉을 우리가 계승하는 올곧은 길은 오늘날에 그를 끊임없이 환기하는 일이다. 제 아무리는 무질서하고 복잡다단해 보이는 오늘의 사회 속에서도 원칙은 있는 법, 작은 실천 속에서도 중봉을 떠올리는 일이 그를 선양하는 길이며, 중봉을 오늘에 살게 하는 길임을 명심해야 하겠다.

# 부 록

# 연보(年譜) 및 약사(略史)

• 1544년(中宗 39年 甲辰) 6월 28일

사시(巳時) 김포시(金浦市) 서쪽 감정동(坎井洞)에서 출생하였다.

• 1548년(明宗 3年 戊申) 5세

어려서 김포(金浦)의 임정(林亭)에서 글을 읽을 때 큰길로 고관
(高官)의 행차가 지나자, 글방 아이들이 모두 구경하려 하였으나
홀로 의연히 앉아 글을 읽었다. 이에 고관이 크게 기특히 여기고
장차 큰 학자(學者)가 될 것을 예언하다.

• 1551년(明宗 6年 辛亥) 8세

어려서부터 부모를 섬기는 예(禮)를 알아, 부모의 명(命)이 있으
면 반드시 꿇어앉아서 대하고 모든 일을 공경(恭敬)으로 하였으
며 집의 밭농사를 부지런히 도왔다.

• 1553년(明宗 8年 癸丑) 10세

어머니 차씨 부인(車氏夫人)의 상(喪)을 당하여 슬프게 사모하는
모습이 어른과 같았다. 계모(繼母) 김씨(金氏)를 맞아서는 공경
(恭敬)과 효성(孝誠)이 지극하였다.

- 1555년(明宗 10年 乙卯) 12세

  비로소 김황(金滉)에게 시서(詩書)를 수학(受學)하였다.

  선생(先生)은 학문(學問)을 좋아하여 한 겨울의 강추위에도 다 떨어진 옷과 신으로 추위를 참고 글방에 다녔다. 밤낮으로 책을 손에서 떼지 않고 밭농사 때는 밭두렁에 막대를 걸쳐 서가(書架)를 만들어 책을 놓아두고 쉴 때에는 글을 읽었다.

- 1559년(明宗 14年 己未) 16세

  경서(經書)와 시서(詩書)에 몰두하여 침식을 잃다. 참을 알고 실천함에 옛 성현(聖賢)과 같이 하고 늘 격앙(激昂)하여 외우기를 "하늘이 남자(男子)를 낸 뜻이 어찌 우연이리오."(天生男子之意豈偶然哉)라 하였다. 요순탕무(堯舜湯武)가 아니면 말하지 아니하고 공맹정주(孔孟程朱)가 아니면 배우지 아니하였다.

- 1561년(明宗 16年 辛酉) 18세

  영월 신씨(寧越辛氏) 신세성(辛世誠)의 딸과 혼인(婚姻)하였다.

- 1563년(明宗 18年 癸亥) 20세

  양천강(陽川江, 양화도)을 건널 때 큰바람을 만나 배 안의 사람들은 사색(死色)이 되었으나 선생 홀로 태연하여 웃으며 "죽고 사는 것은 천명(天命)인데 도망치며 울부짖는다 해서 면할 수 있을 것인가"라 하였다. 이때 김후재(金厚載)란 선비가 이 말에 크게 감탄하여, 정중히 인사하고 돌아갔다.

- 1565년(明宗 20年 乙丑) 22세

  성균관(成均館)에 유학(遊學)하였다.

  선생이 성균관 유생(儒生)들과 더불어 승(僧) 보우(普雨)의 잘못을 상소하고 여러 달을 대궐문 밖에서 엎드려 기다렸으나 비답(批答 : 임금이 상주문의 말미에 적는 가부의 대답)이 없었다. 이 때

다른 유생들과는 달리 처음부터 끝까지 온종일 바르게 앉아 자리를 뜨지 않았다.

- 1566년(明宗 21年 丙寅) 23세

  온성도호부(穩城都護府) 훈도(訓導)에 임명되었다.

- 1567년(明宗 22年 丁卯) 24세

  가을에 감시(監試 : 小科, 생원과 진사를 뽑던 과거)와 동당삼장(東堂三場)에 모두 합격(合格)하다.

  11월에 병과(丙科) 제구인(第九人)으로 급제(及第)하다. 교서관(校書館) 부정자(副正字)가 되다.

- 1568년(宣祖 元年 戊辰) 25세

  정주목(定州牧) 교수(敎授)에 임명되다. 그곳에서 선생이 교육에 힘을 기울인지 3년 만에 사풍(士風)이 크게 변하였다.

- 1570년(宣祖 3年 庚午) 27세

  파주목(坡州牧) 교수(敎授)로 전근(轉勤) 되다. 우계(牛溪) 성혼(成渾)에게 학문(學問)을 청하다. 우계는 선생을 외우(畏友 : 아끼고 존경하는 벗)라 하였으나 선생은 끝내 스승으로 섬기다.

- 1571년(宣祖 4年 辛未) 28세

  홍주목(洪州牧) 교수(敎授)에 임명되다.

  토정(土亭) 이지함(李之菡)을 찾아 가르침을 청하다. 토정은 선생의 학문(學問)에 크게 놀라고 "그대의 덕기(德器 : 어질고 너그러운 도량과 재능. 또는 그것을 지닌 사람)는 내가 가르칠만한 사람이 아니다."라고 사양하다. 토정의 권유에 따라 이로부터 성혼(成渾)과 이이(李珥)를 스승으로 섬기고 구봉(龜峰) 송익필(宋翼弼)과 고청(孤靑) 서기(徐起)를 찾아뵈다.

  가을에 이이(李珥)를 파주(坡州)로 찾아가 뵙고 송도(松都)에 노닐다.

- 1572년(宣祖 5年 壬申) 29세

  교서관(校書館) 정자(正字)에 임명되다.

  6월 궁중(宮中) 불사(佛寺) 및 자수궁(慈壽宮) 성숙청(星宿廳)에
  향(香)을 바치는 것을 반대하는 소(疏 : 임금에게 올리던 글)를 올
  렸다가 삭직(削職)되다.

  그 후 이지함(李之菡)과 부여(扶餘)의 강사(江寺)에서 노닐고 두
  류산(頭流山)으로 서기(徐起)를 찾아 몇 달 동안 학문(學問)을 닦
  고 돌아왔다가 다시 안면도(安眠島)를 구경하다.

- 1573년(宣祖 6年 癸酉) 30세

  교서관(校書館) 저작(著作)에 승임(陞任)되다.

  다시 향실(香室)의 직무(職務)를 맡게 되어 또 봉향(封香) 못할 것
  을 상소(上疏)하니 임금이 진노(震怒)하여 중죄(重罪)로 다스리
  려 했으나 양사(兩司)와 홍문관(弘文館), 공경대신(公卿大臣)들
  의 구원(救援)으로 벌을 면할 수 있었다. 이로부터 선생의 곧은 말
  이 세상(世上)에 떨쳐 위로는 조신(朝臣)으로부터 아래는 백성(百
  姓)에 이르기까지 서로 사귀기를 원하였다.

- 1574년(宣祖 7年 甲戌) 31세

  5월 질정관(質正官)으로서 성절사(聖節使) 박희립(朴希立)과 함
  께 명(明)에 가다.

  5월 10일 서울을 떠나 송경(松京)에 이르러 문충당(文忠堂 : 鄭夢
  周 祠堂)을 참배하고 박연폭포를 구경하였으며 평양(平壤)에 이
  르러 기자묘(箕子廟)에 배알(拜謁 : 지위가 높거나 존경하는 사람
  을 찾아가 뵘)하다.

  6월 26일 압록강(鴨綠江)을 건너 요동(遼東)에 이르러 화표주(華

240

表柱)와 정학서원(正學書院)을 찾다.

8월 4일 명나라의 서울에 이르러 9일에 대명전(大明殿)에 들어가고 17일에 황극전(皇極殿)에서 성절하례식(聖節賀禮式)에 참석하다. 국자감(國子監)에 가서 성묘(聖廟)를 살피고 예부(禮部)에 글을 올려 성묘의 위차(位次: 벼슬의 품계나 벼슬의 차례)를 질문하니 예부 제공(諸公)이 서로 왕복(往復) 논란(論難)하며 감탄하고 칭찬하기를 마지 아니하였다.

9월 2일 명경을 떠나 고죽성(孤竹城)에 이르러 백이숙제(伯夷叔齊)의 청성사(淸聖祠)를 찾다.

11월 조정(朝廷)에 돌아와 팔조소(八條疏)를 올리다.

• 1575년(宣祖 8年 乙亥) 32세

교서관(校書館) 박사(博士)에 오르고 이어 호조좌랑(戶曹佐郎) 예조좌랑(禮曹佐郎) 및 성균관전적(成均館典籍) 사헌부감찰(司憲府監察)을 거쳐 12월에 통진현감(通津縣監)에 제수(除授)되다. 주자대전어류(朱子大全語類)를 류희춘(柳希春)과 더불어 교진(校進)하다.

• 1576년(宣祖 9年 丙子) 33세

이지함(李之菡)이 찾아오다.

• 1577년(宣祖 10年 丁丑) 34세

겨울 부평(富平)에 도배(徒配 : 徒刑에 처한 뒤에 귀양을 보내던 일)되다. 선생은 통진현감(通津縣監)이 되어 선정(善政)에 힘써 백성을 사랑하고 스스로는 검소하여 옛 폐단을 없애기에 힘쓰니 관리와 백성이 편하게 살게 되었다. 그런데 권세를 믿고 횡행하는 내노(內奴 : 궁노비)의 작폐를 법에 따라 장으로 죄를 다스리다가 죽게 되니 간사한 자의 무고로 한 달 동안 구속되었다가 귀양을 가게 되었다.

- 1578년(宣祖 11年 戊寅) 35세

  정월(正月) 24일 부친상(父親喪)을 당하다. 선생의 본가(本家)는 배소(配所 : 귀양지)에서 몇 십리(十里)밖에 안 되었으나 죄인(罪人)의 몸으로 분상(奔喪 : 먼 곳에서 부모가 돌아가신 소식을 듣고 급히 집으로 돌아감)할 수 없어 아침저녁으로 곡(哭)하니 듣는 이가 모두 감동하여 눈물을 흘렸다.

  이지함(李之菡)이 찾아와 조상(弔喪)하다.

- 1579년(宣祖 12年 己卯) 36세

  부평(富平)에서 귀양살이를 하다.

- 1580년(宣祖 13년 庚辰) 37세

  봄에 상복(喪服)을 벗다.

  4월에 귀양살이에서 풀리다.

  윤(閏) 4월에 보령(保寧)을 찾아 돌아가신 이지함(李之菡)을 제사 지내고 명곡서당(鳴谷書堂)에서 수개월 강학(講學)하고 돌아오다. 가을에 해주(海州) 석담(石潭)으로 율곡선생(栗谷先生)을 찾아뵙고 몇 달 동안 강학하다. 돌아올 때 율곡(栗谷)이 호연정(浩然亭)까지 나와 시(詩)를 지어 배웅하였으며 황해도(黃海道) 관찰사(觀察使) 이해수(李海壽)도 전송하러 나왔다.

- 1581년(宣祖 14年 辛巳) 38세

  봄에 공조좌랑(工曹佐郞)에 임명되었다가 얼마 안 되어 전라도사(全羅都事)로 부임하다.

  소(疏)를 올려 연산조(燕山朝)의 공안(貢案)을 혁파할 것과 이이(李珥)의 외롭고 위태함을 논하니 임금의 비답(批答)이 있었으나 받아들여지지는 않았다.

242

이때 송강(松江) 정철(鄭澈)이 전라도관찰사(全羅道觀察使)가 되어 도(道) 경계에 이르자 선생은 친교(親交)를 맺고 있던 이발(李潑), 김우옹(金宇顒)이 그를 비방하는 말을 믿고 그날로 떠나려 하였다. 정철은 선생에게 머물러 같이 일하기를 간곡히 권하였으나 선생은 듣지 않고 떠났다. 이에 정철은 성혼(成渾)과 이이(李珥)에게 청을 넣어 두 분의 권유로 전주(全州)로 돌아갔다. 그 뒤 날이 갈수록 두 사람의 정의(情誼 : 서로 사귀어 친하여진 정)가 두터워졌고 선생이 정철에게 "내가 처음에는 타인(他人)으로 인하여 공(公)을 잃을 뻔했다."고 하였다. 율곡(栗谷)께 사론(士論 : 선비들의 공론)의 분열(分列)을 한(恨)하는 시(詩)를 지어올리다. 이때부터 선생은 이발, 김우옹 등과 틈이 벌어졌다.

- 1582년(宣祖 15年 壬午) 39세

임기가 만료(滿了)되어 종묘령(宗廟令)에 전임되다.

8월 보은현감(報恩縣監)이 되다. 선생이 계모(繼母)를 모시기 위하여 외직(外職)을 청하였기 때문이다.

비언칠사(備言七事)의 소(疏)를 지었으나 올리지 못하다.

부임해서는 상소를 올려 민간(民間)의 질고(疾苦 : 병으로 인한 괴로움) 및 내수외양지책(內修外攘之策)과 노산군(魯山君), 연산군(燕山君)의 후사(後嗣)를 세우고 사육신(死六臣)을 정표(旌表)할 것과 왕자(王子) 제택(第宅 : 살림집과 정자를 통틀어 이르는 말)의 사치(奢侈)를 금할 것을 청하다.(이 疏는 전하지 않음)

- 1583년(宣祖 16年 癸未) 40세

보은현감(報恩縣監)에 재임.

가을, 경차관(敬差官) 이산보(李山甫)가 호서지방(湖西地方)의 민정(民情)을 살피고 돌아와 임금이 열읍(列邑 : 여러 고을)에 치적(治積)이 있는 수령(守令)을 물으니 우도(右道)에는 선치자(善

治者)가 별로 없고 좌도(左道)에는 보은현감 조헌(趙憲)의 백성 다스림이 제일(第一)이라고 아뢰었다.

겨울에 사간원 정언(司諫院正言) 송순(宋諄) 등이 사감(私感)을 품고 선생의 파직을 계청(啓請 : 임금에게 아뢰어 청하던 일)하였으나 왕이 "이와 같은 사람을 쉽게 얻을 수 없다." 하고 논계(論啓 : 신하가 임금의 잘못을 따져 아룀) 7일 동안에 끝내 윤허(允許)하지 않았다.

- 1584년(宣祖 17年 甲申) 41세

정월(正月)에 이이(李珥)의 죽음을 듣고 우위(虞位)를 베풀고 곡(哭)하다.

또 만시(輓詩)를 짓다. 겨울에 또 다시 대간(臺諫)의 모함을 받아 파직(罷職)되다. 서울을 피하여 옥천(沃川)의 안읍(安邑) 밤티[栗峙] 산 속으로 옮겨 후율정사(後栗精舍)를 짓고, 세상을 등지고 강론(講論)하다.

- 1585년(宣祖 18年 乙酉) 42세

이발(李潑)과 절교(絶交)하다.

이 때 당론(黨論)이 격심해져 정여립(鄭汝立)이 이이(李珥), 성혼(成渾)을 모함하고 이발이 이에 동조(同調)하니 선생이 이를 만류하였으나 듣지 않아 교제(交際)를 끊었다.

- 1586년(宣祖 19年 丙戌) 43세

공주목교수겸제독속교관(公州牧教授兼提督屬教官)에 임명되다. 10월에 만언소(萬言疏)를 올려 시폐(時弊)와 성혼(成渾), 이이(李珥)의 충현(忠賢)을 간곡히 진언 하였다.

- 1587년(宣祖 20年 丁亥) 44세

여름, 간사한 무리가 나라를 그르침과 정여립(鄭汝立)의 흉패(凶

244

悖 : 험상궂고 패악)함을 논박하는 만언소(萬言疏)를 지어 현도상
소(縣道上疏 : 道觀察使를 통하여 임금께 올리는 疏) 하였으나 관
찰사(觀察使) 권징(權徵)이 받아들이지 않아 다시 짧은 소(疏)를
지어 원래의 상소와 함께 올리다. 6월에서 9월까지 이렇게 다섯
차례 올렸으나 모두 받아지지 않았다.

이에 선생은 문묘(文廟)에 글을 지어 고별하고 옥천(沃川)으로 돌
아와 문을 닫고 강학(講學)하며 일생을 마치려 하였다.

11월, 왜국(倭國)이 사신(使臣)을 보내오다. 선생은 왜사(倭使)를
배척하여 끊을 것을 청하는 소(疏)를 올렸으나 관찰사(觀察使)가
이를 올리지 않았다.

12월 다시 소를 지어 도보로 궐문 앞에 나아가 이전의 소와 함께
이소(二疏)를 지어 올리다. 소에서, 왜국 사신의 척절(斥絶)과 이
산해(李山海)의 오국(誤國 : 나라를 그르침)을 논한 바 왕이 크게
노하여 소를 불태워 버리게 하여 선생은 어쩔 수 없이 옥천으로 돌
아오다. 돌아오는 길에 서기(徐起)를 방문하니 그는 직소(直疏)는
잘못이라고 선생을 크게 꾸짖었으나 소장(訴狀)을 읽고는 의관(衣
冠)을 바로 하고 재배(再拜)한 후 "공(公)의 이 소(疏)에 의지하여
우리나라는 장차 화(禍)를 면할 수 있을 것이다."라 하였다.

• 1588년(宣祖 21年 戊子) 45세

김포(金浦) 선영(先塋)에 성묘(省墓)하고 돌아오다.

• 1589년(宣祖 22年 己丑) 46세

4월에 지부상소(持斧上疏)하여 시폐(時弊)를 극론(極論)하다. 이
때문에 함경도(咸鏡道) 길주(吉州) 영동역(嶺東驛)에 정배(定配)
되다. 이 때 북방(北方)에는 여역(癘疫 : 전염성 열병을 통틀어 이
르는 말)이 유행하여 선생의 아우 전(典)이 유배(流配) 길에 따라
갔다가 병(病)에 걸려 죽다.

귀양 땅에서 소(疏)를 올려 왜국(倭國)에 통신사(通信使)를 보내지 말 것을 청하다.

11월 4일 귀양살이에서 풀리다. 10월에 정여립(鄭汝立) 모반사건(謀叛事件)이 발각되니 호남(湖南) 유생(儒生)들이 계(啓)를 올려 선생은 선견지명(先見之明)이 있다 하여 특명(特命)이 내리다. 또 상소(上疏)하여 통신사의 파견을 중지할 것을 청하였으나 불보(不報)되다.

선생이 아직 돌아오기 전에 임금이 이조판서(吏曹判書) 홍성민(洪聖民)에게 선생을 특별히 서용(敍用 : 죄를 지어 면관(免官)되었던 사람을 다시 벼슬자리에 등용함)할 것을 명하니 홍 판서가 성균관(成均館) 전적(典籍)에 천거하였다가 퇴짜를 맞고 다시 예조정랑(禮曹正郎)에 천거하니 임금이 노하여 12월 15일 그의 직(職)을 면하게 하였다. 선생은 돌아오는 길에 이 사실을 알고 대궐 앞에서 거적을 깔고 죄(罪)를 기다리며 3일 동안 물러가지 않아 성 안 사람들이 그 충의(忠義)에 감탄하였다.

- 1590년(宣祖 23年 庚寅) 47세

봄에 이발(李潑)의 어머니 윤씨(尹氏)를 길에서 만나 뵈다. 선생은 처음에 이발과 극진한 사이였으나 그 후 절교하였는데 이발 형제(兄弟)가 역모(逆謀)에 연좌되어 이미 죽었고 그 어머니 윤씨가 잡혀가게 됨에 선생은 옥천(沃川)에서 술과 옷을 가지고 중간에서 윤씨부인(尹氏夫人)을 맞이하고 술잔을 권하며 털옷을 주어 위로한 뒤 서로 통곡하며 이별하고 또 이발의 첩(妾)에게도 옷을 주었다.

고운사(孤雲寺)에 노닐다.

여름에 금천사(琴泉寺)에서 강학(講學)하다.

12월에 영남지방(嶺南地方)을 노닐 때 정몽주(鄭夢周)의 유상(遺

像 : 죽은 사람의 초상화)과 박팽년(朴彭年)의 사당(祠堂)에 들러 글을 지어 제사(祭祀)하고 또 관찰사(觀察使) 홍성민(洪聖民)과 수일 간 강론(講論)하고 돌아오다.

• 1591년(宣祖 24年 辛卯) 48세

정월(正月)에 영남(嶺南)으로부터 돌아오다.

3월에 지부상소(持斧上疏)하여 왜사(倭使)를 참(斬 : 목을 벰)할 것을 청하였으나 비답(批答)이 없었다.

이 때 선생은 승정원(承政院) 문 밖에서 삼일(三日)동안 기다렸으나 비답이 없자 주춧돌에 이마를 받아 피가 얼굴에 흐르니 보는 사람들의 의논이 엇갈렸다. 선생은 그들에게 "명년(明年)에 산곡(山谷)으로 피란(避亂)갈 때는 반드시 내 말을 생각하리라."하였다.

그리고 다시 명(明)나라에 보낼 글과 유구(琉球), 대마도(對馬島), 일본유민(日本遺民) 등에 보낼 글 및 일본 사신(使臣) 현소(玄蘇) 등을 목 베일 죄목(罪目) 영·호남(嶺·湖南)의 왜적방비책(倭賊防備策)을 지어 올렸으나 불보(不報)되다. 이 뒤에 선생은 나라 일은 가히 어찌할 수 없음을 알고 통곡하며 도성(都城)의 문(門)을 나와 옥천(沃川) 집으로 돌아와 하늘을 쳐다보며 탄식하였다.

윤(閏) 3월 그믐께 박로(朴輅)·전승업(全承業) 등 문인(門人)과 함께 옥천의 서정(西亭) 하류(下流)에서 노닐다. 이 자리에서 선생은 "내가 왜국 사신을 목 베어 명나라에 아룀으로써 뒷날의 책망을 면하고자 하였으나 조정(朝廷) 신하들이 내 말을 듣지 아니하였다. 늦여름이나 초가을에 반드시 유구(琉球)의 고변(告變 : 변고를 알림)이 있을 것이고 우리나라의 화(禍)도 언제 닥쳐올지 모르니 제군(諸君)은 이런 때에 어찌 피를 찍어 상소(上疏)함으로써 임금을 깨닫게 하지 못하는가?" 하며 눈물을 흘렸다.

4월 아들 안도(安堵)를 시켜 평안도관찰사(平安道觀察使) 권징

(權徵)과 연안부사(延安府使) 신각(申恪)에게 글을 보내어 호(濠
: 성벽 바깥 둘레를 도랑처럼 파서 물이 괴게 한 곳)를 파고 성(城)
을 수축하여 수전(守戰)의 방비를 하기를 권하다. 권징은 웃으며
"설사 왜적이 쳐들어온다 하여도 양서(兩西 : 黃海道와 平安道)에
까지 미칠 수가 있겠는가." 하였으나 신각은 선생의 말을 믿고 곧
방어(防禦)의 대책을 세워 뒷날 왜병(倭兵)을 물리칠 수 있었다.
7월 금산(錦山)으로 남창(南窓) 김현성(金玄成)을 방문하다.
이 때 박정로(朴廷老)가 선생을 좇아 영벽루(映碧樓)에 올랐는데
저녁 나절에 갑자기 붉은 기운이 동방(東方)에서 일어나 북(北)·
서(西)·서남(西南) 간에 세 갈래로 나누이면서 땅을 비추었다.
선생은 이를 보고 박정로에게 "풍신수길(豊臣秀吉)의 군대(軍隊)
가 이미 출동하여 명년(明年)에 크게 침입(侵入)하기를 이 기운
(氣運)과 같을 것이다."라 예언(豫言)하다.
다음날 김현성과 관찰사에게 급히 방어의 계책(計策)을 세우도록
하라 하였으나 관찰사 이황(李恍)은 장계(狀啓)를 올리지 않았다.
겨울에 대둔산(大芚山)에 들어가 독서(讀書)치 않고 산곡(山谷)
을 헤매며 높은 산에 올라 먼 데를 보며 나라 일을 탄식하였다. 하
루는 네 중과 식사를 같이 하며 "명년에는 반드시 왜란(倭亂)이
있을 것이며 나는 의병(義兵)을 일으켜 임금을 모실 것이니 이 밥
을 같이 먹는 사람은 함께 와서 나라를 돕자." 고 하였다. 과연 다
음 해 선생이 의병을 일으키자 그 중 두 사람은 선생을 따라 죽었
고 한 사람은 이미 죽은 뒤였으며 한 사람은 병(病)으로 참전치 못
하여 같이 죽지 못함을 한탄하였다.
11월에 공암(孔岩)으로 가서 서기(徐起)를 조상(弔喪)하다.

• 1592년(宣祖 25年 壬辰) 49세
2월 28일 부인(夫人) 신씨(辛氏)가 죽다. 아들 완기(完基)가 김포

(金浦)로 반장(返葬)하려 하였으나 선생이 "변란(變亂)이 곧 일어날 것이니 시체(屍體)를 길가에 버리게 될 바에야 이곳에 장사지내는 것이 낫다."고 하였다.

3월 김포의 선영(先塋)을 찾아 장차 변란이 일어날 것이므로 영원히 물러간다는 뜻의 제문(祭文)을 지어 고유(告由)하다.

친구(親舊)들의 물음에 "강화도(江華道) 마니산(摩尼山)이 피란(避亂) 땅 같다."고 예언하다.

4월 20일 부인 신씨를 집 뒤에 장사지낼 때 선생이 문인(門人)들에게 "옛 사람의 시(詩)에 '사람들은 와서 울지만 나는 와서 노래하노니 그대와 같이 땅에 묻히는 이는 적고 묻히지 못하는 이는 많도다.'라 하였는데 그것이 옳은 말이로다." 라고 하였다. 이날 갑자기 하늘에서 큰 소리가 들리니 선생이 크게 놀라며 말하기를 "이것은 천고(天鼓 : 하늘이 울리는 북)이다. 왜적이 틀림없이 바다를 건넜으니 다시 어찌할 수 없도다." 하고 한없이 눈물을 흘리며 호상(護喪 : 상 치르는 일을 보살핌)하던 친구들에게 "빨리 돌아가 피란할 준비(準備)를 하는 것이 좋을 것이다." 하였다.

이달 20일 왜군(倭軍)이 크게 침입하니 부산(釜山) 동래(東萊)가 함락하여 열읍(列邑)이 와해(瓦解)하니 선생은 어머니를 모시고 청주면(淸州面) 선유동(仙遊洞)으로 피란시키고 돌아오다. 5월 3일 청주에서 격문(檄文)을 띄우고(이 檄文은 전하지 않음) 문인(門人) 김절(金節)·박충검(朴忠儉) 등과 향병(鄕兵) 수백인(數百人)을 모으고 보은(報恩)의 차령(車嶺)에서 왜군(倭軍)을 만나 선생이 선봉(先鋒)으로 싸워 물리치다. 그 후로 왜군은 이 길로 통(通)하지 못하다.

6월에 오랜 승평(昇平 : 나라가 태평함)에 백성은 전쟁을 모르고 장수(將帥)와 고을 수령(守令)이 함께 달아나니 왜군은 상륙한 지

며칠 되지 않아 조령(鳥嶺)을 넘고 무인지경(無人之境)을 가듯이
북진(北進)하여 임금은 피란길에 올랐다. 선생은 이 소식을 듣고
문인(門人) 이우(李瑀)·김경백(金敬伯)·전승업(全承業) 등과
팔로(八路 : 八道)에 격문(檄文)을 보내고 의호(義號)를 세우니 의
로운 선비들이 구름 같이 몰려들었다. 이에 충청도순찰사(忠淸道
巡察使) 윤선각(尹先覺)이 관군(官軍)에 불리하다 하여 방해하였
으나 선생이 공주(公州)로 그를 찾아 대의(大義)를 역설(力說)하
여 그도 협심(協心)하게 되어 의병을 불러 모으니 며칠 사이에
1,000여 명이 모였다. 그러나 안세헌(安世獻)의 작간(作奸 : 간악
한 꾀를 부림)으로 순찰사가 의병의 부모·처자를 가두고 또 청
양현감(靑陽縣監) 임순(任純)이 군사 100명을 선생에게 보냈다
하여 공주옥(公州獄)에 가두니 모였던 장정(壯丁)들이 흩어지다.
이 때문에 호우(湖右)로 가서 전(前) 참봉(參奉) 이광륜(李光輪),
선비 장덕개(張德盖)·신란수(申蘭秀)·고경우(高擎宇)·노응
탁(盧應晫) 등이 선생을 따라 다시 의병을 모집하니 멀고 가까
운 곳에서 모여든 장정이 1,600여 명에 이르다. 선생은 부대(部
隊)를 나누어 정산(定山)·온양(溫陽) 등지를 순무(巡撫)하게
하고 위풍(威風)과 기세(氣勢)로 통제하니 인심이 안정되다.
7월 4일 웅진(熊津)에서 제사지내고 5일에 군사를 위로하고 오직
나라의 어려움과 진격(進擊)만을 생각하라는 맹세를 하다.
의병을 이끌고 회덕(懷德)으로 갔는데 일찍이 호남의병장(湖南
義兵將) 고경명(高敬命) 등과 약속하기를 형강(荊江)을 건너 왜
적을 무찌르자고 하였으나 고경명은 이미 금산(錦山)에서 전사
(戰死)한 뒤였으므로 7월 29일 형강에서 추도시(追悼詩)를 짓다.
8월 1일 청주에서 왜적을 격파(擊破)하다.
이때 왜병은 청주를 점거하고 호우지방(湖右地方)으로 진격하려

하였다. 선생은 급히 청주로 진군하여 승장(僧將) 영규(靈圭)의 군과 연합하여 성서문(城西門)에 이르러 진두지휘로 적을 격파하여 청주성(淸州城)을 회복하다.

청주성의 왜병을 격파한 후 소(疏)를 지어 문인(門人) 김승업(金承業)과 아들 완도(完堵)를 시켜 행재소(行在所)로 보내고 다시 격문을 띄우다. 또 글을 지어 아국인(我國人)으로 왜(倭)의 포로(捕虜)와 일본종행사졸(日本從行士卒) 및 왜승(倭僧) 현소(玄蘇) 등을 통유(通諭)하다.

15일 행조(行朝)에서 선생이 의병을 일으켜 왜적을 토벌(討伐 : 무력으로 쳐 없앰)함을 가상히 여겨 교지(敎旨)를 내려 봉상시첨정(奉常寺僉正)의 벼슬을 주다. 선생은 이 교지를 받지도 못하고 18일 금산(錦山) 싸움에서 칠백의사(七白義士)와 함께 순절(殉節)하다. 금산의 왜적은 창궐(猖獗) 일로에 있었고 금산은 전략(戰略)의 요충지(要衝地)였다. 선생은 관군(官軍)의 방해로 흩어지고 남은 칠백의 의사를 거느리고 16일 청주를 떠나 승장(僧將) 영규(靈圭)의 군(軍)과 연합하고 전라도순찰사(全羅道巡察使) 권율(權慄)이 약속한 금산 공격날인 18일을 연장하자는 서한이 있었으나 단독 진군하여 금산에서 십리(十里)까지 진격하였다.

이때 왜군은 우리의 후속부대(後續部隊)가 없음을 알고 삼대(三隊)로 나누어 교대로 공격하여 왔다. 선생은 "오직 한번 죽음이 있을 뿐이다. 진격(進擊)하고 후퇴(後退)함에 있어 '의(義)'자(字)에 부끄러움이 없게 하라." 하고 진두지휘하였다. 중과부적(衆寡不敵)인데다, 화살까지 떨어져 맨주먹으로 최후까지 격전하다 선생과 칠백 의병은 한곳에서 순절하였다. 싸움이 끝난 다음날 선생의 아우 조범(趙範)이 싸움터에 들어가 선생의 시체를 찾으니 깃발 아래에 장수와 병사들이 둥글게 모여 서로 베고 죽어 있었다.

선생의 시체를 거두어 옥천(沃川)에 돌아와 빈소(殯所)를 차리니 사일(四日)동안 선생의 얼굴빛이 산 사람과 같았다.

장례(葬禮)를 옥천군(沃川郡) 안읍(安邑) 도리동(道理洞)에 모시다.

12일에 가선대부(嘉善大夫) 이조참판(吏曹參判) 겸(兼) 동지경연(同知經筵) 춘추관(春秋館) 의금부사(義禁府事)에 증직(贈職)되다.

• 1593년(宣祖 26年 癸巳)

11월에 남행(南行) 길에 오른 왕세자(王世子 : 光海君)가 선생의 아들 완제(完堤)를 불러 보고 쌀과 베를 내리고 종관(從官) 김횡(金橫)·황신(黃愼) 등을 보내어 치제(致祭 : 임금이 제물과 제문을 보내어 죽은 신하를 제사 지내던 일)하였으며 복역(復役)과 감조(減租 : 세금의 액수를 줄이거나 세율을 낮추는 일)를 명하다.

• 1594년(宣祖 27年 甲午)

5월에 성혼(成渾)의 계(啓)에 따라 선생의 유족에게 월름(月廩 : 月給으로 주는 穀物)을 명하다.

• 1603년(宣祖 36年 癸卯)

호남(湖南)과 호서(湖西)의 유사(儒士)가 금산(錦山)의 순절(殉節)한 곳에 순의비(殉義碑)를 세우다.

• 1604년(宣祖 37年 甲辰)

선무원종공신(宣武原從功臣) 일등(一等)으로 공신록(功臣錄)에 오르다.

자헌대부(自獻大夫) 이조판서(吏曹判書) 겸(兼) 홍문관대제학(弘文館大提學) 예문관대제학(藝文館大提學) 지경연(知經筵) 성균관(成均館) 춘추관(春秋館) 의금부사(義禁府事) 세자좌빈객(世子

左賓客)에 증직(贈職)되다.

12월에 예조좌랑(禮曹佐郎) 윤광계(尹光啓)를 보내 치제(致祭)하
다. 그리고 홍문관교리(弘文館校理) 성진선(成晉善)을 특별히 보
내어 묘(墓)를 지킬 오가(五家)를 주어 밭 오결(五結)을 감조(減
租)케 하고 또 복호(復戶)[111]를 명하였다.

- 1605년(宣祖 38年 乙巳)

  아들 완도(完堵)를 태릉참봉(泰陵參奉)에 임명하였으나 상소(上
  疏)하여 선신(先臣)의 공열(功烈)을 억누르는 폐단(弊端)을 들어
  서 벼슬을 받지 아니하였다.

- 1608년(宣祖 41年 戊申)

  여러 선비가 상소(上疏)하여 묘 앞에 사우(祠宇 : 사당, 조상의 神
  主를 모셔 놓은 집)를 세우고자 청하니 이를 허락하여 사호(賜號
  : 임금이 내린 號)를 '표충(表忠)'이라 하였다.

- 1609년(光海君 元年 己酉)

  명(命)을 내려 정려(旌閭 : 충신, 효자, 열녀 등을 그 동네에 정문
  (旌門)을 세워 표창하던 일)하다.

- 1613년(光海君 5年 癸丑)

  기보(畿輔)의 선비들이 김포(金浦)에 유허비(遺墟碑 : 선인들을
  기리기 위하여 세운 비)를 세우다.

- 1615년(光海君 7年 乙卯)

  아들 완기(完基)의 효자문(孝子門)을 정표(旌表 : 착한 행실을 세
  상에 드러내어 널리 알림)하다.

---

111) 조선 시대에, 충신·효자·군인 등 특정한 대상자에게 부역이나 조세를 면제하여
주던 일을 가리킨다.

- 1623년(仁祖 元年 癸亥)

  연신(筵臣) 조익(趙翼)의 건의로 아들 완도(完堵)를 내자시(內資寺) 주부(主簿)에 임명(任命)하다.

- 1624년(仁祖 2年 甲子)

  완도(完堵)를 의금부(義禁府) 도사(都事) 강음현감(江陰縣監)에 임명(任命)하다.

- 1636년(仁祖 14年 丙子)

  10월 21일에 선생의 묘소(墓所)를 옥천군(沃川郡) 안남(安南) 미산(薇山)에 이장(移葬)하다.

- 1649년(仁祖 27年 己丑)

  시호(諡號)를 내려 문열(文烈)이라 하다.

- 1653년(孝宗 4年 癸巳)

  7월 17일에 예조좌랑(禮曹佐郞) 정동엽(鄭東燁)을 금산(錦山)에 보내어 종용사(從容祠)와 의단(義壇)에 치제(致祭)하다.

- 1656년(孝宗 7年 丙申)

  신도비(神道碑)를 세우다.

- 1663년(顯宗 4年 癸卯)

  예조관리(禮曹官吏)를 보내어 치제(致祭)하다.

- 1665년(顯宗 6年 乙巳)

  5월 7일에 예조좌랑(禮曹佐郞) 류송제(柳松齊)를 보내어 묘소(墓所)에 치제(致祭)하다.

- 1670년(顯宗 11年 庚戌)

  4월 10일에 사인(舍人) 이훤(李蕙)을 보내어 의단(義壇)에 치제(致祭)하다.

- 1671년(顯宗 12年 辛亥)

  5월에 예관(禮官) 김총(金璁)을 보내어 치제(致祭)하다.

- 1673년(顯宗 14年 癸丑)

  완기(完基)에게 사헌부(司憲府) 지평(持平)을 증직(贈職)하다.

- 1684년(肅宗 10年 甲子)

  7월 17일에 장령(掌令) 권달(權怛)을 보내어 의단(義壇)에 치제
  (致祭)하다.

- 1699년(肅宗 25年 己卯)

  1월 13일에 근신(近臣)을 보내어 의단(義壇)에 치제(致祭)하다.

- 1703년(肅宗 29年 癸未)

  선생의 증손(曾孫) 광한(匡漢)에게 한성부(漢城府) 참군(參軍)의
  벼슬을 주다.

- 1710年(肅宗 36年 庚寅)

  청주(淸州)의 유생(儒生)들이 청주 싸움터에 유허비(遺墟碑)를
  세우다.

- 1712년(肅宗 38年 壬辰)

  5월 15일에 부사직(副司直) 김시섭(金始燮)을 보내어 의단(義壇)
  에 치제(致祭)하다.

- 1717년(肅宗 43年 丁酉)

  3월 16일에 예조정랑(禮曹正郎) 김윤해(金潤海)를 보내어 묘소
  (墓所)에 치제(致祭)하다.
  7월 17일에 다시 예관(禮官)을 보내어 치제(致祭)하다.

- 1718년(肅宗 44年 戊戌)

  5월 7일에 예관(禮官)을 보내어 치제(致祭)하다.

- 1734년(英祖 10年 甲寅)

  6월 18일에 선생의 자손은 적손(嫡孫)이나 지손(支孫)을 가리지 않고 녹용(錄用 : 採用)케 하다.

  또 『朝天日記』의 간행(刊行)을 명(命)하다.

  7월 19일에 부수찬(副修撰) 유건기(兪健基)를 특별히 보내어 종용사(從容祠) 및 의총(義塚)에 치제(致祭)하다.

  9월 25일에 영의정(領議政)을 증직하다.

- 1740년(英祖 16年 庚申)

  7월에 선생이 문집 간행(刊行)을 명(命)하다.

- 1883년(高宗 20年 癸未)

  11월 21일에 관학유생(館學儒生) 및 팔도(八道) 유생(儒生)의 상소(上疏)에 따라 문묘(文廟)에 배향(配享)케 되다.

- 1971년 4월 13일

  순절지(殉節地) 성역화(聖域化) 되다.

# 조헌이 올린 상소

중봉 조헌의 인생을 한마디로 한다면 모든 것이 상소(上疏)로 통한다. 상소문은 왕에게 올리는 글이기에 형식(形式), 언어 구사, 수사(修辭) 등에 신중했으며 내용도 좋은 일, 나쁜 일을 가리지 않고 고해야 하므로 자신의 목숨까지 걸어야 할 경우도 있었다. 이렇게 하는 것이 선비가 가야 하는 우국애민(憂國愛民)의 길이라고 생각했다. 그래서 상소문을 정의의 문학이자 정치문학의 꽃이다.[112] 했다.

그리고 상소문은 정치적인 글이라 문장이 딱딱하고 재미없는 내용이라고 생각하는 편견을 가진 이가 많다. 하지만, 제갈량의 출사표, 이사의 축객서 등 아름답고 감동적인 글들도 많다. 이처럼 명문장 상소문에는 문장에 대한 구성 논리와 설득을 위한 비유, 당대 사회에 대한 현실인식 등 문예적인 내용들이 들어 있으며 상소문 문체에는 장중하고, 사실적이며 전아한 문체를 구사해야 한다는 문예미학적인 성격이 들어 있다.[113]

조헌의 생애에 큰 전기를 마련해 준 사건은 1574년(선조 7)에 성절

---

112) 신두환, 선비, 왕을 꾸짖다, 달과소, 2009, p.5.
113) 위의 책, p.6.

사의 질정관(質正官)이 되어 명나라를 다녀온 것이다. 조헌은 명나라 사행의 경험을 조천일기(朝天日記)라는 기록을 남기는 한편, 귀국 직후 명나라의 문물제도 중 본받을 만한 것 8개를 든 〈질정관회환후선상팔조소(質正官回還後上八先條疏)〉를 올렸다.

조헌은 〈팔조소〉와 〈십육조소〉 두 개의 상소를 준비하였는데, 조정에서 받아들여지지 않자 보다 근본적인 폐단에 관해 저술한 〈십육조소〉는 올리지 않았다. 〈십육조소〉에서는 중국의 풍습에 따라 왕릉을 간소하게 할 것, 제사 때에 물자를 아끼고 근검절약할 것, 왕이 경연 강의를 독실하게 수강할 것, 인재는 문벌을 논하지 말고 뽑으며 재가(再嫁)를 막지 말고 서얼(庶孼)을 등용할 것, 하급 관원의 부패를 방지하기 위하여 모든 관원은 물론 말단의 일을 맡은 사람들까지 급여를 지급할 것, 세금을 장부에 맞게 징수하고 진상을 줄여 민생 안정을 위해 노력할 것, 노비를 줄여 병사로 선발하고 20년 내에 백만의 정예병을 갖출 것, 군대의 부패를 없애고 군사훈련을 강화할 것, 군수물자를 충분히 준비할 것 등을 제시하였다. 이 중 서얼도 학장(學長)으로 삼아 급료를 주자는 것과 재가 자녀의 차별 철폐와 서얼 폐지 주장은 신분제에 대한 진보적인 개혁안이었다.

상소는 왕에게 올리는 문서이기 때문에 특별히 신경을 써 상소문은 사라진 왕조시대의 사장된 글이 아니라 그 서슬 퍼런 정의감과 직설의 정직함은 오늘을 살아가는 데도 절실히 필요한 정론이다. 죽음을 무릅쓰고 간했으며, 도끼를 들고 들어가 알렸으며, 벼슬을 버리면서 직간을 했다. 정의를 위해 외치고 올바른 길을 가기 위해 온몸으로 울었다. 머리를 찧으며 이마에 피를 흘릴 때까지 간했다. 자결을 하면서까지 지키고자 했던 것이다.

# ◎논향축소(論香祝疏)[114]
## 선조 6년(1573) 癸酉

신(臣)이 작년 6월 초십일(初十日)에 삭향(朔香)[115]을 궁중(宮中)으로 들이는 일과 자수궁(慈壽宮)[116] 성수청(星宿廳)에 향(香)을 바치는 것이 실제로는 이교(異敎)의 낡은 관습(慣習)을 신봉하고 지방 향교(鄕校)의 석전(釋奠)[117] 등 제(祭)에는 하나도 경칙(敬飭)하는 곳이 없으므로 감히 유견(謬見)[118]을 진언(陳言)하여 성청(聖聽)을 망간(妄干)하고 부당하게 올리는 향을 마땅히 내려 주어야 할 곳에 이반(移頒)하도록 청하였는데 다수의 조정 신하가 신의 말이 옳다고 여겼으며 전하(殿下)께서도 신의 말이 그르다고 하시지는 않았습니다. 신이 죄를 입은 후(宣祖 6년 疏를 올렸다가 削職된 일) 시골 집에 물러가서 가만히 들으니 근세(近歲)에는 하나도 향을 내리는 일이 없다고 하므로 신은 홀로 기쁘고 다행하게 여겨 외읍(外邑)에 향을 나누어주는 것을 비록 청하지는 않았지만 절이나 무당에 제공(提供)하는 향은 반드시 받들지 말라고 명(命)한지가 오래된 줄로 생각하였습니다. 그런데 지난번에 신이 죄에서 풀려 나온 은혜(恩惠)를 입고 또 향실(香室)에 들어간즉 공불(供佛)에 관계되는 향이 월봉(月封)되

---

114) 향과 제문을 드리는 일을 논하는 소.
115) 초하루에 향을 드리는 일
116) 조선 중기 풍수지리설에 따라 왕기(王氣)를 누르기 위하여 지은 궁궐. 서울 종로구 옥인동(玉仁洞)에 있었던 것으로 추측된다.
117) 서울은 성균관(成均館) 문묘(文廟)에서, 각 지방은 향교(鄕校) 대성전(大成殿)에서 공자(孔子) 및 동·서 배향(東西配享)의 선현(先賢)에게 올리는 제향. 석전제(釋奠祭) 또는 석전대제(釋奠大祭)라고 함. 2월과 8월의 첫 정일(丁日)에 거행함.
118) 그릇된 생각이나 견해

는 예(例)가 있는 것 같으므로 신은 해탄(駭嘆)[119]하여 마지 않았습니다. 일찍이 전하의 학문을 일컬어 이미 바르고 크며 밝게 빛나는 영역(領域)을 이루셨다고 하였는데 대체로 이단(異端)이 정치를 방해(妨害)하는 실정이라는 것은 다 동조(洞照)하셨을 것입니다. 그런데 이러한 사람의 도리에 어그러지는 일을 하시어 바르지 아니한 자취를 좇으시니 이것이 어찌 임금의 밝은 지혜가 잘못을 뉘우침에 꺼리시는 것이라 하겠습니까. 이것은 실제로 신들이 두렵게 생각하여 능히 재청(再請)하지 못한 죄 때문입니다.

신이 비록 재주는 없지만 성명이 개과를 아끼지 않는 성덕(盛德)임은 알고 있습니다. 저 수종사사(水鍾寺社)[120]의 전(田 : 밭)으로 보더라도 이것은 오랫동안 중의 무리들이 먹는 것이었는데 전하께서 수릉군(守陵軍)[121]의 배고픔을 들으시자 곧 명을 내려 급료를 준 것은 정말로 사찰(寺刹)의 중은 백성들의 적 소굴(巢窟)이 되었고 산의 왕릉은 선왕(先王)의 체백(體魄)[122]을 의탁(依託)한 곳이므로 부역(賦役)을 도피(逃避)한 자에게 땅을 주는 것은 무익(無益)하고 능(陵)을 지키는 자에게 일을 마련해 주는 것이 당장 시급했기 때문입니다. 이 한가지 일에 영모(永慕)[123]의 효(孝), 휼민(恤民)[124]의 인(仁), 억사(抑邪)[125]의 도(道) 및 경국(經國)의 길이 다 구비(具備)되지 않음이 없으니 진실로 잘 추진(推進)하여 넓히면 혹세무민(惑世誣民)[126]하

---

119) 놀라고 탄식함
120) 수종사는 경기도 남양주시 조안면(鳥安面) 운길산(雲吉山)에 있는 사찰로 그 직무를 보는 곳.
121) 왕릉을 지키는 군사. 이들에게는 능군전이 지급되었다.
122) 죽은 지 오래된 송장, 또는 땅속에 묻은 송장.
123) (자식이) 평생토록 어버이를 잊지 못함.
124) 백성을 구휼하다.
125) 사악한 것을 누르다.
126) 세상 사람을 속여 미혹하게 하고 세상을 어지럽힘.

고 윤강패속(倫綱敗俗)[127]하는 불교의 폐단(弊端)를 깊이 추궁하여 그 근본을 영원히 근절(根絶)할 수 있습니다. 그리고 불상(佛像)과 불서(佛書)를 불태우고 그 기물(器物)을 적몰(籍没)[128]하여 총통(銃 筒)[129]을 만들고 절을 헐어서 여관(旅館)을 지으며 깎은 머리를 다시 길러 군인의 수를 보충(補充)하면 대체로 백성들의 근심으로 인한 해(害)를 제거(除去)할 수 있고 조정의 기초를 보전할 수 있는 것입 니다.

오호라. 인종대왕(仁宗大王)[130]은 일찍이 사악한 것을 없애고 바른 것을 복돋워야 한다는 뜻을 가지고 정치에 임했으나 오래 가지 못 했 고, 명종대왕(明宗大王)[131]은 늦게야 항상 그 역을 정하라는 교지(敎 旨)를 내리시고 갑자기 승하(昇遐 : 돌아가심)하셨으며, 큰 꾀와 원대 한 계략을 우리 전하께 남겨 주시었으니, 어찌 오늘날 가히 좇아서 이를만한 것이 아니겠습니까? 옛 성인, 선농(先農) 사토(司土)의 제 사를 받들어 줄 사람이 없는 신(神)은 선왕(先王 : 명종)도 일찍이 지 성(至誠)으로 섬겨 소홀히 하지 않은 것입니다. 더욱 그 정성(精誠) 을 다하고 내외에 차별없이 골고루 남은 향을 나누어 주어 많은 무리 의 마음을 일으키고 성현(聖賢)을 공경(恭敬)하여 학교를 진흥(振興) 시키고 사직(社稷)을 공경하여 백성의 일을 중히 여기며 여단(厲壇) 을 공경하여 원기(寃氣)를 덜면 대체로 신에게 설만(褻慢)[132]한 고질 적인 습속을 단절(斷絶)할 수 있고 국가의 복록(福祿 : 행복)을 영원 하게 할 수 있는 것입니다.

---

127) 윤리와 기강을 속되게 하다.
128) 중죄인의 가산(家産)을 몰수하던 일.
129) 화기(火器)를 총칭하는 말.
130) 조선 12대왕 휘(諱)는 호, 자(字)는 천윤(天胤), 시호는 영정(榮靖), 중종의 맏아들.
131) 조선 제13대왕. 휘는 환, 자는 대양(對陽).
132) 행동이 거만하고 무례하다.

오호라. 세종대왕(世宗大王)께서 정한 오례의(五禮儀)[133] 중에 외읍(外邑) 사당(祠堂) 등은 그 제의(祭儀)를 상세(詳細)하게 나타냈으며 자수궁(慈壽宮)과 모든 사찰에 향을 올리는 일은 별로 수록하지 않았고, 문종대왕(文宗大王)[134]은 누차(屢次) 주현(州縣)에 교지(教旨)를 내려 삼가 제사 지내게 하였으며 제문(祭文)을 친히 지어 황강(黃岡)의 원귀(冤鬼)를 슬퍼하셨으니 전하께서도 계속 모든 신(神)의 주인이 되셔서 가히 밝게 천거하시지 않을 수 있겠나이까.

신이 엎드려 원하옵건대 전하께서 신의 말로서 모든 신하들에게 내려 의논하게 하여 혹 채택(採擇)할만 하다고 할 것 같으면 내입무명(內入無名)[135]의 향(香) 및 자수궁(慈壽宮) 성숙청(星宿廳)의 향을 영원히 봉양하지 말도록 명하시고 영월(寧越)에서 바치는 백단(白壇)은 자단(紫檀)[136]으로 바꾸어 바치게 하며 능(陵)의 전각(殿閣)에 제공하는 것도 그 실제로 들어가는 수를 상세하게 정하게 함으로써 그 나머지는 팔도(八道) 감사(監司)에게 나누어주어 여러 읍(邑)의 수령(守令)으로 하여금 각기 제사를 받게 하면 신인(神人)이 모두 마음으로써 기꺼이 복종하고 스스로 무궁한 복이 있을 것입니다. 미천(微賤)한 신이 천청(天聽)[137]을 여러 차례 모독(冒瀆)하게 하는 미

---

133) 조선초기 申叔舟, 鄭陟 등이 왕명을 받아 오례의 예법과 절차 등을 정리한 왕실의 례서이다. 오례는 국가의 기본예식인 吉禮, 嘉禮, 賓禮, 軍禮, 凶禮에 대해 규정한 예전으로서 私家의 예서인 朱子家禮와 함께 2대 예서로 이용되었다. 오례의는 처음에 세종이 許稠 등에 명하여 저작하게 하였으나 완성을 보지 못하고 성종조에 완성되었다. 국조오례의의 예식은 세종실록 志의 오례와 직접적인 연관을 갖는다.
134) 조선의 제5대왕으로 이름은 향(珦)이고 자는 휘지(輝之)이다.
135) 내입은 궁중에 물품을 들이는 입을 말한다. 이는 모든 곳에 물건을 들이는 일을 이름.
136) 콩과의 상록 활엽 교목. 높이 10m가량. 껍질은 자줏빛이며 부드러운 잔털이 있음. 잎은 깃 모양의 겹잎인데, 잔잎은 달걀 모양이고 꽃은 노란 나비 모양임. 인도 및 스리랑카 원산으로 대만·필리핀 등지에 분포함. 재목은 붉은빛을 띠고 아름다워서 건축·가구 따위의 재료로 쓰임.
137) 상제(上帝)또는 하느님.

안함을 모르는 바 아니지만 입으로 성현의 글를 읽으면서 부처에게 공양하는 향을 손수 주는 것은 신이 차마 하지 못하는 바입니다. 그리고 종묘(宗廟)[138], 문묘(文廟)[139], 자수궁(慈壽宮) 성숙청(星宿廳)을 모두 횡으로 열을 지고 있어 대체로 차등(差等)이 없는 것도 신은 참을 수 없는 바입니다. 그리고 한번 청해서 이루어지지 않았다고 갑자기 우리의 임금을 할 수 없다고 말하며, 전하께서 잘못된 곳으로 빠져 들어가는 것도 신은 참을 수 없는 바입니다. 이에 금일 자수궁(慈壽宮)에 봉양해야 할 향을 아래로는 물의(物議)가 비등(沸騰)[140]할까 두려워하고 위로는 성스러운 정치에 누(累)를 끼칠까 두려워서 감히 나아가 봉야하지 못하고 공론이 정해지기를 기다리고 있습니다. 엎드려 바라옵건대 전하께서는 조금 더 살피시옵소서.

신(臣)의 어리석은 이야기는 이미 앞에 진언(陳言)[141]한 바 있는데 신이 크게 걱정하는 바는 더욱 근본이 되는 곳에 있으니 이른바 근본이 되는 곳이란 전하의 일신(一身)에 있는 것입니다. 태공(太公)[142]의 소위 경(敬)은 만세(萬世)이고 태(怠)는 멸폐(滅廢)라는 말은 특히 경계(警戒)해야 할 것입니다. 신이 근래(近來) 수압(手押 : 서면결재)을 받을 일로 여러 번 경회문(慶會門)에 나아가 오시(午時)[143]에 올린 축첩(祝貼 : 축문을 적은 글)이 신시(申時)[144]에야 내려 왔으니 이

---

138) 역대 임금과 왕비의 위패를 모시던 왕실의 사당. 대묘(大廟). 태묘(太廟).
139) 공자(孔子)를 모신 사당. 근궁(芹宮). 성묘(聖廟).
140) 물 끓듯 세차게 일어남.
141) 일정한 사실에 대하여 말을 함.
142) 주(周)나라 초기의 정치가·공신. 본명 강상(姜尙)이다. 그의 선조가 여(呂)나라에 봉하여졌으므로 여상(呂尙)이라 불렸고, 속칭 강태공으로 알려져 있다. 주나라 문왕(文王)의 초빙을 받아 그의 스승이 되었고, 무왕(武王)을 도와 은(殷)나라 주왕(紂王)을 멸망시켜 천하를 평정하였으며, 그 공으로 제(齊)나라에 봉함을 받아 그 시조가 되었다.
143) 상오 11시부터 하오 1시까지의 동안.
144) 하오 3시부터 5시까지의 동안.

것은 진실로 신 등이 완만(緩慢)한 죄이고 전하의 경공(敬恭)의 마음도 또한 게으르고 느림한 바 있는가 하옵나이다.

무릇 만기(萬機)[145]의 정사(政事)는 지극히 크고 번거롭다고 할 수 있는데 일에는 크고 작은 것이 있으니 반드시 그 큰 것을 먼저 하면 작은 것은 스스로 드러날 것입니다. 유자(劉子)[146]의 말에 이르기를 "나라의 대사는 제사에 있다" 하였으니 하루에 주어(奏御)[147]하는 일이 제사보다 큰 일이 없거늘 소홀히 여기기를 이와 같이 한다면 다른 일을 소홀히 여긴다는 것도 따라서 알만한 것입니다. 고로 백료(百僚 : 백관(百官))가 몹시 게으르고 간사(奸邪)한 서리(胥吏)가 여기저기에서 일어나 중앙이나 지방에 정성껏 신을 향사(享祀 : 제사)할 사람이 없으며 거만한 상태(狀態)는 장차(將次) 입은 있어도 말은 할 수 없을 것입니다. 국가의 세(勢)는 날로 흩어지고 산란해지고 상하(上下)가 아무런 생각도 없는 상태는 신이 크게 두려워하는 것입니다.

지난날 세종대왕(世宗大王)께서는 비록 상중(喪中)에 거해 있을지라도 반드시 조복(朝服)[148]으로 먼저 종묘(宗廟) 사직(社稷)에 향을 전하고 다음에 흰 옷으로 헌릉(獻陵)[149]에 향을 항상 전하셨습니다. 그리고 성종대왕(成宗大王)[150]께서는 축문(祝文) 가운데 조종(祖宗)의 시호(諡號)가 있는바 연침(燕寢 : 거실)에 갖고 들어가기가 마음으로 미안하게 여겼던 고로 매번 이날이 되면 반드시 친히 향실(香室)에 임하여 수압(手押 : 手決)하셨습니다. 고로 비로소 이 예(禮)를

---

145) 정치상의 여러 가지 중요한 일, 특히 임금의 정무(政務).
146) 중국 위진남북조의 유주(劉晝)가 쓴 의론성 잡저
147) 임금에게 아룀. 주문(奏聞). 주어(奏御). 주품(奏稟).
148) 지난날, 관원이 조하(朝賀) 때 입던 예복. 붉은 비단으로 지었음.
149) 서울 서초구 내곡동(內谷洞)에 있는 조선 제3대왕 태종과 그의 비 원경왕후(元敬王后)의 능.
150) 조선 제9대 왕(재위 1469~1494). 휘 혈, 시호 강정

이름하여 친압(親押)이라고 하였습니다. 명종대왕(明宗大王)께서는 비록 향실에 친히 임하시지는 않았지만 매번 향실에 교지(敎旨)를 내려 이르시기를 내일은 모(某) 제문(祭文)의 친압이 꼭 있을 것이니 반드시 첫 새벽에 일찍이 축첩(祝貼)을 올리라고 하셨습니다.

오호라. 선왕께서 삼가 제사지내신 바가 이와 같습니다. 신이 엎드려 바라옵건대 전하께서는 일찍 깨시고 새벽에 일어 나셔서 의복(衣服)을 한 마음으로 하시어 사시(四時)의 대향(大享) 및 오례(五禮)에 있는 친히 축문의 제(祭)를 당할 것 같으면 그 수압(手押:手決)[151], 전향(傳香)[152], 헌작(獻酌)[153]의 제(祭)에는 한결같이 세종(世宗), 성종(成宗)의 일을 공경(恭敬)히 따르시고 기타 초하루나 보름에 능(陵)의 전각에 지내는 제사는 역시 명종대왕(明宗大王)의 하신 일로 본보기를 삼아 새벽에 일어나 사정전(思政殿)[154]에 앉으셔서 일찍이 올린 축문에 친압하시며 소사(小祀), 대사(大祀)를 한 뜻으로 참되게 공경하시면 감히 추호(秋毫)의 소홀도 없을 것입니다. 이리하여 모든 움직임에 있어서 신명(神明)이 항상 좌우에 임한 것 같이 하면 신하들과 백성들도 모두 본받아서 각별(恪別)히 그 일에 부지런할 것이며, 종묘와 사직의 신도 거의 제사할 것입니다. 진실로 이에 힘쓰지 않고 다만 제물(祭物)을 차려 놓고 마음을 다하였다고 여긴다면 비록 생뢰(牲牢)[155], 전유(鱣鮪)[156], 진과(珍果)[157], 가소(嘉蔬)[158]로 물

---

151) 임금이 향실(香室)에 나아가 친히 축문(祝文)에 어휘(御諱)를 써 넣는 일.
152) 향을 드리는 것.
153) 차나 술을 올리는 일.
154) 경복궁 안에 있는 편전.
155) 제물로 쓰는 짐승. 犧牲
156) 상어와 다랑어.
157) 보배로운 과일.
158) 좋은 채소.

과 육지의 다른 맛을 다하였다 하더라도 실제로는 불경(不敬)과 마찬가지 결과로 돌아가는 것입니다. 서경(書經)에 이르기를 제사에 더러움이 있는 것을 불흠(不欽)이라 하였으며, 또 이르기를 의식이 많은 것을 흠정(歆享)하는 것이요 의식이 제물에 미치지 못하는 것은 흠향하지 않는다 하였으니 전하께서도 유의(留意)하십시오. 그런데 광명(光明)을 올리려고 하면 반드시 극기(克己)의 공(功)을 더해야 하고, 무릇 음식(飮食), 남녀(男女)의 어울림을 먼저 삼가한 연후에 천리(天理)는 날로 밝아질 것이고 사람의 욕심은 날로 줄어들며 몸가짐과 옷차림에 여러 모로 힘을 쓰면 저절로 예(禮)에 맞을 것입니다. 그리고 극기의 공을 더 하려 하면 반드시 잘못을 일깨워 주는 말을 받아들이고, 바르고 정직한 선비를 친근히 한 연후에 정당한 의론(議論)이 날로 진언(陳言)되며 성덕(聖德)이 날로 새로워지며 신(神)을 섬기고 백성을 다스리는 데 있어서 조종(祖宗)께 부끄러움이 없을 것입니다. 신이 생각하옵건대 전하께서 차등(此等)의 공부(工夫)에 더욱 힘쓰지 않으시는 것 같으니 장차 어떻게 근원(根源)을 바로 잡고 모범이 될만한 몸가짐을 올바르게 하여 신하와 백성들의 게으름 경계(警戒)하시겠습니까?

오호라. 세종대왕(世宗大王)께서는 유신(儒臣)과 더불어 매일 도리를 논하기를 즐기셔서 비록 중국의 사신이 오더라도 경연(經筵)[159]의 강론을 폐(廢)하지 않으셨으며 여러 읍(邑)의 수령이 작별을 고할 때에는 직접(直接) 타일러서 백성을 걱정하는 뜻을 알려 주지 않음이 없으셨습니다. 정자(程子)가 신종(神宗)[160]에게 아뢰기를 임금이 하루 동안에 현명한 사대부를 접하는 때가 많고 환관(宦官 : 내시)이나 궁첩(宮妾 : 궁녀)을 친근히 하는 때가 적으면 기질을 함양(涵養)

---

159) 임금 앞에서 경서를 강론하던 자리. 경악(經幄).
160) 중국 명(明)나라 제14대 황제(재위 1572~1620). 만력(萬曆)이라 개원(改元)하였다.

할 수 있으며 덕성(德性)을 훈도(薰陶)[161]할 수 있다고 하였습니다. 전하께서도 이것을 유념하시면 종묘와 사직과 신하와 백성이 매우 다행할 것입니다.

신이 직분(職分)을 넘어서 말한 것은(言事) 죄는 죽어 마땅합니다만 견마(犬馬)의 정성이 불꽃처럼 솟아오르는데다 심중(心中)이 답답하여 그 우러러 사모하고 간절히 비는 마음의 지극함을 스스로 이기지 못하여 삼가 죽음을 무릅쓰고 소견을 전달하는 바이옵니다.

---

161) 학문이나 덕으로써 사람을 감화.

## ◎질정관회환후선상팔조소(質正官回還後 先上八蓧疏)[162] 선조 7년(1574) 甲戌

신(臣) 헌(憲)이 삼가 재배(再拜)하며 아뢰옵니다. 신이 지난 번에 서행(西行)[163]할 때 사성통해(四聲通解)[164]를 황주역관(黃州譯官)에 게서 빌려 얻어서 질정사(質正事) 이십조(二十條)의 뜻을 이미 알고 있었는데 옥하관(玉河館)에 이르러 출입할 수가 없어서 단지 통사 (通事)로 하여금 남에게 의뢰하여 질문을 청하게 한 즉 해석(解釋)한 말이 사성통해 밖에 있지 않았습니다. 신이 본시 쓸모 없음을 부끄럽 게 여기고 국가에 도움이 되지 못함을 두렵게 여겼습니다. 길에서 사 인 왕지부(士人王之府)를 만나 이를 질문한 즉 삼사(三事)를 간략(簡 略)하게 설명하고 이를 비웃으며 말하기를 "질정(質正)의 옴이 단지 이 일 때문인가. 이러한 몇 가지 일 같은 것은 이 방술지사(方術之士) 를 제외(除外)하더라도 능히 다 아는데 반드시 강문(强問)하려고 한 다면 성문(聖門)[165]에 있어서 기물(器物)을 완상(玩賞)하여 그 뜻을 잃는 것이 되고 우리의 우리의 유생(儒生)에게는 넓게 아는 소인(小 人)이 되는 것이다."라고 하였는데 신은 이 말을 듣고 아주 부끄럽게 여겼습니다. 생각컨대 선종조(宣宗朝)[166]가 질정관(質正官)을 반드 시 보내고 이를 그치지 않은 것이 중국인이 우리나라를 가리켜 소중

---

162) 질정관에서 돌아온후 임금에게 상조소를 올림
163) 질정관으로 명나라에 간 일.
164) 한자를 운(韻)에 의하여 분류한 자서(字書), 2권 2책, 목판본. 1517년(중종 12년) 최세진이 편찬하였다. 사성통고(四聲通攷)의 단점을 보완하기 위하여 홍무정운을 기초로 하여 실용에 적합하도록 엮었다.
165) 공자의 가르침.
166) 중국 명나라의 제10대 황제.

화(小中華)라고 한 것은 진실로 능히 예의를 밝히는 것입니다. 그런데 국가에서 관(館)을 모화(慕華)·태평(太平)이라고 이름한 것은 어찌 반드시 저 명나라의 왕 성제(聖帝)의 대공(大公) 지정(至正)한 제도와 오래동안 정치하고 오래동안 백성을 편안하게 하는 술책(術策)을 자세하게 궁구하여 하여 한 지역의 백성들을 태평한 지역에 두려는 것이요 이것은 중국인이 바라다보도록 밖으로 과시(誇示)하기 위하여 말한 것이 아닙니다. 고로 차라리 역참으로 통하는 길의 군사들을 수고시킬지언정 지금의 선정을 듣기를 바라고 장차 크게 폐해를 버리고 흥하게 되는 본을 삼으려는 것입니다. 돌아보건대 미신(微臣)[167]은 아는 것이 적고 생각이 얕으며, 재주가 적고 말이 무디어 정말로 비리(鄙俚)[168]한 말이 임금의 총명을 욕되게 하고 더럽힐 것을 아는 바입니다. 그런데 영평(永平)에서 죽은 공물로 바치는 말을 길가다 보니 그 머리를 동쪽으로 두었기에 이를 통사(通事)에게 물은즉 그가 말하기를 우리나라의 말을 매번 보면 죽어서 반드시 그 머리를 동쪽으로 한다고 하였습니다. 대저 말도 근본을 잊지 않는데 신이 말보다도 못한 것을 깊이 부끄럽게 여기는 바입니다. 고로 감히 이목(耳目)으로 듣고 본 것으로써 치도(治道)에 관(關)한 것 중 아직 우리나라에서 진미(盡美)하지 않은 것을 외람히 의논하여 쓸만한 것을 채택(採擇)하도록 삼가 갖추어 놓았습니다. 엎드려 바라옵건대 성명(聖明)께서는 유의하시옵소서.

## 성묘배향(聖廟配享)의 제(制)

신(臣)이 보건대 가정[169]중(嘉靖中)에 문선왕(文宣王) 호(號)를 고

---

167) 신하가 자신을 낮추어 이르는 말.
168) 언어나 풍속 따위가 속되고 촌스럽다.
169) 명나라 세종의 연호(年號)

처서 지성선사(至聖先師) 공자(孔子)의 위(位)라 하였고 안자(顔子)[170] 이하(以下)도 모두 옛적의 작위의 이름을 고쳤던 고로 묘(廟)의 편액을 대성전(大成殿)이라 하지 않고 선성묘(先聖廟)라 하였으며 위판(位版)의 장단(長短)도 헤아려 본뜨지 않았습니다. 단 공자는 붉게 칠한데다 금(金)가루를 아교에 녹여서 글씨를 썼는데 길이는 약 일척(一尺) 정도 되고 폭은 이촌(二寸) 조금 더 되며, 사성(四聖) 이하(以下)는 조금 짧아 일척(一尺)이 조금 못 되나 붉게 칠해서 흑자(黑字)로 썼으며 종사(從祀) 이하(以下)는 더 짧았습니다. 그리고 밑에는 질방(跌方)을 사용치 않고 각목(刻木)을 대(臺)로 삼아 안치(安置)[171]하였는데 모두 독(櫝)[172]은 없었습니다. 신이 금년 오월에 내린 위패(位牌)의 길이를 상고하여 올리라는 교지(敎旨)를 보고 생각컨대 신의 소견으로는 융경(隆慶) 년간(年間)에 나온 대학지(大學志)에 기록된 길이는 주척(周尺)[173]으로 정한 것이지 베와 비단에 사용하는 자가 아님이 명백합니다. 또한 태학(太學)의 동서의 전각의 중간 위치에는 각각 향로(香爐)가 있는데 우리나라에서는 하나의 향로를 겸하여 설치하여 두었으니 이것도 마땅히 의논하여 고쳐야 할 것입니다. 고로 신이 재주는 없지만 뒤에 도면(圖面)을 그려 놓았으니 전하께서는 잘 살피시기를 바라는 바입니다.

신이 삼가 문선왕(文宣王)를 공자(孔子)로 개칭(改稱)한 까닭을 살펴보건대 대체로 한(漢) 평제(平帝) 때에 왕망(王莽)[174]이 그 간모(奸謀)[175]를 발휘해서 수성선니공(襃成宣尼公)이라 잘못 칭하였으며,

---

170) 중국 춘추시대(春秋時代) 노(魯)나라의 현인(賢人).
171) 불상, 위패, 시신 등을 잘 모시어 둠.
172) 신주(神主)를 모시어 두는 나무 궤, 주궤의 준말.
173) 한 자가 곱자로 6치 6푼이 되는 자. 주로, 도로나 토지의 측정에 쓰임.
174) 중국 전한(前漢) 말의 정치가, '신(新)' 왕조(8~24)의 건국자.
175) 중국 전한(前漢) 말의 정치가로 AD 5년에 평제를 독살한 뒤 2세의 유영(宣帝의 현

당(唐)의 현종(玄宗)[176]이 처음으로 시호(諡號)를 내려 문선왕이라 하였고, 안자(顏子)[177] 이하(以下)의 질(秩)도 공(公)·후(候)·백(伯)으로 칭하였습니다. 그 공으로 봉하고 왕으로 봉하는 것은 부자(夫子)의 이른바 군군(君君)·신신(臣臣)·부부(父父)·자자(子子)의 도에 일체(一切)가 어그러지는 것이며 성인(聖人)을 거짓으로 높임으로써 천하를 기만(欺瞞)하는 것입니다. 일찍이 가신(家臣)의 거짓을 책망(責望)하여 대부(大夫)의 도를 바꾼다고 하였는데 어찌 일각(一刻)이라도 그 이름을 즐겨 받을 수 있겠습니까? 하물며 스스로 황제라 칭하고 그 신자(臣子)를 봉(奉)하여 강제로 왕이라 한 것은 더욱 성인(聖人)을 받드는 바가 아닙니다. 고로 가정(嘉靖) 10년에 태학사(太學士) 장부경(張孚敬)의 건의로 천년간의 과오를 고쳤는데 우리나라에서 오랫동안 오히려 잘못을 이어 받은 것은 마땅히 의논하여 고쳐야 할 것입니다. 대개 그 사람을 받드는 것은 그 도(道)를 통용하는 것입니다. 그런데 세상의 임금은 다만 외면적인 존경만을 하여 배우는 자에게 표시(表示)하고 성현의 말씀을 몸소 실행하지 못하기 때문에 예나 지금이나 천하가 잘 다스려지는 것은 적고 어지러운 것이 많은 것입니다. 노(魯) 정공(定公)같은 이는 공자를 등용해서 사구(司寇)[178]로 삼아 협곡(夾谷)의 회견(會見)에서 내이(萊夷)를 물리친 공을 비록 기뻐하기는 하였지만 여악(女樂)[179]이 마음을 좀

---

손)을 세우고 자기를 스스로 가황제(假皇帝)라 하고, 신하들에게는 섭황제(攝皇帝)라 부르게 하였다. 그리고 AD 8년 유영을 몰아내어 한나라를 멸망시키고 국호를 '신'이라 하여 황제가 된 것을 말함.

176) 당나라의 제6대 황제

177) 중국 춘추시대(春秋時代) 노(魯)나라의 현인(賢人). 자 연(淵). 공자가 가장 신임하였던 제자이며, 학문과 덕이 특히 높아서, 공자도 그를 가리켜 학문을 좋아하는 사람이라고 칭송하였고, 또 가난한 생활을 이겨내고 도(道)를 즐긴 것을 칭찬하였다.

178) 고대 중국에서 형벌과 경찰을 집행하는 곳.

179) 궁중에서 연회(宴會)를 베풀 때 여기(女妓)가 악기를 타고 노래 부르며 춤을 추는 것을 말한다.

먹어 임금 노릇하기가 어렵고 신하노릇 하기도 쉽지 않다는 상서(商書)[180]의 말을 저버리고 자기 나라를 일으키기를 생각하지 않아 공자가 마침 짓는 밥을 기다리지 않고 노(魯)의 땅을 넘어간 것을 알지 못하였으니 노가 날로 깎였던 것입니다. 제(齊) 선왕(宣王)[181]은 맹자(孟子)를 빈사(賓師)로 처우(處遇)하고 소를 양과 바꾸는 마음으로 잠시 그 백성을 보호하는 설을 믿었으나 공공의 이익만을 생각하고 맹자의 백성과 동락(同樂)하라는 말이 왕노릇 하는 데 사정에 어둡고 의심(疑心)하였은 즉 그가 건물을 주어 제자를 공궤(供饋)[182]하겠다는 말이 맹자(孟子)가 획(畫 : 지명)에서 나가는 것을 말리지 못하여서 제나라도 속히 망하였던 것입니다.

역대(歷代)의 소위(所謂) 성현(聖賢)을 받든다는 것이 실로 노(魯) 정공(定公)과 제(齊) 선왕(宣王)보다도 못한 데에서 나와서 그들이 다스린 것보다 더 잘 다스려지게 바란다는 것은 이미 어려운 일이 아니겠습니까? 이것이 다만 외면적으로 존경(尊敬)하여 실효(實效)가 없는 까닭이니 전하께서 마땅히 깊게 경계(警戒)하셔야 할 바입니다.

신이 또한 태학의 동쪽과 서쪽 건물의 열(列)을 살펴보건대 임방(林放), 거원(蘧瑗), 공백료(公伯寮), 주염(奏冉), 안하(顔何), 순황(荀況), 대성(戴聖), 유향(劉向), 하휴(何休), 가규(賈逵), 정중(鄭衆), 마융(馬融), 노식(盧植), 정현(鄭玄), 복건(服虔), 범녕(范甯), 왕숙(王肅), 왕필(王弼), 두예(杜預), 오징(吳澄) 등은 그 중에 있지 않고 후창(后蒼), 왕통(王通), 구양수(歐陽脩), 호원(胡瑗), 양시(楊時),

---

180) 한대(漢代) 이전까지는 '서(書)'라고 불렸는데, 이후 유가사상의 지위가 상승됨에 따라 소중한 경전이라는 뜻을 포함시켜 한대(漢代)에는《상서(尙書)》라 하였으며, 송대(宋代)에 와서《서경(書經)》이라 부르게 되었다. 현재는《상서》와《서경》두 명칭이 혼용되고 있다. 우(虞), 하(夏), 상(商), 주(周) 시대의 역사적 내용들이 기록되어 있다.
181) 중국 전국시대 제(齊)나라의 제4대 왕(재위 BC 319~BC 301).
182) 음식물을 주는 것

육구연(陸九淵), 설선(薛瑄) 등은 모두 그 열(列)에 들어 있습니다. 대개 사당에 배향(配享)하는 규정을 베푸는 것은 유학(儒學)에 공이 있음에 보답(報答)하고 후학(後學)의 취향(趣向)을 나타내려는 때문입니다. 주염(奏冉), 안하(顔何)는 참고(參考)할 데가 없고 임방(林放), 거원(蘧瑗)은 승당(升堂)의 반렬(班列)에 들지 못하며 정중(鄭衆), 노식(盧植), 정현(鄭玄), 복건(服虔), 범녕(范甯) 또한 순수한 유학자가 아니었기 때문에 종사(從祀)에서 빼냈던 것입니다.

그런데 임방(林放)의 예(禮)를 좋아하는 것과 거원(蘧瑗)의 과실(過失)이 적은 것은 남의 스승이 될만 하며, 정중(鄭衆) 이하(以下) 여러 사람들의 경서를 도운 공(功)은 기념(紀念)하지 않을 수 없으므로 각기(各其) 자기 고향에서 종사하게 하였던 것입니다. 공백료(公伯寮)는 몸은 유가(儒家)에서 높았지만 일찍이 부자(夫子)의 도(道)를 도리어 해(害)하려 고하였으며, 순황(荀況)[183]은 성(性)이 악하다고 주장(主張)하고 자사(子思)[184]와 맹자(孟子)[185]가 천하를 어지럽힌다고 말하였으며, 대성(戴聖)은 그 자신이 장리(贓吏)[186]로 빠져 버렸으며, 유향(劉向)[187]은 신선(神仙)을 즐겨 말하였으며, 고달(賈達)

---

183) 순자의 이름.
184) 중국 노나라의 학자. 이름 급(伋). 자사는 자(字)로서 공자의 손자이며, 4서의 하나인 《중용(中庸)》의 저자로 전한다. 전 생애를 주로 고향인 노나라에 살면서 증자(曾子)의 학(學)을 배워 유학의 전승에 힘썼다. 맹자는 그의 제자의 제자이며, 공자-증자-자사-맹자로 이어지는 이 학통(ㄱ 學統)은 송학(宋學)에서 특히 존중된다. 자사학파의 사상을 전하는 책으로 《자사자(子思子)》가 있다. 과불급(過不及)이 없는 중용을 지향하는 실천적인 일상 윤리가 그의 사상의 중심이다.
185) 중국 전국시대의 유교사상가. 성명 맹가(孟軻). 자는 자여(子輿) 또는 자거(子車)라고 하지만 확실하지 않다. 공자의 유교사상을 공자의 손자인 자사(子思)의 문하생에게서 배웠다.
186) 숨은 벼슬아치
187) 중국 전한(前漢)말의 학자. 자 자정(子政). 처음 이름 경생(更生). 젊었을 때부터 재능을 인정받아 선제에게 기용되어 간대부(諫大夫)가 되었으며, 수십 편의 부송(賦頌)을 지었다. 신선방술(神仙方術)에도 관심이 많았으며, 황금 주조를 진언하고

은 참위학(讖緯學)을 우겨댔으며, 마융(馬融)[188]은 욕심이 많고 마음이 야비하여 권세(權勢)있는 자에게 붙어 양나라를 위하여 조서(詔書)를 써서 이고(李固)를 죽였으며, 하휴(何休)[189]는 춘추(春秋)[190]를 해석하여 주왕로(周王魯 : 周公)를 폐(廢)하였으며, 왕필(王弼)[191]은 노장(老莊)의 종지(宗旨)를 따랐으며 왕숙(王肅)[192]은 사마소(司馬

---

이를 추진하다가 실패하여 투옥되었으나, 부모형제의 도움으로 죽음을 면하였다. 재차 선제에게 기용되어 석거각(石渠閣: 궁중도서관)에서 오경을 강의하였다.

188) 중국 후한(後漢)의 유가(儒家). 자 계장(季長). 안제(安帝) 및 환제(桓帝)에 사관(仕官)하여 태수가 되었다. 수경(數經)에 통달하여 노식(盧植), 정현(鄭玄) 등을 가르쳤다. 《춘추삼전이동설(春秋三傳異同說)》을 지었다.

189) 중국 후한(後漢) 말의 사상가. 자 소공(邵公). 소박 근엄한 학자로, 젊어서 관리가 되었으나 곧 사퇴하고, 각고(刻苦) 15년 만에 명저 《춘추공양해고(春秋公羊解詁)》를 완성하였다. 당시에는 마융(馬融)·정현(鄭玄)을 중심으로 하는 《춘추좌씨전(春秋左氏傳)》이 성행하고 《춘추》의 기사(記事)를 사실(史實)로서 상술(詳述)하는 학풍이 성행하였는데, 하휴는 《춘추공양전》을 거론하여 그 기사의 사상적 의미를 취하고 이를 공자의 정신을 잇는 것이라 하여 존경하였다. 하휴의 공양학은 한(漢)나라 경제(景帝) 때의 박사(博士) 호모생(胡母生)에서 비롯되어 동중서(董仲舒)를 거쳐 그에게 이어진 것으로, 후에 청나라 말에 이르러 금문고양학(今文公羊學)으로서 개화하였다.

190) 중국의 고대 사상가인 공자(孔子 : BC 552~BC 479)가 편찬한 사서(史書).

191) 중국 위(魏)나라의 학자. 자 보사(輔嗣). 관료인 하안(何晏) 등에게 학식을 인정받아 젊은 나이에 상서랑(尙書郞)에 등용되었고, 하안과 함께 위·진(魏晉)의 현학(玄學: 老莊學)의 시조로 일컬어진다. 한(漢)나라의 상수(象數: 卦에 나타나는 형상과 변화)나 참위설(讖緯說: 예언학의 일종)을 물리치고 의(義)와 이(理)의 분석적·사변적(思辨的) 학풍을 창설하여 중국 중세의 관념논 체계에 영향을 끼쳤다. 체용일원(體用一源)의, 무(無)를 본체로 하고 무위(無爲)를 그 작용으로 하는 본체론(本體論)을 전개하여 인지(人知)나 상대세계(相對世界)를 무한정으로 보는 노자(老子)의 〈무위자연(無爲自然)〉에 귀일함으로써 현실의 모순을 해결하려고 하였다. 저서인 《노자주(老子註)》《주역주(周易註)》는 육조시대(六朝時代)와 수·당에서 성행하였으며, 현존한다.

192) 중국 삼국시대의 위(魏)나라 학자·정치가. 자 자옹(子雍). 아버지에게 금문학(今文學)을 배웠으나 고문학자(古文學者) 가규(賈逵)·마융(馬融)의 현실주의적 해석을 이어, 정현(鄭玄)의 참위설(讖緯說)을 혼합한 통일해석을 반박하였다. 많은 경서를 주석하고 신비적인 색채를 실용적인 해석으로 대체하고, 정현의 예학(禮學: 사회생활을 규제하는 학문) 체계에 반대하여 《성중론(聖證論)》을 지었다.

昭)를 도와 위나라를 찬탈(簒奪)하였으며, 두예(杜預)[193]는 낮은 벼슬아치가 되어 청렴(淸廉)하지 못하였고 높은 장수가 되어서는 의롭지 않았으며, 오징(吳澄)은 관직(官職)에 대한 진퇴(進退)가 바르지 못하였고, 학문(學問) 또한 선(禪)에 돌아갔습니다. 이들은 마땅히 유학의 반렬(班列)에서 배척(排斥)되어야 하며 표창(表彰)받을 수 없는 것입니다. 그런데 정관(貞觀)[194] 원풍(元豊) 정통(正統)의 시대에 조정(朝廷)에 진정한 유학자가 없어서 잘 가리지 못하고 그들을 선택(選擇)하였던 것입니다. 그래서 마단림(馬端臨)같은 자는 본디 일찍부터 그 부정(不精)함을 의논한 바 있으며 홍치시대(弘治時代)[195]의 여러 신하들도 또한 빼내기를 청(請)하는 자가 많았는데 예부(禮部)에서는 의견이 엇갈려서 그러한 의논이 마침내는 실행되지 못하였습니다. 그러나 원(元)의 세종황제(世宗皇帝)가 태학사(太學士) 장부경(張孚敬)의 진언(陳言)으로 단연(斷然)히 개정(改正)하여 전대(前代)의 그릇된 생각이나 견해를 단번에 씻어 버렸던 것입니다. 선성(先聖)이 싫어하는 바 옳은 것 같으면서도 그른 것은 거의 후생(後生)의 이목(耳目)을 현혹(眩惑)할 수 없게 되었는데 그것이 우리나라에서는 아직 종사(從祀)하는데 줄지어 있으니 마땅히 의논해서 빼내야 할 것입니다.

　후창(后蒼)은 처음으로 예서(禮書)를 주해(註解)하고 대소대(大小

---

193) 중국 진대(晉代)의 학자·정치가. 자 원개(元凱). 저서에《춘추좌씨경전집해(春秋左氏經傳集解)》·《춘추석례(春秋釋例)》등이 있는데, 특히《춘추좌씨경전집해》는 종래 별개의 책으로 되었던《춘추(春秋)》의 경문(經文)과《좌씨전(左氏傳)》을 한 권의 책으로 정리하여,경문에 대응하도록《좌씨전》의 문장을 분류하여 춘추의례설(春秋義例說)을 확립하고, 춘추학으로서의 좌씨학을 집대성하였다. 또한, 훈고면에서도 선유(先儒)의 학설의 좋은 점을 모아《좌씨전》을 춘추학의 정통적 위치로 올려놓았다.

194) 중국 당(唐)나라 제2대 왕 태종(太宗) 이세민(李世民)이 사용한 연호

195) 명(明)나라의 제10대 황제 홍치제 때의 일.

戴)의 예학(禮學)을 좋게 여겨 대대로 전하였으며, 왕통(王通)[196]은
학문(學問)이 바름에 가까워서 격언(格言)이 순자(荀子)[197]와 양자
(揚子)의 발견(發見)하지 못한 곳을 말한 것이 있으며, 구양수(歐陽
脩)[198]는 성도(聖道)를 부지(扶持)하고 이단(異端)을 배척(排斥)한
공(功)이 있어서 주자(朱子)도 그를 가리켜 인의(仁義)의 사람이라고
칭하였으며 호원(胡瑗)은 자기를 수양(修養)하고 남을 다스리는 학
문으로 수(隋)와 당(唐)의 이익을 추구(追求)하는 풍습(風習)을 처음
으로 씻어 버렸으며, 양시(楊時)[199]는 동남(東南)에서 앞장서 이끌어
서 홀로 정씨(程氏)[200]의 학문을 이어받아 아래로 나예장(羅豫章)과
이연평(李延平)에게 전하여 주자에게까지 미치게 하였으며, 설선(薛
瑄)은 학문이 끊긴 것에 분발(奮發)하여 뜻을 돈독히 하고 힘써 행함
에 따라 그 도(道)와 덕(德)이 성립되기에까지 미쳐 조정(朝廷)의 벼

---

196) 중국 수(隋)나라의 사상가. 자 중엄(仲淹). 시호 문중자(文中子). 당나라 왕발(王勃)
   의 조부이다. 어려서부터 준민(俊敏)하여 시·서·예·역(易)에 통달, 스스로 유자
   (儒者)임을 자부하고 강학(講學)에 힘을 쏟음으로써 문하에서는 당의 명신 위징(魏
   徵)·방현령(房玄齡) 등이 배출되었다.《문중자(文中子)》(10권)를 세상에 남겼다.
197) 중국 전국시대 말기의 사상가. 성 순(荀). 이름 황(況). 조(趙)나라 사람. 50세 무
   렵에 제(齊)나라에 유학(遊學)하고, 진(秦)나라와 조나라에 유세(遊說)하였다. 제나
   라의 왕건(王建) 때 다시 제나라로 돌아가 직하(稷下)의 학사(學士)중 최장로(最長
   老)로 존경받았다. 훗날 그곳을 떠나 초(楚)나라의 재상 춘신군(春申君)의 천거로
   난릉(蘭陵 : 山東省)의 수령이 되었다. 춘신군이 암살되자, 벼슬 자리에서 물러나 그
   고장에서 문인교육과 저술에 전념하며 여생을 마쳤다.
198) 중국 송(宋)나라의 정치가, 문인. 호 취옹(醉翁), 육일거사(六一居士). 송나라 초
   기의 미문조(美文調) 시문인 서곤체(西崑體)를 개혁하고, 당나라의 한유를 모범으
   로 하는 시문을 지었다. 당송8대가(唐宋八大家)의 한 사람이었으며, 후배들에게 많
   은 영향을 주었다.
199) 중국 북송(北宋) 말의 유학자(儒學者). 자 중립(中立). 호 구산(龜山). 정호·정이
   형제에 사사(師事)했는데, 특히 형 정호의 신임을 받았다. 구산은 장수(長壽)하면서
   정호·정이)의 도학을 전하여 낙학(洛學 : 이정자의 학파)의 대종(大宗)이 되었으
   며, 그 학계(學系)에서는 주자(朱子)·장식(張栻)·여조겸(呂祖謙) 등 뛰어난 학자
   가 많이 배출되었다. 저서에《구산집(龜山集)》등이 있다.
200) 정자의 학문

슬에 나가서는 고풍대절(高風大節)이 어지러운 세상에 지주(砥柱)가 되었으며, 벼슬에서 물러나서 학문을 강론(講論)하는데 있어서는 척구미언(隻句微言)이라도 중천(中天)에 있는 해와 별 같이 명확하였습니다. 이러한 까닭에 홍치중(弘治中)에는 양시(楊時)를 종사하였고 가정중(嘉靖中)에는 구양수(歐陽脩), 호원(胡瑗), 설선(薛瑄)을 더 종사(從祀)하니 우리나라에서도 마땅히 강구(講究)하여 이를 따라야 할 것 같습니다. 그전에 오로지 육구연(陸九淵)<sup>201)</sup>의 학문은 강론하는 것을 일삼는 것이 아니고 오로지 돈오(頓悟)<sup>202)</sup>에만 힘썼으므로 당시 주자는 그 설(說)이 해(害)가 됨을 걱정하였지만 그것이 더욱 멀리 흘러 전하고 사람들의 미혹(迷惑)됨이 더욱 더 심해져서 온 세상을 풍미(風靡)하여 모두 선학(禪學)으로 돌아갔는데, 감히 도리에 어긋난 의논을 하여 주자를 비방(誹謗)했던 왕수인(王守仁)<sup>203)</sup>같은 자를 오히려 종사하자고 청하였는데 이것은 반드시 강서(江西)의 사람이 널리 보고 들어 배워서 익혀 처음으로 벼슬한 자들이 많아 상산학파(象山學派)<sup>204)</sup>를 힘써 도와서 위로는 조정을 그르치고 아래로는 유

---

201) 중국 남송(南宋)의 유학자. 호 존재(存齋)·상산(象山). 시호 문안(文安). 이름 구연(九淵). 어려서부터 재능이 뛰어나 관직에 올랐으나 곧 물러나 귀계의 상산에 강당을 짓고 후학 양성에 전념하였다. 당시 유일한 석학이었던 주자(朱子)와 대립하여 중국 전체를 양분(兩分)하는 학문적 세력을 형성하였으나, 사상적 계보로는 모두 정호·의 학문을 계승하였다. 다만 주자가 정이천의 학통에 의한 도문학(道問學)을 보다존중한 데 반하여, 상산은 정명도의 존덕성(尊德性)을 존중하였기 때문에, 주자는 격물치지(格物致知)의 성즉이설(性卽理說)을 제창하였고, 상산은 치지(致知)를 주로 한 심즉이설(心卽理說)을 제창하였다.

202) 일순간에 깨우침을 얻는 것. 깊고 묘한 교리를 듣고 단박에 깨닫는 것.

203) 중국 명(明)나라 중기의 유학자. 호 양명. 이름 수인(守仁). 자 백안(伯安). 시호 문성(文成). 양명학의 기초를 확립하였다. 《전습록(傳習錄)》 등이 있다.

204) 중국 송(宋)나라의 철학자 상산 육구연(陸九淵)의 학설을 따르던 학파. 독서·궁리(窮理)를 중요시한 주자학(朱子學)에 대립해서 간명 직절(簡明直截)한 사상을 내걸고 실천 궁행(躬行)을 중요시하였으며, 인성 일원설(人性一元說)을 주장하였다. 양자호(楊慈湖)·서광평(舒廣平) 등이 대표적 인물이었으며, 명(明)나라의 왕수인(王守仁: 陽明)에 이르러 대성(大成)하였다.

학(儒學)을 그르쳤으니 이와 같은 무리를 신은 본받아서 일시적(一時的)으로 구차하게 따를 수가 없습니다.

신이 또한 성묘(聖廟)의 서북(西北)을 보니 또 계성묘(啓聖廟)가 있는데 계성공(啓聖公) 공씨(孔氏)는 북(北)에 있고 계현(啓賢) 안무요(顏無繇) 공리(孔鯉)는 동(東)에 있고 증석(曾晳) 맹손씨(孟孫氏)는 서(西)에 있으며, 동무(東廡)에는 선유(先儒) 정향(程珦) 채원정(蔡元定)이 있고 서무(西廡)에는 주송(朱松)만이 있습니다. 대개 학문이 사람의 윤리를 밝히는 곳이기 때문입니다. 안자(顏子), 증자(曾子), 자사(子思)는 묘내(廟內)에 있되 언연(偃然)히 먼저 흠향(歆享)하고 안로(顏路), 증점(曾點), 백어(伯魚)는 아득히 밑에 거하여 상인(常人)에게도 또한 불안한 바가 있는데 하물며 성현(聖賢)에게 그렇게 하겠습니까? 고로 웅화(熊禾), 홍매(洪邁)가 일찍이 하나의 묘(廟)를 따로 건설(建設)하자고 의논하였으며 홍치중(弘治中)에는 정민정(程敏政)[205]이 또한 일찍이 건의(建議)하였는데, 원(元)의 세종(世宗) 때 이르러서 별묘(別廟)를 짓고 춘추(春秋) 석전(釋奠)할 때에 동시(同時) 행사(行事)하게 하였으며 소위(所謂) 아들이 비록 성묘(聖廟)에 배향(配享)이 되었더라도 어버이의 음식(飮食)보다 먼저하지 아니하여 유감(遺憾)이 없어졌던 것입니다. 신이 그윽히 생각하여 보건대 우리나라 문묘(文廟)의 서쪽에는 넓은 땅이 있으므로 만약(萬若) 의논하여 묘를 세우고 춘추로 함께 제사를 지내면 윤리(倫理)와 의리(義理)가 안전한 데 가까워지고 일국(一國)의 부자(父子)된 자가 정해질 것입니다.

신이 또한 중국의 배향(配享)하는 일로 깊게 감명(感銘)받은 바가 있습니다. 대개 선비의 풍습의 추세(趨勢)는 한결같이 그 위에서 좋

---

205) 명나라 때의 문신, 홍무제(洪武帝)에서부터 천순제(天順帝)에 이르는 명나라 초기 100년간의 산문을 추린 명문형을 저술하였다.

아하는 바를 보는데 전하께서는 지난번에 관학 유생(館學儒生)들의 모든 현인을 종사(從祀)하라는 여러 차례의 상소(上疏)를 윤허(允許)하지 않으셨으며 근신(近臣)의 경연(經筵)의 계(啓)도 승낙(承諾)하지 않으셨습니다. 이것은 실로 일세(一世)의 선(善)으로 향하는 마음을 막는 것이니 신(臣)도 그것을 민망하게 여기는 바입니다. 대저 김굉필(金宏弼)[206]은 처음으로 도학(道學)을 일으켜 옛 것을 잇고 앞의 것을 연 업적(業績)이 있으며, 조광조(趙光祖)[207]는 유교의 도덕을 계속 밝혀 세상을 구제(救濟)하고 사람들을 선량(善良)하고 덕(德)있게 한 공로(功勞)가 있으며, 이언적(李彦廸)[208]은 도(道)를 본떠 순수하게 돈독하게 하여 거꾸러지려 하고 기울어지려 하는 것을 부지(扶持)한 힘이 있으니 이 세 사람을 중국에서 찾아본다면 허형(許衡)·설선(薛瑄) 외(外)에는 비교(比較)될만한 자가 드물며 우리나라에서 찾아본다면 설총(薛聰)[209]·최치원(崔致遠)[210]·안유(安裕)[211] 등과

---

206) 조선시대 학자, 자(字) 대유(大猷), 호(號) 한훤당(寒暄堂), 사옹(蓑翁), 시호 문경(文敬), 본관 서흥(瑞興). 1480(성종 11)에 사마시에 합격하고 척불(斥佛)을 상소하였다. 1498년 무오사화(戊午士禍) 때 김종직 일파로 몰려 평북 희천으로 유배되었고 다시 순천으로 이배(移配)되었다가 1504년 갑자사화 때 사사되었다. 평소 육경(六經)연구에 정진하여 성리학에 통달하고 문하에 조광조, 김안국, 이장곤 등의 학자들이 배출되었다. 저서에는 「한훤당집」, 「가범」, 「경현록」 등이 있다.

207) 조선 중기의 문신. 본관 한양. 자 효직(孝直). 호 정암(靜庵). 시호 문정(文正). 어천찰방(魚川察訪)이던 아버지의 임지에서 무오사화로 유배 중인 김굉필(金宏弼)에게 수학하였다. 도학정치(道學政治)의 실현을 위해 적극적으로 노력하였고 1518년에 천거를 통해 과거 급제자를 뽑는 현량과(賢良科)의 실시하였다. 그러나 중종의 지지를 업은 훈구파가 기묘사화(己卯士禍)를 일으킴에 따라 능주에 유배되었다가 사사되었다. 그러나 후일 사림파의 승리에 따라 선조 초에 신원되어 영의정이 추증되고, 문묘에 종사되었으며, 전국의 많은 서원과 사당에 제향되었다. 문집에《정암집》이 있다.

208) 조선 중기의 문신. 본관 여주. 호 회재(晦齋)·자계옹(紫溪翁). 자 복고(復古). 시호 문원(文元).

209) 신라 경덕왕(景德王) 때의 학자. 자 총지(聰智). 호 빙월당(氷月堂). 경주설씨(慶州薛氏) 시조. 한림(翰林)을 지냈고 주로 왕의 자문역을 맡아보았다. 유학(儒學)과 문학(文學)을 깊이 연구한 학자로서 일찍이 국학(國學)에 들어가 학생들을 가르쳐

비교(比較)가 될 것입니다. 하물며 이황(李滉)[212] 같은 분은 동유(東儒)를 집대성(集大成)하였고 주자(朱子)의 적통(嫡統)을 이어 받아 벼슬하여서는 임금을 옳은 도리(道理)로 인도(引導)한 정성이 글과 상소의 사이에 간절하게 나타나고, 물러가서는 인재(人材)들을 교화(敎化)하는 뜻이 강론(講論)할 때 간절하게 나타나 착한 사람은 말씀을 듣고 경공(景恭)하였으며 악한 자는 그 풍모(風貌)를 우러러 보고 스스로 몸을 바로 잡았던 것입니다.

지금의 선비가 임금을 존경(尊敬)하고 부모를 사랑함을 알고 예의(禮義)와 염치(廉恥)가 있는 것은 모두 그의 덕(德)에 훈도(薰陶)되어 일어나게 된 것입니다. 다만 국가에서는 이미 살아 있을 때에는 능히 크게 등용(登用)하지 않았는데 식자(識者)는 이미 그 태평(太平)을

유학의 발전에 기여했으며 그가 창제한 중국 문자에 토를 다는 방법은 당시 중국 학문 섭취에 큰 도움이 되었다. 또 이두(吏讀)도 창제했다고 기록으로 보아 집대성한 것으로 보인다. 《화왕계(花王戒)》가 있다.
210) 경주 최씨(慶州崔氏)의 시조. 자 고운(孤雲)·해운(海雲). 869년 13세로 당나라에 유학하고, 874년 과거에 급제, 선주(宣州) 표수현위(漂水縣尉)가 된 후 승무랑(承務郎) 전중시어사내공봉(殿中侍御史內供奉)으로 도통순관(都統巡官)에 올라비은어대(緋銀魚袋)를 하사받고, 이어 자금어대(紫金魚袋)도 받았다. 879년 황소(黃巢)의 난 때는 고변(高騈)의 종사관(從事官)으로서 〈토황소격문(討黃巢檄文)〉을 초하여 문장가로서 이름을 떨쳤다.
211) 고려시대의 문신·학자. 본관 순흥(順興). 초명 유(裕). 자 사온(士蘊). 호 회헌(晦軒). 시호 문성(文成). 1275년(충렬왕1) 상주판관(尙州判官) 때 미신타파에 힘썼고, 판도사좌랑(版圖司佐郎)·감찰시어사(監察侍御史)를 거쳐 국자사업(國子司業)에 올랐다. 1288년 정동행성(征東行省)의 원외랑(員外郎)을 거쳐 유학제거(儒學提擧)가 되고, 그해 왕과 공주를 호종하여 원나라에 들어가 연경(燕京)에서《주자전서(朱子全書)》를 필사하여, 돌아와 주자학(朱子學)을 연구하였다.
212) 조선 중기의 학자·문신. 본관 진보(眞寶). 초명 서홍(瑞鴻). 자 경호(景浩). 초자 계호(季浩). 호 퇴계(退溪)·도옹(陶翁)·퇴도(退陶)·청량산인(淸凉山人). 시호 문순(文純). 경북 예안(禮安) 출생. 12세 때 숙부 이우에게서 학문을 배우다가 1523년(중종18) 성균관(成均館)에 입학, 1528년 진사가 되고 1534년 식년문과(式年文科)에 을과(乙科)로 급제하였다. 이언적의 학통을 이어 이기이원론을 주장하였다. 저서에 〈퇴계전서〉 등이 있다.

보지 못한 것을 탄식(歎息)하였습니다. 그리고 또한 사후(死後)에도 숭장(崇獎)하지 않아 아첨하고 말을 함부로 지껄이는 무리들이 방관(傍觀)하며 몰래 기뻐할 뿐만 아니라 옛날에 흥기(興起)한 자는 모두 저상(沮喪)[213]의 마음이 생겼으며, 더욱이 기문(其門)에 오르고도 명예(名譽)와 이익(利益)을 싫어하는 자가 있으니 기문(其門) 이르지 못한 자는 장차 무엇을 믿고 위선(僞善)하겠습니까? 오호라 복종(服從)과 위배(違背)의 즈음이 크게 관계(關係)되지 않는 것 같으나 선비의 풍습이 옳고 그름이 이미 이에서 판별(判別)됩니다. 전하께서는 가히 중대(重大)하고 난처(難處)하다고 이르고 이것을 따르지 않으시겠습니까. 대저 후창(后蒼) 등의 모든 현인들은 비록 전대(前代)에는 배향(配享)되지 않았지만 세종황제(世宗皇帝)가 그 현명(賢明)함을 명확(明確)히 알았은 즉 배향(配享)하는 데 미혹(迷惑)되지 않았던 것입니다. 그리고 공백료(公伯寮) 등의 모든 사람은 비록 전대(前代)에는 배향(配享)되었지만 세종황제가 그 현명하지 못함을 명확히 알아 물리치기를 머뭇거림이 없었던 것입니다.

그리고 임방(林放) 등의 사람들은 모두 한가지 취할 장점(長點)이 있어 각기(各其) 그 고향에 사당에 배향(配享)하게 하여 그 선(善)함을 민몰(泯沒)[214]하게 하지 않았던 것입니다. 기타 근세(近世)의 모든 현인으로 장무(章懋), 오홍필(吳興弼), 진헌장(陳獻章), 호거인(胡居仁), 진진성(陳眞星), 채청(蔡淸)도 각기 유학의 발전에 공(功)이 있은 즉 황상(皇上)께서 그 고향에 배향(配享)하도록 명(命)하였으며 선조(先朝)에서 미정(未定)한 것이라 하여 의심(疑心)하지 않았던 것입니다.

요동(遼東) 성중(城中)에도 또한 왕렬(王烈), 이민(李敏), 장승(張升), 호심(胡深), 하흠(賀欽)으로 서원(書院)에 제사 지내게 하여 편

---

213) 기력이 꺾여서 기운을 잃음.
214) 형적이나 모습이 아주 없어짐.

액(扁額)과 서책(書冊)을 내려주지 않음이 없습니다. 그 널리 권장(勸奬)하는 바의 자(者)는 오직 그 사람의 학문이 높고 행실(行實)이 뛰어나서 후학(後學)에게 널리 장려(奬勵)할 수 있는 자일 뿐인 것이니 대략(大略) 고금(古今)에 구속(拘束)되지 않는 것이 이와 같은 것입니다. 하물며 앞의 김굉필(金宏弼) 등 사군자(四君子)를 마땅히 종사(從祀)하자고 하는 의논에 대해 조정(朝廷)에서 이견(異見)이 없고 사림(士林)에서도 이론(異論)이 없는데 오히려 이를 오래 머무르는 것은 그들이 현명(賢明)하지 않다고 일컬어지기 때문입니까. 신(臣)이 엎드려 원하옵건대 전하께서는 앞의 사현(四賢)을 종사하도록 할 것이며 그 분들을 높일 뿐만 아니라 또한 그 분들의 말씀을 반드시 쓰되 일찍이 임금에게 흉금을 털어놓고 말한 것은 모두 취하여 날마다 앞에 놓고 참고(參考)하여 정치를 잘하는 자료(資料)로 삼되 사현(四賢)이 면류관(冕旒冠) 앞에서 통달하는 것 같이 하고 또한 그 나머지도 떠받들어서 팔방(八方)의 선비들로 하여금 공경(恭敬)하여 표본(標本)으로 삼을 바를 알게 하면 포숭(褒崇)하고 향용(嚮用)하는 두 가지 의(義)가 극진(極盡)할 것이며, 문왕(文王)을 기다려 흥(興)한 자가 범민(凡民)에서 많이 일어날 것입니다.

## 내외서관(內外庶官)의 제(制)[215]

관제(官制)는 달리 고찰(考察)한 바 없고 삼가 진신편람(搢紳便覽) 양책(兩冊)을 얻어서 책을 꾸미어 만들어 올리는 바입니다. 이 책(冊)에서는 대소(大小) 경관(京官) 및 지방(地方)의 양직예(兩直隷) 지부(知府) 이상(以上)까지는 모두 기재(記載)되어 있으며, 기타(其他) 외관(外官)은 다 재록(載錄)되어 있지 않습니다. 천하 서관(庶官 : 胥

---

215) 내직 외직의 서리에 관한 제도.

吏)이 이와 같이 많은데 주의(注擬)할 때는 한결같이 모두 신중(愼重)하여 혹 관원의 결원이 있으면 육부 도찰원[216]회의(六部都察院會議)에서 의망(擬望)[217]한 사람을 모두 논하여 정한 연후(然後)에 이부(吏部)에서 단지 삼인(三人)을 의망(擬望)하여 올리면 황제(皇帝)는 예(例)에 따라 제일 성적이 좋은 사람을 낙점(落點)하십니다. 대체로 중국에는 인재가 많은데 어찌 삼망(三望)에 의(擬)할 자가 없겠습니까. 정말로 인재를 구하여 얻기 어려워 서관(庶官) 가운데에 한 사람이라도 혹시(或是) 인재가 아닌 자가 끼어 있으면 그 피해(被害)가 백성들에게 번져나가고 화(禍)는 국가에 미침으로 아래에서 감히 인재가 아닌 인물로 구차(苟且)하게 채우지 아니하며, 위(인군 : 人君)에서도 감히 개인적인 뜻으로 구차하게 임명(任命)하지 않는 것이니 그러므로 한번 인재(人材)를 뽑아 관직(官職)을 주게 되면 영원(永遠)히 잘못되어서 캐묻는 일이 없는 것입니다. 이미 그 임무(任務)를 맡고 또 모두 그 직(職)에 오래 있어 구재(九載)에 삼고(三考)하여 출섭(黜涉)을 정하며, 교관(校官) 변수(邊帥)도 가속(家屬)을 데리고 다녀 대체로 가족(家族)을 오래 부양(扶養)할 계책(計策)을 세워야 하기 때문에 서관(庶官 : 서리)이 많이 그 직분(職分)을 다하고 있고 백성들이 많이 그 살 바를 얻고 있는 것입니다. 중국이 크게 안정(安定)을 누리는 까닭은 그러한 것에 기인되는 것입니다.

신(臣)이 생각하옵건대 우리나라의 인재의 성(盛)함은 중국의 20분의 1도 못 되는데 여러 번 목을 베는 일을 거쳐 선비들의 추세(趨勢)는 그릇된 것을 따라서 지금에 이르렀으니 삼강(三綱)[218]이 불명하고 의

---

216) 의정부에 둔 한 관아. 모든 관원의 잘잘못을 규찰하는 임무를 맡음.
217) 지난날, 삼망(三望)의 후보자로 추천하던 일.
218) 유교(儒敎)의 도덕사상에서 기본이 되는 3가지의 강령(綱領), 군위신강(君爲臣綱)·부위자강(父爲子綱)·부위부강(夫爲婦綱)을 말함.

(義)와 이(利)가 분별(分別)이 없어서 국가를 다스리고 도(道)를 논할만한 자는 대개 만나기가 어렵고 난국(難局)을 당하여 자기 직책(職責)을 다 할 것을 생각하는 자도 또한 많이 보지 못하였습니다. 그리고 정무를 보는 관청에서 의론(議論)할 때에 미리 논하여 정함이 없이 정부(政府)에 함께 앉아 의론한 연후(然後)에 붓을 잡고 처음으로 논의하여 삼망(三望)[219]에 전부 합당한 자가 거의 없습니다. 또 빈 자리가 많고 인원(人員)이 부족(不足)한 때에 이르러서는 겨우 일망(一望)만 준비(準備)하고 나머지는 모두 구차하게 채우며 임금의 낙점(落點)하는 바도 인망(人望) 밖에서 나오므로 각 군의 실정이 순순히 복종(服從)하지 아니하고 공론(公論)이 시끄럽고 떠들썩한 것입니다.

동(東)에서 뽑아 서(西)에 보충(補充)하고 아침에 관직(官職)을 제수(除授)하였다가 저녁에 바꾸는 것을 면하지 못하니 서울과 지방의 관원(官員)이 맡은 바 직책(職責)이 무슨 일인지 조차 알지 못하여 혹은 관직에 임명된 지 얼마 되지 않아 떠나는 자가 있으며 장물죄(贓物罪)[220]에 걸리는 자가 있어 간악(奸惡)의 서리(胥吏)의 술책(術策)에 빠져 신관(新官)을 맞으며 구관(舊官)을 보내는 차인(差人) 발마(發馬)가 천리 밖을 분주(奔走)하여 피폐(疲弊)한 국민의 재산(財産)을 없애는 것은 중국에는 없는 폐단(弊端)입니다. 또한 새로 관직을 제수(除授)받은 자가 목민관(牧民官)에 합당(合當)하지 않으면 속히 의논하여 임금께 여쭈어 교체(交遞)하는 것이 가하거늘 반드시 당행(當行)의 날에 이를 주파(奏罷)하니 멀리서 온 관속(官屬)이 처음 가지고 온 일개월(一個月) 양식(糧食)에는 또 월리(月利)가 붙으며 신관(新官)의 출발(出發)을 오래 머물러 기다린 즉 귀가(歸家)해서는

---

219) 조선시대 관리를 임명할 때 이조와 병조에서 적임자 3명의 명단을 적어 왕에게 추천하던 제도.
220) 관리가 뇌물을 받아 지은 죄.

전토(田土)를 팔아서 겨우 월리(月利)를 갚고 나면 그 집은 이미 절망상태(絶望狀態)입니다. 그런데 1년에 파직자(罷職者)가 한 둘에 그치는 것이 아닌데다 하나의 관원을 맞이하는데 백인(百人)을 요란(擾亂)하게 할 뿐만이 아니고 일년에 이로써 실업(失業)하는 자가 몇백 명인지 모릅니다. 오호라 이 불량(不良)한 사람과 기다리지 않는 관원(官員)으로서 그 병폐(病弊)가 백성에게까지 미치는 것이 이와 같은 것입니다.

중국에서는 처음으로 제수(除授)할 때에 신중(愼重)하게 선택(選擇)할 뿐 아니라 근경(近境)의 인물을 많이 서용(叙用)[221]함으로써 그 의망(擬望)[222]을 메우고 또한 근처의 관원을 많이 추천됨으로써 그 결원(缺員)을 보충(補充)하기 때문에 비록 개인의 말을 사용(使用)하고 그 가속(家屬)을 옮기더라도 심한 고통에는 이르지 아니합니다. 우리나라의 외관(外官)은 모두 다 근경(近境)의 사람으로 서용(叙用)하기는 어려우나 훈도(訓導)같은 것의 궐원(闕員)은 마땅히 본도(本道)의 사람으로 보충(補充)할 수 있는데 이조(吏曹)에서는 그 사람이 가르칠 수 있는지의 여부(與否)를 불문(不問)하며 그 지방(地方)의 원근(遠近)을 보지 않고 오직 행하(行下) [223]의 고하(高下)로 훈도(訓導)에 서용(叙用)하고 있습니다. 그리고 훈도(訓導)로 봉임(封任)되어 가거나 퇴임(退任)하여 돌아올 때 관(官)에서 말을 출급(出給)하지 않으므로 의례(依例) 교생(校生)의 말을 징발(徵發)하고 있습니다. 오호라 이조(吏曹)에서 사람을 서용(叙用)함은 잠시(暫時)의 불찰(不察)에 그치지만 사방(四方)의 소시민은 해(害)를 입지 않음이 없는데 그것을 조그만 일이라 하여 고치지

---

221) 조선 시대에, 죄가 있어 면관당하였던 사람을 다시 임용하던 일.
222) 삼인의 후보자를 추천함.
223) 품삯 이외에 더 주거나, 경사가 있을 때 주인이 하인에게 주던 돈이나 물품.

않겠습니까? 신(臣)이 엎드려 바라옵건대 전하(殿下)께서는 이윤(伊尹)의 기신지훈(其愼之訓)[224]을 몸소 행하시고 공자(孔子)의 재난지탄(才難之歎)[225]을 생각하셔서 이조(吏曹)에 신칙(申飭)[226]하여 이조(吏曹)로 하여금 먼저 논하여 정하게 하고 공공의 의로움에 합치(合致)된 연후(然後)에 그 의망(擬望)을 채우게 하고 만일 적합(適合)한 인재(人材)가 없으면 모름지기 삼망(三望)을 채울 필요(必要)가 없는 것입니다. 위에서부터 한 사람을 잘못 씀으로 하여 국사(國事)를 그르치며 서관(庶官)을 자주 바꾸면 백성들이 그 독(毒)을 입는 것을 항상 두려워하였던 것입니다. 사사(私私)로이 친한 자에 미치지 말고 그 능(能)한 것만 생각하고, 악덕(惡德)한 자에게 미치지 말고 그 현명한 것만 생각하여 반드시 삼망 중(三望中)에 제일 뛰어난 자를 뽑아 임용하되 그 직(職)에 오래 임명하여 그가 힘써 몇 년간 잘 다스리기를 기다린 연후에 벼슬에서 물러나게 할 것입니다. 훈도(訓導)[227]의 문부(文簿)도 모두 그 거처하는 고향에 두게 하여 결원된 관원을 가까이에서 보임(補任)시키면 거의 사람마다 학문(學問)에 힘쓸 것을 알며 백성들은 그 살 바라를 얻을 것입니다.

변변치 못한 천신(賤臣)이 시정(時政)을 의논(議論)함이 죄만(罪慢)스러움을 모르는 바 아니나 국가의 위태(危殆)함과 민생(民生)의 간난(艱難)함이 모두 임용(任用)을 옳지 않게 하는 데 있음을 눈으로 직접 본바 있어 입을 감히 다물 수 없었던 것입니다. 바라옵건대 성주(聖主)께서는 불쌍히 여기셔서 조금이나마 살피시옵소서.

---

224) 그 몸을 삼가는 가르침.
225) 인재를 구하기 어려움 탄식함.
226) 단단히 타일러서 경계함.
227) 조선시대의 정9품 관직.

# 귀천의관(貴賤衣冠)의 제(制)

복두연각(幞頭軟脚)[228]을 이름하여 안시(鴈翅)라 하는데 그 정해 놓는 규칙에는 그 끝을 구부려 비스듬하게 꼽되 굽은 곳은 위로 향(向)하게 하여 마치 깃촉을 들어 떨쳐 일어나는 형상(形象)과 같음이 있으므로 또 이름하여 전시(展翅)라고도 합니다. 홍포(紅袍)[229], 청포(青袍)[230]의 주름은 도포(道袍)[231]와 같고 원령(圓領)과는 다르며. 기타(其他)의 평상복(平常服)은 위로부터 아래에 이르기까지 부대(浮大)하지 않고 땅과의 거리(距離)의 촌수(寸數)도 한결같습니다. 신(臣)이 고찰(考察)해 보건대 홍무(洪武) 22년에 정한 법규(法規)은 문관(文官)의 옷은 땅과의 거리(距離)가 일촌(一村)이고 무관(武官)의 그것은 오촌(五寸)이며. 소매의 넓이는 모두 일척(一尺)인데 그 입구는 문관의 옷이 구촌(九寸)이고 무관(武官)의 옷은 활쏘기 편하게 겨우 주먹이 나갈 정도이며 의살직영(衣撒直領)을 입었습니다. 지금은 비록 문무관(文武官)이 같은 법규(法規)이지만 그 정재(整齋)하고 단엄(端嚴)[232]한 형상(形象)은 마땅히 본받을 만한 것 같습니다. 선비가 쓰는 두건의 이름은 혹 민자건(民字巾)이라고도 하는데 그것은 대체로 그 형태(形態)가 민자(民字)와 같기 때문입니다. 그 법규(法規)는 혹 대나무를 연결하여 검은 베로 싸거나 혹은 풀칠한 종이로 만들어 옻칠을 하여 항상 쓰고 다니되 연기처럼 이슬비가 내리는 길에서도 쓰고 다닙니다. 이것은 우리나라의 선비의 두건이 이

---

228) 복두는 과거에 급제한 사람이 홍패(紅牌)를 받을 때 쓰는 관(冠)의 한가지. 모양이 사모(紗帽)와 비슷한데 앞턱이 없이 밋밋하고 위가 편평하며 네모짐.
229) 조선 시대에, 정삼품 이상의 당상관이 공복으로 입던 홍색의 겉옷.
230) 조선 시대에, 사품에서 육품까지의 벼슬아치가 입던 '푸른 도포'
231) 지난날, 통상 예복으로 입던 남자의 겉옷. 옷 길이가 길어 거의 발등에 미치고, 소매는 넓고 뒷길의 중심선이 틔었으며 그 위에 한 폭의 헝겊이 덧붙었음.
232) (모습이나 태도가) 단정하고 위엄이 있다.

슬만 맞아도 금세 늘어지는 것과는 다릅니다.

그리고 그 모양도 단정(端正)하고 평평하여 심하게 뾰족하거나 기울어지지 않습니다. 우리나라 팔도사건(八道士巾)의 극히 그릇된 것을 만약 중국의 것을 모방(模倣)하여 개량(改良)하게 하면 바라다 보기에 거의 적합(適合)할 것입니다. 그리고 향시(鄕試)에 합격(合格)하여 감영(監營)에 있는 자 및 무학생(武學生)[233]으로 서정(西庭)[234]에 참례(參禮)하는 자는 모두 유건흑원령(儒布黑圓領)을 입고 있으며. 기타 중외(中外)의 학생(學生)들은 모두 난삼(襴衫)[235]을 입었는데 대개 옥색(玉色)이며 푸른 비단으로 선(線)을 둘렀고 선(線)의 넓이는 이촌(二寸)입니다. 그런데 우리나라 선비의 소위(所謂) 청금(靑衿)이란 것은 앞의 중국(中國)의 것과 큰 차이(差異)가 있어서 이미 그 법규(法規)를 다 따를 수 없는 즉 청금(靑衿)을 물시(勿施)[236]하는 것이 좋을 듯 합니다. 다음으로 환자(宦者 : 내시)의 두건은 대나무을 이어 베를 씌었는데 형태(形態)가 모자(帽子)와 같으며, 관직(官職)이 있는 자는 갓 둘레가 있는데 두건의 꼭대기 뒷부분에서부터 위로 높아져서 모자(帽子)보다 일촌(一寸)이 높고 형태(形態)는 세운 기왓장과 같습니다. 그러나 관직(官職)이 없는 자는 모자(帽子)를 착용(着用)하는 데 그치지만 포(布)로 앞에서부터 모자(帽子)를 둘러싸되 나머지를 모자(帽子)의 머리의 뒷쪽에 약 반척(半尺)가량의 길이로 늘어뜨릴 수 있었습니다. 입는 옷은 망룡첩리(蟒龍帖裡)를 입거나 혹은 의살직영(衣撒直領)을 입었는데 전면(前面)은 첩리(帖裡)와 같고 후면(後面)은 직영과 같으며. 그 길이는 모두 복숭아뼈 있는데까지 이르렀으며 대(帶)는 세조아(細絛兒)를 사용했습니다. 비록 임금

---

233) 무예를 배우는 사람.
234) 명륜당 서쪽의 넓은 뜰. 승학시(陞學試)를 보는 유생들이 앉던 곳.
235) 생원(生員)이나 진사(進士)에 급제하였을 때 입던 예복.
236) 하려던 일을 그만 둠.

앞에 시립(侍立)하는 자라도 이 옷을 착용(着用)하는데 그쳤고 녹봉(祿俸)이 적은 관리(官吏)도 쉽게 준비하는 것입니다. 문무서관(文武庶官)은 모두 직명(職名)을 기입(記入)한 아패(牙牌)[237]를 찼으며 그 패(牌)의 끈은 모두 검은색인데 환자(宦者)의 그것은 적색(赤色)으로 구별하였습니다. 그 의복(衣服)의 장(章)이 있음이 이와 같으며 그 건수(巾綬)의 법규(法規)는 삼가 다음에 도(圖)하겠습니다. (본문 뒤에 관복제도를 잃어버렸다고 하였다) 요동(遼東) 광녕(廣寧)은 비록 변군(邊郡)이지만 연리건(掾吏巾)은 녹사(錄事)와 같으며 지인(知印) 이하(以下)의 두건은 서리(書吏)와 같은데 조금 높은 편이며 모두 단령(團領)[238]을 착용(着用)하였고, 무령(撫寧) 풍윤(豊潤)과 같은 소현(小縣)의 이(吏)도 이와 같지 않음이 없습니다. 그리고 대체로 수령(守令)이 관대(冠帶)를 바르게 하고 일을 보면 이(吏)가 감히 위와 같은 옷을 착복(着服)하지 않을 수 없습니다. 우리나라에서는 외읍(外邑)의 이(吏)가 수령(守令)이 관대(冠帶)를 바르게 한 곳에서도 혹은 심첨호립(深簷胡笠)을 쓰거나 혹은 평립(平笠)을 쓰고 모두 예복(禮服)이 없어서 심히 사람다운 모습 같지가 않습니다. 그런데 평양(平壤)·의주(義州) 등의 이복(吏服)은 오히려 각사(各司)의 이(吏)와 같으니 타읍(他邑)의 이(吏)의 의복(衣服)을 만약 이에 의해 고치게 한다면 비록 도필(刀筆)[239]을 맡은 미천한 자라도 엄연하게 예복(禮服)을 갖추어 괴이한 버릇이 거의 없어질 것입니다.

그리고 남자 아이는 머리를 땋지 않으니 십오세 이하는 머리카락을 잘라서 늘어뜨리고 십오세 이상은 머리꼭대기 뒤에 모아 모두 모자를 쓰며, 가계의 상(喪)을 당하면 백색(白色)으로 거상기간(居喪期

---

237) 조선 시대에, 이품 이상의 문무관이 사용하던 상아로 된 호패(號牌).
238) 조선 말기까지 모든 관원이 평소 집무복으로 착용한 상복(常服).
239) 고대의 중국에서, 죽간(竹簡)에 문자를 새겨 쓰거나 잘못된 곳을 고치는 데 쓰던 칼.

間)을 마칩니다. 향사서인(鄕士庶人)의 아들은 모두 이십 세가 되기를 기다린 연후(然後)에 관(冠)을 쓰는데 그 속성(速成)을 구하지 않음이 이와 같습니다. 여인이 시집을 가면 머리카락을 머리꼭대기에 묶어 붕계(鬅髻)를 가(加)하는데 그 제도(制度)는 북방인(北方人)이 철사(鐵絲)로 묶고 남방인(南方人)은 대나무를 사용(使用)하여 묶으며, 모두 비단으로 쌌습니다. 또한 두르는 비단은 제일 좋은 비단을 썼는데 이것을 이름하여 역자(鈠子)라고 합니다. 겨울에는 이것을 모피(毛皮)를 써서 이름하여 난액(煖額)이라 하고 이마로부터 계(髻)를 둘러 머리꼭대기 뒤에서 묶으며 위는 비녀로 가로지릅니다. 부인(婦人)이 일이 있어 외출하게 되면 역자(鈠子)를 무늬 있는 비단으로 장식(裝飾)하는데 혹은 가죽이나 쇠를 더하기도 합니다.

신부(新婦)를 친영(親迎)[240]할 때에도 신부(新婦)는 이것을 머리에 장식하는 것으로 그치는데 혹은 칠보(七寶)[241]로 단장(丹粧)하기도 하여 세상에서는 화관(花冠)이라 일컫는 것입니다. 배자(褙子)[242]의 소매는 심히 넓되 긴 옷이 없으며, 그 긴 치마는 주름을 잡지 않고 풍성하게 장식하는데 힘쓰지 않았습니다. 이와 같이 의관(衣冠)은 풍성하게 보이되 오히려 검약(儉約)하는 풍속(風俗)이 있습니다. 신(臣)이 길에서 귀화한 달자(㺚子)[243]의 여자를 보고 또 공물을 진상하고 돌아가는 달자(㺚子)의 무리들을 보니 우리나라의 사내 아이 및 여인(女人)이 머리를 쪽지거나 틀어 올린 모습이 불행(不幸)히도 그들과 근사(近似)한데 이것이 비록 민간의 풍속이 유전(流轉)된지 오

---

240) 육례(六禮)의 하나로, 신랑이 신부집에 가서 예식을 올리고 신부를 맞아오는 예를 말한다.
241) 금은이나 구리의 바탕에 유리질의 유약을 발라 구워서 여러 가지 무늬를 나타낸 세공(細工).
242) 저고리 위에 입는, 조끼 모양으로 생긴 덧저고리.
243) 중국 서북쪽 산록에 살던 오랑캐 종족을 이르던 말.

래이기 때문이지만 성주(聖主)의 한 번 변하여 지극(至極)한 도(道)에 이를 기틀로서 만약에 또 그러한 습속을 버리지 않고 따른다면 후일 중국사관(中國史官)의 붓이 조선(朝鮮)을 관대(冠帶)의 나라라고 이르겠습니까? 신(臣)이 가만히 듣건대 향토의 선비들의 집에서 혹 중국(中國)의 습속(習俗)을 본받아 남자(男子)와 부인(婦人)의 머리를 쪽지거나 들어올리려고 하나 아직 임금의 명령이 없는 까닭으로 감히 마음대로 고치지 못하고 있습니다. 만약 사부(士夫)로 하여금 그것을 선행하게 하고 백성들도 점차(漸次) 고쳐나가면 대체로 변경(變更)시키기가 어렵지 않을 것입니다. 뇌포(腦包)는 바로 우리 이엄(耳掩)[244]으로써 그 모양은 비록 작지만 항상 착용(着用)하기에 편(便)하며. 여인은 오직 노병자(老病者)만이 이를 착용하는데 그 모양은 더욱 작아서 준비(準備)하기에 용이(容易)합니다. 신(臣)이 생각컨대 우리나라 사람들은 사치(奢侈)스럽고 큰 이엄(耳掩)을 좋아하고 상민(常民)은 양차지피(兩次之皮)를 사용(使用)하고 여인(女人)의 모관(毛冠)은 삼차지피(三次之皮)를 사용(使用)합니다. 그 소위(所謂) 대이엄(大耳掩)이란 것은 오차지피(五次之皮)를 사용(使用)하는 때문에 가죽의 가격이 아주 비싸서 가난한 노병자(老病者)는 비록 사서 착용(着用)하고 싶어도 할 수 없습니다. 만약 이엄(耳掩)을 중국(中國) 것에 의(依)하여 고치게 하여 사치(奢侈)스럽고 큰 것을 좋아하는 풍습을 금(禁)하면 가죽의 가격이 오르지 않아서 노병자(老病者)에게도 널리 보급할 수 있겠습니다. 중원(中原)에는 비록 입제(笠制)가 있지만 사람들이 준비할 수 없어서 밖에 나갈 때는 문관(文官)은 충정관(忠靜冠)을 쓰고, 무관(武官)은 갓이 있는 털 모자를 쓰며. 유자(儒者)는 유건(儒巾)이나 혹은 방건(方巾), 이(吏)는 이건(吏巾), 상인(常人)은 보통 모자(帽子)를 착용(着用)합니다. 이것은

---

244) 관복을 입을 때에 사모 밑에 쓰는 모피(毛皮)로 만든 방한구.

대체로 사람은 많고 대나무는 귀(貴)해서 입(笠)을 준비할 만한 형세(形勢)가 되지 못하기 때문입니다. 그런데 우리나라 사람들은 귀천(貴賤)을 불론(不論)하고 보통 입자(笠子)를 쓰는데 이것은 많은 돈을 허비(虛費)하는 것 뿐만이 아닙니다. 즉 입(笠)을 만드는데는 반드시 가는 대나무를 사용(使用)해야 하며, 신(臣)이 듣기로는 남방의 모든 섬에서 나는 얼마 되지 않는 화살대가 많이 상선(商船)에 의해 몰래 베어지는 까닭에 화살을 어린 대로 만들어서 그 성능(性能)이 강하지 못한데다 중외군졸(中外軍卒) 중 화살대 수십개(數十個)를 가지고 있는 자가 얼마 없으며 양계(兩界)에는 더욱 화살을 비치(備置)한 것이 없습니다. 이러한 상태에서 설혹(設或) 절박(切迫)한 사태(事態)가 있게 되면 장차 어떻게 임기응변(臨機應變)할 수 있겠습니까? 이것이 비록 작은 일이지만 정말로 조그만 걱정은 아닌 것입니다. 만약 중국(中國)의 습속(習俗)에 따라 벼슬아치와 선비로 하여금 항상 그 두건을 착용(着用)하게 하고 서인(庶人)으로 하여금 모자(帽子)를 쓰는 것으로 그치게 하며 대나무로 만든 모자의 사용(使用)을 금지(禁止)하면 가난한 사람은 많은 돈을 소비(消費)하지 않으며, 화살대도 몰래 베어지는 것이 거의 없을 것입니다.

대저(大抵) 중국의 의관제도(衣冠制度)는 간략(簡約)하고 쉽게 준비(準備)할 수 있을 뿐만 아니라 지금과 같이 천하의 제도(制度)가 같은 때에는 운남(雲南), 귀주(貴州)와 같은 곳은 경사(京師)에서 만리(萬里)가 훨씬 넘게 떨어져 있어 일찍이 이적(夷狄)[245]의 지역(地域)이었는데 대소남녀(大小男女)들은 한결같이 중국의 제도를 따르고 있습니다. 하물며 우리나라는 경사(京師)에서 4천리도 채 떨어지지 않아 실(實)로 오복제후(五服諸侯)[246]와 차이가 없으나 남녀(男女)의

---

245) 오랑캐
246) 왕기(王畿)를 중심으로 하여 주위를 매복 5백리씩 순차적으로 나눈 다섯 구역. 또

의관(衣冠)은 가히 부끄러운 것이 많이 있습니다. 신(臣)이 삼가 안시(鴈翅), 유건(儒巾), 붕계(鬅髻), 역자(綅子)를 갖추어 올리오니 전하(殿下)께서 만약 지금 왕실의 제도를 감히 따르지 않으면 안되겠다고 하신다면 신(臣)이 감히 청하옵건대 이것을 공조(工曹)에 내려보내어 모양의 모범을 보고 만들게 하시고 뇌포(腦包), 건모(巾帽), 삼포(三袍)의 주름과 같은 것을 오래된 통사(通事)로 하여금 공인(工人 : 장인)에게 상세히 가르쳐 주어 종이를 재단하여 표본(標本)을 만들어서 팔도에 널리 펴서 점차(漸次)로 고치게 하면 의관(衣冠)은 중국식(中國式)으로 따르게 된다는 것은 거의 실어(實語)라 할 것입니다.

## 식품연음(食品宴飮)의 制(제)

신(臣)이 보건대 중원(中原)의 사람들은 절약(節約)하여 사용(使用)치 않음이 없으니 관원(官員)의 가공(家供)에는 수개의 그릇에 그치고 사가(私家)의 음식(飮食)도 더욱 검소(儉素)하며. 잔치를 할 때에도 적은 종류를 따르고 그 드는 수(數)를 제한(制限)하여 감히 말이나 행동이 적당하여 넘치지 않았고 본성(本性)을 어지럽게 하여 그 일을 황폐(荒廢)하게 하지 않으므로 공사(公私)가 모두 넉넉하며 서정(庶政)도 추락(墜落)되지 않았습니다. 그런데 우리 나라의 습속(習俗)은 오로지 음식을 풍부(豊富)히 하고 술을 가득 채워 마시기를 일삼아 재물(財物)을 다해도 걱정을 모르고 백성들이 궁핍(窮乏)해도 구휼(救恤)[247]함을 모르니 전하(殿下)께서 명(命)을 내려도 모르고 물건의 아까운 줄 모르고 함부로 써서 나라의 근본을 깎아 없애는 것이 끝이 없습니다. 내사(內司)[248]의 모든 관원(官員) 중 호사(豪奢)한

---

는 천자, 제후, 경, 대부, 사의 의복.
247) 빈민이나 이재민 등을 돕고 보살핌.
248) 내수사의 준말. 궁중에서 쓰는 쌀, 베, 잡물과 노비 등에 관한 사무를 맡아 보는 관청.

무리들은 비록 가공(家供)을 행하는데도 음식물을 풍성하게 준비하며 빈약(貧弱)한 선비들은 그렇게 하지 못함을 부끄럽게 여기며, 혹은 아무 탈이 없으면서도 병(病)이라 칭(稱)하고 직사(職事)에 근무(勤務)하지 않는 자가 있어 동리(洞里)에서 앞을 헤아리는 깊은 생각을 하지 않고 막대(莫大)한 비용(費用)을 소모(消耗)함이 아주 심합니다. 오호라 이것이 하등(何等)의 풍속이길래 개선(改善)하려고 생각지 않으십니까? 지방의 여러 읍(邑)은 비록 한품정기(限品定器)[249]하라는 교(敎)가 있었는데도 우활(迂闊)한 말로 여겨 전혀 받들어 행하지 않으며 간간이 조정의 명령을 따르려는 자가 있어도 지나가는 사신(使臣)이 혹 그 반찬의 풍성함과 빈약함을 보고 그 인품이 현명한지 그렇지 않은 지를 정하여 그 공억(供億)이 풍성하면 모채(某倅)는 현명(賢明)하여 임금을 공경(恭敬)한다고 여기고 그 스스로 받듬이 박(薄)하면 모채(某倅)는 단지 명예(名譽)를 바란다고 하니 이와 같이 한다면 후수(後守)는 계속(繼續)하기가 어렵고 폐(弊)는 백성에게 미칩니다. 그리고 거짓말과 욕됨이 어지럽고 논의(論議)가 정해지지 않아 유식(有識)하다고 하는 자도 바야흐로 굽히어 시속(時俗)대로 쫓아서 남의 말을 면(免)하려고 피하는데, 무지(無知)한 수령(守令)은 또한 어찌 족(足)히 꾸짖겠습니까? 이로써 군주(君主)도 무고(無故)하게 소를 죽이지 않는데 영리(營吏)[250]나 추종(騶從)[251]은 반드시 소를 도살(屠殺)하여 향연(饗宴)하는 것입니다. 대부가 된 연후(然後)에 세 가지 밥을 먹는 것인데 칠 세된 관아의 아이가 혹 많은 물건을 갖추어 네 가지 밥을 먹습니다. 심지어는 천자의 사신이 올 때에 큰 읍(邑)에서만 구작(九爵)의 연회를 배푸는 것인데 사적으로

---

249) 한품(限品)은 한품서용의 준말로 일정 품계를 제한하여 임용하는 일이다. 이것처럼 기물을 정하여 낭비를 하지 말라는 것.
250) 조선 시대에, 감영(監營)·병영(兵營)·수영(水營)에 딸려 있던 아전.
251) 높은 벼슬아치나 상전을 뒤따라 다니는 하인.

여행하는 무뢰자(無賴者)도 연회의 자리를 벌리고 낙(落)을 베풀어 밤이 다하도록 술을 마시니 그 술과 안주도 하늘에서 떨어지고 땅에서 솟아 오른 것이 아닙니다. 읍의 아전를 윤번(輪番)으로 고기맡는 예방(禮房)을 삼아 매월(每月) 세 마리의 소의 값을 주는데 관원(官員)이 먹는 것은 혹 열 마리의 소에 이릅니다. 그리고 관비(官婢)를 주모(酒母)로 삼아 매년 세 석(石)의 쌀을 주는데 관원(官員)이 마시는 것이 거의 이십 석(二十石)에 이릅니다. 객사장교(客舍將校)에 이르러서도 등석(燈席)에 곤(困)하고 원두(園頭)의 관노(官奴)는 채과(菜果)에 곤(困)하여 전(田)을 팔고 친족(親族)에게 징수(徵收)하며 촌맹(村氓)<sup>252)</sup>을 침색(侵索)해도 오히려 지탱(支撐)할 수 없는 즉 옷을 찢어 보따리를 만들어 상솔(相率)하여 도망(逃亡)하는 것입니다. 오호라 중원(中原)의 서관(庶官)은 닭 한 마리 물고기 하나라도 감히 민간(民間)에서 횡감(橫歛)하지 않는데 우리나라의 관원(官員)은 배를 채우려 하는 까닭으로 병(病)이 조종(祖宗)의 백성들에게까지 미치는 것이 그 수천(數千) 수만(數萬)인지 모릅니다.

그러니 군신(君臣)이 서로 맹서하여 간소(簡素)한 음식(飮食)으로 정공(正供)을 삼는데 급급(汲汲)하지 않을 수 있겠나이까? 변방(邊方)의 장사(將士)가 더욱 많이 숭음(崇飮)하는데 그 인경(鄰境)에서 원이나 장수(將帥) 및 병사(兵使) 수사(水使)의 왕환(往還)이 있을 때에 영송(迎送)의 예(例)라 칭(稱)하여 소를 잡고 술을 거르며 재화(財貨)를 싣고 진(鎭)을 버리고 월경(越境)하여 술을 많이 마시기를 연일(連日)합니다. 양계(兩界) 양남(兩南)이 이와 같지 않음이 없는데 이것은 오직 잔졸(殘卒)을 할박(割剝)<sup>253)</sup>하는 걱정이 될 뿐만 아니라 적(賊)이 그 허(虛)를 틈타 침입(侵入)하면 누가 다시 방수(防守)하겠습

---

252) 시골에 사는 백성. 촌맹이. 촌민(村民). 촌백성. 향맹(鄕氓). 향민(鄕民).
253) (탐관오리가) 백성의 재물을 강제로 빼앗는 짓. 박할.

니까? 일찍이 이우증(李友曾)이 아주 취했기 때문에 부산(釜山)이 함락(陷落)한 것도 몰랐던 것인데 후일(後日)에도 이러한 근심 걱정이 반드시 없다고 말할 수는 없는 것입니다. 오호라 중원(中原)에서 술으로 당하는 화가 오히려 적은데 우리나라 사람은 술을 숭상하여 어린 나이에 죽은 자가 헤아릴 수 없습니다. 비록 저들 욕심(慾心)으로서 몸을 망(亡)치려 하더라도 성주(聖主)의 세상(世上)을 구제(救濟)하려는 마음으로서 응당(應當) 가엽게 여길 것이니 모든 화근(禍根)이 되는 술을 방지(防止)하지 않을 수 없는 고(故)로 신(臣)이 삼가 조그만 잔(盞) 십매(十枚)를 갖추어 올리는 바입니다. 바라옵건대 성상(聖上)께서는 황조(皇祖)의 금(禁)을 본받고 세조(世祖)의 계주(戒酒)를 구현(具現)하여 두 개는 경중(京中)에 표본(標本)으로 보내고 여덟개는 각도(各道)에 표본(標本)으로 보내어 모방(模倣)해서 白鍾(백종 : 술잔)을 만들어 오직 대빈(大賓) 대사향음(大祀鄕飮) 향사(鄕射)[254]할 때에만 사용(使用)하여 중국인의 예(禮)를 한결같이 쓰고 작수(爵數)를 각정(刻定)하여 마음대로 취(醉)하여 몸을 상(傷)하지 못하게 하며. 기타(其他) 시(時)에 맞지 않고 예(禮)에 맞지 않는 연회(宴會) 및 술좌석을 사행(私行)할 때에 술 마시는 것이 삼작(三爵)을 넘는 자는 하나같이 모두 주고(酒誥)의 법(法)에 의하여 처벌(處罰)하면 재정(財政)을 축내고 백성(百姓)을 병(病)들게 하고 정치(政治)를 방해(妨害)하여 폐(廢)하는 일의 화(禍)가 거의 없어질 것입니다.

## 사부읍양(士夫揖讓)의 예(禮)[255]

신(臣)이 예부(禮部)에 가서 그 좌기(坐起)[256]의 의식(儀式)을 보니

---

254) 시골 한량들이 편을 갈라 활쏘기를 겨루고 술자리를 벌이던 일.
255) 사대부가 예(禮)를 다하여 사양하는 예절(禮節).
256) 관아의 우두머리가 출근하여 사무를 보던 일.

당상관(堂上官)이 아직 앉기 전에는 낭중(郎中), 원외낭(員外郎), 주사(主事), 사무(司務), 관정(觀政), 진사(進士)가 동서(東西)로 당상(堂上)에서 서로 향립(向立)하여 잠시(暫時) 읍(揖)하고, 전열(前列)에 있는 자는 그 후열(後列)을 돌아다보고 읍하며, 역사(歷事) 감생(監生)은 동서(東西) 계상(階上)에 서로 향립(向立)하고 당리(堂吏)는 그 뒤에 섭니다. 당상(堂上)이 후합(後閤)으로부터 나와서 앉으면 낭중(郎中) 이하(以下)는 모두 북(北)으로 당상(堂上)을 향(向)하여 일어서서 읍(揖)하고 당상(堂上)은 의자(椅子) 위에서 약간 읍(揖)하며 낭중(郎中) 이하(以下)는 동서(東西)로 분립(分立)하여 서로 향(向)하여 일읍(一揖)하고 나가고 감생(監生) 당리(堂吏)는 차례로 처마 아래에 나아가 한번 읍(揖)하고 물러나는데 낭중(郎中)은 동협실(東夾室) 밑에서 동향(東向)하여 서고 원외(員外) 이하(以下)는 서향(西向)하여 마주보고 서며 진사(進士)는 모두 북향(北向) 서상(西上)하여 서로 나란히 읍(揖)합니다. 원외(員外) 이하(以下)는 또 낭중(郎中)의 오른쪽에 나아가고 진사(進士)는 모두 연립(連立)하여 서로 읍(揖)하는데 낭중(郎中)의 협실(夾室)²⁵⁷⁾의 문(門)에 진(進)하면 원외(員外) 이하(以下)는 모두 서향립(西向立)의 위치로 돌아가고 진사(進士)는 몇 걸음 물러나서 모두 낭중(郎中)을 향하여 서로 읍하고 기국(其局)으로 물러납니다. 낭중(郎中) 이하(以下)는 함께 앉아서 일을 의논(議論)하고 외관(外官)으로 일을 여쭐 자는 정하(庭下)에 섰다가 월대상(月臺上)에 나아가 무릎을 꿇으면 낭중(郎中) 일인(一人)이 계첩(揭帖)을 손으로 받아 가지고 한번 읍(揖)하고 당상(堂上)의 책상에 놓는데 당상(堂上)이 일어나라고 말하면 외관(外官)은 곧 일어나 한번 읍(揖)하고 물러납니다. 당상(堂上)이 투문(投文)을 받아 사사(四司)에 분부(分付)하고 물러나 화방(火房)에서 쉬면 낭관(郎官)은 그 일을 상

---

257) 안방 또는 주가되는 방에 딸린 방. 협방(夾房). 곁방.

세히 의논하여 이를 여쭈어 결정합니다. 그렇기 때문에 무릇 공사(公私)를 주하(奏下)하는데 일이일(一二日)이 지나지 않으며 민첩(民牒)을 복주(覆奏)하면 즉일(卽日) 결정하여 줍니다. 그 예모(禮貌)는 온화(溫和)하고 정숙(整肅)하며 그 사무(事務)를 다스리는데 가부(可否)를 상확(商確)²⁵⁸⁾하여 적체(積滯)케 하지 않습니다. 한 부(部)가 바로 이러하니 타사(他司)의 일도 따라서 알만 합니다.

오호라 중국의 서관(庶官)의 호례근사(好禮勤事)함이 이와 같은데 우리나라의 육조 등처(六曹等處)는 예모(禮貌)가 허소(虛疎)²⁵⁹⁾하고 폐풍(弊風)이 심하며 희만(戲慢)하고 무리(無理)한 일이 지금은 비록 조금 혁파(革罷)되었다 하더라도 좌랑(佐郎)이 정랑(正郎)에게 가서도 오히려 감히 쳐다보고 말하지 못합니다. 고(故)로 무릇 공사(公事)를 조사좌랑(曹司佐郎)²⁶⁰⁾에게 맡기면 좌랑(佐郎)은 그 일을 능히 다 다스리지 못하며. 왕(王)의 재가(裁可)를 받는 공사(公事)는 혹 순월(旬月)이 지나도록 신복(申覆)할 것을 생각하지 않고, 군민(軍民)의 송첩(訟牒)²⁶¹⁾은 서리(書吏)에게 뇌물(賂物)을 바치지 않으면 바로 결판(決判)하여 주지 않습니다. 신(臣)은 이러한 폐단(弊端)이 제거(除去)되지 않으면 국사(國事)는 끝내 잘 다스려 질 날이 없으리라 두려워하는 바입니다.

신(臣)이 또한 사대부(士大夫)가 서로 접하는 예(禮)를 보니 의례(依例)껏 그 왼쪽을 사양(辭讓)하고 먼저 그 오른쪽에 나아가 나란히 서서 서로 읍(揖)하며, 좌변(左邊)에 선 자는 또 우변인(右邊人)의 오른쪽에 나아가서 같이 읍(揖)합니다. 문(門)에서 만나면 반드시 겸손

---

258) 서로 의논하여 확정함.
259) 비어서 허술하다.
260) 형조에는 좌랑이 3인이 있는데, 가장 말석(末席)인 좌랑을 가리킨 말. 조사(曹司)는 관직, 계급, 재능 등 모두가 말위에 있는 사람을 일컫는 말.
261) 송사의 일.

(謙遜)하고 길에서 만나도 반드시 겸손(謙遜)하며, 당하관(堂下官)이 당상관(堂上官)을 만나도 또한 말(馬)은 피(避)하지 않되 말을 길 옆에 세우고 채찍을 들어 모자(帽子)에 이르게 하고, 같은 동배를 만나면 채찍을 들어 눈썹에 이르게 합니다. 그리고 주인인 자가 문에서 객(客)을 보내면 반드시 삼읍(三揖)하여 사양(辭讓)한 연후(然後)에 말을 타며, 말을 타며, 말을 탄 자가 채찍을 들어 눈썹에 이르게 하면 주인은 읍(揖)하고 들어갑니다. 이러한 읍양(揖讓)의 뜻을 보니 간절(懇切)하고 법도(法度)가 있습니다. 신등(臣等)이 화인(華人)과 상접(相接)하여 역시(亦是) 차례(此禮)로 하였는데 빨리 익숙해지지 않고 생소(生疎)해서 사람들의 웃음을 많이 샀습니다.

신(臣)이 생각컨대 국가(國家)가 사대(事大)할 때에는 예모(禮貌: 예절에 맞는 태도)가 가장 중요(重要)한 관건(關鍵)이 되므로 평일(平日)에 그것을 항상 익혀 놓지 않고 사신(使臣)에 임(臨)하여 통사(通事)에게 배워 가지고는 우격(扞格)의 수치(羞恥)가 있음을 면(免)치 못할 것입니다. 승문제조(承文提調)²⁶²는 일과(日課)가 치부(置簿)²⁶³하는 자리인데 문관(文官)은 매월(每月) 세번 모이는 예(例)가 있으니 만약 그 때에 학관(學官) 통사 중(通事中)에 오래 익숙해진 자로 하여금 그 예(例)를 가르쳐 익히게 하고 조정(朝廷)과 여항(閭巷)에서 차례로 행(行)하게 하여 점차(漸次)로 전습(傳習)하게 하면 후일(後日) 사신(使臣)이 된 자는 탁타(橐駝)를 같이 비유(譬喩)하는 부끄러움을 면할 수 있으며, 진신(縉紳)이 상접(相接)하는 예도 순차(旬且)하고 경솔(輕率)하지 않을 것입니다.

---

262) 승문원은 조선조 때 외교에 관계되는 문서를 맡아보는 관청인데 제조는 정원이 없는 2품이상의 관원이 겸직함.
263) 금전이나 물품의 출납을 적어 넣음.

## 사생상접(師生相接)의 예(禮)[264]

신(臣)이 듣건대 국자제주(國子祭酒)[265]의 처음 부임일(赴任日) 및 정조(正朝) 동지(冬至)에 모든 유생은 정중(庭中)에서 사배(四拜)하며 삭망(朔望)에는 좨주(祭酒)가 그 요속(僚屬)[266]을 거느리고 제생(諸生)과 함께 선성(先聖)을 배(拜)한 후(後)에 이륜당(彝倫堂)[267]에 앉으면 제생(諸生)은 월대상(月臺上)에서 한번 꿇어앉아 읍(揖)하고 평상시(平常時)에는 한번 읍(揖)하는 것으로 그칩니다. 그런데 좨주(祭酒)는 배(拜)에 있어서나 읍(揖)에 있어서 모두 그대로 의자(椅子)에 앉아 있어 성균관원(成均官員)이 한 등 내려서는 것과는 다른 것입니다. 비록 공(公) 후(候) 백(伯) 및 신진사(新進査)로 알성(謁聖)한 자라도 첨외(簷外)에서 사배(四拜)하지 않음이 없는데 좨주(祭酒) 사업(司業)은 역시 그대로 의자(椅子)에 앉아 있는 것은 대개 사도(師道)를 존경(尊敬)하는 것입니다. 그리고 외읍학생(外邑學生)은 수령(守令)과 교수(敎授)에게 정조(正朝)와 동지(冬至)의 예(禮)만을 행하는데 역시 사배(四拜)하며 수령(守令)이 답(答)으로 양배(兩拜)하면 읍(揖)하고 서서 양배(兩拜)를 받습니다. 수령(守令)과 교수(敎授)가 예(例)대로 삭망(朔望)에 제생(諸生)을 거느리고 알성(謁聖)하여 강당(講堂)에 앉으면 늠선생원(廩膳生員 : 諸生 중 經義를 조금 解得하는 자로써 관에서 月料 一石을 지급하여 童蒙을 가르치게 하였다) 및 제생이 차례로 월대에 나아가 한번 꿇어 앉아 두 번 읍(揖)합니다. 이것이 끝나 늠선(廩膳) 등이 의전(椅前)에 나아가서면 수령(守令)은 늠선(廩膳)이 가르칠 바의 서(書)를 가지고 반월(半月) 일과

264) 스승과 제자가 서로 만났을 때의 예절(禮節).
265) 조선시대는 성균관에서 교회(敎誨)하는 일을 맡아보던 종3품관으로, 특히 학덕이 높은 사람을 임명하였다.
266) 자기보다 아래 계급인 동료. 속료(屬僚).
267) 성균관에 있는 전각으로 이륜은 사람으로서 지켜야 떳떳한 도리를 말함.

(日課)를 읽은 후에 늠선(廩膳)이 읍(揖)하고 나와 자기(自己) 집에
물러가면 동몽(童蒙)이 늠선(廩膳)에게 꿇어앉아 읍(揖)하는 것이 한
결같이 늠선(廩膳)이 수령(守令)에게 꿇어앉아 읍(揖)하는 것과 같습
니다. 평상시(平常時)에는 생도(生徒)가 나란히 서서 한 번 읍(揖)하
며 교수(教授) 늠선(廩膳)은 그대로 앉아 있는데 휴일(休日)을 제외
(除外)한 외(外)에는 강(講)하지 않는 아침이 없습니다. 이리하여 산
해관(山海關)²⁶⁸⁾ 이서(以西)에는 다박머리를 늘어뜨리고 책(册)을 끼
고 다니는 자가 많이 있으며, 여항(閭巷)에서 책 읽는 소리가 양양(洋
洋)하여 비록 아주 빈한(貧寒)하고 미천(微賤)한 사람이라도 힘써 은
전(銀錢)을 변통해서 반드시 자식(子息)을 학교(學校)에 보내려고 합
니다. 그리고 그 가르는 바가 비록 삼대(三代)의 양정지방(養正之方)
은 아니더라도 어려서부터 어른이 되기까지 예모(禮貌)로 구속(拘
束)하고 명교(名教)로 격려하여 일세(一世)의 모든 사람들로 하여금
눈으로 보고 느껴서 생각하여 분발(奮發)치 않게 함이 없습니다. 이
것이 중국이 다사제제(多士濟濟)하고 사방(四方)에서 이들을 서용
(叙用)하더라도 부족함을 걱정하지 않는 까닭입니다.

신(臣)이 가만히 생각컨대 우리나라의 사유(師儒)가 강당(講堂)에
처음 앉으면 제생(諸生)은 재배(再拜)하는 예(例)로 고치고 정조(正
朝) 동지(冬至)에는 배하(拜賀)하는 예절이 없으며 삭망(朔望)에 알
성(謁聖)²⁶⁹⁾하는 관리도 없습니다. 성균관(成均館)에 있는 유생(儒
生)은 단지 삭일(朔日)에 배묘(背廟)만 할 뿐이지 스승과 제생(諸生)
이 동배(同拜)한다는 의식(儀式)은 들은 바 없습니다. 그리고 종친
(宗親) 시관자(始冠者) 및 생진(生進) 문무과(文武科)에 새로 합격
(合格)한 자가 비록 알성(謁聖)하는 예(例)는 있지만 대사성(大司

---

268) 중국 하북성 북동단에 있는 교통·군사상의 요지.
269) 임금이 성균관 문묘의 공자의 신위에 참배함.

成)[270]에게 배(拜)하는 규식(規式)은 없습니다. 동몽(童蒙)은 다행(多幸)히 일강(日講)의 무리가 있는데 그들도 거개 무무(貿貿)[271]하여 차서가 없고 지나친 공경(恭敬)을 하여 행렬(行列)을 차려 읍양(揖讓)하는 예(例)가 없습니다. 외읍교생(外邑校生)의 요(料)를 받는 자는 모두 공름(公廩)만을 소비(消費)하고 성묘(聖廟)가 있는 것도 모르는데 요(料)를 받지 못하는 학장(學長)이 또한 어찌 책임(責任) 있게 예로써 가르칠 수가 있겠습니까? 이러므로 업유(業儒)라 이름하여 과거(科擧)에 합격(合格)한 자가 오히려 예양(禮讓)이 무슨 일을 하는 것인지 알지 못하는데 몸을 교적(校籍)에 두고 반행(半行)의 글을 읽지 않은 자가 능히 손윗사람을 따르는 풍속(風俗)을 알겠습니까? 어릴 때부터 늙기에 이르기까지 아는 것이 없어서 윤리(倫理)를 해치고 기강(紀綱)을 무너뜨리는데 이른 것은 비록 사유(師儒)들이 힘써 훈회(訓誨)하지 못한 잘못 때문이지만 신(臣)의 우의(愚意)로는 삼가 전하(殿下)께서 교(教)를 베풂이 오히려 미지(未至)했기 때문이라고 도 생각됩니다. 그러니 지금 만약 사생(師生) 상접(相接)의 예와 삭망알성(朔望謁聖)의 규(規)를 반드시 내외로 하여금 한결같이 중국의 제(制)를 따르게 한 연후(然後)에 이에 의거(依據)해서 행(行)할 수 있고, 외학(外學)의 장(長)에게 모름지기 쓸데없는 데 소모(消耗)하는 비용(費用)으로 그 월료(月料)를 지급(支給)하고 그 교육(教育)을 힘쓰게 하면 비록 천자(千字)를 처음 배우는 자라도 읍(揖)을 익히지 않음이 없은 즉 대체로 사람들이 독서(讀書)를 생각하고 선비도 모두 예(禮)를 행하여 쓸만한 인재(人材)를 가히 배양(培養)될 수 있습니다.

---

270) 조선시대 성균관의 으뜸벼슬인 정3품의 당상관직.
271) 언행이 무지하고 서투르다.

## 향려습속(鄕閭習俗)의 미(美)[272]

신(臣)이 보건대 산해관(山海關) 이서지방(以西地方)에는 촌(村)마다 향약소(鄕約所)가 설립(設立)되어 있길래 무령(撫寧) 등 현인(縣人)에게 물은 즉 매월(每月) 삭망(朔望)에 약정(約正)[273], 부정(副正) 직월(直月)[274]이 현(縣)의 장관(長官)을 회견(會見)하여 단지 한 번 절하고 세 번 고두(叩頭)한 후 명(命)을 듣는다고 말하였습니다. 그리고 영평인(永平人)에게 물은 즉 약정(約正), 부정(副正), 직월 등(直月等)이 삭망(朔望)으로 부(府)의 장관(長官)을 회견(會見)하여 월대상(月臺上)[275]에서 배(拜)하면 부(府)의 장관(長官)은 의자(椅子)에서 내려서 받으며, 약정 등(約正等)은 부장관(府長官)의 의자 앞에 나아가 서서 그 교(敎)를 함께 듣고, 듣는 것이 끝나면 한 번 읍(揖)하고 물러나서 각기(各其) 그 향약소(鄕約所)에서 향약(鄕約)안에 있는 사람들을 모아 서로 예(禮)를 하고 부장관(府長官)에게서 들은 교(敎)를 강(講)한다고 하였습니다. 그런데 교(敎)한 바는 부모(父母)에게 효순(孝順)하고 장상(長上)을 존경(尊敬)하고 인리(鄰里)를 화목하게 하고 자제(子弟)를 교훈(敎訓)하고, 농상(農桑)을 근작(勤作)하며 의(義)가 아니면 하지 않는 등사(等事)인데 고황제(高皇帝)가 정(定)한 교(敎)로 그 강목(綱目)의 상비(常備)됨이 비록 여씨(呂氏) 향약(鄕約)[276]에 미치지 못하지만 그 강목이 간절(簡切)하여 백성(百姓)을 착하게 인도(引導)하기가 쉬운 고(故)로 백성(百姓)들이 모두 이를 믿으며 촌항(村巷)에는 장벽(墻壁)에 이를 많이 열기(列

---

272) 향리 풍속의 아름다움.
273) 향약의 임원으로서 도약정과 부약정이 있음.
274) 향약의 일을 맡아보는 직책의 하나. 오늘날의 간사와 같음.
275) 대궐의 전각 앞에 놓인 섬돌 위.
276) 11세기 초의 중국 북송(北宋) 때 향촌(鄕村)을 교화선도하기 위해 만들었던 자치적인 규약.

記)하여 서로 읽어서 익힙니다. 이리 하여 부자(父子) 형제(兄弟)가 비록 각기(各其) 밥을 끓이는 자가 많더라도 차마 분문할호(分門割戶)[277]하지 못하며, 부고자사(婦姑姉姒)[278]가 서로 싸우고 반목(反目)하지 않습니다. 그리고 정조(正朝) 동지(冬至) 및 생일(生日)이 될 것 같으면 한 칸 소옥(小屋)의 사람이라도 반드시 사배례(四拜禮)로 가장(家長)에게 하례(賀禮)하며 비록 천남천녀(賤男賤女)라도 서로 길에서 만나면 반드시 읍(揖)하며, 혼인(婚姻)의 예(禮)는 반드시 친영(親迎)으로 하고 족인(族人)이 있으면 남녀장유(男女長幼)가 모두 백의백건(白衣白巾)으로 그 거상월수(居喪月數)를 마치며, 사세동자(四歲童子)도 능(能)히 읍(揖)하여 머리가 땅에 닿도록 절하며, 시부(廝夫)나 주졸(走卒)도 감발(歛髮)이 바르지 않은 자가 하나도 없고, 서서는 반드시 두 손을 겹쳐 모으고 발을 나란히 합니다. 요동(遼東) 계주(薊州)의 곳은 비록 천 백년간이나 호속(胡俗)에 물들어 있었지만 대명(大明)의 교화(敎化)로 풍속(風俗)을 새롭게 한 것이 위와 같습니다. 그런데 우리나라는 본래(本來) 예의(禮義)의 나라이고 열성(列聖)의 점마(漸摩)한 교(敎)를 더하였으며, 주상(主上)의 유신(維新)의 정치(政治)를 거듭 받았고 해마다 명령(命令)을 발(發)하여 오로지 백성을 교화하고 양속(良俗)을 이루는 데 힘써 왔으므로 당연히 호(戶)에는 착한 사람이 있고 향(鄕)에는 온후(溫厚)한 풍속(風俗)이 있어야 할텐데 경년이래(頃年以來)로 민심이 날로 박해지고 강상(綱常)의 도(道)[279]가 세상에서 흔들려서 어버이는 그 자식(子息)을 가르칠 줄 모르고 자식(子息)은 그 어버이를 효(孝)로 섬길 줄 모르며 형(兄)은 아우와 우애(友愛)롭지 않으며 아우는 형을 잘 받들어 공

---

277) 집안이 나누어짐.
278) 며느리와 시어머니 시누이와 동서.
279) 삼강(三綱)과 오상(五常). 곧, 사람이 지켜야 할 근본적인 도리.

경(恭敬)하지 않고 남편은 그 아내를 능(能)히 단속하지 못하며 아내는 그 남편을 능(能)히 순종(順從)하지 않습니다. 그리고 인리(鄰里)에 사는 자가 비록 절친(切親)이라고 하나 날로 싸움을 일삼으며, 붕우(朋友)되는 자가 비록 달관(達官)²⁸⁰⁾이라고 하나 날로 사기(詐欺)로서 일삼는 것입니다. 집에 있으면서 능(能)히 그 행실(行實)을 닦지 못하는 고(故)로 임금을 섬기되 능(能)히 그 직(職)을 다하지 못하고 임금의 명령을 거스려 백성을 침학(侵虐)하는 자가 내외(內外)에 널리 있으니 신(臣)이 보건대 가히 신하(臣下)가 신하(臣下)노릇을 못 하고, 자식(子息)이 자식(子息)노릇을 못한다고 말할 수 있을 것입니다. 오호라 신하(臣下)가 신하(臣下) 노릇을 못하고 자식이 자식노릇을 못하면 임금과 어버이 된 자 그 나라가 있다고 말할 수 있겠습니까? 비유(比喩)컨대 이른바 비록 곡식은 있되 얻어먹을 수 없는 것이 정말로 가히 한심(寒心)합니다. 이러한 까닭을 살펴본즉 비록 세속(世俗)이 효박(淆薄)²⁸¹⁾한 때문이지만 신(臣)의 우견(愚見)으로 삼가 생각하옵건대 전하(殿下)의 교(敎)를 베풂이 오히려 지극(至極)하지 않은 때문입니다. 신(臣)이 고로(故老)에게 들으니 기묘년(己卯年)에 영변(寧邊)에 사는 백성이 하도 가난하여 그 어버이를 봉양(奉養)할 수 없어서 구학(溝壑 : 구렁)에 내다 버렸는데 향약(鄕約)의 서(書)가 조정(朝廷)에서 내려왔다는 말을 듣고 즉일(卽日)로 그 어버이를 맞아 돌아와서 힘을 다하여 봉양(奉養)하였다고 합니다. 오호라 만약(萬若) 이것이 그치지 않는다면 얼마 안 가서 선속(善俗)이 행하지 않겠습니까? 지금 비록 그 서(書)를 찍어 반포(頒布)하지만 다만 예방(禮房)의 상자에 간직되고 수령(守令)이 마음을 두지 않아 백성 가운데 비록 그윽히 보고 듣기를 원(願)하는 사람이 있더라도 한

---

280) 높은 벼슬. 고관(高官).
281) 인정이나 풍속이 어지럽고 경박하다.

결같이 서중(書中)의 뜻이 어떠한지 알지 못할 것인즉 어찌 가르침을 기다리지 않고 선(善)에 이르는 자가 있겠습니까? 신(臣)이 들건대 고황제(高皇帝)께서 그 교조(教條)를 반포(頒布)하여 수령(守令)으로 하여금 부로(父老)를 모아 이를 알리게 하고 또 이정(里正)으로 하여금 본 목탁(木鐸)을 갖고 길거리를 다니면서 이를 널리 깨닫게 하여 비록 선악(善惡) 정사(正邪)를 판단(判斷)할 수 있는 능력(能力)이 있는 자라도 반드시 선언(善言) 선행(善行)의 풍습(風習)을 보고 들어서 알기를 기다린 연후(然後)에 가(可)히 분발(奮發)할 것을 생각합니다. 그런데 국가(國家)가 백성(百姓)을 착하게 인도(引導)하려 하는 것을 미리 널리 알리지 않고 백성 스스로 하기를 기다리는 것은 수령(守令)이 태타(怠惰:게으름)하기 때문이며, 따라서 선인(善人)이 흥(興)하지 않는 것입니다. 의자(議者)는 혹 양민(養民)의 정(政)을 먼저 하지 않고 오직 도민(導民)의 술(術)만 행하면 단지 분요(紛擾)[282]만 더하고 다스리는 데에는 도움이 없다고 말하는데 이 말은 정말로 옳은 말입니다. 금자(今者)에 양민(養民)의 정(政)은 이미 급급(汲汲)하게 의논(議論)하여 행하지 않고 도민(導民)의 술(術)도 역시(亦是) 서로 잊어버린 경지(境地)에 있는 것입니다.

신(臣)의 우의(愚意)로 생각하옵건대 자식은 비록 동사(凍死)하더라도 어버이의 옷을 빼앗을 수 없으며, 동생은 비록 굶어 죽더라도 형의 음식(飮食)을 훔칠 수 없는 것입니다. 지금 이를 범(犯)한 자가 있으면 결코 흉년(凶年)이라 하여 용서(容恕)할 수 없는 것입니다. 그런데 빼앗지 않고 훔치지 않게 하며 흥효(興孝) 흥제(興弟)할 바 강목(綱目)은 오직 이를 궁민(窮民)에게만 맡기며 빼앗지 않고 훔치지 않기 전에 예방(豫防)할 것은 생각치 않고 죄(罪)에 빠지게 한 연후(然後)

---

282) 어수선하고 소란스럽다.

에 이를 벌주는 것은 백성을 속이는 것이니 어진 사람이 차마 할 바가 아닙니다. 옛날에 송제(宋帝)가 애산(崖山)[283]에 배를 대었을 때는 거의 망할 즈음이었으나 육수부(陸秀夫)는 오히려 대학장구(大學章句)를 써서 날마다 제생(諸生)과 함께 권강(勸講)하였으니 이것은 정말로 유리(流離)하며 넘어질 때라도 사람들이 임금을 가까이 하고 어른을 섬기는 도(道)가 없으면 하루 아침이라도 함께 있을 수 없기 때문이었습니다. 하물며 지금 성명(聖明)께서는 국가(國家)가 한가(閒暇)한 시기(時期)에 임어(臨御)하셨는데 조정(朝廷)에는 잘 다스려지기를 바라는 신하(臣下)가 있고 초야(草野)에도 선(善)으로 나아가려는 선비가 없지 않으니 이미 반포(頒布)한 서(書)를 봉행(奉行)하게 하고 그 권강(勸講)의 방략(方略)을 중국의 제도(制度)에 따르게 하며 수령(守令) 교수(敎授)는 의례 삭망(朔望) 알성(謁聖)의 시(時)에 약정(約正) 교생(校生)과 함께 대(對)하여 기의(其義)를 명확(明確)하게 알려주어 그들로 하여금 사사(私私)로운 모임에서 이를 가르치게 하며 설식일사(設食一事)는 풍년(豊年)을 기다려 행(行)하게 하면 폐(弊)가 번거롭지 않고 백성(百姓)들도 쉽게 따르게 되어 장차 무너지려는 윤리(倫理)를 거의 다시 베풀 수 있으며 이미 효박(淆薄)해진 풍속(風俗)을 거의 다시 순후(淳厚)하게 할 수 있을 것입니다.

## 군사기율(軍師紀律)의 엄(嚴)

신(臣)이 계주(薊州地方)의 길에서 보졸(步卒) 수천명이 병량(兵糧)가는 것을 보았는데 감히 무리가 많음을 믿고 남의 재물(財物)을 약탈(掠奪)하지 않으며, 또한 노새와 나귀가 끄는 병거(兵車) 수십량(數十兩)으로 밭 옆에서 쉬는데 감히 밭의 곡식 일속(一束)을 취(取)

---

283) 중국 광둥성[廣東省] 남부 주장강[珠江] 삼각주의 탄장강[潭江]에 있는 작은 섬.

하여 그 나귀에게 먹이지 않았습니다. 신(臣)이 그 군대(軍隊)의 행진(行進)에 법도(法度)가 있음을 이상히 여겨 물은 즉 달로(撻虜)가 변경(邊境)을 침구(侵寇)하여 계진총병관(薊鎭摠兵官) 척계광(戚繼光)[284]이 중군장(中軍將) 예선(倪善)에게 명(命)하여 기현군(畿縣軍) 3만을 거느리고 그곳으로 간다고 하였습니다. 대개 주장위신(主將威信)이 항상 나타나 있기 때문에 군(軍)이 그 명령(命令)을 두려워하여 감히 백성(百姓)을 요란(擾亂)하게 하지 않았습니다.

신(臣)이 이것에 인연(因緣)하여 서해평(西海坪)에서 벌곡(伐穀)한 일을 들으니 평안(平安) 내지(內地)의 군(軍)은 한결같이 통할(統轄)됨이 없어서 지나가고 머무르는 곳마다 마음대로 민전(民田)의 곡식을 취(取)하여 그 말에게 먹였는데 작년 가을의 수확(收穫)이 적은데다 금년(今年) 또 가뭄이 들어 늦게서야 비로소 씨를 뿌려 가을에 곡식이 익기를 기다린 것이 한결같이 군대(軍隊)의 해(害)를 입어 바로 적지(赤地)가 되어 밭을 둘러싸고 원통하여 울부짖는 형상(形狀)을 차마 볼 수 없다고 하였습니다. 이것은 적(敵)의 곡식을 베기를 기다리지 않고 오민(吾民)의 곡식을 먼저 베는 것입니다. 이를테면 적(敵)의 곡식을 다 베었다 하더라도 우리에게 손상(損傷)을 준 바가 이미 백배(百倍)뿐만이 아닌데 하물며 한 그루 벼를 베는 것을 할 수 있겠습니까? 대저 남군(南軍)의 행진(行進)에는 이미 내지수령(內地守令) 중 부전자(赴戰者)가 있는데 만약 모읍(某邑) 수령(守令)에 명(命)하여 모주(謀州) 모현(某縣)의 군대(軍隊)를 대령(帶領)하고 오게 하되 출발(出發)하는 날 즉시(卽時) 군령(軍令)을 엄(嚴)하게 하여 감히 남을 약탈(掠奪)함이 일호(一毫)라도 없게 한다면 대체로 적(敵)에 임(臨)하여 대진(對陣)하는데 쓸만한 무리를 얻을 수 있습니

---

284) 명나라 때의 장수. 병법서에 〈기효신서〉, 〈병학지남〉 등이 있다.

다. 그런데 지금은 앞에는 호령(號令)이 없고 뒤에는 절제(節制)가 없어서 이리에게 쫓기는 양(羊)과 같이 대체로 통기(統紀)가 없으니 교전(交戰)을 기다리지 않아도 낭패(狼狽)의 형세(形勢)가 이미 나타납니다. 고(故)로 해마다 관서(關西) 병력(兵力)을 발동(發動)해도 한 부락(部落)의 파리한 오랑캐에게 한번도 위력(威力)을 펴지 못했고 자칫 강한 적을 만나면 잠깐 사이에 흙이 무너지듯 와해(瓦解)됩니다. 그런데 그 척계광(戚繼光)이 거느린 군대(軍隊)를 보니 다만 5만의 군대(軍隊)로 장성(長城)을 나누어 지키는 데 팔배(八倍)나 되는 달적(撻賊)이 감히 새(塞)를 범(犯)하지 못하였습니다.

전하(殿下)께서는 일국(一國)의 병세(兵勢)를 보아서 강하다고 하시겠습니까? 약하다고 하시겠습니까? 대개 군대(軍隊)의 강약(强弱)은 주장(主將)의 우열(優劣)에 있는 것이지 군대(軍隊)의 다과(多寡)에 있는 것이 아닙니다. 고(故)로 경자(頃者)에 김수문(金秀文)[285] 같은 자도 여러 번 적지(敵地)에 깊이 들어갔지만 아직 일찍이 내지(內地)의 군대(軍隊)를 멀리 발동(發動)함이 없이 강변(江邊)의 사병(士兵)만을 사용(使用)함에 그쳤는데도 패(敗)한 일이 없습니다. 근세(近歲)에는 더욱 원병(遠兵)을 출정(出征)시켰으나 갈수록 공(功)을 이루지 못하고 다만 비웃음을 얻고 업신여김이 더할 뿐입니다. 만약 패사(敗事)한 후(後)에 단지 그 죄(罪)를 다스리기만 하고 그에 앞서서 미리 군대(軍隊)를 교련(敎鍊)하고 양성(養成)함이 없다면 범죄자(犯罪

---

285) 조선 중기의 무신. 본관 고령. 자 성장(成章). 중종 때 무과에 급제하고, 야인들이 종성(鍾城)에 침입하여 사람들을 납치해 가자, 영건만호(永建萬戶)로서 싸워 잡혀 간 사람들을 데려왔다. 1546년(명종 1) 동래부사가 되어 근면·절검하고, 특히 치민 (治民)에 힘써 가자(加資)되었다.
1549년 김해부사가 되어 구황에 힘써 포상받았다. 1555년 을묘왜변 때 제주목사로서 왜구를 대파하고 가자되었다. 1558년 중추부 지사에 이어 1565년 한성부판윤(判尹)에 특진하고, 평안도 병마절도사(兵馬節度使)가 되어 여러 번 호인(胡人)의 침략을 격퇴하여 공을 세웠다.

者)는 날로 많아져 변방(邊方)이 안전(安全)할 때가 없을까 합니다.

신(臣)이 중국의 장수(將帥)를 양성(養成)하는 제도(制度)를 보건대 이미 무학생(武學生)을 설치(設置)하여 독서(讀書)를 가르치고 또 과거(科擧)를 볼 때 비변삼책(備邊三策)으로 시험(試驗)을 본 연후(然後)에 선발(選拔)해서 서용(敍用)하는 고(故)로 비록 비어수보(備禦守堡)의 직(職)을 맡은 자라도 역시(亦是) 서(書)를 알고 일에 익숙하여 그 직책(職責)을 다하려고 생각하는 자가 많습니다. 그중 총병관(摠兵官) 척계광(戚繼光)같은 자는 비록 직(職)은 세습(世襲)하였지만 그도 일찍이 양개(梁玠)에게 학문(學問)을 배워 허다(許多)한 지견(知見)을 길렀던 것입니다. 신(臣)이 도로(道路)에서 그의 사람됨을 물으니 공평(公平)하고 바른 도리(道理)를 지키며 국가(國家)를 걱정하고 자신(自身)을 잊어 일찌기 남방(南方)에서 왜(倭)를 방비(防備)할 때에 처음으로 병정(兵丁)을 뽑아 훈련(訓練)을 부지런히 하여 약(弱)한 군대(軍隊)를 강한 군대(軍隊)로 만들었으며, 자식(子息)이 군령(軍令)을 범(犯)함에 그를 잡아 참(斬)하여 가로되 "네가 명령을 받들지 않으니 누가 나를 두려워 하겠는가" 하였답니다. 이로부터 삼군(三軍)이 두려워하여 마침내 해완(懈玩)의 습관(習慣)이 없어지고 죽을힘을 다하여 싸워서 방장(方長)의 적(敵)이 마침내는 궤산(潰散)[286]되었던 것입니다.

강남 연해(江南沿海)에 지금까지 큰 놀라움이 없게 된 것도 척공(戚公)이 군법(軍法)을 엄격(嚴格)히 하고 사기(士氣)를 떨친 것에 그 까닭이 있는 것입니다. 그는 늠름한 명장(名將)의 위풍(威風)이 있는 고(故)로 목종황제(穆宗皇帝)가 계문(薊門)으로 이치(移置)하여 출입(出入) 요소(要所)의 방비(防備)를 그에게 의지하였는데 경자(頃

---

286) 전투에서 져서 뿔뿔이 흩어짐.

者)에 대적(大敵)이 임(臨)함에 관(關)을 방비(防備)하도록 신칙(申飭)함으로써 비어방략(備禦方略)을 밝혔으며 또한 내지(內地)에서는 법령(法令)으로 단속(團束)하는 글을 널리 붙였습니다. 그리고 평일(平日)에는 사졸(士卒)을 撫養(무양)하는데 비록 지극(至極)히 애휼(愛恤)하나 법을 범(犯)하면 조금도 용서(容恕)치 않으며 비록 참장(參將) 이하(以下)라도 사십도(四十度) 이상(以上)은 친결(親決)하며, 적국(敵國)의 정세(情勢)를 염탐하여 알아내는 자가 혹 허보(虛報)를 전하여 군중(群衆)을 미혹(迷惑)시키면 이를 잡아 죽여서 일군(一軍)의 사람들로 하여금 주장(主將)이 있음을 알게 하고 달자(㺚子)가 있음을 알지 못하였습니다. 이리하여 강적(强敵)이 앞에 당해도 사람들은 동요(動搖)하지 않았습니다. 그래서 산해관(山海關) 내(內)의 사람들은 모두 척계광(戚繼光)이 총병(摠兵)이 되고 양조(楊兆)가 총독(總督)이 되어 비변(鄙邊)의 사람들은 이를 믿고 걱정이 적어졌다 하였습니다.

　신(臣)이 이 때문에 그가 지은 글 삼첩(三帖)을 보니 그 전망(戰亡) 사졸(士卒)을 위하여 글을 지어 제사(祭祀)지내지 않음이 없으며. 그 행사계도(行師戒塗)에는 경건(敬虔)하고 정성스럽게 신(神)에 고(告)하지 않음이 없습니다. 장주문기(漳州門記)의 작품(作品)은 예의(禮義)로 병사(兵士)를 양성(養成)함을 생각하였고. 양개(梁玠)가 적(賊)을 만나 굴(屈)하지 않은 것을 자세히 기록(記錄)하여 대절(大節)을 탄식(歎息)하였으며 삼충신(三忠臣)의 사당(祠堂)이 있으매 사모(思慕)하여 마지않았고 필부(匹婦)가 의(義)를 지키니 비(碑)를 세워 빠짐이 없게 하였습니다. 기타 대수롭지 않게 음영(吟詠)한 것도 나라를 위하여 힘을 다하고 왕을 위하여 충성(忠誠)을 다하지 않은 바가 없습니다. 이와 같이 그 충성이 간절(懇切)하고 품식(品式)이 구비(具備)되어 비록 옛날의 양장(良將)이라도 이보다 낮지는 않을 것입니다.

신(臣)이 살펴 보건대 국가의 간성(干城)[287]을 맡은 자는 처음에는 비록 힘써 청근(淸勤)하나 배우지 않고 재주가 없기 때문에 그 관위(官位)가 중(重)하고 녹(祿)이 후(厚)해지면 스스로 바라고 원한 것이 이미 다하였다고 하여 몸과 마음을 다하여 왕사(王事)에 목숨을 바치려 하지 않고 오직 그 사사(私私)로운 것이 있으면 반드시 힘을 다하여 이를 완수(完遂)합니다. 이로써 군사(軍士)는 한마(悍馬)[288]같이 되고 군위(軍威)는 서지 않아 변방(邊方)은 터진 제방(堤防)과 같고 국세(國勢)는 강해지지 않습니다. 그리고 장래(將來)가 유망(有望)한 자도 오직 노장(老將)으로 지목(指目)하는 것을 한(限)으로 삼아 힘써서 옛날의 열장(烈將)에 미치는 것을 생각하지 않으니 후일(後日) 혹 걱정할 만한 일이 있으면 수습(收拾)할 사람이 없다는 것은 정(定)한 일입니다. 그런데 척계광(戚繼光)의 글은 가히 그들에게 법으로 삼게 할 수 있으므로 신(臣)은 삼가 척공(戚公)의 글 삼첩(三帖)을 갖추어 올리는 바입니다. 엎드려 바라옵건대 성명(聖明)께서는 양조(楊兆) 척계광(戚繼光)의 사(事)를 유신(儒臣)에게 명(命)하여 전(傳)을 짓게 하고 아울러 그 글을 인쇄(印刷)하여 중외(中外)의 장사(將士)에 널리 반포(頒布)하여, 운명(運命)이라 하고 스스로 단념(斷念)한 무리들로 하여금 감모(感慕)하여 흥기(興起)함이 있게 하면 저들도 당금(當今)의 세상에 과연(果然) 이와 같은 명장(名將)이 있음을 알아서 비록 늙어 병든 사람이라도 승지(澠池)에서 크게 날개를 떨칠 것입니다.

무릇 위의 수조(數條)는 비록 아주 작은 일 같지만 사습(士習)과 민풍(民風)에 관계(關係)가 있습니다. 약(弱)해진 것을 소생(蘇生)시키

---

287) '나라를 지키는 군인'을 이르는 말.
288) 사나운 말.

고 폐단(弊端)을 바로 잡는 것이 심히 간절(懇切)합니다. 고로 신(臣)이 어리석음을 스스로 헤아리지 않고 감히 견문(見聞)을 털어놓으니 엎드려 바라옵건대 전하께서는 천신(賤臣)의 말이라 이르지 마시고 국사(國事)의 그릇된 점을 유념(惟念)하셔서 대신(大臣)에게 의논(議論)하셔서 사물(事物)을 분별(分別)하여 처리(處理)하시면 동방(東方)의 사민(士民)이 다행(多幸)하게 여길 것입니다. 그러나 천하(天下)의 일은 그 근본(根本)을 먼저 하지 않고 다만 그 말(末)만을 힘쓴다면 비록 매일 선정(善政)을 베푼다 하더라도 백성들이 혜택(惠澤)을 입지 못하며, 엄한 형벌을 매일 실시(實施)하더라도 이(吏)가 두려움을 알지 못할 것입니다. 고로 신이 삼가 중국의 검봉근정(儉奉勤政)으로 수국(壽國)하고 안민(安民)하는 등사(等事)를 모두 초(草)하여 올리려고 하였는데 먼 길을 달려 온 나머지 정서(淨書)할 겨를이 없었고 또 말이 대정(大政)과 대사(大事)에 관계되므로 그 직책(職責)에 있지 않으면서 외람(猥濫)한 말을 하여 왕(王)의 뇌정(雷霆: 천둥)의 위엄(威嚴)을 저촉(抵觸)할까 두려워하여 아직까지 감히 올리지 못했던 것입니다. 전하께서 만약 천명(天命)을 감히 두려워하지 않을 수 없고 왕제(王制)를 감히 따르지 않을 수 없으며 국본(國本)을 감히 단단하게 하지 않을 수 없고 백성의 가난함을 감히 구휼(救恤)하지 않을 수 없다고 이르시어 신의 미미(微微)한 정성(精誠)이 모두 사총(四聰)[289]에 도달(到達)하도록 허(許)하신다면 신은 죽음을 무릅쓰고 어리석은 충정(衷情)을 우러러 나타내기를 청(請)한 것입니다. 신이 근폭(芹曝)의 정성(精誠)을 이기지 못하여 전하의 위엄(威嚴)을 모독(冒瀆)하면서 이에 올리는 바이니 황구(惶懼)스러워 숨을 죽이고 가슴 조이며 전하의 처분(處分)만을 바랍니다.

---

289) 사방.

# ◎의상십육조소(擬上十六條疏)
선조 7년(1574) 甲戌

신(臣) 헌(憲)이 삼가 재배(再拜)하여 상언(上言)[290]합니다. 신이 세인(世人)의 정(情)을 돌아다니며 보니 먼 것을 소홀(疎忽)히 하고 가까운 것을 좋아함이 많았습니다. 세상(世上)의 먼 것은 비록 요순(堯舜)의 지치(至治)[291]라도 망연(茫然)히 그 도(道)를 멀리하는 것 같고, 시대(時代)에 가까운 것은 그 일사(一事)의 옳은 것과 일정(一政)의 선(善)한 것을 듣고 개연(慨然)히 따라 가려는 마음이 있습니다. 만약 가까운 것에서 일마다 옳은 것을 구하고 말마다 선한 것을 취하여 분연(奮然)히 뜻을 세워 쉬지 않고 이를 행한다면 요순(堯舜)같이 될 수 있는 것도 멀지 않습니다. 그런데 혹 가까운 것에 게으르고 소홀(疎忽)히 하면 요순(堯舜)같이 되도록 바라기가 어려울 뿐만 아니라 어찌할 도리(道理)가 없는 것이 장차 조석(朝夕)에 이를 것이니 정말로 통심(痛心)[292]할 일입니다. 신이 중국의 일을 보고 우리나라와 비교(比較)하니 제도(制度)는 거의 같은데 현재(現在) 행해지는 규모(規模)가 혹은 상략(詳略)의 부동(不同)이 있고 혹은 번약(煩約)의 이의(異宜)[293]한 것이 있습니다. 상(詳)하되 약(約)한 것에 문명(文明)과 부서(富庶)의 소재(所在)가 있고 약(略)하되 번(煩)한 것에 구차(苟且)한 것을 의지하고 거짓을 인습(因襲)하는 부끄러움이 있을 뿐만 아니라 재궤(財匱)[294]·근상(根傷)[295]·민산(民散)[296]·국

---

290) 백성이 임금에게 글월을 올림.
291) 중국 고대 요임금과 순임금 시대처럼 지극히 잘한 다스림.
292) 몹시 마음이 상함.
293) 마땅히 다른 것.

위(國危)<sup>297)</sup>의 걱정이 있는 것입니다. 신이 삼가 사무(事務)에 간절(懇切)한 것을 앞에 남진(濫陳)<sup>298)</sup>하고 다시 근본(根本)에 관한 것을 그 다음에 개열(開列)하였습니다. 엎드려 바라옵건대 성명(聖明)께서는 광망(狂妄)<sup>299)</sup>한 자의 말이라 이르시지 마시고 평온한 마음으로 천천히 살피신다면 성치(聖治)에 있어서 만(萬)에 하나라도 조금 도움되는 바가 없지 않을 것입니다.

## 1. 격천(格天)의 성(誠)

신(臣)이 통보(通報)<sup>300)</sup>를 복견(伏見)<sup>301)</sup>하옵건대 황상(皇上)께서는 기내(畿內)<sup>302)</sup>의 큰 가뭄을 민념(憫念)<sup>303)</sup>하셔서 궁중(宮中)에 단(壇)을 쌓고 정성(精誠) 다하여 기도(祈禱)드리며 제사(諸司)<sup>304)</sup>는 모두 성계(省戒)를 행하여 중외인심(中外人心)<sup>305)</sup>이 감열(感悅)하지 않음이 없다고 하였습니다. 이것은 비록 전하께서도 일찌기 행하신 것인데 제사성계(諸司省戒)의 강목(綱目)은 다만 공문(公文)이 있을 뿐이요 전혀 봉행(奉行)하지 않습니다. 구중궁궐(九重宮闕) 내에서 정전(正殿)<sup>306)</sup>을 피하고 식음(食飮)을 줄이는 데 산음(山陰)<sup>307)</sup>이나 강

---

294) 재물이 다하다.
295) 상처가 뿌리박다.
296) 백성이 흩어짐.
297) 나라의 위태로움.
298) 늘어놓다.
299) 미친 것처럼 망령스러운.
300) 통지하고 보고함.
301) 엎드려 생각해 보면.
302) 나라 안.
303) 근심하여.
304) 모든 벼슬아치.
305) 국내와 국외.
306) 임금이 임어하여 조회하는 궁전.
307) 볕이 안 드는 산의 북쪽을 말하는 데 여기서는 서울에서 멀리 떨어진 산골이 말한다.

곡(江曲)³⁰⁸⁾에서는 무리지어 모여 거리낌 없이 사사로이 마시며, 서민(庶民)들 중에는 굶어 죽은 사람이 많은데 주루(州樓)³⁰⁹⁾ 현사(縣舍)³¹⁰⁾에서는 아무렇지도 않은 듯 노래부르고 놀며 연회(宴會)합니다. 이것은 비록 기강(紀綱)이 불엄(不嚴)하기 때문이지만 신의 우견(愚見)³¹¹⁾으로는 또한 전하의 격천(格天)의 정성(精誠)이 오히려 이르지 않은 것이라고 생각되는 바입니다. 옛적에 태조(太祖) 고황제(高皇帝)³¹²⁾께서는 한달 비가 안 오면 매일 음식을 줄여 소식(素食)하며 근신(近臣)에게 이르시기를 "나는 가뭄 때문에 모든 궁중(宮中)과 함께 소식(素食)하여 민력(民力)의 간난(艱難)함을 알게 하였는데, 과거(過去)에는 군중(軍中)의 수용(需用)인 소여담장(蔬茹醯醬)³¹³⁾이 모두 태관(太官)의 공급(供給)하는데서 나왔으나 지금은 모두 내관(內官)이 이를 하므로 그것이 백성을 번요(煩擾)³¹⁴⁾하게 할까 두렵다" 고 하셨습니다. 그리고 이미 큰 비가 와서 군신(群臣)들이 왕(王)의 음식(飮食)을 평상시(平常時)와 같이 회복(回復)하도록 청(請)하니 왕께서 이르시기를 "가뭄이 재해(災害)가 되었으니 정말로 내가 부덕(不德)한 소치(所致)이다. 지금 비록 비가 왔다고 하나 모종 세가 말라죽은 것이 반드시 많을 것이니 비록 먹더라도 어찌 맛이 있을 수 있겠는가. 민심(民心)을 얻으면 천심(天心)을 얻는 것이니 지금 천재(天災)를 그치게 하려면 다만 마땅히 삼가하여 수기(修己)하고 정성껏 애민(愛民)하여야만 대체로 하늘의 돌봄에 답(答)할 것

---

308) 강이 굽이쳐 흐른 곳. 어촌을 말한다.
309) 주현의 누각.
310) 현의 객사. 즉 관리들이 사무를 보는 곳.
311) 어리석은 생각.
312) 청나라 태조 누르하치를 말함.
313) 먹는 채소와 좋은 술과 젓갈.
314) 번거롭고 요란스러움.

이다" 하시고 마침내 백성들의 그해 전조(田租)³¹⁵⁾를 면(免)하도록 명(命)을 내리셨습니다. 그리고 세종대왕(世宗大王)께서는 약간의 수재(水災)나 한재(旱災)³¹⁶⁾를 당하여 백성이 혹 먹는 것이 어려우면 바로 궁내(宮內)에 들이는 주선(酒膳)³¹⁷⁾을 거두시고 천재(天災)가 호전(好轉)된 연후(然後)에야 전(前)과 같이 회복(回復)하셨습니다. 신은 알지 못하옵건대 전하께서 천재(天災)를 당하여 수성(修省)³¹⁸⁾ 하시는 것이 과연(果然) 이와 같습니까? 옛날의 왕자(王者)는 흉년기세(凶年饑歲)³¹⁹⁾에는 취마(趣馬)를 먹이지 않고, 선부(膳夫)³²⁰⁾는 철선(撤膳)³²¹⁾하며, 대부(大夫)³²²⁾는 쌀밥을 먹지 않으며, 사(士)³²³⁾는 음주(飲酒)를 즐기지 않았습니다. 고로 한(漢)의 원제(元帝)같은 분은 평범(平凡)한 인주(人主)인데 원제(元帝)도 일찌기 흉년기세(凶年饑歲)에는 그 말먹이와 진수성찬(珍羞盛饌)을 감(減)하여 기민(饑民)³²⁴⁾을 진휼(賑恤)하셨습니다. 금자(今者)에는 비록 감선(減膳)이라는 명목(名目)은 있으나 사옹원(司饔院)³²⁵⁾이 어물(魚物)을 올려 기민(饑民)의 원고(怨苦)³²⁶⁾는 이전과 같습니다. 그리고 사복(司

---

315) 토지세.
316) 가뭄의 재앙.
317) 술과 반찬.
318) 살피어 고치다.
319) 흉년이 들어 기근이 심한 해.
320) 조선시대 임금의 식사와 대궐 안의 식사를 맡아 보던 사옹원 소속의 종7품 잡직.
321) 찬을 거두어 들리는 것.
322) 공경대부를 이름.
323) 선비.
324) 굶주리는 백성.
325) 이조(吏曹)의 속아문(屬衙門)으로, 1392년에 설치한 사옹방(司饔房)을 개칭한 것이다. 관원으로는 정(正 : 정3품) 1명, 제거(提擧 : 정·종3품) 2명, 제첨(提檢 : 정·종4품) 2명, 첨정(僉正 : 종4품) 1명, 판관(判官 : 종5품) 1명, 주부(主簿 : 종6품) 1명, 직장(直長 : 종7품) 2명, 봉사(奉事 : 종8품) 3명, 참봉(參奉 : 종9품) 2명을 두었다.
326) 원망과 고통.

僕)<sup>327)</sup>은 수외(數外)의 꼴을 감(減)하는 것이 당연(當然)한데도 감
(減)하지 않습니다. 하물며 그 곡식(穀食)을 감하여 기민(饑民)에게
진휼(賑恤)하기를 바라겠습니까? 이러므로 흉년기세(凶年饑歲)에
대부(大夫)가 쌀밥을 먹지 않는 것이 의(義)인 줄 모르고, 사(士)는 음
주를 즐기지 않는다는 것이 무슨 일이냐고 이르며, 외읍서관(外邑庶
官)<sup>328)</sup>은 바야흐로 백성들의 고혈(膏血)을 짜내어 자기들만 맛있게
먹어 더욱 천노(天怒)하게 합니다. 신(臣)은 엎드려 바라옵건대 전하
께서 먼저 수성(修省)의 도(道)를 다하심으로써 격천감인(格天感
人)<sup>329)</sup>의 본(本)으로 삼으시고 내외서관(內外庶官)에 신칙(申飭)하
여 자신(自身)을 검약(儉約)하고 백성을 위하여 힘쓰는 정치에 한결
같이 실제(實際)로 힘쓰며 겉치레를 받들지 않으면 백성들이 춥고 배
고프지 않으며 하늘이 제노(懠怒)하지 않을 것입니다.

## 2. 추본(追本)의 효(孝)

신(臣)이 듣건대 태조황제(太祖皇帝)께서는 일찌기 인조(仁祖)의
기일(忌日)을 당하여 묘(廟)에 나아가 제(祭)를 끝내고 편전(便殿)<sup>330)</sup>
에 물러 나오셔서 눈물을 그치지 않고 시신(侍臣)에게 이르시기를
"지난날 나의 부친(父親)께서 10월 6일에 돌아가셨고 형(兄)은 9일에
돌아갔으며 모친(母親)께서는 22일에 돌아가셔서 한 달 사이에 삼상
(三喪)이 계속되니 인생(人生)이 이를 만나 그 어찌 종천지통(終天之
痛)<sup>331)</sup>을 감당(堪當)하겠는가? 이를 생각하니 망극(罔極)하다."하고
더욱 흐느끼며 몸을 가누지 못하거늘 좌우(左右)가 모두 눈물을 흘

---

327) 사복시, 고려 조선 때 궁중의 가마나 말에 관한 일을 맡아보던 관청.
328) 서울 밖의 여러 벼슬아치.
329) 천체를 바라잡아 백성들을 감동시킴.
330) 임금이 평상시에 거처하면서 정사를 보는 궁전.
331) 하늘이 끝나는 고통.

리고 쳐다보지 못했다고 합니다. 신(臣)이 상인(常人)의 정(情)을 가만히 생각하여 보건대 곤고(困苦)[332]의 때를 만날 것 같으면 혹 부모(父母)가 길러준 노고(勞苦)를 생각하지만 안부(安富)가 극(極)에 이르러 마음이 사치욕(奢侈慾)에 빠지면 나를 낳아 준 은혜(恩惠)를 생각하는 자가 드뭅니다.

그런데 고황제(高皇帝)께서는 바야흐로 부귀(富貴)를 다하셨어도 추모(追慕)하는 마음이 해이(解弛)되지 않으신 것은 효심(孝心)이 감통(感通)하신 때문이며 민덕(民德)이 귀후(歸厚)하신 때문입니다. 신이 또 듣건대 영종황제(英宗皇帝)께서는 태학사(太學士) 이현(李賢)에게 이르시기를 짐(朕)은 오경(五更)[333]에 두번 북치면 일찍 일어나 비록 다리에 병(病)이 있더라도 반드시 배천(拜天)의 예(禮)를 행하여 끝내고, 상주서(上奏書)를 재결(裁決)하여 마친 후(後) 조복(朝服)을 입고 봉선전(奉先殿)에 나아가고 묘(廟)에 들어가 모두 배(拜)하고 나와 조회(朝會)를 받고, 퇴조(退朝)하여 모후(母后)께서 명(命)하면 이틀에 한번 조회를 받았습니다. 그래서 좌우에서 모두 "어찌 그와 같이 스스로 고생(苦生)하십니까?"라고 말하면 황제는 그러한 아첨(阿諂)하는 말을 물리치셨습니다. 그 예(禮)가 이와 같이 된 연후에 양궁(兩宮)의 정(情)은 날로 서로 즐겁게 이어져서 참사(讒邪)[334]의 말이 그것을 이간(離間)시키지 못하였습니다. 이것이 천순(天順)의 치(治)가 만년(晚年)에 그 빛을 낸 바입니다. 신(臣)이 엎드려 생각하옵건대 성효(聖孝)가 지성(至誠)이 있어 태조(太祖)께서 선조(先祖)를 사모(思慕)하는 일이나 영종(英宗)께서 매일(每日) 조회(朝會) 받는 일을

---

332) 곤란하고 고통스러운 때.
333) 새벽 4시 전후.
334) 참소하는 간사한 말.

상행(常行)하지 않는 것이 아니라 군신(群臣)과 더불어 얘기하지 않으셨으니 일국신민(一國臣民)이 장차 무엇을 법(法)받겠습니까? 엎드려 바라옵건대 지금부터 태조(太祖)·영종황제(英宗皇帝)의 일을 인연(因緣)하여 성덕(聖德)이 외롭지 않음을 더욱 믿으시어 문자문손(文子文孫)[335]의 법(法)을 드러내시고 성효(聖孝)가 다하지 않는 것을 기리 여시면 효리(孝理)의 효과(效果)가 나타나서 당년(當年)에 효(孝)를 일으킬 뿐만 아니라 또한 만세(萬世)에 까지 내려줄 것입니다.

## 3. 능침(陵寢 : 임금이나 황후의 무덤)의 소(疏)

신(臣)이 들으니 홍무중(洪武(명나라 태조의 연호)中)에 처음으로 황제의 릉(皇陵)을 세워 능의 경계(陵界)를 헤아려 재고 장차 둘레의 담(周垣)을 쌓으려고 할 때 유사(有司 : 단체의 사무를 맡아보는 사람)가 그 부근(附近)에 있는 민가(民家)와 분묘(墳墓)를 옮길 것을 청하자 고황제(高皇帝)께서 이를 말리며 말씀하시기를 "이 분묘(墳墓)들은 모두 나의 집(吾家)의 옛적 이웃(鄰里)이니 밖으로 옮길 필요가 없다." 하시고 마침내 봄과 가을(春秋)로 백성들이 제사(祭祀)지낼 수 있게 청하여 허락하시고(聽許) 출입(出入)도 금(禁)하지 않으셨다고 하였습니다. 오호라! 죽은 사람(死者)의 해골(骸骨)을 함부로 옮기지 아니한다면 백성들(生民)의 산업(産業)은 반드시 서로 흩어져서 정처없이 떠돌아다니지 않을 것입니다. 이러므로 효릉(孝陵)은 남경(南京) 종산(鐘山)의 남쪽에 있는데 산의 북쪽에는 공신(功臣) 장지(葬地)를 많이 주었습니다. 그리고 성조이하(成祖以下) 모든 능은 모두 천수산(天壽山) 남쪽

---

335) 자식과 손자들에게 본보기가 됨.

에 장사(葬事)지냈으며 황태자(皇太子)로 죽으면 금산(金山)에 장사(葬事)지냈는데 능의 앞의 석물(陵前石物)은 옛 것과 같고 감히 점차로 사치스럽고 크게 하지 않았습니다. 대체로 천하의 넓음으로서 어찌 각각 장사(葬事)지낼 좋은 곳이 없겠습니까? 그런데도 같은 산 안에 모두 장사지냈는데 같은 산 안의 운세가 어찌 능히 일일이 모두 적합(適合)하겠으며, 원래의 산의 운세가 어찌 능히 일일이 모두 길겠습니까만 반드시 이곳에서 떨어지지 않으려 한 것은 많은 사람들의 마음이 지리설(地理說)의 허망(虛妄)됨을 밝게 보았기 때문입니다. 그리고 집을 옮기고(遷居) 묘을 파면(發墓) 반드시 모든 것을 잃을 바를 걱정하는 탄식(嘆息)이 있으며 정(精)과 신(神)을 한데 모으면 할아버지와 손자가 서로 편안하는 즐거움이 있습니다.

고로 더욱 오랜 세대(世代)를 전(傳)하였고 끝없이 복(福)을 누려 지금 황제의 자손이 늘어서 퍼진 자가 거의 17만이라고 합니다. 선을 쌓은 집은 반드시 복이 남음이 있다고 한 여재(呂才)의 설(說)이 이에 이르러서 가히 징험(徵驗 : 경험을 해봄)해 볼만합니다.

신(臣)이 강개(慷慨 : 의기가 북받치어 한탄하고 분개함)하여 생각컨대 우리 동방(東方)의 습속(習俗)은 풍수설(風水說)을 무조건 믿어 공경사민(公卿士民)이 일찍이 많이 감염(感染)되어 대대의 임금이 총명(聰明)이 비록 속은 바는 아니지만 임금의 상 (喪)을 당할 때 남에 미쳐서는 왕위를 이을 임금(嗣君)이 바야흐로 상중(喪中)에 있어 명령과 계율(命戒)이 있지 않고 점쾌(兆)를 점쳐 혈(穴)을 정하는데 한결같이 상지관(相地官)[336]의 말만을 믿고, 모든 신하들(公卿輔相)이 그 일에 대하여 감히 말 한마디 하지 못하였습니다. 건원릉(建元

---

336) 관상감 소속의 지리학을 전공한 관원으로서 대궐자리, 능자리 등의 지상을 보는 벼슬아치.

陵)[337]이나 헌릉(獻陵)[338]의 곁에 좋은 혈(佳穴)이 많은데도 널리 양주(楊州)·고양(高陽)·광주(廣州)·여주(驪州)의 땅을 택(擇)하여 죽은 사람(死者)으로 하여금 머리를 옮기고 다리를 잃는 우환(憂患)이 있게 하고, 산 사람(生者)에게는 집을 부수고 전답(田)을 빼앗기는 통곡(慟哭)이 있게 하여 원망(怨)이 하늘에 이르고 국가에 미친 것도 이미 임금(聖明)께서 친히 알고(親覽) 계신 바입니다.

또한 목전(目前)의 근심으로 말한다면 양주(楊洲)·고양(高陽)은 실제로 경사(京師)의 근본(根本)인데 겨우 도문(都門)[339]을 나서면 풀만 우거져 무인지경(無人之境)과 같아 서민(庶民)으로 의지(依持)할 곳 없는 자가 어찌 거주(居住)하고 싶은 뜻이 없겠습니까만 그러지 않는 것은 한번 수호군(守護軍)[340]의 역(役)에 걸리면 자손(子孫)에게 장전(長傳)[341]하여 그 고(苦)를 감당(堪當)할 수 없기 때문입니다. 만약(萬若) 중국의 제도(制度)와 같이 한다면 한두 능(陵)의 수호자(守護者)로서 족히 여러 능을 수호할 수 있으며, 그 나머지 사람들은 군액(軍額)에 보충(補充)할 수 있습니다. 요역(徭役)이 어찌 심고(甚苦)에 이르러 거(居)할 수 없겠습니까? 이것뿐만이 아닙니다. 전조(前朝)[342] 구왕(舊王)의 능은 지금 경상(卿相)의 묘(墓)와 같은데 불과(不過)하고 공민왕(恭愍王)[343] 때 비로소 석장(石藏)을 하여 그 석물(石物)이 커졌습니다. 국초(國初)에도 비록 기제(其制)를 따랐지만 제릉(齊陵)·후릉(厚陵)[344]은 심히 높고 크지 않았습니다. 태릉

---

337) 경기 구리시(九里市) 동구릉(東九陵) 경내에 있는 조선 태조(太祖)의 능.
338) 서울 서초구 내곡동(內谷洞)에 있는 조선 제3대왕 태종과 그의 비 원경왕후(元敬王后)의 능.
339) 도성 문.
340) 능을 지키는 군사.
341) 오래동안 전하여.
342) 고려.
343) 고려 제31대 왕(재위 1351~1374).

(泰陵)[345]·강릉(康陵)[346]에 이르러서 극히 사치(奢侈)하고 커져서 그 무거운 석물(石物)을 끌어 멀리 옮길 때 기보(畿輔)의 민(民)이 사상자(死傷者)가 많이 났는데도 감히 임금께 여쭈어 측은(惻隱)한 마음을 발(發)하게 하는 자가 아무도 없었습니다.

이러한 것은 조종(祖宗) 재천(在天)의 영혼(靈魂)도 편안치 않게 생각하는 바입니다. 지나간 일은 이미 어떻게 할 수 없으니 자금 이후(自今以後)로 만세(萬世)에 이르기까지 항식(恒式)[347]을 영저(永著)[348]하여 이를 금석(金石)에 새기고, 선릉(先陵)[349]의 곁에 그 수혈(壽穴)을 정하기를 한결같이 인묘(仁廟)의 명(命)과 같이 하고 석장(石葬) 석물(石物)은 비록 갑자기 폐(廢)하기는 어려우나 창업(創業)한 때보다 작게 하면 성효(聖孝)가 무궁(無窮)하고 겸덕(謙德)이 한명(漢明)에 그치지 않을 것입니다. 화담(花潭) 서경덕(徐敬德)[350]도 이미 일찌기 소(疏)를 올려 이를 말하였으나 끝내 상달(上達)하지 못하였습니다. 전하께서는 그 소(疏)를 시험(試驗)삼아 취하여 보신다면 신(臣)의 말도 또한 허망(虛妄)된 것이라 하시지 않으실 것입니다.

## 4. 제사(祭祀)의 절(節)

신(臣)이 들으니 황조(皇朝)[351]에서 선조(先祖)를 제사(祭祀)지

---

344) 개풍군에 있는 조선 제2대 왕 정종의 능.
345) 조선 제11대 중종(中宗)의 계비 문정왕후(文定王后) 윤씨의 능.
346) 서울 노원구 공릉동(孔陵洞)에 있는 조선 제13대 왕 명종(明宗)과 명종비 인순왕후 심씨(仁順王后沈氏)의 능.
347) 변하지 않는 법규.
348) 오래도록 드러내어.
349) 서울특별시 강남구 삼성동(三成洞)에 있는 조선 성종(成宗)과 그의 계비 정현왕후(貞顯王后) 윤씨의 능.
350) 조선 중기의 유학자·주기론(主氣論)의 선구자. 본관 당성, 호 화담·복재, 시호 문강, 저서《화담집》.
351) 중국.

내는 예(禮)는 구묘(九廟)에 그치고 능침(陵寢)에는 시절(時節)의 제(祭)가 있으며 삭망(朔望)의 천(薦)은 봉선전(奉先殿) 중에서 오직 신물(新物)이 있으면 이것을 드리며 매일(每日) 전(奠)[352]올리는 바가 별로 없다고 합니다. 대저 천하(天下)가 커서 재물(財物)이 풍부(豊富)하니 비록 매일 생뢰(牲牢)[353]를 갖추어 평생시(平生時)와 같이 받들어도 어찌 부족한 바 있겠습니까만 그렇게 하지 않는 것은 진실로 살고 죽은 데에 공양(供養)하고 제사(祭祀) 지내는 것이 방도(方途)가 달라 제사를 더럽히는 것이 도리어 공경(恭敬)하지 않는 것이 되기 때문입니다. 신이 엎드려 생각하옵건대 문소전(文昭殿)[354]에 매일 전(奠)을 올리는 것은 실(實)로 열성(列聖)의 성효(聖孝)가 무궁(無窮)한데서 나온 것인데 이를 전고(典故)[355]에서 헤아려 본즉 삼대이하(三代以下) 송(宋)·원(元)에 이르기까지 모두 하지 않은 바이며, 우리 동방(東方)에서 고찰(考察)한 즉 고려 이상(高麗以上)은 역시(亦是) 행(行)하지 않았습니다. 전하(殿下)의 지극(至極)한 효(孝)로는 진정 그치기 어려운 바입니다.

차일사(此一事)는 예(禮)에 번거롭게 되고 신(神)에 모독(冒瀆)되며 시왕(時王)의 제(制)에도 또한 너무 지나치며 그 효성(孝誠)을 한다는 것도 정말로 이치(理致)에 당연한 효가 아닙니다. 또한 목전(目前)의 근심으로 말한다면 부고(府庫)[356]의 축적(蓄積)이 왕년(往年)보다 날로 없어지고 생민(生民)의 가난이 전일(前日)보다 우심(尤甚)[357]하며 무릇 제사(祭祀)에 올리는 미면(米麵)[358]의 수(數)는 백관(百官)의 녹

352) 제사 때 음식과 과일을 드리는 일.
353) 통째로 제사드리는 소.
354) 조선 태조의 비 신의왕후(神懿王后) 한씨(韓氏)를 모신 사당.
355) 전례가 되는 옛 일, 전례와 고사.
356) 창고.
357) 매우 심함.
358) 쌀과 밀가루.

(祿)보다 많습니다. 그리고 소채(蔬菜)의 판비(辦備)[359]는 한결같이 궁민(窮民)의 힘에서 나오는데 저 기부(飢夫)·동부(凍婦)들이 이웃 사람에게 승합(升合)을 취대(取貸)하여 간신(艱辛)히 본색(本色)을 받쳤는데 서리(胥吏)는 인정금(人情金)을 요구(要求)하며 백반(百般)으로 조해(阻害)하여 반드시 월리금(月利金)을 구(求)하여 그 욕심(慾心)을 채워 주고 돌아와서는 그 돈을 갚을 도리가 없어 가슴을 두드리며 호곡(號哭)하는 상태(狀態)를 본다면 조종(祖宗) 재천(在天)의 영혼(靈魂)도 불안(不安)해 할 것입니다. 만약(萬若) 조종조(祖宗朝)와 같이 나라가 태평(太平)하고 곡식이 잘 되어 무용(無用)한 재(財)를 축적(蓄積)하고 백성이 혹(或) 항산(恒產)[360]이 있다면 후일(後日)의 폐막(弊瘼)은 비록 생각할 겨를 없이 조상(祖上)을 곁에 모시는 듯한 정성(精誠)을 폐(廢)하지 않더라도 오히려 가(可)할 것입니다. 그러나 수십년(數十年) 동안을 손꼽아 보건대 풍년(豊年)이 드는 해가 몇 해나 되며 증가(增加)된 인구(人口)는 몇 이나 되겠습니까? 옛날에 국가를 다스리는 자는 모두 절용(節用)을 선무(先務)로 삼아 반드시 3년을 경작(耕作)하여 1년의 식량(食粮)을 남게 하였습니다. 그래서 30년을 경작(耕作)함에 이르러 10년의 식량이 남게 된 연후에는 9년의 홍수(洪水)와 7년의 한재(旱災)도 능히 해(害)가 되지 않았습니다. 백성이 비척(肥瘠)[361]함이 없고 국본(國本)이 안고(安固)한 것은 그 평소(平素)에 그 축적(蓄積)한 것이 있어 위급(危急)한 때 의지할 수 있기 때문입니다. 지금 만약 불행(不幸)하게 구한(久旱)과 대수(大水)[362]와 혹 생각지 못했던 근심이 있다면 전하께서 어떻게 이에 대처(對處)하실지 의심스럽습니다.

---

359) 마련하여 준비함.
360) 살아갈 수 있는 일정한 재산.
361) 살이 찌고 여위다.
362) 오랜 가뭄과 큰 홍수.

신(臣)의 우의(愚意)로는 성시(盛時)의 과규(過規)를 지켜서 상재(傷財)하고 해민(害民)함으로써 국사(國事)를 실패(失敗)하기로는 어찌 성왕(聖王)의 중제(中制)에 따라 절용애민(節用愛民)[363]하여 조종(祖宗)의 기업(基業)[364]을 영구(永久)하게 하느니만 같겠습니까? 부득이(不得已)하여 삭망(朔望)의 제(祭)를 반드시 지낸다면 한(漢)의 원묘(原廟)와 같이 하는 것으로 그치십시오. 그리고 기타(其他) 매일(每日)의 수자(水剌)는 감히 다시 더럽히지 마시고 미율(米粟)[365]을 저치(儲置)[366]하여 불시(不時)의 수요(需要)를 기다리고, 그 소채(蔬菜)를 견감(蠲減)하여 궁민(窮民)의 힘을 펴시면 이것은 조종(祖宗)께서 듣기 좋아하실 것입니다.

주역(周易) 췌(萃)의 육이(六二)에 가로되 "성의(誠意)가 있으니 제사(祭祀)를 올리기에 좋다. 신(神)의 가호를 받아 만사(萬事) 순조(順調)로 우리다" 하였으니 제사(祭祀)의 도(道)는 성의(誠意)로 본(本)을 삼되 간략(簡約)하게 하는 게 좋다고 말한 것입니다. 그런데 지금 문소전(文昭殿)[367] 제관(祭官)은 아래로 포적(胞翟)의 천(賤)에 이르기까지 매일(每日) 빈번(頻煩)하게 제(祭)를 올려 권태(倦怠)하지 않음이 없은 즉 가히 지성(至誠)이 있고 간략(簡約)하게 하는 것이 좋다고 이를 수 있겠습니까? 그리고 기제(旣濟)의 구오(九五)에 가로되 "동쪽 이웃의 소를 통째 희생(犧牲)으로 바치는 성대(盛大)한 의식(儀式)의 제사(祭祀)보다는 서쪽 이웃의 성의(誠意)있는 간소(簡素)한 제사(祭祀)가 진정(眞正) 복(福)을 받을 것이다" 라고 하였는데 기제괘(旣濟卦)는 이미 극(極)에 이른 괘(卦)입니다. 때가 기제(旣濟)

---

363) 절약하여 백성을 사랑함.
364) 기초를 닦는 일.
365) 쌀과 밤.
366) 저축하여.
367) 조선 태조 및 신의왕후의 신전.

이며 간략(簡略)한 제사(祭祀)는 복(福)을 받을 것입니다. 하물며 금시(今時)는 대천(大川)을 건넘에 나룻터가 없음과 같겠습니까? 무릇 차일사(此一事)는 공경(公卿) 사민(士民)이 모두 국계(國計)의 잘못됨이 마침내 이에 있음을 알 고 분하여 주먹을 불끈 쥐고 절로 탄식(嘆息)하지 않음이 없으나 임금의 위엄(威嚴)을 범(犯)할까 두려워하여 아직 감히 말씀드리지 못한 것입니다.

전하(殿下)께서 시험(試驗)삼아 불러서 이를 물으신다면 신언(臣言)이 또한 허망(虛妄)된 것이라 여기시지 않으실 것입니다.

## 5. 경연(經筵)[368]의 규(規)

신(臣)이 들으니 황상(皇上)께서는 경연(經筵)에 근어(勤御)하시는데 3·6·9일 외(外)에는 아직 일찍이 조금도 폐(廢)한 적이 없습니다. 그래서 사서(四書)[369]는 강(講)하여 맹자(孟子)에 이르렀고 강목(綱目)[370]은 이미 당기(唐紀)에 이르렀습니다. 그리고 진강(進講)할 때 강관(講官)이 서서 강(講)하면 허심(虛心)하게 묻기를 좋아하며 그 자리에서 끝까지 궁구(窮究)하여 성학(聖學)을 날로 고명(高明)하게 이루시려 하십니다. 강(講)이 끝나 각각 시무(時務)를 진언(進言)하면 온화(溫和)한 얼굴로 살펴 들어 대신(大臣)에게 상의(商議)하는 고로 서사(庶事)가 퇴이(頹弛)한데 이르지 않습니다. 낮에 강(講)이 파(罷)하면 강관(講官)에게 연(宴)을 베풀고 또한 항상 하사품(下賜品)을 내려 주어 특은(特恩)을 표시(表示)합니다. 이로써 강관(講官)이 된 자는 책려(策勵)하여 그 직(職)을 다 하려고 생각하지 않는 자가 없다고 합니다. 오호라 이와 같이 게으르지 않다면 성학(聖學)의

---

368) 군주에게 유교의 경서(經書)와 역사를 가르치던 교육제도, 또는 그 자리.
369) 대학, 중용, 논어, 맹자를 이름.
370) 춘추를 비롯한 역사서를 말함.

진보(進步)가 어찌 그 끝이 있겠으며 태평(太平)의 치세(治世)는 날을 손꼽아 기다릴 수 있을 것입니다. 신(臣)이 엎드려 생각하옵건대 성명(聖明)께서 이 일을 몸소 실천(實踐)하지 않음이 없지만 혹 무고(無故)하게 자주 정지(停止)하는 일이 있으며, 비록 혹간(或間) 경연(經筵)에 나오시더라도 상하(上下)의 정(情)이 믿음을 나누는 날이 드물고 혹 밑에서 정당(正當)한 말을 올려도 전하께서는 다른 일을 둘러보고 물으시며 혹 위에서는 바야흐로 즐겨 듣는데 밑에서는 부복(俯伏)[371]하여 길이 잠든 자도 있다고 합니다. 이 부복(俯伏)의 예(禮)는 실(實)로 지경(至敬)의 도(道)가 아닙니다. 고로 조종조(祖宗朝)에는 의례 편히 앉게 하였습니다. 세종대왕(世宗大王)께서는 상참(常參)[372]하고 전향(傳香)하는 날에도 강(講)을 그만두지 않으시고 온화(溫和)한 안색(顏色)으로 조용히 고문(顧問)하심이 가인(家人)이나 부자(父子)같은 모양이었습니다.

이 때에는 상하(上下)의 뜻이 통(通)하지 않음이 없으며 백성의 원망(怨望)과 국가의 병폐(病弊)가 달(達)하지 않음이 없습니다. 이러한 까닭에 큰 꾀로 정업(定業)하여 금일(今日)의 아름다움에 이른 것은 원인(原因)이 있는 것입니다. 그런데 한번 정희왕후(貞熹王后)[373]가 수렴청정(垂簾聽政)할 때부터 군신(群臣)이 감히

---

371) 구부리거나 업드리는 것.
372) 항상 참여함.
373) 조선세조(世祖)의 비(妃). 성 윤씨(尹氏). 본관 파평(坡平). 번(璠)의 딸.1428년(세종 10) 가례(嘉禮)를 올려 낙랑부대부인(樂浪府大夫人)에 봉해지고, 1455년 세조가 즉위하자 왕비에 책봉, 1457년 자성(慈聖)으로 존호(尊號)되었다. 1469년(예종 1) 흠인경덕선열명순휘의(欽仁景德宣烈明順徽懿), 1471년(성종 2) 원숙신혜신헌(元淑愼惠神憲)으로 각각 존호가 더해졌다. 덕종 · 예종 및 의숙공주(懿淑公主) 등 2남 1녀를 낳았다. 1468년 예종이 14세로 즉위하자 수렴청정(垂簾聽政)을 하게 되었는데, 이는 조선시대에 처음 있는 일이며, 성종 즉위후에도 계속 7년 동안 섭정하였다. 능은 남양주(南楊州)의 광릉(光陵)이다.

그를 쳐다보지 못하여 그 후 습관(習慣)이 되어 그것이 보통으로 여겨졌던 것입니다. 그래서 명군(明君)과 현상(賢相)이 서로 만나더라도 한결같이 부복(俯伏)합니다. 그래서 명종(明宗)은 경연(經筵)에 당(當)하여 일찍이 매번 편(便)히 앉도록 허(許)하셨습니다. 대저 군신(君臣)의 분별(分別)은 천지(天地)와 같다고 하겠는데 천(天)과 지(地)는 반드시 천기(天氣)가 내려오고 지기(地氣)가 올라간 연후에 능히 만물(萬物)을 생육(生育)하여 교태(交泰)의 공(功)을 이루는 것입니다. 임금이 임민(臨民)하여 홀로 다스리기가 어렵기 때문에 반드시 왕(王)은 먼저 허심(虛心)하게 그 계옥(啓沃)을 바라며 밑에서는 천안(天顏)을 바라보고 계옥(啓沃)의 납부(納否)를 살핀 연후에 참된 마음으로 믿어 뜻이 통할 수 있으며 부족(不足)한 것을 보충(補充)하고 잘못을 바로잡을 수 있으며 몸을 수양(修養)하고 정치(政治)를 드높일 수 있으며 백성을 편안(便安)하게 하고 물질(物質)을 왕성(旺盛)하게 할 수 있어서 태평성세(太平盛世)에 이르게 되는 것입니다. 자고(自古) 이래(以來)로 상(上)이 그 세력(勢力)을 방자(放恣)하게 하고 밑에서 그 위세(威勢)를 두려워하면서 능히 치도(治道)를 이룬 자는 아직 없습니다. 그러므로 영종(英宗) 효종(孝宗)은 매일(每日) 각로(閣老)와 더불어 정사(政事)를 상확(商確)[374]할 제 매번 선생(先生)이라 칭하여 겸손(謙遜)하게 말하고 엄숙(嚴肅)하게 예(禮)를 지켜 각로(閣老)가 생각하고 있는 바를 다 진언(進言)하지 않음이 없었습니다. 그래서 천순(天順) 홍치(弘治)의 다스림이 가장 두드러졌던 것입니다.

신이 엎드려 바라옵건대 전하께서는 자금(自今) 이후(以後)로 비록

---

374) 의논하여 확정함.

중국의 입강(立講)의 제(制)를 회복(回復)하지 못한다 하더라도 편좌(便坐)의 명(命)은 조종(祖宗)의 규(規)와 똑같이 하소서. 그리고 대사(大事)가 있지 않으면 진강(進講)을 폐(廢)하지 말고 강(講)한 서(書)를 일일이 천행(踐行)하며 행(行)하다 장애처(障礙處)³⁷⁵⁾에 이르면 나 개인(個人)이 아직 극진(克盡)하지 못한 것이라 여기시고 반드시 능히 갈 길을 도모(圖謀)하시면 재상(宰相)된 자가 선정(善政)을 베풀어 임금의 손발이 되어 옛것을 배워 얻는 것이 있을 것입니다.

## 6. 시조(視朝)의 의(儀)

신이 황상(皇上)께서 조회(朝會)받는 의식(儀式)을 보니 황상께서는 아직 나이가 어리셔서 비록 날마다 전(殿)에 나아가시지는 않으나 3일 · 6일 · 9일에는 정면(停免)³⁷⁶⁾하시지 않습니다. 그리고 육부(六府)에서 일이 있으면 면품(面稟)³⁷⁷⁾하지 않음이 없으며 언관(言官)이 논할 것이 있으면 소(疏)를 품안에 가지고 와서 친주(親奏)합니다. 그리고 십삼도(十三道) 부(府) 국관원(國官員)으로 표(表)를 올리기 위해 온 자와 그가 대행(帶行)한 이졸(吏卒)도 어계(御階)³⁷⁸⁾ 절근(切近)³⁷⁹⁾의 곳에 인도(引導)되어 꿇어앉고 반수(班首)되는 자가 무릎 꿇고 고(告)하여 "모사리(某司吏) 모등(某等), 모국리(某國吏) 모등(某等)은 뵈옵니다."라고 여쭈면 황제(皇帝)께서 친히 옥음(玉音)을 전하여 이르기를 "알았다"라고 하십니다. 이리하여 이졸(吏卒)로서 소모(小帽)³⁸⁰⁾를 쓰고 해진 옷을 입은 자라도 모두 황제를 바라

---

375) 가로막히는 곳.
376) 정해지는 것을 면하다.
377) 얼굴을 보는 것.
378) 임금이 계신 곳의 계단 아래.
379) 가까운 근처.
380) 작은 모자.

보고 부복(府伏)하여 머리를 조아립니다. 그리고 융만(戎蠻)[381]의 사람이 변발(辮髮)하고 좌임(左袵)한 자도 어계(御階)에서 예견(禮見)하지 않음이 없는데 황제는 친히 『여반끽(與飯喫)』 삼자(三字)를 전하십니다.

　신같이 어리석은 충정(衷情)도 오히려 감축(感祝)의 뜻이 있는데 사해(四海)의 만성(萬姓)으로 그 일을 전문(傳聞)한 자 누가 "오(吾) 황제는 거의 질병(疾病)이 없으셔서 만기(萬機)[382]에 친림(親臨)하신다"고 말하지 않으며 흔대(欣戴)[383]하는 마음이 스스로 솟아나지 않겠습니까? 신이 유념(惟念)하옵건대 아조(我朝)의 상참(常參)은 비록 육조(六曹)[384]가 참현(參現)하는 예(禮)가 있으나 주사(奏事)의 의(儀)가 없고 외읍(外邑)의 배전(陪箋)한 관원(官員)이 오히려 면견(面見)할 수 없은 즉 그 진공(進貢) 이졸(吏卒)은 더욱 가망(可望)이 없습니다. 하물며 전하께서는 조정(朝廷)에 자주 임하시지는 않으셔서 공보(公輔) 시종(侍從)이 전하의 의상(衣裳)을 바라보기가 드물고 감사(監司) 수령(守令)이 하직(下直)할 때에도 성교(聖敎)를 면승(面承)할 때가 거의 없고 단지 정원(政院)에 "의전언송(依前言送)"이란 사자(四字)로 명할 뿐이십니다. 희(噫)라! 「의전언송(依前言送)」 사자(四字)가 어찌 족히 인심(人心)을 감동(感動)시키겠습니까? 이러므로 3·4년에 겨우 한번 만나게 되고 이조(吏曹)에서는 한 달에 한 번도 출근(出勤)하지 아니하니 공조(公朝)가 이와 같은 즉 외읍서관(外邑庶官)이 민사(民事)에 게으른 것은 족히 문책(問責)할 수 없습니다. 오호라! 조회(朝會)하여 청정(聽政)한다고 하는 것이 어찌 다

---

381) 오랑캐.
382) 모든 일.
383) 기쁘게 생각하다.
384) 이·호·예·병·형·공조를 말함.

만 그 얼굴만 보고 그 예절(禮節)을 익히는 것일 뿐이겠습니까? 작일
(昨日)에 내린 명령(命令)이 장차 백성을 방해(妨害)하며 나라를 병
들게 하는 것이라면 빨리 대신(大臣)과 의논하여 고치고 밤에 생각
한바 정사(政事)가 나라에 유익(有益)하고 백성을 편(便)하게 하는
것이라면 빨리 대신과 의논하여 시행(施行)하여야 할 뿐입니다. 그
래서 세종대왕(世宗大王)께서는 옥체(玉體)가 미령(未寧)하실 때를
제외(除外)하고는 수년(數年) 전까지 매일 조정(朝廷)에 임하시어 시
정(時政)을 강론(講論)하시고, 수령(守令)이 부임(赴任)하기에 앞서
하직하는 자를 일일히 면교(面敎)하여 이르시기를 "모읍(某邑)은 모
재(某災)가 있고, 모읍(某邑)은 모폐(某弊)가 있으니 경(卿)이 가서
직무(職務)를 삼가 부지런히 하여 여민(予民)을 소생(蘇生)시켜라"
고 하셨습니다. 이리하여 정부(政府)에서는 출근(出勤)하지 않는 날
이 없고 육조(六曹)의 일을 아뢰지 않음이 없으며 그 중요(重要)한 것
은 취하여 주결(奏決)[385]하고 나머지는 모두 스스로 처리(處理)함에
기무(機務)가 번거롭지 않고 성치(聖治)가 날로 융성(隆盛)하였습니
다. 지금 전하께서는 총명(聰明)이 옛 것을 통하시고 서정(庶政)에
수고하시어 혹 밤중까지 주무시지 않으시며 호정(戶庭)[386]을 나가시
지 않으시고 근려(勤勵)하시는 것이 지극(至極)하십니다. 설사(設使)
후왕(後王)이 총명(聰明)하기가 전하께 미치지 못한다면 전하의 하
는 바를 익혀 들을 것인데 백사(百事)의 결정(決定)은 공조(公朝)에
서 하지 않고 모두 내비(內批)를 따르신다면 큰 권병(權柄)이 모르는
새에 옮기는 것이 몇 날이나 되겠습니까.

신(臣)이 엎드려 바라옵건대 전하께서는 위로 천조(天朝)를 본 받
으시고 안으로 조종(祖宗)의 법규(法規)를 따르시어 상참(常參)에 나

---

385) 상소하고.
386) 집안의 뜰.

오시지 않는 날이 없으시며 대사(大事)는 모두 면주(面奏)케 하고 수령(守令)으로서 부임(赴任)하기에 앞서 하직(下直)하려는 자 및 일로 인하여 도경(到京)[387]한 자를 모두 참열(參列)케 하여 그 치민방법(治民方法)을 시험(試驗)삼아 묻고 열읍리민(列邑吏民)으로써 진공(進貢)하는 자 및 신관(新官)을 맞고 구관(舊官)을 보내기 위해 유경(留京)하는 자를 모두 정견(庭見)케 하여 그 조당(阻當)[388]의 유무(有無)를 시험삼아 물으시되 무릇 억울함이 있는 자는 의례 개달(開達)하도록 허(許)하시면 백사(百司) 열읍(列邑)이 어찌 부지런하지 않을 것이며, 먼 곳의 궁민(窮民)도 모두 성주(聖主)께서 자기들을 생각함이 깊으시다는 것을 알아 감대(感戴)하는 마음이 영구(永久)히 풀어지지 않을 것입니다.

## 7. 청언(聽言)의 도(道)

신이 황상(皇上)께서 납간(納諫)[389]하는 사(事)는 비록 아직 상문(詳聞)하지 못하였으나 통보(通報)를 복견(伏見)하니 육과(六科) 급사중(給事中) 및 십삼도(十三道) 무안어사(撫按御史)가 날마다 주소(奏疏)한 것이 있는데 의례 해부(該部)에 내려보내서 이를 상의(詳議)케 하고 해부(該部)에서 복주(覆奏)하면 각로(閣老)께 순문(詢問)하여 시행(施行)하지 않는 것이 없습니다. 이것은 바로 천하의 일을 한결같이 조정(朝廷)의 공론(公論)에 붙이고 황제(皇帝)는 감히 일호(一毫)의 사의(私意)도 그 사이에 넣지 않습니다. 또한 근습(近習)의 말에 천혹(遷惑)되는 바도 없습니다. 이리하여 외간(外間)에서의 의논이 비록 태감(太監) 빙보(馮保)가 농권(弄權)한

---

387) 서울에 올라오는 것.
388) 걱정거리.
389) 간언하는 것을 듣는 일.

다 하여도 일이 옹체(壅滯)됨이 없고 정치(政治)가 구애(拘碍)되지 않으며 수령(守令)이 범장(犯贓)한 자가 많이 있으면 곧 폐(廢)하여 서민(庶民)을 삼아 아깝게 여기지 않았으며 장사(將士)로 범죄(犯罪)한 자가 혹 있으면 곧 의심(疑心)할 것 없이 무안(撫按)으로 하여금 문책(問責)하게 하니 백성이 그 살 바를 얻고 군사(軍士)가 기(其) 령(令)을 따릅니다. 그리고 대개 황상(皇上)께서부터 겸허(謙虛)하여 좋은 말 듣기를 즐겨하시어 손수 "책난진선(責難陳善)"이란 사대자(四大字)를 써서 경연강관(經筵講官)에게 주고 쓸모 있도록 기(期)하는 고로 거실(居室)에서 선(善)을 말하면 천리(千里)에서 감응(感應)하며 군책(群策)을 다 진언(陳言)하여 하정(下情)이 상달(上達)합니다. 이와 같이 하기를 그치지 않으면 천하의 선이 옴이 궁(窮)하지 않습니다. 가언(嘉言)이 어찌 숨겨지는 데 이르겠으며 민원(民怨)이 어찌 숨겨지는 데 이르겠습니까? 신이 엎드려 유념(惟念)하옵건대 전하께서 즉위(卽位) 초(初)에는 본디 묻기를 좋아하시고 선언(善言)을 듣기를 좋아하셔서 구신(舊臣) 이황(李滉)의 육조소(六條疏)와 십도설(十圖說)같은 것을 가납(嘉納)[390]하셨으며 재보(宰輔)의 신이 출사(出使)하고 돌아오면 일로(一路)의 농사(農事)를 서계(書啓)하도록 특령(特令)하시어 백성의 신고(辛苦)를 살펴 폐단(弊端)을 덜고 시국(時局)을 구제(救濟)하는 방책(方策)이 조야(朝野)에서 병흥(並興)하여 일국신민(一國臣民)이 모두 전하의 선(善)을 좋아하고 백성을 사랑하는 정성(精誠)이 예사로운데서 만배(萬倍)나 뛰어나는 것을 알고 목을 길게 빼고 발꿈치를 디디고 서서 태평(太平)을 기다리지 않음이 없었습니다. 그런데 경년이래(頃年以來)[391]로 점차(漸次) 처음과 같지 않아서 사사로

---

390) 윗사람이 아랫사람의 충고나 의견, 바치는 물품 따위를) 기꺼이 받아들임.
391) 올해 이후.

334

운 정(情)에 치우치는 것이 해로 늘어가고 머뭇거리고 인색함이 날로 쌓여 간언(諫言)이 그릇된 것을 바로 잡는 데 관계(關係)되면 그것이 경모(輕侮)[392]의 마음이 있다고 생각하시고 언론(言論)이 혁폐(革弊)하자는 데서 나오면 그것이 분갱(紛更)의 환(患)이 있다고 두려워하셨습니다. 그래서 지난 겨울에 이이(李珥)가 올린 소(疏) 같은 것은 정말로 시무(時務)에 간절(懇切)한데 간략(簡略)하게 포장(褒獎)을 내렸을 뿐이요 실제(實際)로는 진용(盡用)하지 않았고 다행(多幸)히 다른 것은 세사(細事)에 그쳤으나 대신(大臣)은 곧 의복(議覆)하지 않았습니다.

이와 같은즉 국병(國病)을 하시(何時)에 제거(除去)하며 민막(民瘼)[393]을 하시(何時)에 소생(蘇生)할 수 있겠습니까? 대개 전하께서는 상언(上言)하면 불청(不聽)하는데 그칠 뿐인데 질선(嫉善)[394]의 무리들은 그 기회(機會)를 얻어 헐뜯어 떠듦이 이르지 않는 바가 없어 경망(輕妄)하다고 말하지 않은즉 생사(生事)의 죄를 가하여 반드시 그 사람으로 하여금 몸 둘 바를 없게 만든 연후(然後)에야 비로소 자기 마음에 쾌재(快哉)를 부를 것입니다. 또 식견(識見)이 있는 선비들은 이 세상에서는 무엇도 할 수 없다는 것을 익히 알아서 내직(內職)에 있는 사람은 자기 몸을 뽑아 원방(遠方)으로 가버릴 것을 생각하고 다행히 내직(內職)에 머무르게 된 사람도 모두 혜택(惠澤)을 이루려는데는 마음이 없고 다투어 남을 쫓아 침묵(沈默)하는데만 힘을 써서 혹은 세속(世俗)을 해학(諧謔)하며 혹은 골계담(滑稽談)으로 비방(誹謗)을 면(免)하려 하며, 외직(外職)에 있는 자는 모두가 목을 늘여 밝은 정치(政治)를 바라다가 도로 목을 움츠리고, 다행히 진출(進

---

392) 모자라고 업신여김.
393) 백성들이 병이 들음.
394) 좋은 것을 시기하는 무리.

出)하게 된 자도 서로 풍색(風色)만을 관망(觀望)하고 혀를 차고 탄식(嘆息)하면서도 단지(單只) 하위직(下位職)에 부침(浮沈)하면서 봉록(俸祿)을 도적질하여 부모(父母)를 공양(供養)할 계책(計策)만을 생각 할 뿐입니다. 오호라! 이들 양항(兩項)에 해당(該當)되는 사람들은 자기(自己) 일신상(一身上)의 계책(計策)에는 득의(得宜)한 바가 있겠으나 국가와 종사(宗社)에는 무슨 이득(利得)이 있겠습니까? 신의 어리석은 생각으로 엎드려 바라건대 성명(聖明)께서는 위로 조종조(祖宗朝)에서 간(諫)함을 쫓으서 거절(拒絶)하지 않은 뜻을 생각하시고, 아래로 생민(生民)들이 원한(怨恨)을 품었으나 고(告)할 곳 없는 것을 생각하사 스스로 퇴탁(退托)하여 남이 간(諫)하는 것을 물리침이 없으시며 스스로 현성(賢聖)인척 하여 남의 말을 비루(卑陋)[395]케 생각하심이 없도록 하사 허심탄회(虛心坦懷)하고 깊이 생각하시어 가까운 말도 반드시 살피시고 조그마한 선행(善行)도 반드시 행하셔야 합니다. 성상(聖上)의 마음에 거슬리는 말은 반드시 임금의 욕심(慾心)을 바로잡는 것이라 하여 도(道)에서 구하여 나를 좋게 하려한다고 이를 것이요 성상(聖上)의 뜻에 공손(恭遜)한 말은 반드시 임금의 뜻에 영합(迎合)하는 것이라 하여 도(道)가 아닌 데에 구하여 나에게 아첨(阿諂)하려는 것이라 하시옵소서. 요(要)컨대 상하(上下)의 뜻을 통달(通達)하며 시무(時務)의 급(急)한 것을 강구(講究)하는 데 힘써 백성의 간난(艱難)을 제거(除去)하고 국가의 병통(病痛)을 치료(治療)하는 데 극진(極盡)함을 다하시지 않음이 없게 하신다면 곧 훌륭한 격언(格言)이 날로 들리고 성상(聖上)의 정치(政治)가 날로 빛이 나서 동우(東隅)[396]에서 잃은 것은 비록 추급(追及)하지는 못하나 상유(桑楡)의 만효(晚效)를 행(幸)여 거둘 수 있을 것

---

395) (행동이나 성질 따위가) 품위가 없고 천하다.
396) 동쪽 귀퉁이.

입니다.

## 8. 취인(取人)의 방(方)

신이 그윽이 보건대 황조(皇朝)의 인재(人材)를 양성(養成)하는 길은 심히 넓습니다. 재주있는 자는 그 사람의 문지(門地)[397]를 논하지 않고 서용(叙用)합니다. 손계고(孫繼皐) 같은 자는 장사(葬師)의 아들인데 지금 수찬(修撰)[398]이 되었으며 성헌(成憲)은 비첩(婢妾)의 아들인데 지금 편수관(編修官)이 되었고 허삼성(許三省)은 향시(鄉試)에만 합격(合格)했는데도 지금은 산서도어사(山西道御史)가 되었으며 기타(其他) 국자감박사(國子監博士) 조교(助敎) 학정(學正) 학록(學錄) 등관(等官)에 거인공사(擧人貢士)로 충보(充補)된 자는 이루 셀 수 없습니다. 호부(豪富)의 가(家)에서는 교음(驕淫)만을 전습(專習)하고 의리(義理)를 실천(實踐)하는 자가 드물어서 무뢰(無賴)한 자제(子弟)들이 도리어 한천(寒賤)한 선비의 마음을 격동(激動)하고 성질(性質)을 참아서 그 불능(不能)한 바를 능하게 하는 이만 같지 못하므로 비록 상민(常民)이나 서얼(庶孽)이라도 재주 있는 자는 버리지 않습니다. 과거(科擧)를 본 자들은 다만 문사(文辭)만을 숭상(崇尙)하고 행검(行檢)을 신칙(申飭)함이 적으며 경망(輕妄)하고 무실(無實)한즉 도리어 미관(微官) 말직배(末職輩)들이 사람을 두려워하고 말을 자애(慈愛)롭게 하여 일에 당(當)하여 그 직임(職任)을 다하는 것만도 못합니다.

고로 비록 거인공사(擧人貢士)라도 현도(顯途)에 많이 나갔으니 이것이 황조(皇朝)가 현자(賢者)를 등용(登用)함에 제한(制限)함이 없어 능히 민중(民衆)을 어루만져 원방(遠方)을 제어(制禦)할 수 있었

---

397) 문벌.
398) 조선 때 홍문관의 정6품 벼슬.

던 것입니다. 신이 유념(惟念)하옵건대 국가의 사람 채용(採用)하는 제도(制度)가 무릇 백성의 준수(俊秀)한 자를 모두 부거(赴擧)하게 허(許)하고 서얼(庶孽)로 학식(學識)있는 자는 동몽(童蒙)을 가르치게 하며 공천(公薦)된 유식자(有識者)는 또한 대관(臺官)에 보충(補充)하니 사람은 재주를 버림이 없고 선비는 채용(採用)하게 될 수 있어서 현자(賢者)를 일으키고 가르침을 베푸는 것이 정말로 지극(至極)합니다. 다만 외관(外官)이 된 자들이 오로지 인재를 작흥(作興)하려 하지 않고 향민(鄕民)으로 기자(其子)를 가르치려 고 하는 자가 심히 드뭅니다. 그 중 뛰어난 인물이라고 하는 자도 교생(校生)에 보충(補充)해 질 수 있으면 깊이 다행(多幸)히 여기고 스스로 거기에 만족(滿足)하는 것입니다. 그리고 중표천족(中表賤族)은 비록 범중엄(范仲淹)[399]의 재능(才能)이 있더라도 다시 진분(振奮)할 길이 없습니다.

부호(富豪)의 자(子)가 사치(奢侈)함을 믿고 의(義)를 멸절(滅絶)하여 유공작(柳公綽)나 여희철(呂希哲)같이 능히 가업(家業)을 잇는 자는 만에 하나도 없으며 글을 지어 과거에 응하는 자 또한 많이 보지 못합니다. 그러니 무리에서 뛰어나며 세상에서 특출(待出)한 자가

399) 중국 북송(北宋) 때의 정치가 · 학자. 장쑤성[江蘇省] 쑤저우[蘇州] 출생. 자 희문(希文). 시호 문정(文正). 인종(仁宗)의 친정(親政)이 시작되자 부름을 받아 중앙에서 간관(諫官)이 되었다. 그러나 그무렵 곽황후(郭皇后)의 폐립문제를 놓고 찬성파인 재상 여이간(呂夷簡)과 대립했기 때문에 다시 지방으로 쫓겨났다. 그 뒤로 구양수(歐陽修) · 한기(韓琦) 등과 함께 여이간 일파를 비난하였으며, 자기들 스스로 군자의 붕당(朋黨)이라고 자칭하여 경력당의(慶曆黨議)를 불러일으켰다. 1038년에 이원호(李元昊)가 서하(西夏)에서 제위(帝位)에 오르자, 산시경략안무초토부사[陝西經略安撫招討副使]가 되어 서하 대책을 맡고, 그 침입을 막았다. 그 공으로 추밀부사(樞密副使)가 되고, 이어 참지정사(參知政事 : 부재상에 해당)로 승진하여 내정개혁에 힘썼으나, 그를 미워하는 하송(夏竦) 일파의 저항이 강하여 다시 지방관(地方官)을 역임하다가 병으로 죽었다. 시문 등을 모은 《범문정공집(范文正公集)》(24권)이 있다.

어디로 쫓아서 나오겠습니까? 그러한 까닭을 궁구(窮究)한 즉 비록 교화(敎化)가 불명(不明)한 때문이지만 신으로서는 현로(賢路)가 너무 좁아서 그렇다고 생각됩니다. 옛적에 삼국(三國)은 비록 작았지만 각기(各其) 국계(國界)를 보지(保持)할 수 있었던 것은 그 용인(用人)이 간격(間隔)과 차별(差別)이 없었기 때문입니다. 대개 고려중엽(高麗中葉)부터 권신(權臣)이 나라 일을 맡아보면서 장차 충지(忠智)의 선비가 초야(草野)에서 일어나 세정(世政)에 방해(妨害)됨이 있을까 두려워해서 서얼(庶孽)의 과(科)를 모폐(謀廢)하여 현로(賢路)는 점차(漸次) 좁아지고 국가는 날로 쇠(衰)하여 갔습니다. 아조(我朝)에 이르러서 모국대신(謀國大臣)이 사사로이 그 자손(子孫)이 잘 되기를 위하고 만세(萬世)에 인재를 잃는 걱정은 하지 못하였으며 아울러 재가(再嫁) 자손까지 벼슬길을 막아 쓰지 않는다는 것이 영전(令典)에 재록(載錄)되어 있습니다. 비록 전하의 지공(至公)으로 도 지체가 낮은 사람을 등용(登用)하는 일에는 오히려 아직 급무(急務)임을 알지 못하는 것입니다. 지난번에 서(書)를 아는 서얼(庶孽)로서 소속(所屬)이 없는 자는 반드시 그 군보(軍保)를 정하도록 명령(命令)하셨습니다. 대저 도성 백만가(都城百萬家)로서 독서(讀書)한 자가 비록 많더라도 구두(句讀)가 분명(分明)하여 훈몽(訓蒙)할 수 있는 자는 십 여명에 지나지 못합니다. 정말로 교회(敎誨)하기를 좋아하는 자라면 비록 사노복천(私奴僕賤)이라도 관(官)에서 그 신분을 풀어 주고 겸(兼)하여 그 요(料)를 주어 향대부(鄕大夫)의 자(子)로 하여금 절을 올리고 가르침을 청하게 한 연후에 스승을 높이고 덕(德)을 숭상(崇尙)하면 미속(美俗)을 이루는데 가까워 질 것입니다. 그런데 전하께서는 일군정(一軍丁)은 아끼시고 여러 선비를 생각하지 않으시는데 비록 용맹(勇猛)한 군대(軍隊) 백만(百萬)이 있더라도 존군친상(尊君親上)의 의(義)를 모른다면 누가 이를 부릴 수 있겠습니까? 경자(頃者)에 이중호(李仲虎)[400] · 김근공(金謹恭)[401] 같은 자들은 비록 서얼(庶孼)이지만 종신(終身)토록 고학(苦學)하고 후생(後生)들에게 힘써 권하여 먼저 소학(小學)을 배우게 하였으니 지금의 향사(鄕士)가 염치(廉恥)를 알고 도덕(道德)의 가르침을 중히 여기는 것은 이 두 사람의 공(功)이 많았던 것입니다.

그들 자신은 출세하지 못하였고 가난하여 아사(餓死)하였습니다. 신의 우의(愚意)로 생각하옵건대 재가(再嫁)를 전방(專防)하면 범중엄(范仲淹)같은 인재가 세상에 등용되지 못하고, 서얼(庶孼)을 전폐(專廢)하면 이중호(李仲虎)같은 자들이 또한 굶주려 경외(京外)의 영재(英才)가 배워서 성취(成就)함이 없어 강륜(綱倫)이 마침내 무너지며 걱정이 국가에 미칠 것입니다. 지금 만약 불세출(不世出)의 군주(君主)가 멀리는 성탕(成湯)을 흠모(欽慕)하고 가까이는 중국을 본받아 변통(變通)하는 술책(術策)이 있어 인재(人材) 얻기를 기필(期必)한다면 성(盛)하였던 고대(古代)의 다스림을 수 십년 후에는 거의 바랄 수 있을 것입니다. 그러나 만약 부득이(不得已)하여 하책(下策)이 나온다면 족계(族系)가 비록 한미(寒微)하더라도 능히 소학(小學) · 사서(四書)로 남을 가르칠 수 있는 자로서 천인(賤人)은 풀어 주어 양인(良人)을 삼고 서얼(庶孼) 및 재가(再嫁)의 자(子)는 군역(軍役)에 정하지 말고 모두 학장(學長)으로 삼아서 기요(其料)를 우급(優給)하며 양반(兩班) 자제(子弟)로 하여금 사례(師禮)로 대접(待接)하게 하고 관원(官員)이나 부형(父兄)된 자는 우례(友禮)로 대접하도록 중외(中外)에 포고(布告)하십시오. 그래서 널리 본받게 하여 덕(德)을 귀하게 여기는 풍속을 조금 일으킴으로써 선(善)을 하고자 하는 뜻을 흥기(興起)시키면 인재양성(人材養成)의 성(盛)함이 비록 중국에 미

---

400) 조선중기의 문신. 수암서원에 배향되었다.
401) 조선 중기의 문인.

치지 못한다 하더라도 빈천(貧賤)하나 재주를 품은 자가 거의 헛늙지 않을 것이고 장래(將來) 준수(俊秀)한 자는 거의 관계(官界)에 나아가기를 바랄 것입니다. 그러나 주상(主上)께서 호선망세(好善忘勢)의 정성(精誠)이 있는 연후에야 스승을 높이고 덕(德)을 숭상(崇尙)하는 가르침이 흥행(興行)할 수 있습니다. 지금 비록 인재를 불러들여 대관(臺官)에 포열(布列)한다 하더라도 받들어 순종(順從)하면 호인(好人)이라 비기고 허물과 잘못된 것을 바로 잡으려면 세정(世情)에 어두운 학자(學者)라 여겨 거만(倨慢)한 성색(聲色)은 오는 사람을 도리어 거절(拒絕)하여 다만 현인(賢人)을 불렀다는 명목(名目)만 얻고 마침내 현인(賢人)을 등용(登用)한 사실(事實)은 없으니 신은 민망(憫惘)한 바입니다. 대저 인재가 일어나는 것이 우연(偶然)은 아닙니다. 지난번에 비록 여러 번 사화(士禍)를 겪었으나 조종(祖宗)의 유택(遺澤)이 오히려 있어서 다행히 선유(先儒)의 학술(學術)을 듣는 것이 있습니다. 고로 성주(聖主)께서 잘못이 없도록 인도(引導)하려고 생각한 분이 없지 않았는데 전하께서 이정(莅政)한 후에 하늘이 남기지 않아 이황(李滉)·조식(曺植)[402]이 죽었고 기대승(奇大升)[403]·오건(吳健)[404] 등 무릇 국가에 충직(忠直)한 자들이 잇대어

---

402) 조선 중기의 학자. 본관 창녕(昌寧). 자 건중(楗仲). 호 남명(南冥). 시호 문정(文貞). 김우옹(金宇顒)·곽재우(郭再祐)는 그의 문인이자 외손녀 사위이다. 삼가현(三嘉縣:지금의 합천) 토골[兔洞] 외가에서 태어났으며, 20대 중반까지는 대체로 서울에 살면서 성수침(成守琛)·성운(成運) 등과 교제하며 학문에 열중하였고, 25세 때 《성리대전(性理大全)》을 읽고 깨달은 바 있어 이때부터 성리학에 전념하였다. 30세 때 처가가 있는 김해 탄동(炭洞)으로 이사하여 산해정(山海亭)을 짓고 살면서 학문에 정진하였다.

403) 조선 중기의 성리학자. 본관 : 행주, 호 : 고봉·존재, 시호 문헌, 주요저서 :《고봉집》《주자문록》《논사록》

404) 조선 중기의 문신·학자. 본관 함양(咸陽). 자 자강(子强). 호 덕계(德溪). 조식(曺植)·김인후(金麟厚)·이황(李滉) 등에게 배움 저서에 《덕계문집》《정묘일기(丁卯日記)》가 있다. 산청(山淸)의 서계서원(西溪書院)에 배향되었다.

죽었으며 기타 일장(一長)을 취할 수 있고 일재(一材)를 쓸 수 있어 약간(若干) 청망(淸望)이 있던 자도 조상(凋喪)하지 않음이 없으니 조종(祖宗)께서 저양(儲養)하여 성주(聖主)께 남긴 자들이 지금 몇 사람이나 남아 있습니까? 그리고 이같이 얼마 남지 않은 자들이 또 죽은 후에는 전하께서 비록 선정(善政)을 하고 싶어도 강(江)을 건너는 데 주즙(舟楫)[405]이 없는 것과 같고 몸을 지키는데 수족(手足)이 없는 것과 같아서 재물(財物)이 위에 몰리고 백성이 흩어져 뉘우쳐도 미치지 못할까 걱정하는 바입니다.

신이 바라옵건대 전하께서는 양진(良辰)이 두 번 오기 어려움을 생각하시고 철인(哲人)이 쉽게 시들음을 애석히 여기셔서 스스로 비박(菲薄)[406]하게 여기지 마시고 대신(大臣)을 칙려(飭勵)하여 예모(禮貌)로 대접(待接)하되 효종(孝宗)께서 선생이라 칭한 것 같이 하시고 그 계옥(啓沃)을 바라되 인황(仁皇)께서 은장(銀章)을 내리신 것과 같이 하십시오. 그러면 무릇 좋은 계략(計略)은 숨김이 없게 되어 시행(施行)할 것은 급히 도모(圖謀)하게 되고 무릇 모든 관리(官吏)들은 바른 자를 들어 쓰고 잘못된 자를 버려야 합니다. 그리고 산림(山林) 깊숙이 물러나 숨은 선비에게는 손수 지척(咫尺)의 서(書)를 내리셔서 전일(前日)에 힘쓰지 않은 잘못을 사과(謝過)하고 갈앙(渴仰)[407]하는 듯한 성의(誠意)를 깊이 나타내어 분연(憤然)히 오게 하되 격례(格例)에 구애(拘碍)하지 말고 계속 대면(對面)하여 무릇 몸을 수양(修養)하고 정사(政事)를 들어 백성을 편안하게 하고 국본(國本)을 단단히 할 수 있는 일은 순종(詢從)하지 않음이 없을 것입니다. 또한 그 사람의 기식(器識)을 보고 그 직책(職責)의 고하(高下)를 정

---

405) 배와 삿대라는 뜻으로, 배와 이에 딸린 모든 것을 통틀어 이르는 말.
406) 재주나 덕망이 변변하지 못하다.
407) 목마르게 사모함. 우러러 사모함.

하여 아래로 만세신민(萬世臣民)의 모범(模範)을 삼는다면 장차 군
자(君子)는 날로 나아가고 불인자(不仁者)는 날로 멀어져서 보고 들
어 감화(感化)라는 기틀이 북채로 북을 치는 영향(影響)보다도 빠를
것입니다.

## 9. 음식(飮食)의 절(節)

신이 듣건대 황조(皇朝)의 어선(御膳)[408] 비용(費用)은 모두 민부
(民賦)에서 나오는데 은(銀)을 거두어 상선감(尙膳監)[409]에 간직했다
가 태감(太監)[410]이 날마다 은을 내어 물선(物膳)을 시장(市場)에서
사고 감임(監飪)이 요리(料理)하여 올립니다. 대저 중국땅은 인마(人
馬)가 성(盛)하고 조하주운(漕河舟運)의 길이 겸(兼)하여 있어 무릇
산진해착(山珍海錯)[411]을 새로운 것으로 들여올 수 있는데도 반드시
은을 거두어 시장에서 삽니다. 이것은 대개 천조(天朝)의 성조(聖祖)
의 마음이 천하로서 한 사람을 받드는 행위를 자손에게 가르칠 수 없
음을 통찰(洞察)하였을 뿐만 아니라 그 심모(深謀)와 원려(遠慮)가
만약 생물을 올린다면 천만리를 실어 나르는 수고가 조운(漕運)[412]
의 비등(費等)과 거의 같은데 은량(銀兩)으로 정하면 육백마(六百馬)
가 운반(運搬)할 것을 일마(一馬)로 운반할 수 있는 때문입니다. 이
법이 정해지자 백성은 갑절이나 더 내는 걱정이 없어지고 역(驛)에
서는 거듭 운반하는 수고가 없어졌으며 시전(市廛) 중에는 백물(百
物)이 모두 구비(具備)되어 있어 가격(價格)에 따라 은이 정해져 어
선(御膳)을 올리기에 빠짐이 없습니다. 이것이 중원(中原)의 백성이

---

408) 임금에게 진상하는 음식.
409) 내시부 소속의 종 2품 벼슬인 상선이 일을 보는 곳.
410) 명 나라 때의 내관. 12감에 각각 1명씩 두는 환관.
411) 산해진미.
412) 배로 실어 나르는 것.

부서(富庶)413)해지고 태평한 기반(基盤)이 갈수록 공고(鞏固)해지는 까닭입니다. 신이 어리석지만 우리나라의 백성을 생각하여 보건대 상공(常貢) 외에 또 진상물선(進上物膳)을 무납(貿納)하는 고통(苦痛)이 있습니다. 이것이 비록 열성조(列聖朝)에서 태상전(太上殿)414)을 위하여 공봉(供奉)의 자(資)로 설(設)한 것인데 자만(滋蔓)의 폐(弊)가 지금까지 전하여져서 궁민(窮民)이 근심하고 원망(怨望)하여 장차 크게 국가의 걱정이 될 것이 뻔합니다. 청컨대 신이 전하를 위하여 절절(節節)이 상복(詳覆)하오니 전하께서는 작은 일이라 여겨서 소홀(疏忽)히 하지 마시옵소서. 한 가지 폐(弊)가 능히 만민(萬民)으로 하여금 기소(其所)를 얻지 못하게 하여 성덕(聖德)에 누(累)를 끼침을 면하지 못하니 신자(臣子)된 자가 정말로 차마 앉아서 구하지 않을 수 없는 것입니다. 대개 물선(物膳)의 산출(産出)은 혹 옛날에는 생산(生産)되던 것이 지금은 생산되지 않는 것도 있는데 그 유무(有無)를 불문(不問)하고 일절(一切) 책변(責辯)415)하여 겨우 조석(朝夕)을 이어가는 백성이 양식(糧食)을 걸머지고 수일(數日) 걸리는 먼 곳에 가서 배가(倍價)416)로 구합니다. 즉 일어(一魚)의 값이 본토(本土)에서는 쌀 되에 불과한데 멀리서 온 사람이 갈구(渴求)함에 이르러서는 반드시 사오두(四五斗) 쓴 연후(然後)에야 사 가지고 돌아갈 수 있습니다. 그래서 품을 팔아도 지탱하기 어려운즉 부득이(不得已) 고지(雇地)417)를 내서 지탱합니다.

비록 토산물(土産物)이라도 경주(慶州)의 전어(錢魚) 같은 것은 세(細) 일필(一疋)로 바꾸어 내고 평양(平壤) 동수어(凍秀魚)는 정목(正

---

413) 재물이 풍부하고 살이 찐다.
414) 제사와 중시를 맡아보는 관청.
415) 책임을 물어.
416) 2배의 가격.
417) 품을 사서.

木) 일필(一疋)로 바꾸어 내는데 열읍(列邑)의 진상물가(進上物價)가 이와 같은 것이 어찌 한(限)이 있겠습니까? 하물며 그것을 수운(輸運)할 때 색리(色吏)의 양식(糧食)과 경리(京吏)의 뇌물(賂物)이 모두 백성에게서 나옵니다. 그리고 원방(遠方)[418]의 물품(物品)은 얼음을 재어 짐이 무거우므로 등이 상(傷)하여 성한 말이 없고 역마(驛馬)가 지탱하기 어려우면 민우(民牛)를 끌어냅니다. 그리고 황해(黃海)·강원(江原)·충청(忠淸)·양남지방(兩南地方)의 역(驛)은 대소사행(大小使行) 및 왜(倭)·야인(野人)의 왕래(往來)에 또한 지탱할 수 없어서 열 집에 아홉 집은 비었습니다. 오호라! 역졸(驛卒)도 또한 적자(赤子)인데 거소(居所)를 떠나 구렁에 거꾸러지는 것은 정말로 참을 수 없는 일이며 국가가 뒷날 장차 어떻게 사신(使臣)을 우대(優待)하고 인이(鄰夷)[419]를 대접하겠습니까? 우(禹)의 공납(貢納)을 고찰(考察)하건대 청(靑)·서(徐)·형(荊)·양(楊)이 바다에 연(沿)한 지방(地方)인 데도 오직 청주(靑州)만이 해산물(海産物)을 공납(貢納)하게 하고 강회(江淮)·하한(河漢)에 생선(生鮮)이 없지 않은데 오직 회이(淮夷)만이 어(魚)를 공납(貢納)하게 하여 제사용(祭祀用)으로 삼았을 뿐입니다.

옛날의 명왕(明王)이 음식(飮食)으로 천하의 백성을 병들게 하지 않음이 이와 같았습니다. 이로 미루어 보건대 원도(遠道)의 생물(生物)을 올리는 것은 제사용으로만 그침으로써 기민(飢民)·잔역(殘驛)을 소생(蘇生)시키는 것이 의당(宜當) 성정(聖政)이 먼저 해야할 것입니다.

신이 또한 고로(古老)에게 들으니 경기일도(京畿一道)는 생선(生鮮)과 생치(生雉)[420]의 진상(進上)이 크게 기민(畿民)의 고통(苦痛)이

---

418) 먼 곳.
419) 가까운 오랑캐.
420) 살아있는 꿩.

되었다고 하는데 이것은 정말로 국초(國初)에는 정하지 않았던 것입니다. 세종대왕(世宗大王)께서 수변거민(水邊居民)[421] 이백호(二百戶)로 하여금 돌려 가며 납어(納魚)케 하는 것으로 그쳤으며 그것도 삼시(三時)의 탕선(湯鮮)을 하는 것으로 그쳤습니다. 이 때 어가(魚價)는 가장 큰 것이 쌀 말에 지나지 않았습니다. 그런데 성종(成宗) 만년(晚年)에 손순효(孫舜孝)[422]가 경기감사(京畿監司)가 되었는데 때마침 화사(華使)[423]가 오게 됨에 그 구류(久留)를 걱정하여 기민(畿民)[424]에게서 어치(魚雉)를 많이 거두어 영접(迎接)에 쓰려고 하였습니다. 그러나 화사(華使)가 빨리 돌아가자 어(魚)가 소용(所用)없게 되므로 날마다 단자(單子)로 사옹원(司饔院)에 계송(計送)하여 어선(御膳)으로 올리게 하였고 그것이 거의 다함에 이르러 순효(舜孝)는 체일(遞日)이 장차 가까워 오니 내가 있는 동안에나 올리리라 생각하고 마침내 백성에게서 다시 거두어 이를 올렸습니다. 그런데 순효(舜孝)의 후임(後任)으로 온 자는 또한 순효가 받들어 올렸는데 신이 감히 폐할 수 있겠는가 라고 여겨 마침내 구규(舊規)가 되었던 것입니다. 오늘에 이르러서는 어가(魚價)가 점점 올라 혹 사결(四結)로 일미(一尾)의 값을 정하고 사결(四結)로도 마련하기 어려우면 팔결(八結)로 정하는데 매결(每結)에 이두(二斗)이므로 합쳐서 십육두(十六斗)

---

421) 물가에 사는 백성.
422) 조선시대의 문신. 본관 평해(平海). 자 경보(敬甫). 호 물재(勿齋)·칠휴거사(七休居士). 시호 문정(文貞). 1485년 임사홍(任士洪)을 두둔하다가 경상도관찰사로 좌천되었으나 곧 우찬성이 되었으며 1487년《식료찬요(食療撰要)》를 찬진(撰進)했다. 1496년(연산군 2) 중추부판사(中樞府判事) 때 고령을 핑계, 사퇴를 청했으나 불허되고 궤장(几杖)을 하사받았다. 성리학에 밝고《중용(中庸)》《대학(大學)》과《역경(易經)》에 정통했다. 문장이 뛰어나고 그림은 화죽(畵竹)에 능했으며, 청렴하기로 이름이 났다.
423) 중국의 사신.
424) 경기도 백성.

의 미(米)를 얻어야 일미(一尾)를 살 수 있었습니다. 그런데 사전(四
殿)에 올리는 것이 날마다 기미(幾尾)인지 모른즉 각 읍(各邑)에서 변
비(辯備)하는 것이 날마다 몇 십육두(十六斗)인지 모릅니다. 대저 십
육두의 미(米)는 궁민(窮民) 팔구구(八九口)가 한달 먹고 살 수 있는
것입니다. 결(結)에 이두(二斗)를 내는 것이 비록 아주 적은 것 같으
나 추동월(秋冬月)에는 대판(貸辦)하기가 쉽습니다. 그러나 춘궁기
(春窮期)에 구곡(舊穀)이 다 없어진 때에 이르면 관창(官倉)[425]도 이
미 다하고 사사로이 빌릴 곳도 없어서 서리(胥吏)가 한번 독촉(督促)
하여 마련하지 못하면 붙잡혀 옥(獄)에 갇히게 됩니다. 그런데 그 알
몸의 아부(餓婦)가 그 단발(短髮)을 스스로 움켜잡고 판비(辦備)[426]
하기 어려움을 머리 조아려 부르짖는 모습을 본다면 성주(聖主)의 측
은(惻隱)히 여기시는 마음으로 어찌 그 백성의 원한(怨恨)을 보아 차
마 어선(御膳)을 앞에 가득 벌려 놓으시겠습니까? 비린내나고 노린내
나는 음식물(飮食物)은 이미 즐겨 잡수시지 않으시는데도 날마다 궁
민(窮民) 수십호(數十戶)가 반년동안 먹을 것을 소모(消耗)한다는 것
은 결코 문왕(文王)의 유정지공(惟正之供)이 아닙니다. 하물며 경기
(京畿)는 사방의 근본(根本)인데 땔감과 꼴을 모두 여기에서 판비(辦
備)하며 기타 요역(徭役)도 타도(他道)에 배(倍)나 됩니다. 황조(皇
朝)의 성조(聖祖)는 누차(屢次) 조(詔)를 내려 기전(畿甸)의 백성들을
우휼(優恤)한 것은 방본(邦本)을 단단히 하는 것에 그 뜻이 있는 것입
니다. 신이 간절(懇切)히 바라옵건대 전하께서는 세종(世宗)께서 정
한 어부(漁夫) 이백호(二百戶)만을 남겨 두어 일용(日用)의 선(膳)으
로 삼고 순효가 올린 생선(生鮮)·생치(生雉)같은 것은 일절(一切) 파
(罷)하도록 명하신다면 기전(畿甸)의 백성이 조금은 소생(蘇生)될 것

425) 관청의 창고.
426) 마련하여 준비함.

입니다. 신이 들으니 효종황제(孝奈皇帝)는 즉위초(卽位初)에 조(詔)를 내려 일월어선(日月御膳)에서 양(羊) 한 마리와 계(鷄) 한 마리를 감(減)하라고 하셨습니다. 대저 양계(羊鷄)의 올림은 성화제이전(成化帝 : 헌종(憲宗)以前))에 성례(成例)가 있었는데 효종(孝宗)의 마음이 오히려 어선(御膳)이 혹 사치(奢侈)하여 노병(老病)의 백성이 혹 고기를 먹을 수 없음을 걱정하신 것인 즉 자(子)로써 부황(父皇)이 정한 예(例)를 고치나 효(孝)됨을 해치지는 않으셨습니다. 대저 우리나라의 어선(御膳)의 제도(制度)가 지나친 것은 아첨하는 신하(臣下)때문에 비롯되었는데 폐(弊)가 모든 백성에게 미침이 이와 같습니다. 하물며 연산군(燕山君)이 황음(荒淫)[427]할 때 모든 진상물(進上物)이 많이 증정(增定)되었고 지금까지 삼왕(三王)을 거치는 동안 실로 상변(詳辨)하여 역주(力奏)한 자가 없었습니다. 다행(多幸)히 지난 가을에 이이(李珥)가 이를 상언(上言)하여 온 나라의 기민(飢民)이 거의 하루라도 빨리 소복(蘇復)될까 하였으나 끝내 윤허(允許)하지 않으셨습니다. 이를 먼저 하지 않고 수령(守令)의 횡감(橫歛)[428]을 금(禁)하려고 한다면 수령들은 모두 횡감하는 일이 자래(自來)로 내 입안에 든 물건(物件)이라 하여 이르기를 국가도 오히려 구례(舊例)를 따르는데 신이 무엇이길래 감히 전례(前例)를 고치겠는가 라고 말할 것입니다. 때문에 세감(稅歛)을 덜고 음식(飮食)을 간략(簡約)히 하라는 교(敎)[429]를 해마다 역마(驛馬)에 전해도 백성은 혜택(惠澤)을 받지 못합니다. 전하께서는 진실로 영종(英宗)께서 음식을 분수(分數)에 알맞게 한 것을 생각하시고 고황(高皇)께서 삼가 음식을 간결(簡潔)하게 하신 것을 본 받으시어 여덟 가지 진미(珍味)의 진상(進

---

427) 지나치게 여색에 빠짐.
428) 횡령.
429) 교지.

上)을 입에 맞는 것만 진상(進上)토록 하시고 입에 맞지 않는 것은 다 진상에서 제외(除外)하여 민간(民間)의 힘을 펴 주십시오. 또한 팔도 수령(八道守令)으로서 하직(下直)하는 자 및 일로 도경(到京)한 자에게 항상 사대(賜對)하시어 하여금 어선(御膳)의 간소(簡素)함을 보도록 하고 장지백(張知白)·노종도(魯宗道)의 가법(家法)을 친히 써서서 내려 주어 돌아가서 본받게 하면 감히 무명색(無名色)으로 백성을 가혹(苛酷)하게 다스리고 자기욕심(自己慾心)만 채우지 않을 것인 즉 거의 검약(儉約)하는 풍속이 위로부터 아래에 이르러 백성이 살찌고 방본(邦本)이 영원히 단단해 질 것입니다.

## 10. 희름(餼廩)의 칭(稱)

신이 들으니 중국에서는 안으로 부부연리(部府掾吏)로부터 밖으로 서리(胥吏)에 이르기까지, 그리고 문자(門子) 사수(寫手) 급예(皂隸) 뇌자(牢子)[430]같은 자들에게도 모두 월봉(月俸)의 은(銀)이 있으며 일인(一人)이 관(官)에 있으면 집에 있는 자제(子弟)가 비록 사오인(四五人)에 이르더라도 모두 정역(定役)하지 않는다고 합니다. 그와 같이 비록 천리(賤吏)라도 조석(朝夕)으로 관(官)에 있으면 보수(報酬)가 없을 수 없으므로 은을 주어 의식(衣食)을 잇게 하고 정역(定役)하지 않아 그 가(家)를 온전하게 합니다. 이것은 실(實)로 성주(成周)가 부사서도(府史胥徒)의 녹(祿)을 하사(下士)와 같게 한 뜻에서 비롯된 것입니다. 그러나 우리나라는 안으로 서리(書吏) 급예(皂隸) 전복(典僕)으로부터 밖으로 아전(衙前) 서원(書員) 사령(使令) 등에 이르기까지 날마다 관(官)을 떠나지 않고 그 노고(勞苦)는 막심(莫甚)하나 일전(一錢)도 받는 것이 없는 데다 농사(農事)지을 겨를

---

430) 군대에서 죄인을 다루던 병졸. 지금의 헌병에 해당함.

도 없고 또 장인(匠人)이 하는 일이나 장사를 할 수 없으니 그 옷과 음식은 대체로 출처(出處)가 없는데 도적질하자니 틈이 없고 개걸(丐乞) 하자니 한가하지 않습니다. 그들이 관(官)을 속이고 농술(弄術)을 부려 백성을 협박(脅迫)하여 재화(財貨)를 요구(要求)하고 문부(文簿)를 농간(弄奸)하여 재물(財物)을 훔치고 창고(倉庫)에 들어가 곡식을 훔치는 것은 저 항심(恒心)이 없고 항산(恒産)이 없는 자들이 곧 죽을 수 없어서 염치(廉恥)를 돌보지 않고 하는 것입니다. 만약 형(刑)을 엄히 하고 법을 중히 하여 그 폐를 막는다면 장차 그 간계(奸計)가 백출(百出)할 것이니 그것보다는 그 의식(衣食)의 근원(根源)을 열어 주고 염치(廉恥)를 가르쳐 그들로 하여금 스스로 간(姦)하지 않게 하는 것이 어떻겠습니까? 의자(議者)는 반드시 말하기를 국용(國用)이 이미 다해서 허다(許多)한 재곡(財穀)을 얻어 많은 이서(吏胥 : 아전)의 요(料)를 나누어주기가 어렵다고 할 것입니다. 신이 어리석지만 생각컨대 허다한 이서가 그 요를 받지 못하고 여러 가지로 무롱(舞弄)하고 사기(詐欺)하여 국가사(國家事)를 그르치는 것이 몇 가지 일이나 되는지 모르고 국가의 재화를 훔치는 것이 얼마만한 수(數)가 되는지 모르며 군민(軍民)의 산업(産業)을 파(破)하는 것이 얼마의 호(戶)가 되는지 모르겠습니까? 어차피 그들의 사기(詐欺)를 당하느니 차라리 그들에게 도적(盜賊) 맞는 것을 나누어 그들의 보수(報酬)를 고르게 하여 그들로 하여금 나라를 그르치고 백성을 해(害)하지 말게 하면 설혹(設或) 범법자(犯法者)가 있더라도 위에서 잡으라고 말할 수 있고 저들도 그 죄에 자복(自伏)할 것입니다. 홍범(洪範)에 이르기를 "무릇 바른 사람도 녹(祿)이 후(厚)하여야 바야흐로 착한 일을 한다" 고 합니다. 그런데 그들을 배고프고 춥게 하고 그 간폐(姦弊)를 일으키지 않기를 바란다면 비록 고도(皐陶)가 집법(執法)하더라도 밝게는 하지 못할 것입니다. 방금(方今) 수료(受

350

料)하는 자 가운데는 좌식자(坐食者)가 심(甚)히 많습니다. 교서(校書)와 창준(唱准)[431]의 역(役)은 십오인(十五人)이면 할 수 있는 일인데 삼십여원(三十餘員)이나 두었으며 세록(歲祿) 월봉(月俸) 일료(日料)는 제장(諸匠)에 견주어 가장 낮습니다. 타사(他司)의 용식(冗食)하는 자가 많음은 이를 들어 알 수 있습니다. 또한 각사(各司)에서 공물(貢物)에 드는 종이 값으로 받은 값 및 각도 관리(各道官吏)가 죄인들에게서 속죄(贖罪)로 받는 포목(布木)등은 거두어 간직하는데 이것은 관원(官員)이 친구(親舊)와 상열(相悅)하는 비용(費用) 및 장무리서(掌務吏胥)가 도용(盜用)하는 자산(資産)에 불과(不過)할 뿐입니다. 이것 역시 공물(公物)인데 만약 이를 합계(合計)하여 부당(不當)한데 쓰는 비용은 절약(節約)하고 마땅히 써야 할 곳에만 쓴다면 서사(庶司)에서 일을 맡은 이졸(吏卒)에게 그 요(料)를 주는 데 부족함을 걱정하지 않을 것입니다. 또한 외읍(外邑)이 가령(假令) 원곡(元穀) 만석(萬石)의 땅이 있다면 가을에 관아(官衙)의 비용으로 들어오는 것이 천석(千石)에 이르는데 만약 비례(非禮)의 연회(宴會)를 하지 않고 사용(私用)으로 구하는 것에 응하지 않는다면 사백석(四百石)으로 관아(官衙)의 비용에 응하고 육백석(六百石)으로 관속(官屬) 오십인(五十人)의 일년의 요(料)를 나눌 수 있습니다. 하물며 원곡(元穀) 십만석(十萬石)의 땅이 있다면 관아의 비용으로 들어가는 것은 만석(萬石)에 이릅니다. 이것은 회계(會計)에 기록(記錄)하지 않고 다만 수령(守令)의 사용(私用)으로 돌아갑니다. 허다(許多)한 민곡(民穀)을 수득(收得)하여 한사람의 사용(私用)만 채우고 허다한 사람으로 하여금 굶주리게 하니 이것이 어찌 천심(天心)이겠습니까? 만약 이천석은 축적(蓄積)해 두고 관(官)에서 이천석을 쓴다면 나머

---

431) 조선 말기에, 교서관(校書館)에서 교정을 돕느라고 원고를 읽던 잡직.

지 육천석은 육백인(人)의 요(料)로 나눌 수 있습니다. 하물며 비록 대부(大府)의 관속(官屬)이라 하더라도 육백인(六百人)토록 많은데 이르지 않는 것이겠습니까? 대체로 중국의 제도(制度)는 예부대처(禮部大處)와 삼당상좌기지소(三堂上坐起之所)에 합해서 구리(九吏)가 있고 의제사제등(儀制祠祭等) 사사(四司)에 각각 구인(九人)이 있으며 호(戶)·형(刑) 이부(二部)에 각각 십삼인이 있습니다. 그리고 도사(道司)에는 그 이(吏)가 으레 많으나 타부(他部)의 이(吏)는 예부(禮部)와 반드시 같습니다. 대부(大部)가 이와 같으니 소사(小司) 외읍(外邑)의 이(吏)는 의당(宜當) 이보다 그 수(數)가 적을 것입니다. 대저 중국은 인물이 많으며 사무(事務)가 번극(繁劇)[432]한데 고관(高官)이 명령(命令)하여 사역(使役)하는 자를 결사시(決事時)에 집역(執役)시키는데만 그치고 감히 일리(一吏)를 데리고 다녀 시항(市巷)의 눈에 영화(榮華)롭게 하지 않습니다. 그런데 동방(東方)의 편소(偏小)한 지역(地域)인 우리나라는 인물의 많음이 요계 일면(遼薊一面)에 비길 수 없는데도 내사서관(內司庶官)은 보좌(補佐)하는 사람이 앞에 차있는 것을 좋아하여 일리(一吏)가 변리(辦理)할 수 있는 일을 삼사리(三四吏)에게 분속(分屬)시켜 떠들썩하기만 하고 실지(實地) 일은 다스려지지 않습니다.

아문(衙門)에 나가려면 길이 메도록 앞뒤로 옹호(擁護)하기를 구하고 구종(驅從)[433]이 적은 곳에는 불평(不平)을 가져 사무(事務)에 태만(怠慢)하여 일백폐단(一百弊端)이 일어나는 것입니다. 외읍(外邑)의 수령은 반드시 관속(官屬)이 정(庭)에 차기를 요구(要求)하고 아리(衙吏)가 비록 많더라도 양민(良民)의 자(子)를 더 뽑아 일수(日守)로 정하며, 군(軍)에 정액(正額)이 비면 의례 빈천(貧賤)한 백성으

---

432) 몹시 번거롭고 바쁘다.
433) 벼슬아치를 모시고 다니던 하인.

로 충당(充當)하여 도산(逃散)에 이르게 합니다. 오호라! 사치(奢侈)하고 분(分)에 넘침이 과도(過度)하여 백사(百事)를 그르침이 이와 같으니 지금 해야 할 계책(計策)은 진실로 능히 중국의 제(制)를 본받아 먼저 육조(六曹) 이졸(吏卒)의 수(數)를 줄이고 경관(京官)으로 하여금 감히 이(吏)를 데리고 다니지 못하게 하고 서사(庶司) 외읍(外邑)도 차례도 그 수를 줄여 그 액수(額數)를 확정(確定)하여 남는 자와 부족한 자가 있을 것 같으면 옮겨서 충정(充定)하되 임사자(任事者)만을 남겨두고 그 나머지는 모두 군(軍)에 배속(配屬)시켜야 할 것입니다.

그리고 임사자(任事者)에 대한 희름(餼廩)은 안에서는 상공(上供)을 절약(節約)하고 용비(冗費)[434]를 제거(除去)하여 고르게 급여(給與)하고 밖으로는 읍(邑)의 비용(費用)을 절약하고 그 비모(費秏)를 헤아려 고르게 급여하여 그들로 하여금 각각 일을 맡게 하되 혹 작간범과(作姦犯科)함이 있는 자는 변경(邊境)으로 보내면 사람마다 자기가 할 일을 하여 국용(國用)이 심히 고르게 되고 이(吏)는 그 임무(任務)에 충실(充實)해져서 공무(公務)가 또한 밝아질 것입니다.

## 11. 생식(生息)의 번(繁)

신이 보건대 압록이서(鴨綠以西)로부터 순천(順天)에 이르기까지 석산척원(石山瘠原)을 제(除)한 외(外)에 불경(不畊)의 곳은 하나도 없어서 촌둔읍리(村屯邑里)에 닭과 개의 소리가 서로 들리고 소, 말, 돼지, 양이 산야(山野)에서 마음대로 놀고 있으며 집집마다 자녀(子女)들이 다섯씩 아홉씩 무리를 이루었으며 그 빈부(貧富)에 따라 각기(各其) 편안하게 살고 있었습니다. 그리고 영평(永平) 계주(薊州)

---

434) 쓸데없는 비용.

는 인물(人物)이 더욱 성(盛)하고 통주(通州)에서 제성(帝城)에 이르
는데 담장이 서로 잇대었으며 왕래(往來)가 매우 번잡(煩雜)합니다.
북녘 들이 처음에는 불모(不毛)의 땅이라고 칭하였는데 지금 이와 같
이 부성(富盛)한 것은 대개 천조(天朝)의 조종(祖宗)께서 앞을 내다
보는 깊은 생각으로 방본(邦本)의 확고(確固)가 민안(民安)에 있다는
것을 알았기 때문입니다. 그래서 한 마리의 닭이나 한 마리의 양이라
도 백성(百姓)에게서 뺏지 않았습니다.

비록 수령(守令)이 월급를 받더라도 매월(每月) 은량(銀兩)을 받아
서 시장의 물건을 가지고 사용(使用)하였으므로 감히 민간(民間)으
로부터 한 개의 계란(鷄卵)이나 일척(一尺)의 포(布)를 거두지 않았
으며 백성으로 하여금 전부(田賦)와 신역(身役)을 바치게 하는 외에
는 다른 잡요(雜徭)가 없었습니다. 무릇 백성을 안양(安養)할 수 있
는 것은 그 지극(至極)한 것을 쓰지 않은 바가 없는 고로 비록 간간
(間間)히 수령으로 탐비(貪鄙)한 자가 있더라도 감히 법을 어기면 백
성을 침학(侵虐)[435]하지 않았습니다. 혹 비도(非道)로써 백성을 늑취
(勒取)한다면 순안(巡按) 순무(巡撫)가 그 죄(罪)를 물어 벌(罰)주고
파면(罷免)하는 까닭에 수령(守令)은 무안(撫安)의 위엄(威嚴)을 두
려워했고 백성은 조정(朝廷)의 법에 안심(安心)하였습니다.

이것이 사람을 번성(繁盛)시키고 땅을 연 까닭입니다. 그런데 슬프
게도 우리 동방(東方)은 양계(兩界)에서 도성(都城)에 이르는 외에는
기름진 땅으로서 혹 불경(不畊)[436]의 땅이 있어 옛날에는 백성이 거
주(居住)하던 곳이 지금은 많이 풀이 우거진 곳이 되었으며 집에서
우마(牛馬) 각일(各一) 을 가진 자가 열에 하나 둘도 없고 백성의 자
녀가 무리를 이룬 것도 심히 보기 드뭅니다. 대저 천지생물(天地生

---

435) 침범하여 포학스럽게 행동함. 침포(侵暴).
436) 불경(不耕). 경작하지 않는 곳.

物)의 수(數)가 어찌 해우(海隅)<sup>437)</sup>에 치우쳐 부족(不足)하겠습니까?
대개 조정(朝廷)의 법은 본래(本來) 백성에게 편하게 하는 것이었는
데 목민(牧民)의 관원(官員)이 많이 몸소 실행(實行)하지 않습니다.

그리고 상부(常賦) 외에 횡감(橫歛)이 다단(多端)하여 팔결(八結)
에 무명을 1년에 삼필(三匹)씩 거두고 봉족(奉足)<sup>438)</sup>의 가(價)를 1년
에 오필(五匹)씩 내어 주는데 권농리정(勸農里正)으로 호(戶)를 대소
통(大小統)으로 편성(編成)하는 자가 한 달에 여섯 번 점검(點檢)하
여 한번 빠지면 벌(罰)로 포(布)를 거두고 관속(官屬)된 자가 혹 매일
한번씩 점검하여 빠지면 벌로 포를 거둡니다. 그리고 일족(一族)의
역(役)은 원근(遠近) 친소(親疎)를 불문(不問)하고 한사람이 삼사인
(三四人)의 궐가(闕價)를 냅니다. 그러므로 북으로 포를 짜는 자가
모두 없어져 장자(長者)의 바지와 저고리로 해마다 마련하는 것도 부
족한데 어느 사이에 어린아이의 강보(襁褓)<sup>439)</sup>를 돌보겠습니까? 이
는 백성이 어린애를 추위로부터 보호(保護)하기 어려운 것입니다.
그리고 관조(官租) 사채(私債)도 조판(措辦)하기가 어려운데 일두(一
斗)의 세(稅)가 혹 사두(四斗)가 되어 나오고 본창(本倉)에 바치는 자
는 일결당(一結當) 미(米) 사두(四斗)로 바치는데 원방(遠方)에서 운
수(運輸)하여 온 자는 일두(一斗)에 각기(各其) 사두(四斗)를 내며,
용정(舂正)<sup>440)</sup>의 납(納)은 세비(歲費) 팔두(八斗)이고 호치(戶雉)의
가격(價格)은 세출(歲出) 이두(二斗), 호장(戶獐)의 가(價)는 1년에
삼두(三斗)를 냅니다. 병곡(瓶穀)이 이미 다하면 해를 마칠 수 없는
즉 그 소와 송아지를 잡아도 오히려 계량(繼糧)하기가 어려우니 이
는 백성이 어린애를 굶주림으로부터 보호(保護)하기 어려운 것입니

---

437) 바다의 한쪽이라는 뜻.
438) 조선시대 평민의 남자가 부담한 국역(國役).
439) 보자기.
440) 곡식을 찧음.

다. 오호라! 소는 다음 해 봄에 경작(耕作)에 사용(使用)할 것인데 지금 팔아먹었고, 어린 자식은 늘그막에 봉양(奉養)받을 밑천인데 또한 굶어 죽었으며 진휼(賑恤)해 주는 사람도 없어 바야흐로 빨리 죽기를 원할 즈음에 또한 궐군(闕軍)과 도산(逃散)한 절인(切隣)에 연계(連繫)되어 옥(獄)에 갇히고 혹은 순월(旬月)에 이르러도 오히려 석방(釋放)되지 아니하니 낙토(樂土) 양전(良田)에 계책(計策)을 세울 겨를도 없고 표주박을 갖고 기필코 멀리 달아날 것만 생각합니다. 또한 함경일도(咸鏡一道)는 대건(帒巾)을 진상(進上)하는데 이동(二同)에는 이르지 않으나 일도(一道)의 백성으로 하여금 대소호(大小戶)를 논하지 않고 구차하게 관채(官債)를 먹은 자에게 으레 세포(細布) 이십 일척(尺)을 거둡니다. 대호(大戶)는 백가지 계책(計策)을 써서 판비(辦備)할 수 있지만 토우(土宇)에서 명(命)을 잇는 자가 어디로 쫓아 판비(辦備)할 수 있겠습니까? 그리고 염분(鹽盆)의 세(稅)는 해마다 일석(一石)을 거두어서 군자(軍資)에 보조(補助)하더라도 족히 이민(利民) 유국(裕國)할 수 있는데 해마다 사석(四石)을 거두고 또한 대백지(大白紙) 사권(四卷)을 징수(徵收)하니 염호(鹽戶)가 이를 지탱(支撐)하기 어려워 염분(鹽盆)을 파기(破棄)한지도 이미 오래입니다.

그러나 적(籍)을 살펴 세(稅)를 징수(徵收)하는 고로 조상(祖上)때 염업(鹽業)을 하였으면 손자(孫子)에 이르러서도 징수하므로 연해(沿海) 거민(居民)들이 이 관계(關係)로 실업(失業)하게 됩니다. 북도(北道)가 신설(新設)될 초(初)에는 들에 인가가 드물었고 산에는 수목(樹木)이 많았던 고로 토산(土産)인 초서(貂鼠)[441]를 진상(進上)하였으나 지금은 민둥산 아닌 곳이 없어서 초서(貂鼠)는 영절(永絶)

---

441) 담비.

하였는데 그 공물(貢物)은 오히려 그대로 있지만 달리 얻을 수 없어서 배가(倍價)로 포(布)를 거둡니다. 경시(京市)에서 이를 사서 바쳤으니 일면(一面)의 고통(苦痛)이 이보다 심함이 없습니다. 고로 전(前) 현감(縣監) 박점(朴漸)이 이를 상언(上言)하여 명천(明川)의 공물(貢物)을 특별히 덜어 주시고 이것을 타읍(他邑)에 이정(移定)하셨습니다. 이리하여 명천의 백성은 오히려 전하의 혜택(惠澤)을 입었습니다만 타읍의 백성은 본공(本貢)도 지탱(支撑)할 수 없게 되었는데 어찌 고통(苦痛)을 치우치게 받을 수 있겠습니까? 왕실(王室)의 고향(故鄕)인 풍패(豊沛)의 백성이 날로 유리(流離)하는 것은 실로 이러한 몇 가지 폐(弊)가 없어지지 않은 데 그 이유(理由)가 있는 것입니다. 타도(他道)의 민원(民怨)도 이와 비슷한 자가 상당히 많이 있을 것입니다. 이로써 함경도(咸鏡道)·강원도(江原道)는 대부분(大部分)이 광읍(曠邑)같이 되었고 평안도(平安道)·황해도(黃海道)도 점차(漸次) 쓸쓸한 모습이 되어가고 있습니다. 일찍이 중국의 사신에게 들으니 매번(每番) 그 삭막(索莫)함이 의심스럽다고 하였습니다. 옛날 전쟁(戰爭)할 때로서 말한다면 이것이 어찌 작은 일이겠습니까. 오호라! 국본(國本)이 안고(安固)한 것은 오로지 만민(萬民)의 편안하게 살 수 있는 데 진상(進上)의 일 및 매읍(每邑)마다 관원(官員)의 후봉(厚奉) 때문에 백성이 실소(失所)하는데 이르렀고 방본(邦本)의 위태(危殆)함이 이와 같습니다. 그간 성명(聖明)의 진념(軫念)[442]을 입어서 그 금계(禁戒)의 영(令)을 내린 것이 또한 여러·번 있었습니다.

토속(土俗)이 으레 폐습(弊習)으로서 대전(大典)보다도 중대(重大)하게 생각합니다. 탐관오리(貪官汚吏)가 박민(剝民)[443]함이 심

---

442) 임금이 마음을 써서 걱정함. 윗사람이 아랫사람의 사정(事情)을 걱정하여 헤아려 줌.
443) 과중한 조세나 부역 따위로 백성을 괴롭힘.

한 것도 행한 지 오래되면 후임자(後任者)는 그 이(利)를 즐겨 이르기를 전(前) 수령(守令)도 그러하였고 국가에서도 오히려 진상물(進上物)의 수(數)를 감(減)하라고 하지 않았는데 이는 어찌 우연(偶然)한 계산(計算)에서 이와 같이 하였겠는가라고 할 것입니다. 비록 현명(賢明)한 수령(守令)이라 하더라도 그 자봉(自奉)의 폐(弊)는 그칠지언정 진상(進上)의 폐(弊)는 민산(民産)을 무너뜨리고 국본(國本)을 위태(危殆)롭게 하는 데 이르더라도 아무도 감히 어찌할 수 없는 것입니다. 장차 그 폐를 제거(除去)하고 백성을 구(救)하고자 하는데 그 근본(根本)을 먼저 하지 않으면 비록 주관(周官)의 제도(制度)를 회복(回復)한다 해도 백성은 힘입어 살지 못할 것입니다. 지금 만약(萬若) 전하께서 진실로 백성이 흩어지고는 국가가 홀로 보전(保全)할 수 없다는 것을 안다면 모름지기 문왕(文王)의 비복(卑服)을 본받고 영황(英皇)의 포의(布衣)를 본받으며 항상 한가지 옷의 사치(奢侈)함으로써 만민중(萬民中)에 혹 동사자(凍死者)가 있음을 두렵게 생각하십시오. 그리고 먼저 그 불긴(不緊)한 진상(進上)의 수(數)를 제거하고 연산군(燕山君)이 가정(加定)한 공물(貢物) 및 비록 국초(國初)에 정한 공물이라도 옛날에는 있다가 지금은 없어진 것 같은 것은 일절(一切) 견면(蠲免)[444]한 후(後)에 그 교조(敎條)를 상세(詳細)히 하고 수령을 신칙(申飭)하여 상공(常貢)·부세(賦稅)를 원수(元數)만 걷게 하고 감히 증감(重歛)하지 못하게 하며 관아(官衙)의 물건(物件)은 비모석수(費耗石數)로 정하게 하고 사신(使臣)의 공궤(供饋)[445]도 소정(所定)한 기수(器數)에 따라 두미(斗米)·척포(尺布)라도 감히 백성에게서 황감(橫歛)하지 못하게 하며 이를 한번 위반(違反)하는 자는 장률

---

444) 고치솜.
445) 윗사람에게 음식을 드림.

(贓律)로 다스리고 혹은 변성(邊城)으로 보내십시오. 무릇 가히 그 백성을 애양(愛養)할 수 있는 것은 하지 않는 바가 없고 생물(生物)은 근원(根源)을 또한 폐절(閉絶)되지 않게 하고 여자가 장성하여 시집가지 않으면 죄(罪)를 주며 일찍기 과부(寡婦)가 되어 의지(依支)할 데 없는 자는 재가(再嫁)를 허(許)하셔서 남자가 홀아비 되지 않고 여자는 원망(怨望)이 없이 백년간(百年間) 생육(生育)하고 각기(各其) 안거(安居)하게 한다면 이로부터 팔도내(八道內)에는 한광(閑曠)의 처(處)가 없어 질 것이고 장차 기약(期約)하지 않아도 부서(富庶)해지는 날이 돌아 올 것입니다.

## 12. 졸오(卒伍)의 선(選)

신(臣)이 들으니 중국 사변(中國四邊)에 성곽(城郭)이 바둑돌 같이 흩어져 있고 별같이 열(列)져 있어 그 수(數)를 알지 못하는데 능히 단단하게 지켜 걱정 없이 만세(萬世)에 전할 수 있는 것은 천하의 백성을 혼합(混合)하여 사부(士夫) 이외(以外)에는 농공(農工)이 아니면 군(軍)에 충당(充當)하고 농공의 소산(所産)하는 물건(物件)을 양군(養軍)하는 데 돌리기 때문입니다. 삼한(三韓)이 정치(鼎峙)할 때 서로 침벌(侵伐)했을 뿐만 아니라, 일본(日本)·말갈(靺鞨)[446]이 차례로 침략하여 해마다 전망(戰亡)한 사졸(士卒)이 많이 생겨 거의 멸망상태(滅亡狀態)에 있었는데도 능히 다시 일어난 것은 노비(奴婢)의 법(法)이 세상에 널리 퍼지지 않아 일경(一境)의 백성이 모두 상용(上用)되었기 때문입니다. 고려(高麗) 이후(以後) 삼한(三韓)이 통합(統合)되어 마땅히 병(兵)이 많아지고 힘이 강해져서 어디 가든지 이기지 못함이 없어야 할 것이오나 움직이면 패배(敗北)하여 마침내

---

446) 6~7세기경 중국 수·당 시대에 만주북동부에서 한반도 북부에 거주한 퉁구스계 민족.

부진(不振)한 것은 노비(奴婢)가 점점(漸漸) 많아지고 승도(僧徒)가 날로 늘어나서 상용될 자가 적었기 때문입니다. 아조(我朝)에 이르러서는 군역(軍役)이 가장 고통(苦痛)스러워 백성들이 감당(堪當)하고 지탱(支撑)할 수 없어서 아들 있는 자는 산승(山僧)되는 것은 불허(不許)한 즉 천비(賤婢)에게 장가보내 처(妻)로 삼게 하고 딸이 있는 자는 천노(賤奴)에게 시집 보내 값을 받고 일변일족(一邊一族)의 비(費)를 면(免)하고자 합니다. 하물며 내수사(內需司)의 노(奴)같은 것은 국가에서 특별히 그 호(戶)를 보전(保全)하게 하여 궁민(窮民)의 잔파자(殘破者)가 더욱 투속(投屬)하기를 다툽니다. 현재(現在) 살 수 있는 땅은 전(田)을 개척(開拓)하지 않은 것이 없고 호(戶)는 증가(增加)하지 않은 것이 아닌데 그 신벽(新闢)된 전(田)이나 신립(新立)된 호(戶)를 살펴보면 모두 양반(兩班)과 사노(私奴)·내노(內奴)의 전(田)·호(戶)이며 양인(良人)의 전(田)·호(戶)는 날로 소축(消縮)[447]되어 정군(正軍)의 수(數)가 삼십만도 되지 못한다고 합니다. 비록 협호(挾戶)를 아울러 계산(計算)하더라도 사십만이 되지 못합니다. 아! 이 수십만이 비록 다 정병(精兵)이라도 설혹(設或) 전조(前朝)의 말(末)과 같이 왜선(倭船)이 하삼도(下三道)와 기황(畿黃)[448]의 지경(地境)에 운집(雲集)하고 몽고(蒙古) 홍건적(紅巾賊)이 양계(兩界) 지방(地方)에서 봉기(蜂起)하여 어수선하다면 이 삼십만으로 능히 나누어 방어(防禦)할 수 없음은 명백(明白)합니다. 하물며 삼십만 가운데에 실제로 쓸만한 자가 천 사람도 되지 않는 것이겠습니까? 오호라 말은 사무(事務)를 게을리 함이 극(極)에 달(達)하여 결함(缺陷)이 이미 생기고 변란(變亂)을 제어(制禦)할 수 있는 방도(方途)는 갖추지 않음이 이와 같으니 전하께서 만일 만기(萬機)의 겨를에 생

---

447) 없어지고 축소됨.
448) 경기도와 황해도.

각이 종사(宗社) 만세(萬世)의 계(計)에 미친다면 비록 발부(髮膚)[449]의 중(重)함에 관련(關聯)된다 하더라도 아까울 것이 있겠습니까? 전년(年前)에 비록 노비가 너무 많다는 의논이 있었지만 각기 사(私)에 끌려 그 근본(根本)을 궁구(窮究)하지 못하고 그쳤으니 신(臣)은 정말로 아프고 애석(哀惜)하게 여깁니다. 중국의 제도(制度)가 비록 경상(卿相)에 이르더라도 감히 사인(私人) 수십인(數十人)을 두지 못하는데 우리나라의 천얼(賤孼 : 천민)같은 무리 중에는 혹 사노(私奴) 백 명을 둔 자가 있으며 훈귀(勳貴)의 가(家)는 비록 사노(私奴) 천명을 둔 자가 있으나 국세(國勢)의 고약(孤弱)함을 좌시(坐視)하고 국가를 위하여 충성(忠誠)을 바치는 계책(計策)을 생각하지 않습니다. 지금 만약(萬若) 위로부터 먼저 사노를 한정(限定)하는 제도(制度)를 만들어 내수(內需) 노비(奴婢)는 각 천명으로 그치되 그 건장(健壯)한 자를 뽑아 군정(軍丁)에 보충(補充)하고 공경이하(公卿以下)도 차례로 노비(奴婢)의 한계(限界)를 정하되 여력(膂力 : 완력)있는 자를 뽑아 보병(步兵)으로 정하며 전지(田地)가 있으나 몸이 약(弱)한 자는 졸정(卒丁)으로 정하고 전지(田地)가 없고 몸이 건장(健壯)한 자는 연대(烟臺)의 성(城)에 소집(召集)하여 공지(空地)를 개간(開墾)하게 하여 세업(世業)을 삼게 하고 전업(田業)이 아직 성취(成就)되기 전에는 관(官)에서 의량(衣粮)을 주고 또한 궁시(弓矢)를 주어 십년간 생취(生聚)하여 재산(財產)을 모으고 십년 간 교훈(敎訓)한다면 백만(百萬) 정병(精兵)을 가히 이 십년 후에는 판비(辦備)할 수 있을 것입니다. 진실로 신(臣)의 계책(計策)과 같이 하되 또한 현명(賢明)한 순무(巡撫)[450]를 택(擇)하여 장수(將帥)를 두루 가르쳐 안정(安定)을 기하게 한다면 중도군인(中道軍人)이 원방(遠方)을 지키는 고통

---

449) 머리털과 피부.
450) 여러 곳을 돌아다니면서 백성을 위무함.

(苦痛)이 점차(漸次) 제거(除去)되고 남변(南邊) 북새(北塞)도 가히 영원(永遠)히 걱정이 없음을 보증(保證)할 것이니 어찌 왜인(倭人)이나 야인(野人)을 족히 두려워하겠습니까? 옛날에 이르기를 "인자(仁者)는 적(敵)이 없으며 인(仁)하게 되는 데는 방법(方法)이 있으니 지공(至公)하고 무사(無私)하면 이를 일러 인(仁)이라고 할 수 있다."고 하였습니다. 전하께서는 진실로 능히 내수사(內需司)에 축적(蓄積)된 재물(財物)을 내시어서 대성(臺城)을 쌓고 내수사(內需司)의 노비(奴婢)를 덜어서 공성(空城)을 지키게 한다면 공경이하(公卿以下)는 반드시 차마 국가의 재화(財貨)를 사사(私私)로이 하지 못할 것이며 또한 반드시 국가의 인민을 사사로이 하지 못할 것이니 지공(至公)의 도(道)에 복종(服從)하지 않음이 없을 것입니다. 대개 아조(我朝)의 내수(內需)는 바로 송(宋)의 봉(封)이며 황조(皇朝)의 내탕(內帑)[451]입니다. 송태조(宋太祖)는 해마다 겸백(縑帛)을 봉용에 저축(貯蓄)하여 사졸(士卒)에게만 주어 호인(胡人)의 머리와 바꾸도록 기하셨고, 영종황제(英宗皇帝)는 내탕은(內帑銀) 사만량(四萬兩)을 발(發)하여 산동기민(山東飢民)을 진휼(賑恤)하셨습니다. 옛날의 제왕(帝王)은 천하로서 한사람을 위하였는데도 그 재화(財貨)를 사사로이 하지 않음이 이와 같으셨습니다. 복원(伏願)하옵건대 성명(聖明)께서도 이를 본받으십시오.

## 13. 조련(操鍊)의 근(勤)

신(臣)이 옥하관(玉河館)에서 조조(早朝)에 누차(屢次) 포(砲) 쏘는 소리를 듣고 물으니 황조(皇朝)에서 태평(太平)한 때에도 위험(危險)을 잊지 않고 입번군사(入番軍士)로 하여금 항상 교장(敎場)에서 전

---

451) 임금의 개인적인 재물을 두던 곳집.

법(戰法)을 익히게 하는데 오일휴식(五日休息)하고 삼일 조련(操鍊)
하며 변방(邊方)의 대영(大營) 소보(小堡)가 그렇게 하지 않음이 없
다고 합니다. 그 무사한 날에 구상(苟桑)의 계(戒)를 항상(恒常) 두게
하고 배반(背叛)하기 전(前)에 융적(戎狄)[452]의 마음을 복종(服從)하
게 함이 이와 같았습니다. 그러므로 청하수보관(淸河守堡官)은 능히
오백인으로 천명이나 되는 달자(撻子)를 공격(攻擊)해서 오십이두
(五十二頭)나 참(斬)하였으며 경녕총병관(慶寧摠兵官) 이성량(李成
梁)도 또한 승리(勝利)의 공(功)을 이루었다고 합니다. 평소(平素)에
그와 같이 훈양(訓養)했기 때문에 일에 임하여 쓸 수 있는 것입니다.
신이 이로서 생각건대 우리나라의 열무(閱武)[453]의 법(法)은 일년에
자주 거행(擧行)하지 않으며 금추(今秋)에 한번 가졌는데 행오(行伍)
가 불명하고 기고(旗鼓)가 부정(不整)하여 보는 자가 그 아희(兒戱)
같은 모습을 탄식(嘆息)하였습니다.

평시(平時)에도 이와 같으니 적(敵)을 임하여 어찌 조처(措處)하겠
습니까? 상번(上番) 군사(軍士)는 비록 중일(中日) 습사(習射)하는 규
식(規式)이 있으나 훈련관원(訓鍊官員)이란 자는 의례 궐지(闕紙) 일
권(一卷)만을 거둘뿐이요 활 쏘는 법을 가르치는 자가 전혀 없는 것입
니다. 경위(京衛)에서 이와 같으니 외번(外藩)을 어찌 책(責)하겠습니
까? 이리하여 장수(將帥)는 진법(陣法)을 익히지 않고 병사(兵士)는
부오(部伍)를 모르니 설혹(設或) 위급(危急)한 때를 만나면 장차(將

---

452) 고대 중국인들이 이민족(異民族)을 얕잡아 부른 이름. 동이(東夷) · 서융(西戎) ·
남만(南蠻) · 북적(北狄) · 이적(夷狄) 따위 어휘가 모두 마찬가지 호칭이다. 융(戎)
은 원래 서융 · 견융(犬戎) 등으로 일컬어진 중국 북서부의 산간지역에 살던 민족을
통틀어 일컫던 호칭으로서, 그들의 활동이 가장 활발한 시기는 은(殷) · 주(周)나라
때이다. 적(狄)은 적적(赤狄) 또는 백적(白狄)이라 불렸는데, 산시성[山西省]부터 허
베이성[河北省]에 걸쳐 세력을 떨치고 춘추시대 중원(中原)의 여러 나라를 괴롭혔다.
453) 임금이 친히 열병(閱兵)함. 대열(大閱).

次) 어찌 응변(應變)하겠습니까? 신이 생각하컨대 아조(我朝)는 비록 매일 조련(操鍊)하려 해도 형세(形勢)가 불능(不能)한 것이 있습니다. 대체로 중국의 군(軍)은 중앙(中央)이나 지방(地方)이나 모두 여정(餘丁) 오인(五人)이 있으며 관(官)에서 마가(馬價)를 주고 마주(馬主)가 죽으면 반가(半價)를 내게 하여 여정의 대표(代表)에게 주고 관에서 또한 그 반가(半價)를 주며 사람에게 구량(口粮)을 주고 겨울에는 포일필(布一匹)을 주며 갑주(甲冑)[454] 궁시(弓矢) 창검(搶劍)도 모두 관(官)에서 나옵니다. 그러므로 군마(軍馬)가 심정(甚整)하고 기계(器械)가 정비(精備)되어 매일 전진(戰陣)에 나가도 군(軍)은 걱정하는 바가 없습니다. 아조(我朝)의 사졸(士卒)은 겨우 한 두 보인(保人)이 있으나 혹은 비급(備給)할 수 없으며 마장(馬裝)·기계(器械)를 모두 자비(自備)하게 되어 있습니다. 점고(點考)할 때는 남의 것을 빌려 점고를 받고 혹 빌릴 곳이 없는 자는 수두(數斗)의 미(米)를 리(吏)에게 주면 없어도 있는 것이 됩니다. 그리고 별시입번자(別侍入番者)는 비록 그 녹(祿)을 지급(支給)하기는 하나 곧 출급(出給)하지 않아서 혹 전년(前年) 시월에 받을 것을 금년(今年) 4월에야 주며 외방(外方)의 군사(軍士)는 출번(出番)한 후(後) 유대(留待)하기 어려워 의당(宜當) 사석(四石)을 받을 것을 겨우 일석(一石)만을 받고 팔아서 돌아가므로 구량(口粮)이 항상 부족함을 근심하니 어찌 능히 서울에서 유마(留馬)하여 습진(習陣)하기를 기다리겠습니까? 양식(粮食)을 버리고 말을 파는 것은 필지(必至)의 형세(形勢)인 것입니다. 또한 우리 동방(東方)의 토속(土俗)은 음식(飮食)을 책판(責辦)하는 폐(弊)가 없는 곳이 없는데 군졸(軍卒)에게는 더욱 심해서 신속자(新屬者)가 신래(新來)하면 의례 거의 수우(數牛)를 쓰고 상번자(上番者)는 지면(知面) 향미(鄕味) 등의 예가 있어 그 수를 알지 못하며 열장(列將)의 미학(微虐)

---

454) 갑옷과 투구.

을 기다리지 않고 그가 속(屬)한 패두장무(牌頭掌務)의 침비(侵費)하
는 것이 양수(粮數)의 배(倍)가 되며 색리여수(色吏旅帥)된 자에게도
인정포(人情布) 수필(數匹)을 예급(例給)합니다. 그리고 부변(赴邊)
하는 군사(軍士)는 비록 십 오필을 가지고 있더라도 마침내는 오히려
부족하여 옷을 전당(典當)잡혀 양식(粮食)을 사들이며 만약 그 드는
비용(費用)으로 군장마필(軍裝馬匹)을 마련하면 관에서 비록 불급(不
給)하더라도 부족함을 근심하지 않을 것입니다. 오래 물든 구습(舊習)
을 어리석어 능히 고치지 못하는 것입니다. 병조(兵曹)와 헌부(憲府)
에서 지난번에 일찍이 금(禁)한 바 있어 숙폐(宿弊)가 조금 혁파(革罷)
되었으나 훈련권지(訓鍊權知)·내금예차(內禁預差) 등이 면신(免
身)<sup>455)</sup>하는 예는 구습(舊習)이 그대로 남아 있어서 제색군리(諸色軍
吏)가 이를 보고 본받아 매전(賣田)하고 파가(破家)되었는데도 이를
일찍이 구휼(救恤)하지 않았습니다.

 외읍군폐(外邑軍弊)는 이보다 더 심하니 이런 것은 중원(中原)에
는 없는 일이며, 변방의 장수가 문지(聞知)함이 없고 순무(巡撫)가 금
하지도 않습니다. 모름지기 차폐(此弊)를 먼저 혁파(革罷)한 연후(然
後)에 군우(軍憂)가 조금 풀어지고 군장(軍裝)에 힘을 다할 수 있을
것입니다. 남도(南道)의 전죽(箭竹)<sup>456)</sup>을 양계(兩界)에 선운(船運)
역전(驛轉)하는 까닭은 북군(北軍)의 조전(造箭)을 위하여 설(設)한
것인데 군기시(軍器寺)의 화살을 약간 보충(補充)하고 그 나머지는
비록 많아도 다만 영중(營中)에 쌓아 두고 입자(笠子)를 만들어 뇌물
(賂物)로 바칩니다. 그러니 재방군사(在防軍士)에게는 한 개의 화살
도 돌아감이 없는 것입니다. 가사(假使) 사람마다 균급(均給)하고 순
행(巡行)할 때 그 원사(遠射)를 시험(試驗)하여 능자(能者)는 일속(一

---

455) 조선 시대에, 새로 부임한 관원이 전부터 있던 관원에게 한턱내던 일. 면신례.
456) 화살대.

束)을 상(賞)으로 주고 차자(次者)는 그 반(半)을 주면 거의 권려(勸
勵)하는 방법이 있을 것입니다. 그리고 영진노비(營鎭奴婢)가 혹 심
히 많은 곳이 있어서 신수(薪水)를 공급(供給)하고 주역(廚役)에 응
할 수 있으며 또한 군관의 마직(馬直)을 나누어 맡을 수 있는데 사사
로이 그 역(役)에서 해방(解放)되어 의복(衣服)의 자(資)를 징수(徵
收)하고 반드시 군사로 그 신수(薪水) 주구(廚廐)의 역(役)에 충당(充
當)하여 그 고난(苦難)을 감당(堪當)할 수 없으므로 값을 배(倍)로 주
고 남을 고용(雇用)하여 이를 대신(代身)시키며, 대신시키지 못하는
자는 혹 갓을 짜고 혹 어망(魚網)을 짜니 어찌 궁시(弓矢)를 조련(操
鍊)할 틈이 있겠습니까? 반드시 군사로 하여금 노비의 역을 대신하
지 않게 한 연후에 가히 사어(射御)에 전력(專力)하게 할 수 있습니
다. 목장(牧場)의 마(馬)는 떼를 지어 다니며 유린(蹂躪)하여 전혀 새
끼쳐 번식시키지 않는 데 감목(監牧)⁴⁵⁷⁾을 겸한 자는 그 직(職)이 떨
어질까 두려워하여 그 수(數)를 거짓으로 과장(誇張)하여 보고(報告)
하고 마(馬)를 점검(點檢)함에 이르러서는 목자(牧子)에게 징발(徵
發)하여 그 수를 채웁니다. 이후 새끼 낳아 기를 수 없는 것은 늙어
죽습니다. 신의 우의(愚意)로 생각컨대 다만 공허(空虛)한 문부(文
簿)를 지켜서 반드시 그 수를 채우려고 한다면 마(馬)는 무용지물(無
用之物)이 되고 마(馬)를 기르는 곳은 해민(害民)의 함정이 됩니다.
만약(萬若)에 해마다 새끼쳐서 번식시킬 수 없는 마(馬)를 뽑아서 활
잘 쏘는 사졸(士卒)에게 분급(分給)하면 목장(牧場)의 말이 군투유린
(群鬪蹂躪)하는 폐해(弊害)가 없어지고 목자(牧子)는 징납(徵納)의
고통(苦痛)을 면할 것이고 전사(戰士)는 마가 있어 평일에도 그 구치
(驅馳)⁴⁵⁸⁾를 익힐 것이며 위기(危機)에 임해서 마를 빼앗는 걱정이 없

---

457) 조선 시대에, 종육품의 외직 무관으로 나라의 목장을 감독하던 벼슬아치.
458) 말을 몰아 빨리 달림.

어질 것입니다. 무릇 이 몇 가지 폐단(弊端)이 모두 내외군민(內外軍民)의 걱정이 되는데 만약 차사(此事)를 구획(區劃)하지 않고 다만 조련(操鍊)만 부지런히 한다면 군원(軍怨)이 날로 커져서 도리어 해가 될 것입니다. 성주(聖主)께서 만약 아병(我兵)을 정비(整備)하고 아(我) 조종(祖宗)께서 이룬 공적(功績)을 무너뜨리지 아니하려고 하신다면 신은 청컨대 먼저 군폐(軍弊)를 제거(除去)하고 군장(軍裝)을 마련하는 일을 급히 도모(圖謀)하여 조치(措置)하시고, 또한 동국병감진법(東國兵鑑陣法) 등의 책을 장사(將士)에게 찍어 주어 장수(將帥)는 병감(兵鑑)을 익히게 하고 군졸(軍卒)은 진법(陣法)을 깨닫게 하며 이에 조련(操練)을 가하여 안으로부터 밖에 이르기까지 장황(張皇)하고 정돈(整頓)하지 않음이 없게 한다면 토끼를 그물로 잡는 야부(野夫)도 가히 간성(干城)이 될 수 있을 것이니 규규무부(赳赳武夫)의 시(詩)를 홀로 주남편(周南篇)[459]에서만 옳지 않을 것입니다.

## 14. 성대(城臺)의 고(固)

신(臣)이 보건대 요양이서(遼陽以西)에서 산해관(山海關)에 이르기까지 일로(一路)는 호지(胡地)와 가장 가까운 거리에 있는 고로 이미 극변(極邊)에는 만리장성(萬里長城)을 접(接)하여 장장(長墻)을 구축(構築)하고 장하(墻下)에는 호여(壕予)[460]가 있으며 오리(五里)마다 각각 일연대(一烟臺)를 설치(設置)하였고 대하(臺下)에는 소방성(小方城)이 있습니다. 또한 장장(長墻)의 안에는 대략 십오리(里)의 연도(沿途)에 호(壕)를 파고 그 흙으로 긴 제방(堤防)을 쌓아 호병(胡兵)이 직진(直進)하는 것을 방용(防傭)하였습니다. 연대(烟臺) 방성(方城)은 모두 극변(極邊)과 같은데 대상(臺上)에는 옥(屋)이 있고

---

459) 시경의 한 편.
460) (城) 밖으로 둘러서 판 못.

성(城)의 사우(四隅 : 사방)에는 각각 비옥(陣屋)이 있어 길을 향하여 문을 냈으며 문상(門上)에도 비옥(陣屋)이 있는데 모두 개와(蓋瓦)로 덮었습니다. 성외(城外)는 호자(壕子)를 파고 호자((壕子) 외에 장(墻)을 쌓았고 장외(墻外)에는 깊은 구덩이를 서너겹 팠으며 구덩이 밖에는 혹 유류(楡柳)[461]를 열지어 심었습니다. 그래서 비록 오랑캐 군사가 많이 몰려오더라도 세(勢)가 빨리 돌진(突進)할 수 없습니다. 성중(城中)은 의례 오군정(五軍丁)으로 하여금 가족을 거느리고 지키게 하며 정(丁)에게 은(銀)으로 월봉(月俸)을 주며 각기 성 옆의 공지(空地)를 개간(開墾)하여 산업(産業)으로 삼게 하였습니다. 경고(警告)가 있으매 연해거민(沿海居民)이 군취(群聚)하여 지킵니다. 그리고 십오리 마다 일소포(一小舖)를 설치(設置)하고 삼십리마다 일대포(一大舖)를 설치하였는데 성자(城子)가 점차 넓어짐에 입거자(入居者)가 점차 많아지고 기계(器械)가 완선(完繕)됨에 수비(守備)가 주밀(周密)해 집니다. 무릇 성이 허물어진 곳은 관에서 은량(鎭兩)을 내어 수리(修理)합니다. 이곳에는 중원민(中原民)으로 범법자(犯法者)가 많이 옮겨와 사는데 산해관문(山海關門)은 병부주사(兵部主事) 일인(一人)이 조석(朝夕)으로 그 개폐(開閉)를 관장(管掌)하고 그 출입을 감시(監視)하며 비록 향토(鄉土)를 지극(至極)히 그리워하는 자라도 도망(逃亡)하여 돌아갈 계책(計策)이 없으므로 각기 정배지(定配地)에서 사람들은 그곳을 사수(死守)할 마음을 품게 됩니다. 이리 하여 관외(關外) 일선(一線)의 길은 연면(連綿)히 끊어지지 않고 요(遼)에까지 달(達)합니다. 관내(關內)는 비록 연대(烟臺)의 성이 없으나 십오리포와 30리포는 없는 곳이 없습니다.

주현성지(州縣城池)는 견고(堅固)하지 않음이 없어서 비록 강적(强敵)이 있더라도 사람들이 이를 믿어 두려워함이 없습니다. 황조

---

461) 느릅나무와 버들나무.

(皇朝)에서 설험(設險)하여 수국(守國)하는 것이 이와 같습니다. 신이 이로서 생각컨대 아국(我國) 양계지방(兩界地方)은 비록 장성(長城)이 있으나 말이 뛰어 넘을 수 있고 비록 연대(烟臺)가 있으나 사람이 거할 수 없습니다. 그리고 바람 불고 눈올 때는 얇은 옷을 입은 수졸(戍卒)이 동사(凍死)할 걱정이 있어서 적(賊)이 오기를 기다리지도 않고 도망가니 누가 이를 사수(死守)하기를 좋아하겠습니까? 또한 주진(州鎭)의 성(城)은 높이가 고르지 않은 곳이 심히 많아 오랑캐의 침구(侵寇)가 있을 것 같으면 호령(號令) 한 소리에 올라갈 수 있습니다. 그리고 성중(城中)의 인물(人物)은 끝까지 쓸쓸한 모습이어서 비록 남녀를 다하더라도 혹 성의 일면(一面)도 지킬 수 없습니다. 오호라 국가의 믿는 것이 사변(四邊)의 허술한 수비(守備)에 그치며 내지(內地)는 모두 막을 곳이 없어서 일처(一處)가 와해(瓦解)되어 팔뚝을 걷어붙이고 곧장 앞으로 가면서 능히 방어(防禦)할 곳이 없습니다. 이러한 것을 생각하니 정말로 가히 한심(寒心)합니다. 지금 만약 중국의 제도를 따라 성과 대(臺)를 설치(設置)하더라도 민력(民力)만을 쓴다면 즉 성대(城臺)가 아직 완성(完成)되기 전에 백성은 피폐(疲弊)하여 지키지 못할 것입니다. 신이 어리석지만 양계(兩界) 병영(兵營)의 상태(狀態)를 듣건대 해마다 사미(私米) 천여석(千餘石)이 유치(留置)되어 있는데 단지 개인적(個人的)인 청에만 응하고 기타(其他) 포백(布帛)이 쓸데없이 쌓여 있는 것이 셀 수 없다고 하니 하도(何道)의 영(營)인들 홀로 그렇지 않겠습니까. 하물며 병조(兵曹)에 해마다 들어오는 포(布)가 무용(無用)하게 쌓여 있는 것이 심히 많습니다. 만약 저 병판(兵判)·병사(兵使)된 자가 몸소 순국(殉國)하려는 뜻이 있고 재산(財産)을 모을 생각이 없다면 이 미포(米布)를 내어 기민(飢民)을 분모(分募)하여 해마다 수성(數城)이 완성(完成)할 수 있습니다. 그리고 혹 부족하다면 전하께서 또한 내수

사(內需司) 노비(奴婢)의 공(貢)을 덜어서 그 부족을 보충(補充)하신다면 저 변장(邊將)된 자가 비록 아주 어리석은 사람이라도 역시 성명(聖明)의 지성(至誠)에 감동(感動)되어 다투어 사용(私用)의 물건(物件)을 내어 그 성을 쌓는 데 도울 것입니다. 신이 또 생각컨대 북변(北邊) 성대(城臺)가 진실로 간절(懇切)하나 남도(南道) 해변(海邊)은 더욱 쌓지 않을 수 없다고 생각합니다. 광녕이서(廣寧以西)에는 포(鋪)에 떨어져서 설대(設臺)한 것이 많이 있는 것은 대개 적인(賊人)에게 의심(疑心)을 가게 하여 감히 성하(城下)에 곧장 이를 수 없게 하려는 것입니다. 해변은 비록 넓어도 배를 댈만한 곳이 적고 적주(賊舟)가 하정(下碇)[462]할 수 있는 곳은 어인(漁人)의 부락(部落)이 즐비(櫛比)한 데 적(賊)이 와 등륙(登陸)해서 그것을 마음대로 불살라 없앤다면 성중(城中)의 사람들은 바람만 바라보고도 궤멸(潰滅)되기를 생각할 것입니다. 만약 이러한 곳에 좌우에 대(臺)를 쌓고 대(臺) 주위(周圍)에 성을 쌓고 군기(軍器)를 많이 두어 위급(危急)하면 백성을 모아 엄히 지키면 저들 본디 의심이 많은 왜인(倭人)들이 비록 하정(下碇)해서 성을 공격(攻擊)하고 싶어도 혹 대상(臺上)의 사졸(士卒)이 그 돌아갈 배를 파괴(破壞)할까 두려워 감히 배를 버리고 등륙(登陸)하지 못합니다. 비록 지리(地利)가 인리(人利)보다 못하다 고 하지만 만약 헛되이 성지(城池)만 있고 지키는 사람이 없다면 비록 억장(億丈)이나 되는 성에 깊이를 헤아릴 수 없는 못에 임하여 있더라도 안고(安固)하다고 말할 수 없을 것입니다.

## 15. 출척(黜陟)[463]의 명(明)

신(臣)이 듣건대 황조(皇朝)에서는 어두운 자를 출(黜)하고 밝은 자

---

462) 닻을 내리다.
463) 못된 사사람을 내쫓고 착한 사람을 올려 씀.

를 진급(進級)시키는 정사(政事)에 있어서 기(其) 실지(實地)를 쫓는데 힘씁니다. 직예 순안(直隸巡按) 왕상(王湘)과 산동 순무(山東巡撫) 부희격(傅希擊)의 제본(題本)을 가지고 타도무안(他道撫按)의 제본(題本)을 본다면 현자(賢者)를 천거(薦擧)하고 사자(邪者)를 탄핵(彈劾)하여 인재(人材)를 아끼고 불급(不及)한 자를 인도(引導)하는 일이 정당(正當)하게 처리(處理)되지 않음이 없으며 이부(吏部)는 이것으로 복주(覆奏)하여 시행(施行)합니다. 그래서 염근공근자(廉勤公謹者)는 삼고(三考)를 기다리지 않고 탁용(擢用)되며 탐오사사자(貪汚私邪者)는 영원(永遠)히 폐(廢)해서 악한 일을 하지 못하게 되고 간국(幹局)이 번거로운 것을 감당(堪當)할 수 없는 자는 한적(閑寂)한 곳으로 배치(配置)하며 그 선한 것이 일단(一端)을 취할 수 있는 자는 그 그릇에 알맞게 가르치니 천하의 서관(庶官)이 분연(奮然)히 흥사(興事)하고 실적(實績)을 많이 올리기에 힘써 희제(熙帝) 연간(年間)에는 서민(庶民)을 편안하게 하였습니다. 신이 어리석지만 이로서 생각컨대 국가에서 팔도감사(八道監司)를 분견(分遣)하여 출척(黜陟)의 법을 밝히려는 것이 중국의 제도에 가까운데 순사멸공(徇私滅公)의 폐(弊)는 오랠수록 더욱 심합니다. 무릇 서관(庶官)을 포폄(褒貶)할 때는 그 병민(兵民)의 휴척(休戚)과 직무(職務)의 근해(勤懈)를 보지 않고 당로(當路)의 친인(親姻)을 먼저 따지고 다음으로 자기 자신과의 교구(交舊)를 따져 비록 혹 장암(臟暗)이 심한 자라도 으레 최(最)로 돌리고 추고(推考)하라는 명(命)이 있을까 염려(念慮)되어 죄(罪) 돌릴 곳이 없으면 소현감무(小縣監務)나 소보권관(小堡權管)을 약간(略干) 폄론(貶論)하여 색책(塞責)[464]을 하려고 합니다. 그 중 스스로 직(職)을 다하려고 생각하는 자는 휘장을 가리고 순행(巡行)하여 사사로운 빈객(賓客)에게 이를 물어 고하(高下)를 정

---

464) 색책(塞責)[명사][하다형 자동사] 책임을 면하기 위하여 겉으로만 둘러대어 꾸밈.

할 뿐입니다. 말을 타고 능히 넓은 지역(地域)을 방문(訪問)하면서 들을 보고 정사(政事)를 알며 풍속(風俗)을 관찰(觀察)함으로써 상벌(賞罰)을 밝히려는 자는 원래(元來) 한사람도 없습니다. 이리하여 군민(軍民)을 자목(字牧)[465]하고 무휼(撫恤)한 자는 수수(守帥)보다 더 절실(切實)한 사람은 없는데 군민(軍民)의 괴로운 바가 무엇인지도 알지를 못하며, 수령(守令)이나 곤수(閫帥)들의 강기(綱紀)를 바로잡을 사람은 감사(監司)의 직임(職任)보다 더 중함이 없건만 어떤 사람의 하는 일이 어떤 일인지를 알지도 못하며 어질고 어질지 못함을 변별(辨別)하지도 못하고 일절(一切)을 함호(含糊)하여 등급(等級)을 안배(按排)하여 비록 육년간 이나 백성에게 독(毒)을 끼쳐 자기가 관할(管轄)하는 경내(境內)의 백성들을 모두 도산(逃散)하게 한 자도 융숭(隆崇)한 대접(待接)을 사사로이 행하고 훌륭하라고 아첨(阿諂)하면 그 사람은 한번도 포폄(褒貶)[466]의 중에 들지 아니하여 타읍(他邑)에 가서 다시 방자(放恣)하게 하며 비록 철저(徹底)하게 청렴(淸廉)하고 근면(勤勉)하며 백성을 자목(字牧)하는데 심혈을 기울이는 사람일지라도 사사로운 청을 쫓지 않고 자기 비행을 훼방(毁謗)하면 반드시 그 직임(職任)을 파(罷)하여 그로 하여금 궁벽(窮僻)한 마을에서 늙어 버리게 하니 재조(才操)를 쫓아 간발(簡拔) 조용(調用)하며 품위(品位)를 따라 다시 가르쳐 방래(方來)의 일을 권격(勸激)하는 것은 어느 겨를에 바랄 수 있겠습니까? 이조(吏曹)에서는 이로써 인품(人品)의 우열(優劣)을 식별(識別)하지 못하고 혹은 냉렬(冷烈)의 후박(厚薄)만을 빙자(憑藉)하여 부사(府使)나 목사(牧使)를 다섯 번씩이나 거쳐 공검(恭儉)하고 자상(慈詳)하여 백성들이 그의 선치(善治)를 잊지 못해 하는 사람도 무고(無故)하게 군현(郡縣)으로 좌

---

465) 지방 수령(守令)이, 백성을 사랑으로 다스리던 일.
466) 청찬함과 나무람. 시비선악을 평정(評定)함.

천(左遷)시킨다면 선치하는 사람을 무엇으로 권장(勸奬)하며 또 국법(國法)을 두려워하지 않고 탐사(貪奢)하고 혼포(昏暴)하여 백성들이 미워하여 눈을 흘겨보는 사람을 청현(淸顯)한 직질(職秩)에 초승(超陞)시킨다면 악한 자를 무엇으로 응징(膺懲)하겠습니까?

오호라! 국가의 억만 백성들의 명맥(命脈)이 오로지 사람을 쓰고 버리는 바에 달려 있는 데 오늘날은 이것이 전도(顚倒)되기가 이와 같으니 이것이 그 당로자(當路者)들에게는 득계(得計)됨이 있겠으나 천백년 종사(宗社)에 관하여서는 어찌하겠습니까? 공자(孔子)가 노(魯)나라 애공(哀公)⁴⁶⁷이 묻는 말에 대답(對答)하기를 정직한 사람을 들어 쓰고 정직하지 못한 사람을 버리면 백성들이 복종(服從)하고 정직하지 못한 사람을 들어 쓰고 정직한 사람을 버리면 백성들이 복종하지 않는다고 하였습니다. 만약 백성들이 복종하지 않는다면 국가가 장차 무엇에 의존(依存)하겠습니까? 이제 일일이 어두운 사람은 퇴출(退黜)케 하고 밝은 사람을 등용(登用)하며 곧은 사람을 들어 쓰고 곧지 못한 사람을 버리려면 밝고 정직한 사람은 몇 명이 안되고 정직하지 못하고 어두운 사람들의 수효(數爻)는 많아 비록 날마다 논의하여 왕유(枉幽)한 위인들을 쫓아내려 하더라도 장차 그것들이 계속 나오는 것을 감당(堪當)하지 못할 것입니다. 신의 어리석은 생각에는 우리나라에 문교(文敎)가 비록 행하였으나 실지(實地)에 힘쓰는 사람은 적다고 생각합니다. 수령들은 수령으로써 할 법도(法度)를 알지 못하며 감사(監司)나 순무(巡撫)들은 영(令)을 행하는 법을 알지 못

---

467) 춘추시대 노(魯)나라의 왕(재위 BC 494~BC 468). 성 희(姬). 이름 장(將). 정공(定公)의 아들이다. 재위 중 공자(孔子)가 위(衛)나라에서 노나라로 돌아왔으나, 정치를 단념한 그를 등용할 수 없었다. 국내적으로는 삼환(三桓)이라고 하는 공족3가(公族三家)의 세력이 강하였고, 대외적으로는 오(吳)·제(齊)나라의 공격으로 국력을 펴지 못하였다. 월(越)나라의 도움으로 삼환씨를 제거하려다 오히려 왕위에서 쫓겨나 유산지(有山氏)에서 죽었다.

하고 백성을 다스리고 한 지방을 성찰(省察)하는 것을 오직 자기의
의견(意見)에 좇아 일을 처리(處理)하는 까닭에 수령들이 하는 일이
활략(濶略)하건만 방백(方伯)이나 전형(銓衡)의 임(任)에 있는 사람
은 늘 사람을 알아보기 어려움을 근심하고 있습니다. 만일 당(唐)나
라의 육얼(陸贄)이 어사(御史)들을 가르친 말과 같이 간절(簡切)하게
모두 갖추어 수령들이 이것으로써 백성을 다스린다고 하면 거의 볼
만한 정치(政治)가 행하여 질 것이며 방백(方伯)들이 이것을 가지고
그 지방을 성찰(省察)하면 사람을 보는 법도(法度)를 얻을 것입니다.
고로 신이 감히 별지(別紙)에 써서 올리오니 바라건대 전하께서는 이
글을 가지고 사람을 알아보시고 또 백성을 편안(便安)케 하는 규(規)
를 삼으시며 대서(大書)하사 벽에 걸어 두시고 지방관으로 나아가는
사람에게 이것을 써주시며 이미 지방으로 나가 있는 사람에게도 이
것을 써서 분급(分給)하사 그들로 하여금 자기 임소(任所)에 걸어 두
고 이것을 훈습(訓習)한지 일년 후에 잘 행하여지는 지의 여부(與否)
를 살피셔서 출척(黜陟)을 정하신다면 수령된 자는 심혈을 기울이지
않을 사람이 없으며 백성들은 제각기 살 곳을 얻는 자가 반드시 많으
며 방백들은 수령들의 선(善)·불선(不善)을 천거(薦擧)하고 논핵(論
劾)하는 데 밝으며 전관(銓官)들도 또 몽연(朦然)하지 않을 것입니다.

## 16. 명령(命令)의 엄(嚴)

신이 듣건대 황상(皇上)께서는 액자(額字)쓰기를 좋아하시어 「경
외(敬畏)」 2자(二字)를 써서 중서각로(中書閣老)에게 내려 주시고
「정기솔거(正己率居)」[468] 4자(四字)를 써서 육부상서(六部尙書)에게
내려 주시며 또한 「책난진선(責難陳善)」[469] 4자를 써서 경연강관(經

---

468) 자기를 바르게 하고 집을 이끈다.
469) 재앙을 없애는 말을 하다.

筵講官)에게 내려 주십니다. 그리고 그 신하의 가르침을 먼저 듣는 고로 조신(朝臣)이 삼가하고 두려워하지 않음이 없으며 각로(閣老)는 날마다 각(閣)에 있고 육부서사(六部庶司)도 매일 상임(常任)하여 그 맡은 바 일을 다합니다. 그들은 자경(自警)의 글로 모두 「이봉이록(爾俸爾祿) 민고민지(民膏民脂) 하민역학(下民易虐) 상천난기(上天難欺)」라는 16자(字)를 좌우(座隅)에 붙여 놓고 쳐다보며 경계(警戒)합니다. 그리고 명령(命令)을 내린 말은 대소사(大小事)를 불론(不論)하고 모두 정자(正字)로 써서 관부(官府)의 벽(壁)이나 도로(道路)의 곁에 붙여 놓아 미리 알게 하며 기여(其餘) 외방(外方)도 또한 그러합니다. 무릇 조정(朝廷)에서 무안(撫按) 총독(總督)이 봉신(奉申)할 말 및 읍수(邑守) 진장(鎭將)이 봉행(奉行)할 말을 명할 일이 있으면 하나도 어지럽게 쓰지 않고 중자(中字)로 베껴서 포성촌점(舖城村店)의 사이에 명계(明揭)하지 않음이 없어 비록 궁염벽항(窮閻僻巷)의 백성이라도 모두 조정(朝廷)에서 어떤 명을 내려서 어떤 폐(弊)를 제거(除去)한다는 것과 수령이 모령(某令)을 내려서 모사(某事)를 행하는 것을 모두 알아 기일(期日)을 어기지 않고 모여 감히 소홀(疎忽)히 하지 못하며 간서(奸胥) 호족(豪族)이 감히 그 사이에서 재주를 부리지 못합니다. 이와 같이 하여 만성(萬姓)을 유지(維持)하고 사방의 기강(紀綱)을 세움으로써 그 구안장치(久安長治)[470]의 업(業)을 보전(保全)하는 것입니다.

어리석은 신이 살펴보건대 성주(聖主)께서 임어(臨御)하신 이래 중외(中外)에 하교(下敎)한 것이 인심(仁心)·인문(仁聞)에서 발(發)하지 아니한 것이 없으나 상사(上司) 서리(書吏) 및 감사(監司) 영리(營吏)가 취중(醉中)에 어지럽게 써서 반은 빠지고 반은 써서 소각사(小

---

470) 오랫동안 편안하게 다스림.

各司)·주현(州縣)에 전한즉 소각사·주현의 리(吏)는 등록(謄錄)에 간략(簡略)히 써서 관원(官員)에게 보이고 관원된 자는 전혀 뜻을 두지 않고 혹은 끝내 행하는 것을 보지 않고 급히 감추라고 명하여 말하기를 이는 지금 세상에 행하지 못할 일이라고 합니다. 그리고 조명(朝命)을 준봉(遵奉)하려는 자가 하리(下吏)에게 물으면 하리는 그것이 자기에게 이(利)가 없을까 두려워하여 말을 꾸며 고하여 가로되 "官司는 차일사(此一事)로서 십물(什物)을 마련하고 부족한 것을 보충(補充)하는데 만약 차명(此命)을 행하면 적지 않은 관사(官司)가 부지(扶持)하기 어려울 것입니다" 라고 합니다. 그리하여 관원된 자가 점두(點頭)하고 물러가라 명하면 하리(下吏)는 조명(朝命)을 적은 종이를 종이 거두는 상자 속에 던져버리며 혹 일년이 지나지도 않아서 소매에 넣어 가지고 가서 벽(壁)을 바릅니다. 슬프게도 저 호소(呼訴)할 곳 없는 백성은 조정에서 어떤 명이 있는지도 모르고 횡우(橫憂)가 옛날과 같아도 감히 말하지 못하며 고역(苦役)이 여전(如前)해도 감히 호소(呼訴)하지 못합니다. 오호라! 군주(君主)가 명을 내리고 신하는 행한다는 것은 무엇을 말한 것이겠습니까? 장차 상덕(上德)을 선양(宣揚)하여 이를 백성에게 이르게 하려고 하는 것입니다. 지금 당로(當路)의 절간(折簡)은 비록 지극(至極)히 중난(重難)한 일이라도 벽에 붙여 시행(施行)하지 않음이 없는데 유독(唯獨) 성주(聖主)의 우민(憂民)의 명은 손바닥 뒤집기 보다 쉬운 일로 폐각(廢閣)하여 소홀(疎忽)이 여기니 신의 말한 바 삼강(三綱)이 불명하다는 것이 이에 이르러 증험(證驗)될 수 있습니다. 그리고 중원(中原)의 백성들은 비록 지극(至極)히 어리석고 천(賤)하더라도 오히려 먼저 조정을 말하고 다음에 관사(官司)를 말하는 것을 아는데 아국(我國)의 백성은 관원이 있음은 알고 조정이 있음은 모르며 심한 자는 이서(吏胥)가 있음은 아나 관원이 있음은 모릅니다. 자고(自古) 이래(以來)로 군신민서(君臣民庶)⁴⁷¹⁾가 한결같이 모두 환산(渙散)되고 능히 그 나라를 길게 한 것을 신은 아직 듣지 못했습니다. 그런데 이러한 곳에 이른 것을 구명(究明)한다면 비록 이것이 봉행(奉行)하는 사람의 잘못이 지만 가만히 생각하여 보건대 전하께서 천명(天命)을 두려워하시고 대인(大人)을 두려워하시고 성인(聖人)의 말씀을 두려워한 것이 오히려 미흡(未洽)한 바 있어서 이에 이른 것입니다. 소위 천명(天命)이라는 것은 요명황홀(窈冥怳惚)한 곳에서 구하는 것이 아니라 일용(日用)과 근민(勤民)의 일에 이를 삼가는 데 불과(不過)합니다.

그러므로 은왕 중종(殷王中宗)은 엄숙(嚴肅)하게 공경(恭敬)하고 삼가 두려워하여 천명이 스스로 헤아렸고 치민(治民)에 삼가며 두려워하여 감히 황령(荒寧)되지 않았습니다. 신은 알지 못하건대 전하께서 천명을 두려워하시는 것이 과연(果然) 중종(中宗)과 같습니까? 백성은 아색(餓色)이 많고 집집마다 원성(怨聲)이 있는 고로 하늘이 여러 번 재앙(災殃)을 내리시어 경구(警懼)를 나타내셨습니다. 그런데 사옹원(司饔院)⁴⁷²⁾의 비육(肥肉)이 양혜왕(梁惠王)의 포(庖)보다 심하며 사복시(司僕寺)⁴⁷³⁾의 비마(肥馬)가 양혜왕(梁惠王)의 마구(馬廐)보다 많으니 하늘의 인애(仁愛)를 바라더라도 얻을 수 있겠습니까? 소위(所謂) 대인(大人)은 반드시 고위(高位)에 거한 자가 대인(大人)인 것은 아닙니다. 비록 가난해서 위포(韋布)를 입고 있더라도 고인(古人)의 덕(德)을 헤아릴 수 있고 꾀를 헤아리기를 하늘로부터 하여 능히 군심(君心)의 그릇된 것을 바로잡을 수 있는 자는 가히 대인이라고 할 수 있습니다. 고로 위(衛)의 무공(武公)은 억계시(抑戒詩)를 지어 악사(樂師)로 하여금 외우게 하고 조용히 들었던 것입니

---

471) 모든 국민.
472) 조선시대 궁중의 음식을 맡아본 관청.
473) 고려 · 조선 시대 궁중의 가마 · 마필(馬匹) · 목장 등을 관장한 관청.

다. 신은 알지 못하옵건대 전하께서 대인을 두려워하는 것이 과연(果然) 무공(武公)과 같으십니까? 대신(大臣)을 보는 데에 은예(恩禮)가 자못 쇠(衰)하였고 근시(近侍)의 말도 듣지 않으시는 고로 모두 입을 다물고 허물없이 되려고 합니다. 곽외(郭隗)에게 먼저 예(禮)하지 않고 곽외 보다 더 현(賢)한 자를 이를 수 있겠습니까? 소위(所謂) 성인(聖人)의 말이 방책(方策)에 있는 것이 두려워 할만한 일이 아님이 없습니다. 그런데 절용애민(節用愛民)의 일구(一句)는 군주(君主)가 백성에 대(對)하여 해야 할 가장 선무(先務)입니다. 고로 고황제(高皇帝)께서는 이로서 규모(規模)를 세우고 성자신손(聖子神孫)이 잃지 않고 준수(遵守)하여 지금에 이르렀습니다. 비록 탐관오리(貪官汚吏)라도 감히 제(制)를 위반(違反)하여 백성을 침학(侵虐)하지 못할 것입니다. 신은 알지 못하옵건대 전하께서 성인(聖人)의 말씀을 두려워하심이 과연 이와 같습니까. 정신(廷臣)들이 일찌기 성언(聖言)을 인용(引用)하여 간(諫)하였으되 전하께서는 이에 대하여 우활(迂闊)한 말이라고 비답(批答)하셨습니다. 신이 비록 불초(不肖)하나 가만히 보니 성현(聖賢)들의 말씀은 격물(格物)·치지(致知)·성심(誠心)·정의(正意)·수신(修身)·제가(齋家)·치국평천하(治國平天下)하는 요도(要道)가 아님이 없으며 우활(迂闊)하다고 할만한 것은 일구(一句)도 보지 못하였습니다. 전하께서 진실로 신민들이 법을 두려워하고 중앙에서 외방(外方)에 이르기까지 명분이 행해져 금알(禁遏)되지 않게 하고자 하신다면 신(臣)은 이를 위하여 세 가지를 청언(請言)합니다. 먼저 옥루(屋漏) 가운데에서도 긍긍외경(兢兢畏敬)하사 늘 상제(上帝)가 옆에서 밝게 비쳐 보고 있는 것 같이 하시며, 초야(草野) 초동(焦童)의 말이라도 항상 공자(孔子)가 정성껏 목욕을 하고 애공(哀公)에게 고하는 것같이 하시며 무릇 성색(聲色)을 가까이 하지 마시고, 화리(貨利)를 늘리려 마시며, 몸을 검소하게 하심을 성인(聖人)들의 법도에 미치지 못 할까 두려워하시며, 잘못됨을 고치는데 인색하지 마시며. 현인(賢人)들을 구하기를 목마른 것 같이 하시며, 간언(諫言)하는 것을 쫓기를 흐르는 물과 같이 하시는 일을 꼭 옛 성왕(聖王)들의 법도(法度)로써 기약하시고, 항상 한 백성의 굶주림을 자신의 굶주림 같이 생각하시며, 한 백성의 추위를 자신의 추위같이 생각하시며, 차라리 자신의 음식을 비박(菲薄)⁴⁷⁴⁾한 것으로 하시어 희름(餼廩)을 균형에 맞게 하시고, 차라리 나쁜 의복을 입으시되 공부(貢賦)는 반드시 균평(均平)케 하시며, 차라리 사인(私人)들을 밖으로 내보내 군액(軍額)을 불게 하시며, 차라리 사사로운 비축을 없애 변성을 견고케 하시며, 장차 백성들에게 베푸는 것을 모두 하나같이 성신(聖身)의 법도를 본받아 의논할만한 빈틈이 없이 하신 연후에 군신들을 부르시고 호령(號令)을 환발(渙發)하사 만백성의 어버이된 자가 백성을 기르지 않을 수 없는 뜻을 거듭 고유(誥諭)하시어 자애로운 어머니가 그 아들을 남에게 맡기며 은근하게 부탁하는 말과 같게 하시며, 면대(面對)해서 계명(誡命)하시기를 세종대왕과 같이 하시며, 계사(戒辭)를 내리시기를 송(宋)나라 태종(太宗)과 같이 하시며, 관부(官府)·주(州)·진(鎭)의 관리(官吏)들이 한결같이 법을 준행(遵行)하며, 궁황(窮荒)·절역(絶域) 지방이라도 옹알(癰閼)됨이 없도록 하여 한나라 안의 필부(匹夫), 필부(匹婦)도 모두 제자리를 얻도록 하는 것으로 기약하십시오. 또 지방관이 개체(改遞)되어 올라오는 날에 면대하시어 그 효험(效驗)을 순문(詢問)하시며, 어사가 복명할 때에 또 그 허실을 모름지기 살펴 물으신 연후에 무량하고 용명(用命)하지 않은 자를 잡아 양관(兩觀)의 앞에서 험쾌(忼快)하게 주참(誅斬) 하사 팔도에 돌려 보이셔서 그들로 하여금 명

---

474) 재주나 덕망이 변변하지 못하다.

령을 거스른 자는 반드시 죽인다는 뜻을 알도록 하신다면 진실과 허위가 성상(聖上)의 심감(心鑑)에서 도망치기 어려울 것이며 억조창생(億兆蒼生)이 한 명령에서 소생(蘇生)할 것입니다. 그러나 그 가르치는 기구(機具)가 하나라도 지극한 정성이 없으면 혹 패술(覇術)을 사용하여 치도(治道)는 불순할 것입니다. 신(臣)이 송(宋)나라 주자의 어류집(語類集)을 보니 권질(卷帙)이 비록 많기는 하나 분류가 매우 정세(精細)한 데 임금은 임금이 써야 할 것과 신하는 신하로서 써야 할 것, 감사(監司)는 감사로써 써야 할 것, 절류(節類)은 절진으로 써야 할 것, 수령(守令)은 수령으로 써야 할 것, 부형(父兄)이나 사제(師弟)들은 부형이냐 사제로써 써야 할 것 등 천하만사의 사물에 갖추지 않음이 없으니 만약 동주(東周)의 치도(治道)를 행하고자 한다면 이것을 버리고는 성취하기 어려울 것입니다. 이제 허다한 공력(功力)을 들여 이 책의 인쇄가 거의 끝났으니 육조(六曹)·각사(各司) 및 감사(監司)·병수사(兵水使) 등처에 반급(頒給) 장치(藏置)하도록 명하시어 그들로 하여금 정사(政事)를 다스리는 여가(餘暇)에 때 아닌 연락(宴樂)을 생략(省略)하고 각기 기류(其類)를 가려 보게 하시며 이웃에 있는 졸수(倅帥)와 뜻있는 사자(士子)로써 전하여 보지 않음이 없게 하신다면 주자가 행하지 못하여 개탄한 바가 아마도 우리나라에서 밝게 행하여지는 날이 있을 것입니다.

그 이에 이르는 기들은 오로지 전하께서 힘쓰느냐 안쓰느냐 하는데 달려 있을 뿐입니다. 공자께서 말씀하시기를 그 몸가짐이 바르면 명령하지 않더라도 행하여지고 그 몸가짐이 바르지 못하면 비록 명령을 해도 행하여지지 않는다 하였고 증자(曾子)도 말하기를 명령한 바가 그 좋아하는바에 위배되면 백성은 복종하지 않는다 하였습니다. 오직 성주(聖主)께서는 이에 뜻을 머물러 주십시오.

　신(臣)은 초야의 한미(寒微)한 자로 오늘에 천안(天顔)을 뵈옵게 되였으니 평생의 영광이 이에 이르러 지극합니다. 원컨대 직사(職事)의 소관(所管)으로 고견(瞽見)을 드리오니 예단(叡斷) 내려 주시기를 삼가 기다리겠습니다. 오늘날 수령된 자들은 모두가 칠사(七事) 〈즉 농상(農商)을 성(盛)하게 하고, 호구(戶口)를 증가시키며, 학교를 일으키고. 군정(軍政)을 닦으며, 부역(賦役)을 고르게 하고, 사송(詞訟)을 간결하게 처리하고, 간활(奸猾)한 무리들을 없이 하는 것〉을 능히 할 수 있다 하나 신의 생각으로서는 한 가지도 능한 것이 없습니다. 옛날에는 전토(田土)를 받지 않은 백성이 없으나 백성의 힘을 이용하는 것이 일년에 삼일을 넘지 않게 한 것은 사람마다 농상(農桑)에 진력(盡力)하게 하여 의식(衣食)을 풍족(豐足)하게 하자는 까닭이었는데 오늘날에는 가난한 백성들이 많고 또 송곳을 꽂을 만한 땅도 갖지 못하였는데 일 년 동안에 부역에 종사하는 날이 거의 한 달이 넘고 사소(些少)한 대출(貸出) 양곡(糧穀)은 낭비가 많아 농량(農糧)을 능히 이어가지 못하며 농상이 성하지 못하여 많은 백성이 추위와 굶주림에 있는 까닭입니다. 옛날 훌륭한 수령은 호수(戶數)를 증가시키고 요역(徭役)을 감하여 백성들은 편안하고 물품은 넉넉하여 대가거족(大家巨族)이 각자 근본을 아껴 완급(緩急)한 사태에 힘을 쓸 수 있었는데 오늘의 가난한 백성들은 남자는 겨우 기저귀를 면하게 되면 곧 군정(軍丁)에 보충되고 한 집안에 응역(應役)하는 사람이 많이 이미 견딜 수가 없습니다. 더구나 일족첩징(一族疊徵)의 화환(禍患)으로 전택(田宅)을 모두 팔아도 오히려 지탱할 수가 없어 떠돌아다니는 백성이 날로 늘어나고 동리는 쓸쓸해져 갑니다. 옛날에 가르 치는 법은 어려서부터 공손(恭遜)하고 효제(孝悌)하는 방법으로 가르치고 자라면 명덕(明德)·신민(新民)의 학문을 가르친 바 현재(賢才)가 많고 국가에 사람이 모자란다는 탄식이 없었습니다. 오늘날에 사유(師儒)들은 가르칠만한 사람은 간택(揀擇)하지 않고 열에 아홉은 취식(取食)하는 것만을 주안(主眼)으로 하며 겨우 가르친다고 하는 것이 대구(對句)와 논사(論史)만을 선무(先務)로 하고 궁리(窮理)와 수신(修身)은 무엇인지를 알지 못하고 있으니 인재양성에는 족히 보잘 것이 없으며 사습(士習)과 민속은 날로 박악(薄惡)하여 가고 있습니다. 옛날에 군사들을 먹이는 것은 세입이 많아 중국에서의 수자리 사는 장졸들도 전량(錢糧)이 있어 전쟁시가 아니면 별로 침요(侵擾)[475]의 고통이 없기 때문에 씩씩한 무리가 많아 간성(干城)으로 유용하게 활용하였는데 오늘날의 장사(將士)들은 수료(收料)의 폐습으로 인하여 입번자(入番者)는 오직 부목(負木)에 대한 근심만 하고 활 쏘는 것이 무엇인지 조차 알지 못하며 하번자(下番者)는 다시 유망한 일족(一族)의 몫을 대신하고 수령은 훈련도 시키지 않고 있으니 무략(武略)은 진보되지 않고 국세(國勢)는 날로 쇠약해져갑니다. 옛날의 제왕은 절용(節用)하는 것을 숭상하여 만민이 오직 공정한 공부(貢賦)만을 부담하고 경비(經費)는 하나도 없으므로 부역을 고르게 하고 양리(良吏)가 위의 교화(敎化)를 선포하기가 쉬웠습니다. 오늘날의 경비(經費)는 날로 번성하여 부세의 원 수입은 비록 가감(加減)이 없으나 갱미(粳米)[476] 1석(石)을 상납하려면 반드시 포목(布木) 삼십필(三十疋)을 인정 쓰게 되었고 황두(黃豆) 1석(石) 대신에 쌀 15석을 징수하며 광흥창[477]에 정포류는 3배 기타(其他)의 공물도

---

475) 침노하여 소요를 일으킴.
476) 멥쌀.

진상하는 것 이외에 인청비(人情費)라고 하여 중간에서 소비되는 것이 원수(元數)의 10배를 넘어 조그마한 고을에서 변상(辨償)하는 것이 큰 고을에 못지 않으니 백성들은 그 고통을 감내(堪耐)하지 못하며, 유력자(有力者)는 면역(免役) 할 방법만 찾고 무력자는 그 고통스러운 의무를 독변(獨辨) 하자니 원성은 날로 높아 가고 조금만이라도 측은한 생각을 가진 사람이 조력하려 하면 유력자들은 조신(朝臣)들에게 유언비어(流言蜚語)를 하여 소요(騷擾)라고 하지 않으면 변란(變亂)이라고 지칭하고 있습니다. 방납자는 사술을 농간(弄奸)하여 공사를 조종하고 토산물을 억저(抑沮)하려 하므로 중간 모리배들은 균역관을 원수같이 여기고 백반(百般)으로 구함(構陷) 하려다가 뜻을 이루지 못하면 그 가옥을 불지르고 무덤을 파헤치니 휼민(恤民)하는 관리가 비록 시구(鳲鳩)의 일편(一片) 마음이 있더라도 부역을 고루하기 어려운 까닭입니다. 나라에 법이 있음은 착한 것은 권장하고 악한 것은 징계하여 윤상(倫常)을 부지하고 치도(治道)를 보도(輔導)함이라 선정자(善政者)는 친한 사람에게 벌하기를 피하지 않고 오직 지정공명 하게 하여 사람들이 마음으로 외복(畏服)하고 감히 허탄(虛誕)한 언사를 못하는 것입니다. 오늘날에는 사사로운 정이 판을 치고 공정한 도는 씻은 듯이 없어져서 송사(訟事)를 처리하는 관리는 청탁(請託)하는 말을 많이 들어 주어 환과(鰥寡)의 억울한 일은 덮어두고 있으며 간활(奸猾)한 무리들은 세력과 부호(富豪)들에 의지하여 관리를 기만하고 이곳에서 실수를 저지르고 저쪽에다 송사를 하며 밝음을 등지고 어두움을 추종하여 온갖 휼계(譎計)로 요행을 바라고 있으니 궁민(窮民)의 무고(誣告)는 늘어가기만 합니다. 단송(斷訟)의 법칙이 법전에 엄연히 기재되어 있건만 그것을 실행하

---

477) 고려 · 조선 시대에, 관원의 녹봉(祿俸)에 관한 일을 맡아보던 관아.

지 않고 오직 간인(奸人)들의 분소(紛訴)만 듣고 있어 사송(詞訟)이 번잡하게 되었습니다. 또 서리(胥吏)들은 안으로 제사(諸司)와 밖으로 주현(州縣)에 이르기까지 한 푼의 구전도 없이 관역에만 장구한 세월을 종사하니 그들은 의식의 대책을 마련하기 위하여 백성을 침해하고 공사(貢使)를 박탈하고 있습니다. 이제 사변이 공변으로 바뀌짐에 따라 내리(內吏)들은 외리(外吏)들에게 말하기를 인정(人情) 쓰는 모든 물건(物件)은 내가 먹는 것이 아니요 관원(官員)들의 공억(供億)으로 쓰는 것이라는 구실을 부쳐서 온갖 횡포를 저질러도 수령으로서는 감히 물어보지 못하기 때문에 내외서리(內外胥吏)들은 서로 근거(根據)를 체결(締結)하고 백성들의 모적(蟊賊)이 되어 있습니다. 이제 이것을 종합하여 보면 인정(人情)이란 폐습(弊習)이 시작되자 부역의 번중(繁重)함을 견디지 못하게 되었고. 대량(代糧)의 화근이 늘어남에 따라 군정(軍政)이 날로 무너지게 되었습니다.

부역에 지탱하기 어려우므로 농상(農桑)을 보살필 겨를이 없고 군졸들이 유망(流亡)하므로 현재 호수(戶數)도 오히려 보전하기 어렵게 되었습니다. 교관(敎官)을 간택(揀擇)치 않음으로 학교가 쇠색(衰索)하고, 공도(公道)가 불명(不明)함으로 사송(詞訟)이 분분하며. 사변(私辯)이 행하여지지 않자 간활(姦滑)한 무리들이 날로 늘어나게 되었습니다. 그렇게 된 원인(原因)을 추구(追究)하여 보면 근래 학궁(學宮)에서의 교육이란 것이 사화(詞華)만을 숭상하고 도학(道學)은 도외시하였습니다. 요행히 과목에 응시하여 발신(拔身)한 그들이 위국보민(爲國保民)하는 급무(急務)가 무엇인가를 아는 사람은 드물고 오직 밑에 놈들은 손해(損害)가 되어도 윗사람들만 이익이 되게 하는 것을 당연한 것으로 알아, 이록(利祿)에 훈염(薰染)됨이 오래되면 그 양심을 상실하게 되어 남을 모함하고 기만하는 사람으로 변모하게 되고 간활한 서리들이 이를 빙자하고 모략과 농간으로 부역을 고르게 하기 힘들게 하고 군정을 청정치 못하게 하며 사송을 간략히 하지 못하게 하여 백성은 떠돌아다니고 변방은 황무지가 되어 생민들의 질고(疾苦)가 이보다 더 심한 때가 없게 만들었습니다. 비록 밝은 도리로 다스려 보고자 하는 수령이라도 진실로 손을 써볼 수 없으니 안진경(顔眞卿)[478]과 장순원(張巡遠)같은 사람이 수재(守宰)가 되였더라도 인심을 수습하고 방본(邦本)을 유지하지 못하였을 것입니다. 이제 성상께서 초심을 크게 가다듬으시고 열성조(列聖朝)의 공열(功烈)을 더욱 빛 내시와 철인(哲人)을 널리 구하여 그의 아름다운 진언을 펴게 하시며 성상께서는 허심탄회(虛心坦懷)하게 받아들이시어 선책(善策)을 쫓아 군폐(軍弊)와 민막(民瘼)을 듣는 대로 급히 구제할 생각을 불에 타는 자를 구해주고 물에 빠진 자를 건져 내듯하여 내외의 대소신료로 하여금 사체(四體)를 펴고 먼저 부역을 고르게 하며 간활한 이서(吏胥)들이 중간에서 저요(沮撓)하지 못하게 하시고 다음에 학문과 교육을 밝게 하시어 부화(浮華)의 폐습을 지양하고 밝은 덕을 존숭(尊崇)하는 선비를 보는 대로 등용해야 합니다. 그리하여 이들을 중외(中外)에 퍼뜨려 국가의 기강을 신장케 하시어 군민(軍民)의 자원(咨怨)을 주달(奏達)케 하며 백성들과 더불어 고락(苦

---

478) 중국 당(唐)나라의 서예가. 자 청신(淸臣). 산둥성[山東省] 낭야(琅邪) 임기(臨沂) 출생. 노군개국공(魯郡開國公)에 봉해졌기 때문에 안노공(顔魯公)이라고도 불렀다. 북제(北齊)의 학자 안지추(顔之推)의 5대손이다. 진사(進士)에 급제하고, 여러 관직을 거쳐 평원태수(平原太守)가 되었을 때 안녹산(安祿山)의 반란을 맞았으며, 이때 그는 의병을 거느리고 조정(朝廷)을 위하여 싸웠다. 후에 중앙에 들어가 헌부상서(憲部尚書)에 임명되었으나, 당시의 권신(權臣)에게 잘못 보여 번번이 지방으로 좌천되었다. 784년 덕종(德宗)의 명으로 회서(淮西)의 반장(叛將)인 이희열(李希烈)을 설득하러 갔다가 감금당하였고, 이어서 곧 살해되었다.
그의 글씨는 남조(南朝) 이래 유행해 내려온 왕희지(王羲之)의 전아(典雅)한 서체에 대한 반동이라고도 할 수 있을 만큼 남성적인 박력 속에, 균제미(均齊美)를 충분히 발휘한 것으로, 당대(唐代) 이후의 중국 서도(書道)를 지배하였다. 해서·행서·초서의 각 서체에 모두 능하였으며, 많은 걸작을 남겼다.

樂)을 같이 하여 혈구(絜矩)의 도리를 극진히 하시고 또 수령들을 자주 바꾸는 폐단을 제거하여 그 직(職)에 오래도록 있게 하여 서리나 백성들이 그를 외애(畏愛)토록 하며 요역(徭役)을 경(輕)하게 하고 정치를 청렴하게 해서 힘껏 농업을 근본 삼고 여가(餘暇)가 있으면 효제충신(孝悌忠信)을 닦아 존군친상(尊君親上)의 의리를 알도록 한다면 몸뚱이를 갖고 저 왜적과 야인의 군사도 몰아 낼 수 있을 것이니 어찌 사송(詞訟)의 번거로움을 근심하며 간활(姦猾)들이 성할 것을 두려워하겠습니까. 천안(天顔)을 떨어져 있는 신하는 근본적인 근심을 가눌길 없어 감히 미치광이 같은 말씀을 다 하였으니 성자(聖慈)께서는 특히 긍종(矜從하)여 주실 것을 복원(伏願)하나이다.

# ◎변사무겸논학정소(辨師誣兼論學政疏)
## 선조 19년(1586) 丙戌 10월 公州提督 時

신은 광솔(狂率)한 것이 병통(病痛)이 되어 세상에서 저촉되는 바 많습니다. 황산(黃山)에 귀양 가 있을 당시 모친의 동뇌(凍餒)에 대하여 무척 근심을 하였습니다. 이제 다시 제독(提督)의 직을 무릅쓰게 되었으나 어두운 자신으로서 남을 밝게 교화한다는 것이 마음에 몹시 부끄러워 부임(赴任)에 용기를 내지 못하였습니다. 그러나 모친의 공양이 조석으로 급박하여 부득이 성정(聖庭)을 쓸게(掃) 되었습니다. 옛날 우리나라는 기자(箕子)의 교화를 찾아 볼 수 없었으며 삼한(三韓) 이후에는 국가의 기강마저 듣지 못할 지경이 되었습니다. 다행히 설총(薛聰)과 우탁(禹倬)[479]이 사서(四書)와 오경(五經)을 속해(俗解)로 강명(講明)하였고 목은(牧隱) 이색(李穡)과 포은(圃隱) 정몽주(鄭夢周)는 가례(家禮)를 천명(闡明)하였습니다. 이로부터 국조(國朝)의 기강이 계승하게 되었고 점필재(佔畢齋) 김종직(金宗直)의 설교로 인하여 또 많은 의사(義士)들이 배출되었으니 곧 한훤당(寒暄堂) 김굉필(金宏弼)과 일두(一蠹) 정여창(鄭汝昌)은 도학(道學)을 창도(倡導)하였으며 정암(靜庵) 조광조(趙光祖)의 득위(得位)로 말미암아 민속(民俗)은 거의 변화되었습니다. 김정(金淨)[480]과 박상(朴祥)[481]의 당직(讜直)한 의논과 정광필(鄭光弼)[482]의 인현(仁

---

479) 고려 후기의 유학자. 본관 : 단양(丹陽) 호 : 백운(白雲)·단암(丹巖) 별칭 : 자 천장(天章)·탁보(卓甫), 시호 문희(文僖), 역동선생(易東先生).
480) 조선 전기의 문신. 본관 : 경주. 호 : 충암. 별칭 : 자 원충. 시호 문간. 활동분야 : 행정·시·그림. 주요저서 :《제주풍토록》,《충암문집》.
481) 조선 중기의 문신. 본관 : 충주. 호 : 눌재. 별칭 : 자 세창. 시호 문간. 주요저서 :《눌재집》.

賢)들을 힘껏 구제함이며, 류운(柳雲)[483]의 군소배(群小輩)들에게 굽히지 않는 그 기상(氣像), 이언적(李彦廸)의 변간(辨奸) 헌충(獻忠) 권발(權撥)의 임위진언(臨危盡言), 김안국(金安國)[484], 송린수(宋麟

482) 조선 전기의 문신. 본관 동래(東萊). 자 사훈(士勛). 호 수천(守天). 시호 문익(文
　　翼). 1492년(성종 23) 식년문과에 을과로 급제하여 홍문관에 등용되고, 부제학·이
　　조참의를 역임하였으나 1504년(연산군 10) 갑자사화(甲子士禍) 때 왕에게 극간(極
　　諫)하여 아산(牙山)에 유배되었다. 1506년 중종반정(中宗反正)으로 부제학에 복직,
　　이조참관·예조판서·대사헌을 거쳐 1510년(중종 5) 우참찬(右參贊)으로 전라도도
　　순찰사가 되어 삼포왜란(三浦倭亂)을 수습한 뒤 우의정·좌의정을 거쳐 1516년 영
　　의정에 올랐다.
　　1519년 기묘사화(己卯士禍) 때 조광조(趙光祖)를 구하려다가 파직되고 1527년 다시
　　좌의정에 이어 영의정이 되었으나 세자를 저주한 사건이 일어나자 면직되었다. 1537
　　년 총호사(總護使)로서 장경왕후(章敬王后)의 희릉(禧陵)을 잘못 쓰게 하였다는 김
　　안로(金安老)의 무고로 김해(金海)에 유배되었으나, 이듬해 김안로의 사사(賜死)로
　　풀려났다. 이때 영의정 윤은보(尹殷輔), 좌의정 홍언필(洪彦弼) 등이 영의정에 추천
　　했으나, 과거 영의정 때의 실정을 이유로 중종이 거절하였다. 중추부영사(中樞府領
　　事)로 죽었다. 중종의 묘정(廟庭)과 회덕(懷德)의 숭현서원(崇賢書院), 용궁(龍宮)의
　　완담향사(浣潭鄉社)에 배향되었다. 문집《정문익공유고(鄭文翼公遺稿)》가 있다.
483) 조선 중기의 문신. 본관 문화. 자 종룡(從龍). 호 항재(恒齋)·성재(醒齋). 안성에
　　기반이 있었다. 1501년(연산군 1) 진사가 되고 1504년 문과에 급제하였다. 중종 초
　　년에 대사간 등 삼사와 육조의 여러 관직을 거쳐 충청도관찰사·중추부동지사를 지
　　냈다. 원래 사림파(士林派)와 정치적 노선을 달리하여 그들로부터 배척을 받기도
　　하였으나 사림파의 진출에 도움을 주었다.
　　기묘사화(己卯士禍) 때 남곤(南袞)에 의해 대사헌이 되었으나 도리어 사림파의 인
　　물됨을 높이면서 적극적으로 그들을 보호하다 파직되었다.그리하여 훈구계(勳舊
　　系)에 의해 사림파로 인식되었고 후대의 사림파로부터 동류로 인정받았다. 경전을
　　비롯한 여러 전적[書籍]에서 덕을 높이고 학문을 닦는 데 요긴한 문구를 모은《진수
　　해범(進修楷範)》을 편찬하였다.
484) 조선 전기의 문신·학자. 본관 의성(義城). 자 국경(國卿). 호 모재(慕齋). 시호 문
　　경(文敬). 김굉필(金宏弼)의 문인으로 사림파(士林派)의 학통을 계승하였다. 성리
　　학의 실천 ·보급에 주력하여 각 고을의 향교(鄕校)에《소학(小學)》을보급하고, 각
　　종 농서와 의서(醫書)도 널리 간행하여 향촌민들을 교화시키는 데 힘을 썼다. 1519
　　년 기묘사화가 일어나 성리학의 실천적 입장을 중시한 조광조(趙光祖) 일파가 실각
　　하자 이에 연루되어 파직되었다. 1537년 재등용되어 이후 예조판서·대사헌·병조
　　판서·대제학 등의 요직을 두루거쳤다. 천문과 병법에 대해서 해박한 지식을 가지
　　고 있었으며, 닥나무를 이용하여 종이를 만드는 방법도 연구하였다. 성리학을 이념
　　으로서만이 아닌 실천적 학문으로서의 의미를 중시한 학자였으나, 조광조와 같은

壽)[485]의 선택부교(宣擇敷敎), 백인걸(白仁傑)[486], 안명세(安名世)[487]의 위언직필(危言直筆) 등은 참으로 국가의 지주(砥柱)였습니다.

이들이 만일 참벌(斬伐)의 화를 당하지 않았더라면 그 제제(濟濟)한 다사(多士)와 광보(匡輔)의 군언(群彦)들이 반드시 옛날 주문왕시대(周文王時代)와 같았을 것입니다. 아! 이 훌륭한 사람들은 어찌하여 국가와 생민(生民)을 버리고 갔으며, 일찍 진멸(殄滅)되었어야 할저 참인(讒人)들은 오늘에도 건재하고 있습니다. 오직 사화(士禍)가혹심(酷甚)하여 시운(時運)의 기미를 아는 선사(善士)들은 모두 출처(出處)에 근신하여 성수침(成守琛)[488]은 기묘(己卯)의 환난(患難)을

---

급격한 정치개혁에는 반대하는 입장에 있었다.

485) 조선 중기의 문신. 본관 은진(恩津). 자 미수(眉叟). 호 규암(圭庵). 시호 문충(文忠). 1545년 을사사화로 한성부좌윤(漢城府左尹)에서 파직되어 청주에은거하다가 윤원형 등에 의해 사사(賜死)되었다. 성리학(性理學)의 대가로 선비들로부터 추앙받았다. 청주 신항서원(莘巷書院) 등에 배향되었다. 문집에《규암집(圭庵集)》이 있다.

486) 조선 중기의 유학자. 본관 수원(水原), 자 사위(士偉), 호 휴암(休庵), 시호 충숙(忠肅)·개시(改諡)·문경(文敬)이다. 조광조(趙光祖)의 제자이다. 1519년(중종 14) 기묘사화(己卯士禍)에 스승과 동지를 모두 잃고 실의 끝에 금강산에 들어갔다. 그후돌아와 1537년 문과에 급제하고 성균관에 오래 있다가 검열·예조좌랑·남평(南平) 현감·호조정랑·지평·헌납을 역임하였다. 1545년(명종 즉위) 을사사화(乙巳士禍) 때 소윤(小尹)에 의해파직되고 1547년 정미사화에 연루되어 안변(安邊)에 유배되었다. 선조 때 청백리(淸白吏)로 뽑혀 기록되었으며 학문에도 뛰어났다. 남평의 봉산(蓬山)서원, 파주(坡州)의 파산(坡山)서원에 배향되었다.

487) 조선 중기의 문신. 본관 순흥(順興). 자 경응(景應). 1544년(중종 39) 별시문과에급제, 검열(檢閱)·주서(注書)·정자(正字)를 지냈다. 1548년(명종 3) 이기(李芑)·정순붕(鄭順朋)이 을사사화를 일으키고, 많은 현신(賢臣)들을 숙청한사실을, 사관(史官)으로서 그 정상을 상세히 시정기(時政記)에 적어넣은 것이 누설되어, 그들의무고로 사형되었다. 1568년(선조 1) 신원(伸冤)되었다.

488) 조선 중기의 학자. 본관 창녕(昌寧). 자 중옥(仲玉). 호 청송(聽松)·죽우당(竹雨堂). 시호 문정(文貞). 조광조(趙光祖)의 문인. 1519년(중종 14) 기묘사화(己卯士禍)때 스승 조광조가 처형되고 많은 선비들이 화를 입자 벼슬길을 포기하고《대학(大學)》《논어(論語)》를 읽고《태극도(太極圖)》를 그리면서 조화(造化)의 근본 탐구에몰두했다. 글씨를 잘 써서 명성을 떨치고 문하에서 많은 석학(碩學)들을 배출했다. 좌의정에 추증, 파주 파산서원(坡山書院)에 제향되었다. 문집에《청송집(聽松集)》이 있고 글씨에《방참판유령묘갈(方參判有寧墓碣)》이 있다.

알고 성시(城市)에 숨었으며 성운(成運)<sup>489)</sup>은 영원(鴒原)의 슬픔을
만나 보은(報恩)에 퇴장하였으며 이황(李滉)은 의기(意氣)를 같이 하
는 사람의 피화(被禍)를 가슴 아파하여 예안(禮安)에 퇴거하였고 임
억령(林億齡)<sup>490)</sup>은 백령(百齡)의 상현(狀賢)함을 보고 놀라 외복(外
服)에 칩서(蟄棲)하였으며 서경덕(徐敬德)의 화담 은둔(花潭隱遯),
김인후(金麟厚)<sup>491)</sup>의 명환(名宦)에의 절의(絶意), 조식(曹植), 이항
(李恒)<sup>492)</sup> 등의 해우(海隅)에의 유서(幽棲) 등은 모두가 을사사화(乙
巳士禍)의 격심(激甚)함에서 기인(起因)되지 않음이 없습니다. 정지

---

489) 조선시대의 학자. 본관 창녕(昌寧). 자 건숙(健叔). 호 대곡(大谷). 중종 때 사마시
    (司馬試)에 합격, 1545년(명종 즉위) 형이 을사사화(乙巳士禍)로 화를 입자 보은 속
    리산에 은거했다. 그 후 참봉으로 임명되었으나 사퇴, 선조 때도 누차 임관되었으나
    취임하지 않았고, 이지함(李之菡)·서경덕(徐敬德)·조식(曹植) 등 명현들과 교유
    하며 학문에 전심했다. 문집에 《대곡집(大谷集)》이 있다.
490) 조선 중기의 무신. 본관 선산(善山). 자 대수(大樹). 호 석천(石川). 해남(海南) 출
    생. 1545년(명조 즉위) 금산군수 때 을사사화가 일어나 소윤(小尹)인 동생 백령(百
    齡)이 대윤(大尹)의 선배들을 내몰자 자책을 느껴 벼슬을 사직하고 해남에 은거했
    다. 동복(同福) 도원서원(道源書院) 등에 배향되었다. 문집에 《석천집(石川集)》이
    있다.
491) 조선 중기의 문신·학자. 본관 울산. 자 후지(厚之). 호 하서(河西)·담재(澹齋).
    시호 문정(文正). 성균관에 들어가 이황(李滉)과 함께 학문을 닦았다. 1545년(인종
    1) 을사사화(乙巳士禍)가 일어난 뒤에는 병을 이유로 고향인 장성에 돌아가 성리학
    연구에 정진하였고, 누차 교리(校理)에 임명되나 취임하지 않았다. 성경(誠敬)의 실
    천을 학문의 목표로 하고, 이항(李恒)의 이기일물설(理氣一物說)에 반론하여, 이기
    (理氣)는 혼합(混合)해 있는 것이라고 주장하였다. 문묘(文廟)를 비롯하여 장성의
    필암서원(筆巖書院), 남원의 노봉서원(露峯書院), 옥과(玉果)의 영귀서원(詠歸書
    院) 등에 배향되었다. 문집에 《하서전집》, 저서에 《주역관상편(周易觀象篇)》《서명
    사천도(西銘四天圖)》《백련초해(百聯抄解)》 등이 있다.
492) 조선 중기의 문신·학자. 본관 성주(星州). 자 항지(恒之). 호 일재(一齋). 시호 문
    경(文敬). 당대의 학자들인 기대승(奇大升)·김인후(金麟厚)·노수신(盧守愼)·조
    식(曹植) 등과 교유하면서 조야의 명망을 얻었다. 학문 경향은 반궁성의(反躬誠意)
    를 입덕의 근본으로 삼았으며, 주경궁리(主敬窮理)를 수도(修道)의 방법으로 삼았
    다. 사서(四書) 중에는 《대학》을 중시했으며, 이기론(理氣論)에 대해서는 이와 기가
    항상 일물(一物)이 된다는 것, 즉 태극과 음양이 일체라는 것을 강조하였다. 태인(泰
    仁)의 남고서원(南皐書院)에 제향되었다. 문집으로는 《일재집》이 있다.

운(鄭之雲)[493]은 김안국(金安國)에게서 수학하였는데 그의 스승이 대망(大網)에 걸려든 것을 경계하여 술에 장취(長醉)하는 것으로 이름을 감추었고 성제원(成悌元)은 송린수(宋麟壽)의 처참(悽慘)한 꼴을 당하는 것을 몸소 보고는 해학(諧謔)으로 끝내 몸을 보전하였고 이지함(李之菡)[494]은 안명세(安名世)가 효경(梟警)을 당하는 것을 보고 곧 해도(海島)에 주유(周遊)하며 양광(佯狂)으로 도세(逃世)하였습니다. 이들은 모두 묘당(廟堂)의 대기(大器)이며 경세제민(經世濟民)의 고재(高材)들이었습니다. 그러나 불행하게도 암학(巖壑)에서 고락(枯落)하였으니 부형(父兄)들은 자제들을 가르치되 모두 예학(禮學)으로 계(戒)를 삼았습니다. 양재(良才)와 미질(美質)을 모조리 쪼개고 작게 하지 않음이 없었으니 조정(朝廷)에는 곧은 말 한마디 하는 사람이 없고 권간(權奸)들이 제멋대로 날뛰며 충현(忠賢)과 친우(親友)를 박살(撲殺)하였습니다. 피가 생민(生民)에게 흐르고 화가 묘사(廟社)에 미침이 윤원형(尹元衡)[495], 이기(李芑)[496]에 이르러

---

493) 조선 중기의 학자. 본관 경주(慶州). 자 정이(靜而). 호 추만(秋巒). 경기도 고양(高陽) 출생. 김안국(金安國)·김정국(金正國)의 문하에서 성리학을 배웠다. 《천명도설(天命圖說)》을 지어 조화(造化)의 이(理)를 규명한 뒤, 이황(李滉)을 만나 1553년(명종 8) 수정을 받았으며, 이것이 뒷날 사칠논쟁(四七論爭)의 발단이 되었다. 마음이 곧아 남과의 교제에도 퍽 신중하였으며, 벼슬에 천거되었어도 사양하였다. 1561년 천마산(天摩山)에 유람을 갔다가 병이 나서 고향으로 되돌아오다 죽었다. 고양의 문봉서원(文峰書院)에 배향되었다.

494) 조선 중기의 학자·문신·기인(奇人). 본관 한산(韓山). 자 형백(馨伯)·형중(馨仲). 호 수산(水山)·토정(土亭). 시호 문강(文康). 《토정비결(土亭祕訣)》의 저자이다. 생애의 대부분을 마포 강변의 흙담 움막집에서 청빈하게 지내 토정이라는 호가 붙었다. 맏형인 이지번(李之蕃)에게서 글을 배우다 서경덕(徐敬德)의 문하에 들어갔다. 경사자전(經史子傳)에 통달하였고, 서경덕의 영향을 받아 역학·의학·수학·천문·지리에도 해박하였다. 박순(朴淳)·이이(李珥)·성혼(成渾) 등과 교유했으며, 당대의 일사(逸士) 조식(曺植)은 마포로 그를 찾아와 그를 도연명(陶淵明)에 비유하기도 했다. 문집으로는 《토정유고(土亭遺稿)》가 전한다.

495) 조선 중기의 문신. 본관 파평(坡平). 자 언평(彦平). 소윤(小尹)의 영수이다. 중종의 제2계비 문정왕후(文定王后)의 동생.

391

극심하였고 이양(李樑)은 기(芑)를 계(繼)하여 날뛰었습니다. 그들
은 여세를 이용하여 남아 있는 사람마저 모조리 죽이려고 하였으니
국가(國家)가 거의 진멸(殄滅)할 지경에 이르렀습니다. 다행히 하늘
이 우리나라를 도우셔서 명종(明宗)께서 늦게나마 대오각성(大悟覺
醒)하시고 해도(海島)에 귀양 갔던 인사(人士)들을 모두 불러 점차로
조정에 복귀시켰으니 이때에 풀 속에 묻혀있던 백성들도 또한 많이
힘이 피었습니다. 비록 성덕(聖德)은 이같이 크게 열렸으나 충(忠)과
사(邪)는 언제나 구분되어 있었으니 이탁(李鐸)[497], 기대항(奇大
恒)[498], 박순(朴淳)[499]의 선력(宣力)함이 많았습니다. 인종(仁宗)께서
붕어(崩御)하시던 날에 그들 삼신(三臣)은 취륙(就戮)하게 되었고 권
벌(權橃)[500]은 곧 항론(抗論)하였습니다. 그러나 좌절되었으며 윤원

---

496) 조선 중기의 문신. 본관 덕수(德水). 자 문중(文仲). 을사사화 때 소윤(小尹) 윤원
형(尹元衡)과 손잡고 대윤(大尹) 윤임(尹任)의 세력을 꺾었다.

497) 조선 중기의 문신. 본관 전의(全義). 자 선명(善鳴). 호 약봉(藥峰). 시호 정숙(貞
肅). 권신(權臣) 이기(李芑)를 탄핵하다가 좌천되었다. 1565년(명종20) 대사헌으로
대사간 박순(朴淳)과 함께 영의정 윤원형(尹元衡)을 탄핵, 추방하게 했다. 같은 해
공조판서로 전임되고 선조 초에 우찬성 · 이조판서를 지내고 1571년(선조 4) 우의
정, 이듬해 영의정에 올랐다.

498) 조선 중기의 문신. 본관 행주. 자 가구(可久). 시호 정견(貞堅). 권신 이량(李樑)이
사화(士禍)를 일으켜 새로 등용된 사류(士類)들을 숙청하려 하자, 심의겸(沈義謙)과
협의하여 이량의 죄상을 폭로하였다. 아울러 이를 묵살하려던 사헌부의 죄도 탄핵
하여 이량 일당을 모두 귀양보내고, 대사헌에 기용되었다. 1564년 한성부판윤이 되
었다가 3일 뒤에 죽었다.

499) 조선 중기의 문신 · 학자. 본관 충주, 자 화숙(和叔), 호 사암(思菴), 시호 문충(文
忠), 서경덕(徐敬德)의 문인이다. 극심한 동서당쟁(東西黨爭) 속에서 이이(李珥) ·
성혼(成渾)을 편들다가 서인으로 지목되어 탄핵을 받고 영평(永平) 백운산(白雲山)
에 은거하였다. 시(詩) · 문(文) · 서(書)에 모두 뛰어났으며, 시는 당시풍(唐詩風)을
따랐고, 글씨는 송설체(松雪體)를 잘 썼다. 개성 화곡서원(花谷書院), 광주(光州) 월
봉서원(月峰書院) 등에 배향되었다. 문집《사암문집》이 있다.

500) 조선 중기의 문신. 본관 안동. 자 중허(仲虛). 호 충재(冲齋) · 훤정(萱亭). 시호 충
정(忠定). 기묘사화(己卯士禍)에 연루되어 파직당했다. 을사사화(乙巳士禍)로 위사
공신(衛社功臣)에 올랐으나 정순붕(鄭順朋)의 반대로 삭훈(削勳)되고, 1547년(명종
2)에 양재역벽서사건(良才驛壁書事件)에 연루된 죄로 구례(求禮)에 유배된 후, 삭

형(尹元衡) 일당은 한층 더 기세를 부렸습니다. 기대항(奇大恒), 이탁(李鐸), 박순(朴淳)이 성명(性命)을 홍모(鴻毛) 같이 여기고 오직 국가를 편안케 하고 사직을 안정케 하는 것으로 소임을 삼고 소장(疏章)을 올려 죽음도 아끼지 않았습니다. 대개 대항(大恒)은 그 부친의 비명(非命)을 슬퍼하였고 박순(朴淳)은 부형(父兄)과 사우(師友)들의 피화(被禍)에 관하여 평소에 분개심을 품고 힘을 다하여 간흉(奸兇)들을 제거하려 하였으니 이것을 어찌 심의겸(沈義謙)[501]에게 결탁했다고 하겠습니까. 그들 간사한 일당들이 한번 흩어지자 묘당(廟堂)의 모책(謀策)은 안정되었습니다. 그러나 그때에 김개(金鎧)[502]는 윤원형(尹元衡)의 여당(餘黨)으로 이황(李滉)의 진출에 기탄(忌憚)을 품고 갖은 음모를 다하여 이황(李滉)의 등용을 막고 지치(至治)에 이간(離間)하려 하였습니다. 당시에 정철(鄭澈)은 미관말직(微官末職)으로 자신의 신변(身邊)은 돌보지 않고 역쟁(力爭)하였습니다. 다행히 성상의 명찰(明察)로 인하여 질투하던 무리들은 죄망(罪網)에 걸렸고 김개(金鎧)는 병출(屛黜)되고 이황(李滉)도 또한 벼슬길에 오를 수 있었습니다. 그러나 훌륭한 인사들은 오히려 임학(林壑)에서 늙고 있었으니 성주께서 비록 상위(上位)에 계시나 백성들은 그 혜택을 입지 못하였습니다. 이이(李珥)의 임신소(壬申疏)는 간인(奸人)

---

주(朔州)에 이배(移配)되어 배소에서 죽었다. 선조 초에 신원(伸寃)되고, 좌의정이 추증되었으며, 봉화(奉化)의 삼계서원(三溪書院)에 배향(配享)되었다. 문집에 《충재집(冲齋集)》이 있다.

501) 조선 중기의 문신. 본관 청송(青松). 자 방숙(方叔). 호 손암(巽菴)·간암(艮菴)·황재(黃齋). 인순왕후(仁順王后 : 明宗妃)의 동생. 이황(李滉)의 문인. 1572년(선조 5) 이조참의(吏曹參議) 등을 지내는 동안 척신(戚臣)인 그는 구세력을 대표하는 인물이다.

502) 조선 중기의 문신. 본관 광산(光山). 자 방보(邦寶). 호 독송정(獨松亭). 기묘사화 때 화를 당한 조광조(趙光祖) 일파를 기대승(奇大升) 등이 현자(賢者)로 추대할 때, 이에 맞서 조광조 일파를 비방하다가 삭탈관직되었다. 시흥에 내려가 있다가 분사(憤死)하였다. 관직에 있을 때 매우 청렴하여 1552년(명종7)에 청백리에 녹선되었다.

의 맹아(萌芽)를 미리 알고 마음 깊이 탄식하였으며 소중(疏中)의 많은 말들은 일자일구(一字一句)도 임금을 사랑하는 성심(誠心)에서 흘러 나오지 않은 것이 없었습니다. 정철(鄭澈)은 기대승(奇大升)에게서, 기대승(奇大升)은 이황(李滉)에게서 배웠고 이이(李珥)도 이황(李滉)의 언행을 친히 받들었고 또 조광조(趙光祖)의 순국절(殉國節)을 추모하였습니다. 그 모유(謀猷)와 기개(氣槩)는 반드시 유래(由來)하는 바가 있으므로 충(忠)과 열(烈)이 신충(宸衷)을 감동케 하였습니다. 정철(鄭澈)이 강원감사(江原監司)로 있을 당시 민역(民役)을 크게 고르게 하였으므로 백성들은 생활이 윤택하였습니다. 그러므로 의주(義州)로 파천(播遷)할 때 수 많은 공억(供億)을 마련하게 되었으나 그 읍민들은 그다지 번잡을 느끼지 않았으니 정철(鄭澈)의 균역의 실효라 하겠습니다. 또한 정철(鄭澈)의 청명(淸名)과 직절(直節)은 오세(汚世)를 크게 감동하게 하였으므로 이이(李珥)는 그를 대단히 애중(愛重)하게 여겼습니다. 이이(李珥)와 정철(鄭澈)은 나란히 보합(保合)의 직위에 오르게 되었으니 그는 박순(朴淳)이 천거하였습니다. 이이(李珥)는 또 임금의 보좌에는 엄의(嚴毅)하고 자중하는 신하가 반드시 있어야 함을 생각하여 자기 지우(知友) 중의 한 사람을 골라 왕의 곁에 있게 하였으니 그는 곧 성수침(成守琛)의 아들 혼(渾)이었습니다. 혼(渾)은 그 아버지에게서 학문을 배웠고 또 이황(李滉)의 여운(餘韻)을 들었으며 고도(古道)에 독신(篤信)하여 마음이 맑고 욕심이 적었으니 가히 임금을 도와 나라의 위세를 바로 잡을 만한 인물이었으며 옛날 춘추시대(春秋時代)에 위령공(衛靈公)에게 영신(佞臣) 미자하(彌子瑕)를 퇴척(退斥)하고 어진 거백옥(蘧伯玉)을 등용하라고 시간(尸諫)한 사어(史魚)와 같은 직신(直臣)이요 박순(朴淳)도 그를 애지중지하였습니다. 성혼(聖渾)을 기탄(忌憚)하는 자들은 여러 가지로 훼방하였으나 박순(朴淳)은 도리어 더욱 공경하였으며 경연석(經筵席)에서도 그의 현용(顯用)을 주장하였으니 이것은 순(淳)만이 그를 칭선(稱善)한 것 뿐 아니라 온 조정이 모두 이(珥)와 혼(渾)의 등용을 희망하였습니다. 이(珥)와 혼(渾)도 또한 탁란(濁亂)한 세속을 헤아리지 않고 오직 성심(誠心)으로 잘 해보려 하였습니다. 그러나 동인(東人) 측에는 배사(背師)의 무리들이 많았습니다. 철(澈)은 소위(所謂) 헌가체부(獻可替否)의 밝음이 있어 표면에 나타나지 않은 악을 먼저 살펴보았고 이(珥)는 늦게 깨달은 탓에 군실(君實)의 의심을 얻게 되었습니다. 이 때문에 철(澈)을 원망(怨望)하는 자들은 골수(骨髓)에 사무치게 되었습니다. 까닭에 처음 김효원(金孝元)503)과 거스를 때에 율곡(栗谷)의 인척(姻戚)인 김계휘(金繼輝)504)도 서인(西人)이라 지목하고, 중간에 와서 이발(李潑)505)과 거

---

503) 조선 중기의 문신. 본관은 선산. 자 인백(仁伯). 호 성암(省庵). 조식(曺植)과 이황(李滉)의 문인이다. 명종대 말과 선조대 초에 훈구파(勳舊派)가 몰락하고 사림파(士林派)가 크게 진출할 때 소장관인(少壯官人)의 대표적인 인물이었다. 척신 권세가 윤원형(尹元衡)의 집에서 처가살이하는 이조민(李肇敏)과 친하여 함께 지내곤 하였는데, 이조 낭관에 천거되자 척신의 문객(門客)이라는 이유로 심의겸(沈義謙)의 배척을 받았으며, 반대로 심의겸의 동생이 이조 낭관에 천거되었을 때 명종비 인순왕후(仁順王后)의 형제인 척신이라는 이유로 이를 배척하였다. 이 일이 계기가 되어 동인(東人)으로 결집하는 후배 세력의 중심인물이 되었으며, 심의겸을 중심으로 하는 선배 인사들은 서인(西人)으로 모임으로써, 붕당(朋黨)이 갈리는 원인을 만든 인물로 평가되고 있다. 문집에《성암집》이 있다.
504) 조선 중기의 문신. 본관 광산(光山). 자 중회(重晦). 호 황강(黃崗). 1557년 김여부(金汝孚)·김홍도(金弘度)의 반목으로 옥사(獄事)가 일어나자 김홍도의 당으로 몰려 파직당하였다. 1575년(선조 8) 동서 분당(分黨) 때 심의겸(沈義謙)과 함께 서인(西人)으로 지목되었으나, 당파에는 깊이 관여하지 않고 오히려 당쟁완화를 위해 노력하였다.
505) 조선 중기의 문신. 본관 광산(光山). 자 경함(景涵). 호 동암(東巖)·북산(北山). 전라남도 남평에서 출생하였다. 김근공(金謹恭)·민순(閔純)에게 배웠으며, 최영경(崔永慶)·홍가신(洪可臣)·김우옹(金宇顒) 등과 친했다. 정철의 처벌에 더욱 적극적으로 나섰고, 이이·성혼(成渾)과도 입장이 다름을 명확히 하였다. 1589년, 가까이 지내던 정여립(鄭汝立)이 모반했다는 옥사가 일어나자 종성으로 유배되었다가 다시 압송되어 심문을 받던 중에 고문으로 죽었다.

스를 때는 율곡(栗谷)의 친구인 안민학(安敏學)[506]이 동인(東人)을 공격한다고 지칭하며 끝으로 허봉(許篈)[507]의 나쁜 일을 말할 때는 온 나라가 시끄럽게 되어 이이(李珥)와 성혼(成渾)을 아울러 서인(西人)의 책임자라고 지탄하였습니다.

아! 당나라 목종시(穆宗時)에는 반승유(半僧孺)와 이종민(李宗閔)이 붕당(朋黨)을 체결(締結)하여 자기들의 반대 세력과 엎치락뒤치락하며 서로의 허물을 전가(轉嫁)하였으며 붕당이라 지목하여도 마땅하거니와 송(宋)나라 철종시(哲宗時)에는 정이(程頤)를 중심으로 하는 낙당(洛黨), 소식(蘇軾)을 중심(中心)한 촉당(蜀黨), 유지(劉摯)를 중심으로 하는 삭당(朔黨) 등이 있었으나 다만 이것은 삭(朔)과 촉(蜀)에 사람들이 도학(道學)하는 자를 당(黨)이라 지칭했을 뿐입니다. 정이(程頤)[508]의 문인(門人)들이 어찌 당(黨)을 일삼아 하였겠습니까. 성혼(成渾)은 몸가짐이 오직 정직하였고 호선(好善)하는 도량(度量)에는 원근(遠近)과 친소(親疎)를 가리지 않았으며 자기를 비록

---

506) 조선 중기의 문신. 본관 광주(廣州). 자 이습(而習). 초자 습지(習之). 호 풍애(楓厓). 이이(李珥)의 문인. 제자백가(諸子百家)에 통달하고 필법이 뛰어났으며 문장에도 능하여 사림(士林)의 존경을 받았다. 저서에《풍애집(楓厓集)》이 있다.

507) 조선 중기의 문신. 본관 양천(陽川). 자 미숙(美叔). 호 하곡(荷谷). 유희춘(柳希春)의 문인. 김효원(金孝元) 등과 동인의 선봉이 되어 심의겸(沈義謙) 등 서인들과 대립하였다. 문집에《하곡집》,《하곡수어(荷谷粹語)》등이 있고, 편저에《의례산주(儀禮刪註)》,《북변기사(北邊記事)》,《독역관견(讀易管見)》,《이산잡술(伊山雜述)》,《해동야언(海東野言)》등이 있다.

508) 중국 북송(北宋) 중기의 유학자. 자 정숙(正叔). 호 이천(伊川). 시호 정공(正公). 그는『역경(易經)』에 대한 연구가 특히 깊었고, '이기이원론(理氣二元論)'의 철학을 수립하여 큰 업적을 남겼다. 그의 사상은『지미(至微 : 隱)한 것은 이(理 : 本體)요 지저(至著 : 顯)한 것은 상(象 : 氣 · 用)이라 하여 일단 양자를 구별하고, 체(體)와 용(用)은 근원이 같으며 현(顯)과 미(微)에 사이가 없다』고 상관관계를 설명한 점에 특색이 있다. 그의 철학은 주자(朱子)에게 계승되어,《태극도설(太極圖說)》과《태극도설해(太極圖說解)》에 나타나 있다.

칭찬하거나 또는 헐뜯는 것으로 결코 기뻐하거나 성내는 인물이 아니었습니다. 이이(李珥)는 중도(中道)를 주장하여 공평(公平)한 마음으로 타인들을 대해 주었으며 자기의 과실을 심하게 말하던 사람들도 그들의 인품(人品)에 따라 청요(淸要)의 직(職)을 갖게 하였으니 곧 류성룡(柳成龍), 김응남(金應南), 이발(李潑) 등이 바로 그들입니다. 그러나 그들은 동인(東人)들을 우선적(優先的)으로 추천하여 주지 않았다 하여 원한을 품고 갖은 행패(行悖)를 다했으며 이제 와서는 그들의 근성(根性)이 악화되어 이(珥)의 얼굴, 혼(渾)의 이름만 알고 있던 사람까지도 밖으로 내치고 초야(草野)에 방폐(放廢)하므로 위로는 경상(卿相)에서부터 아래로는 위포(韋布)에 이르기까지 그들에게 추방함을 당하여 용신(容身)할 곳이 없게 되었습니다. 이 어찌 일찌기 군자들이 정치를 하였다면 충신(忠臣)과 현인(賢人)들이 일시(一時)에 이같은 곤욕을 받겠습니까. 상부(相府)에 오래 있었던 순(淳)의 훈구(勳舊)로도 이같은 탁세(濁世)를 당하여 원통하게 폐출되어 초야(草野)에 묻혀 산지가 이미 오랜 세월입니다. 몇 해 동안에 인물의 용사(用捨)가 천착(舛錯)하여 사도(仕途)는 더욱 혼란해졌고 따라서 미덕(美德)의 풍속은 없어지고 모리(謀利)하는 영신배(佞臣輩)는 날로 진출하였습니다. 그리하여 나라에 곧은 말 한마디하는 사람이 없으니 그들의 탁난(濁亂)을 막을 이 그 누가 있겠습니까? 신은 깊이 한숨지어 탄식하는 바입니다. 성윤해(成允諧)는 당대의 일민(逸民)으로 시론(時論)의 변태(變態)에 대하여 통감(痛感)히 여기다가 일생을 망쳤고, 한수(韓脩)와 민순(閔純)<sup>509)</sup>은 노숙(老宿)

---

509) 조선 중기의 학자. 본관 여흥. 자 경초(景初). 호 행촌(杏村)·습정(習靜). 서경덕(徐敬德)의 문인. 1568년(선조 1) 효행으로 효릉참봉(孝陵參奉)을 지내고 토산현감(山縣監)을 거쳐 수안군수(遂安郡守) 때 사퇴, 고향에 내려가 후진양성과 학문에 힘썼다. 1575년 인순왕후(仁順王后)의 상을 당하였을 때 오모흑대(烏帽黑帶)의 상복에 반대하고, 송나라 효종의 백모삼년(白帽三年)의 제도를 선조에게 건의, 이를 따

한 선비로 이(珥)의 추중(推重)함을 받았습니다. 그러나 시의(時議)
에 추종하지 않으므로 인하여 초야에서 고락(枯落)하였으며 이준민
(李俊民)과 안자유(安自裕)는 독특(獨特)한 의지에 사심(邪心)이라
고는 한점 없는 선비로 이(珥)의 현철(賢哲)을 한번 말했다가 모두 두
문불출의 신세가 되었고 김계휘(金繼輝)[510]의 청직소당(淸直少黨)함
은 선조 이래로 고충(孤忠)이라 칭하였고 재유(才猷)가 겸비되었습
니다. 그러나 이(珥)의 허여(許與)한바로 인하여 살아서는 숭반(崇
班)에서 폐출되었고 죽어서는 더러운 이름까지 더하게 되었으며 구
봉령(具鳳齡)[511]의 청렴과 공정은 호서지방(湖西池方)의 백성들이
모두 선치(善治)한다고 일컬었건만 일찌기 남평지방(南平地方)을 지
나다가 이발(李潑)에게 문안 한번 하지 않음으로 해서 침당(沈黨)으
로 몰려 죽었습니다. 또 홍성민(洪聖民)의 정직함은 낙하(洛下)의 선
비들이 그를 길인(吉人)이라고 모두 칭하였건만 신응시(辛應時)[512]
에게 만장(挽章)을 쓰는데 "지하(地下)에 가서 율곡선생(栗谷先生)
을 만나거든 오늘날의 시사(時事)가 괴리(乖離)한 것을 말하라"는 구

---

르게 하였다. 이것이 물의를 빚어, 그 해 6월 다시 사직하고 고향으로 돌아갔다. 그
뒤 연안·성천의 부사, 공조정랑 등이 제수되었으나 모두 사퇴하였다.

510) 조선 중기의 문신. 본관 광산(光山). 자 중회(重晦). 호 황강(黃崗). 1562년 다시
이조정랑으로 기용되고, 1566년 직제학(直提學)으로 문과중시에 응시하여 을과로
급제하였다. 1575년(선조 8) 동서 분당(分黨) 때 심의겸(沈義謙)과 함께 서인(西人)
으로 지목되었으나, 당파에는 깊이 관여하지 않고 오히려 당쟁완화를 위해 노력하
였다. 그 뒤 평안도관찰사, 1578년에 다시 대사헌이 되고, 1581년 종계변무(宗系辨
誣)를 위한 주청사(奏請使)로 베이징[北京]에 갔다. 이듬해 돌아와 예조참판에 올라
경연관(經筵官)이 되었다.

511) 조선 중기의 문신. 본관 능성(綾城). 자 경서(景瑞). 호 백담(栢潭). 시호 문단(文
端). 당시 동서의 당쟁이 시작되던 무렵이었으나, 중립을 지키기에 힘썼으며 시문
(詩文)에 뛰어났다. 사후(死後) 만년에 학도들과 함께 경사(經史)를 토론하던 집의
동쪽에 학도묘(學徒廟)가 세워졌다.

512) 조선 중기의 문신. 본관 영월(寧越). 자 군망(君望). 호 백록(白麓). 시호 문장(文
莊). 이이와 깊이 사귀고 주자학에 통달하였다.

398

절이 있다 해서 외방(外方)으로 내쫓기고 말았습니다. 또 윤근수(尹根壽)와 박점(朴漸) 등은 정도를 지키고 시세(時勢)에 아첨(阿諂)하지 않았고 충직한 사람을 허여(許與)하고 사악(邪惡)을 배척하여 후일에 공효(功效)가 있을 것인데 방붕(邦朋), 방무(邦誣)로 지목을 받았으며 이해수(李海壽)와 백유함(白惟咸)[513] 등은 청명과 직절(直節)이 모두 그 아버지의 유풍(遺風)이 있었습니다. 그러므로 해수(海壽)는 이(珥)를 알게됨이 깊어서 김우옹(金宇顒)의 종횡(縱橫)한 논의를 듣지 않았으며 유함(惟咸)은 성혼(成渾)을 독신(篤信)하여 유양(惟讓)의 부침(浮沈)한 의견을 쫓지 않았습니다. 그런데 이 두 사람은 오히려 탁난(濁亂)으로 반박을 당했습니다. 또 신응명(辛應命)은 영변(寧邊)으로, 류공진(柳拱辰)은 평사(評事)로 좌천되였고 윤정(尹涬), 김권(金權), 김서생(金瑞生), 이항복(李恒福), 홍인상(洪麟祥) 등은 이(珥)와 혼(渾)을 어질고 옳다고 한번 발언하였다가 또한 배척을 당하였습니다. 오직 달관(達官)과 현직(顯職)만이 그러한 변을 당할 뿐이 아니었습니다. 노성(老成)한 인사(人士)들이 한차례 폐출을 당하게 되자 신진후생(新進後生)들은 저들의 지휘에 움직이게 되었으니 일세(一世)의 수재들을 모두 불충불효(不忠不孝)의 경지에 몰아넣음이라 하겠습니다. 양사기(楊士奇)[514]는 그 성품이 청근(淸謹)하며 충

---

513) 조선 중기의 문신. 본관 수원, 자 중열(仲悅)이다. 이듬해 임진왜란으로 풀려나와 선조를 의주(義州)로 호종하여 직제학(直提學)이 되었다가, 명나라의 군량(軍糧) 조달의 임무를 맡았다. 1594년 동부승지·좌부승지를 역임하였으며, 1597년 정유재란 때 호군(護軍)으로 명사(明使) 정응태(丁應泰)를 만나 일본과의 화의(和議)를 의논하다가, 이이첨(李爾瞻)의 탄핵으로 부안(扶安)에 유배되었다. 이어 고향 용인(龍仁)에 돌아왔으며, 1617년(광해군 9)에 신원(伸寃)되었다.

514) 명나라 전기의 관리. 이름 우(寓). 자 사기(士奇). 호 동리선생(東里先生). 장시성[江西省] 타이허[泰和] 출생. 영락제(永樂帝)가 즉위한 뒤 내각의 제도가 설정되자, 양영(楊榮)과 함께 입각하여 정무에 참여하였다. 이후 건문(建文)에서 정통(正統)에 이르기까지 5대의 조정에 출사하여 정계의 중진으로서 내각의 권세를 확립함으로써, 양영·양부(楊溥)와 함께 3양(三楊)이라는 칭호를 들었다.

성을 하고자 하는 사람입니다. 그의 이십년간 목민(牧民)의 공로(功勞)며 변모(邊謀)와 원유(遠猷)는 성상께서도 잘 아시는 바인데 그가 이(珥)의 선행에 심복하여 누차 이(珥)의 현철(賢哲)함을 말하다가 두번이나 통정가자(通政加資)를 빼앗기고 자기의 뜻을 가슴 속에 품은 채 죽었으며 윤기(尹箕)의 충의와 직언은 철(澈)의 허여(許與)로 인하여 일생(一生)을 벽현(僻縣)에서 마쳤습니다. 이민각(李民覺)은 백성(百姓)들을 잘 다스린다는 칭찬(稱讚)이 높았으나 저들의 협박(脅迫)으로 인하여 그 업적을 남기지 못하였으며 안민학(安敏學)[515]은 이(珥), 혼(渾)과 가장 친선(親善)하였으며 그의 효심은 누구도 따르지 못했습니다. 또 그 강직한 성품은 남의 잘못에 대하여 정색(正色)으로 규간(規諫)하기를 잘하므로 누구나 그를 두려워하였습니다. 그러나 저들의 음해로 인하여 불효불우(不孝不友)의 지탄을 받았습니다. 이민각(李民覺)과 안민학(安敏學)이 저들의 음해를 받을 당시 이우(李瑀)[516]와 하락(河洛)도 아울러 폐인(廢人)이 되었습니다. 서익(徐益)은 이(珥)의 죽음을 남달리 슬퍼 하였고 또 저들에 대한 소론(疏論)을 올렸습니다. 이로 말미암아 폐출되었고 김천일(金千鎰)은 이항(李恒)의 문인(門人)으로 행신(行身)과 치민(治民)에 대해서 배운 그대로 시행하였으며 타고난 덕성(德性)이 풍부하였습니다. 그는 이(珥)의 현철(賢哲)에만 마음 깊이 믿었고 시속훼예(時俗毁譽)에는 조금도 뜻을 두지 않았습니다. 그러나 그도 저들에게 저해(沮害)함을 당하였습니다. 이의건(李義健)[517]과 이희참(李希參), 변사정(邊

---

515) 조선 중기의 문신. 본관 광주(廣州). 자 이습(而習). 초자 습지(習之). 호 풍애(楓厓). 이이(李珥)의 문인. 제자백가(諸子百家)에 통달하고 필법이 뛰어났으며 문장에도 능하여 사림(士林)의 존경을 받았다.

516) 조선 중기의 서화가. 본관 덕수(德水). 자 계헌(季獻). 호 옥산(玉山)·죽와(竹窩)·기와(寄窩). 글씨는 행서·초서를 잘 쓰고 그림은 특히 초충(草蟲)과 사군자·포도 등을 잘 그렸으며 화풍은 어머니의 화풍을 따랐다 한다.

士禎), 정운룡(鄭雲龍) 등은 일종의 공론가(公論家)로서 또한 저들의 저해(沮害)를 당하였고 박춘무(朴春茂)와 이배달(李培達)이 또 그러 했으며 심지어는 주현(州縣)의 말관(末官)까지도 이(珥)와의 관련으로 인하여 억울함을 당해야 했습니다. 신이 이름을 알고 있는 사람들이 대략 위와 같으니 알지 못하는 사람의 수효는 헤아리기 어려울 정도로 많습니다. 또 송익필(宋翼弼)[518]은 비록 사연(祀連)의 아들이라 할지라도 늙도록 서책(書冊)에 힘써서 경학(經學)에 밝고 행실과 언론(言論)이 방직(方直)하였으니 족히 그 아버지의 허물을 덮을 만 합니다. 그러므로 이(珥)와 혼(渾)이 그를 외우(畏友)로 삼게 되었습니다. 익필(翼弼)은 후진(後進)들을 양성(養成)하는 데도 특이한 소질이 있었으니 김장생(金長生)과 허우(許雨)의 행의(行義)는 매우 현저(顯著)하였으며 강찬(姜燦)과 정엽(鄭曄)은 나라에 공훈(功勳)이 많습니다. 아마 이(珥)의 힘이 서류(庶類)에까지 통하는 것은 그 뜻이 구현하여 보궐(補闕) 하려는 데 있고 절대로 익필(翼弼) 한사람에게 대하여 사심(私心)을 두는 것은 아니었는데 사람들은 그 허물을 이(珥)에게로 돌렸습니다. 저들은 또 익필(翼弼)의 형제(兄弟)가 철(澈)과 후의(厚誼)가 있다고 하여 사조(四朝)의 양적(良籍)을 모두 폐하고 조종조(祖宗朝)의 법규를 어기면서 환천(還賤)케 하였으며 곤장

---

517) 조선 중기의 문신. 본관 전주(全州). 자 의중(宜中). 호 동은(隱). 시명(詩名)을 떨치고 당시의 명현(名賢)들과 교유했다. 이항복(李恒福)의 추천으로 공조좌랑이 되고 이어 공조정랑에 올랐으나 사퇴하였다. 인품이 어질었으며 글씨를 잘 썼다.

518) 조선 중기의 학자. 본관 여산(礪山). 자 운장(雲長). 호 구봉(龜峰)·현승(玄繩). 시호 문경(文敬). 서출(庶出)이라 벼슬은 못하였으나 이이(李珥)·성혼(成渾) 등과 학문을 논하여 성리학(性理學)과 예학(禮學)에 통하였다. 문장에도 뛰어나 이산해(李山海)·최경창(崔慶昌)·백광홍(白光弘)·최립(崔)·이순인(李純仁)·윤탁연(尹卓然)·하응림(河應臨) 등과 함께 '8문장가'의 한 사람으로 꼽혔으며 시와 글씨에도 일가를 이루었다. 고양(高陽)에서 후진양성에 힘써 문하에서 김장생(金長生)·김집(金集)·정엽(鄭曄)·서성(徐渻)·정홍명(鄭弘溟)·김반(金槃) 등 많은 학자가 배출되었는데, 그 중 김장생은 예학의 대가가 되었다.

을 가하여 죽이고 아울러 그 자손 칠십여구(七十餘口)가 파가분찬(破家奔竄)하여 돌아갈 곳이 없어 경외(京外)에 유리걸식(流離乞食)하며 혹은 해도(海島)에 표박(漂泊)하게 하였으니 유리걸식하는 칠십여구는 장차 구학(溝壑)에 떨어질 것이며 해도(海島)에 표도(漂到)한 자들은 수적(水賊)들에 의하여 진멸(殄滅)될 것입니다. 아! 성은이 하늘같아 대벽죄인(大辟罪人)에게도 은유(恩宥)가 있고 천하만물이 다 성상의 은택(恩澤)을 입건만 오직 이 칠십여구만이 사역(死域)에 허덕이고 이들을 애석해 하는 사람이 없습니다. 아! 이이(李珥) 한 사람이 죽으니 백물(百物)이 모두 처소를 잃고 그 원한의 소리가 충천(衝天)하여 하늘이 이 혹심(酷甚)한 기근(饑饉)을 내려주고 있습니다. 해조영(海潮嶺) 삼도(三道) 백성들은 거의 유리(流離)하여 굶어 죽고 또는 도적으로 돌변하고 있으나 당국자(當局者)들은 이에 대한 근심은 조금도 하지 않고 자기의 부귀에만 갖은 수단을 쓰고 있습니다. 김장(金章)과 적불(赤芾)의 빛나는 의복은 저들 동인(東人)의 자손에게만 주어지고 또 저들은 무슨 일이든 자기들의 마음대로 하고 있습니다. 이 형벌과 상작(賞爵)의 내림이며, 팔병(八柄), 육전(六典)이 모두 성상의 예단(叡斷)으로 말미암아 쓰여진다고 할 수 있겠습니까. 신이 두렵게 여기는 바는 만약 이런 사태가 끊겨지지 않고 지속(持續)된다면 장차 이량(李樑)[519], 윤원형(尹元衡)에게 복수(復讎)를 하기 위하여 나선 사람이 찬역(簒逆)으로 변모하여도 그에 대하여 항의할 사람이 하나도 없을 것입니다. 혹자는 이르기를 이(珥)와

---

519) 조선 중기의 문신. 기대승(奇大升)·허엽(許曄)·윤근수(尹根壽) 등의 사림들과 가까웠던 조카 심의겸(沈義謙)을 제거하려다가 오히려 심강(沈鋼)과 심의겸 부자의 탄핵을 받고 삭탈관직되었으며, 이어 강계로 유배되었다가 유배지에서 죽었다. 그에 대한 당시의 평가는 "지나치게 재산을 축적하여 그의 집 앞은 시장과 같았다"는 것이나, 윤원형·심통원과 더불어 삼흉(三凶)으로 지칭된 것에서 보이듯 부정적이었다.

혼(渾)이 심의겸(沈義謙)과 절교하지 않으니 이것이 서인(西人)의 우두머리가 아니냐고 합니다. 그러나 의겸(義謙)의 인품을 말하면 그는 젊을 때부터 의리적(義理的)이라는 성문(聲聞)이 있어 충직한 원량(元良)이라 비유하였고, 예조참판(禮曹參判)이 되어서는 선유(先儒)들의 포시(褒諡)에 관하여 누구보다도 힘을 많이 썼으니 그 감개(感慨)함과 추모의 뜻은 류희춘(柳希春)[520]에게 뒤지지 않을 정도였으며 그가 호새지방(湖塞地方)을 안찰(按察)할 때엔 민요(民徭)를 균평하여 번위(藩衛)를 튼튼하게 하였고 사기(士氣)를 진작(振作)하여 풍속(風俗)을 돈후(敦厚)하게 하였으니 그 뜻이 가상할 뿐 아니라 사관후(仕官後)에도 통진구업(通津舊業) 이외에도 별다른 전장(田庄)을 경영하지 않았으며 조부(租賦)는 항상 남보다 먼저 하였으니 이로써 의겸(義謙)의 청렴함을 알 수 있다는 것은 신이 몸소 본 바입니다. 이발(李潑)은 의겸(義謙)이 자전(慈殿)에게 밀서(密書)를 전하였다고 허물하고 있으나 이것은 외신(外臣)으로서는 모르는 바입니다. 그러나 윤원형(尹元衡)이 용사(用事)할 때에 의겸(義謙)이 왕후(王后)의 선택(選擇) 문제(問題)로 선인왕후(宣仁王后)에게 밀계(密啓)하였는지는 모르겠습니다. 또 혹자는 의겸(義謙)에 대한 평의(評議)가 날로 격심하여 가는데도 그 본인은 결연히 퇴거할 줄 모르니 이것이 권세를 탐하고 연연하는 바가 아니냐고 하지만 이것은 고현(古賢)들도 진퇴(進退)에 사람마다 의견이 다르다면 이 말은 그에 대한 책망이 각심(刻甚)하다 하겠습니다. 만약 이 말대로 한다면 현조정(現朝廷)의 인사중 어느 누가 그 직을 버리고 결연히 퇴거치 않을 사람이 있겠습니까? 이(珥)와 혼(渾)이 그와 같은 유언비어를 믿고 의겸(義謙)을 버릴 수 있으리오! 그러나 부론(浮論)이 일게 되자 이(珥)는

---

520) 조선 중기의 문신. 본관 선산(善山). 자 인중(仁仲). 호 미암(眉巖). 시호 문절(文節). 여류문인 송덕봉(宋德峯)의 남편. 경사(經史)와 성리학에 조예가 깊었다.

의겸(義謙)에게 절적(絶迹)하였고 혼(渾)도 두문불출하며 서로 왕래가 빈번치 않았습니다. 이(珥)는 탁월한 천품(天品)에 더욱 부지런히 경제학에 힘써서 경사(經史)를 통구(洞究)하고 효제(孝悌)의 독행(篤行)은 신명(神明)에 통달하였으며 문사(文詞), 모유(謀猷)는 당시 조정 인물 중에 뛰어 났습니다. 그는 진퇴하는 데 있어 확고한 분수를 지켰고 곧 명주(明主)의 장발(奬拔)함을 입게 되었으니 어찌 척리(戚里)와 결탁하고 요로(要路)에 오르기를 기대(期待)하였겠습니까.

이(珥)가 봉씨(奉氏)의 밭을 빼앗았다고 허물하고 있는 사람들이 있으나 신은 그렇지 않다는 사실을 소상하게 알고 있습니다. 백천지방(白川地方)은 신의 고향입니다. 신이 문중(門中)의 일로 그곳에 갔을 때 몸소 그 사유(事由)를 이함(李諴)에게 물어 보았습니다. 이함(李諴)의 말이 자기가 전일에 그 곳까지 가서 측량해본 결과 봉씨(奉氏)의 입안절수(立案折受) 이외에 진흙땅 남은 밭이 많았으니 이함(李諴)의 절수(折受)는 그릇된 것이 아니라고 하였습니다. 신은 그 말을 듣고 이(珥)를 해곡(海曲)에서 보게 되었습니다. 그때에 마침 이발(李潑)의 서간(書簡)이 이(珥)에게 왔는데 그 서간(書簡)을 보고 눈물을 머금고 신에게 말하기를 "내 사형(舍兄)의 인궁(因窮)함은 자네도 알고 있는바이다. 그 진흙밭이 봉가(奉家)에게는 아무런 관계도 없으며 사형(舍兄)이 그 밭에 탁명(托命)하고 있는데 지금 피가(彼家)에서 송사를 하기에 나는 사형(舍兄)예게 그 밭을 버리시라고 권유하였지만 사형은 곧 죽을까봐 버리시지 못하고 계시니 어찌하면 좋으냐."고 하였습니다. 이때 이배달(李培達)이 이(珥)의 곁에서 책을 읽고 있다가 "낙중(洛中)의 붕우(朋友)들이 그 밭을 애매하게 빼앗기게 됨을 알고 포목(布木)을 거두어 밭을 사서 영형(令兄)의 생계를 마련코자 합니다." 라고 하였습니다. 이에 이(珥)는 내가 사형을 살릴 힘이 없어서 가난한 벗들까지 괴롭히게 되니 지극히 미안할 뿐 아니라 성상의 정영(丁寧)하옵신 말씀까지 듣자오니 몸둘 바를 모르겠다고 하였습니다. 신이 송경(松京)을 지나다가 번(璠)을 보고 발(潑)의 편지 내용을 알려주며 봉씨(奉氏)에게 돌려주기를 권하였습니다. 이때 번(璠)의 말이 자기는 다른 땅이라고는 송곳 끝을 꽃을 만한 것도 없이 오직 이 밭에 처자의 사활을 걸고 있는데 오래도록 갈아먹던 밭을 돌려주라고 권함이 무슨 이유냐고 하였습니다. 신과 이배달(李培達)은 붕우들이 힘을 모아 밭을 사주겠다면서 돌려주기를 역권(力勸)하였었습니다. 그 뒤에 이(珥)가 부소(赴召)하면서 그 형에게 간곡하게 권유하여 입안(立案)까지 봉씨(奉氏)에게 돌려주었습니다. 그러나 붕우(朋友)들의 힘은 번(璠)에게 밭을 사주지 못하였고 따라서 번(璠)은 지금 추위와 굶주림에 고생하고 있습니다. 이와같이 명백한 사실을 가지고 남의 밭을 빼앗았다 함은 그것이 모함하는 것이 아니겠습니까?

또 이(珥)가 선율(船栗)을 받았다 하여 터무니없는 말로 이(珥)의 하자(瑕疵)를 삼으려 하나 이(珥)가 조정에 나아갔을 때도 그의 봉록과 전장수입(田庄收入)으로서는 가솔들의 의식에 부족하여 항상 가동(家僮)들도 없었으며 집과 밭을 팔아서 겨우 동뇌(凍餒)를 모면하였습니다. 그가 죽었을 때 궤짝 속에는 좋은 옷 한벌 없었고 향리(鄕里)에는 비옥한 토지도 없어 그의 청빈한 모습은 온 나라가 모두 칭송하였습니다. 일찌기 한 말의 쌀도 남에게서 무리(無理)로 받은 일이 없는 데 어찌 선률(船栗)을 받을 리가 있겠습니까? 그들은 또 술 좋아하고 여색 즐기는 정철(鄭澈)을 추천하였다 하여 이(珥)를 잘못이라고 말하고 있으나 그것은 그들의 말이 정철(鄭澈)의 그러한 병통(病痛)엔 자못 그럴듯한 말이라 하겠으나 이(珥)의 심사(心事)는 전혀 알지 못하는 말이라 하겠습니다. 우리나라의 사나이치고 주색의 갱참(坑塹)에서 벗어난 자가 이지함(李之菡)과 성혼(成渾) 이외에

달리 몇 사람이나 있겠습니까? 철(澈)이 전라감사(全羅監司)로 있을
때 형수가 순천(順天)에 살고 있었습니다. 그는 사랑하는 소첩(少妾)
이 있었으나 그를 형수에게 딸려 순천(順天)에 같이 있게 하였고 삼
일에 한번씩 형수에게 문안을 하였으나 그때마다 관사(官舍)에 돌아
와 잠을 잤습니다. 그 소첩과는 사담(私談)할 계획도 해보지 않았으
니 신독(愼獨)<sup>521)</sup>의 공은 누구나 하기 어렵다 하겠습니다. 철(澈)은
부모기일을 당하면 한 달간을 술을 끊었습니다. 또 민역(民役)을 균
평케 할 때는 한 달간 술을 참는 적도 있었습니다. 그가 평소에 술자
리를 가지기는 오직 대빈(待賓), 양로(養老), 향사(享祀)의 예에서만
볼 수 있었습니다. 철(澈)은 음주법도 지켰습니다. 노인이 잔을 들지
않으면 감히 먼저 마시지 않았습니다. 철(澈)은 사주(四州)의 기생을
한번도 가까이 해본 적이 없었고 그들과 같이 동행하는 일도 없었습
니다. 그러므로 철(澈)은 정신이 청명하여 모든 일을 잘 처리하였으
며 오십관(五十官)의 요역(徭役)을 불과 수일내에 모두 균정(均定)하
기도 하였습니다. 그러므로 궁민(窮民)들의 부감(賦歛)은 옛날에 비
하여 반감되었습니다. 또 철(澈)은 상벌(賞罰)을 엄하게 하였습니다.
비록 세력자(勢力者)의 친척일지라도 그 죄에는 용서를 하지 않았습
니다. 백성들은 철(澈)의 혜택을 크게 입었습니다. 그가 대사헌(大司
憲)으로 있을 당시 백성들은 이이(李珥)와 정철(鄭澈) 두 대부(大夫)
가 등위(登位)하자 각사(各司)에는 횡감(橫歛)이 없어졌다고 모두들
기뻐하였습니다. 철(澈)이 비록 밖으로 헛된 숭주기색(崇酒嗜色)의
이름이 있었으나 안으로는 참다운 실력이 있었으므로 비록 크나큰
일을 대하여도 척척 처리하였습니다. 철(澈)은 저 동인(東人)들의 말
과 같이 실천이 다르고 표리(表裏)가 틀리며 성품이 흉험(凶險)하고

---

521) 홀로 있을 때에도 도리에 어그러짐이 없도록 몸을 삼감.

스승을 배반하며 잘못을 끝까지 이룩하려는 그들과는 천양지판(天壤之判)이라 하겠습니다. 저들의 소위 거물급은 처음에는 선비 이름을 가칭(假稱)하고 이이(李珥)와 도(道)를 다투었습니다. 이이(李珥)는 국사는 한 사람이 할 수없고 반드시 중현(衆賢)이 있어야 할 것을 생각하여 그들을 포용하였으며 또 신구(新舊)를 가리지 않고 고하에 따라 탁용(擢用)하였습니다. 김효원(金孝元)[522]이 외직으로 나아가게 됨으로부터 그들은 주모역(主謀役), 지사역(指使役), 과아역(瓜牙役) 등을 서로 맡아 가며 행사하기 시작하없습니다.

이이(李珥)의 경국제민(經國濟民)하는 재주는 이미 등과(登科) 초에 볼 수 있었고 거폐(袪祛弊)와 제막(除瘼)의 뜻은 동호간답(東湖問答)에 수기(修己)와 위정(爲政)의 도(道)는 성학집요(聖學輯要)[523]에 구비되어 있습니다. 명주(明主)께서는 진위를 명찰(明察)하시옵소서. 비록 소신들의 미원(微冤)이라 할지라도 반드시 살펴셔야 하옵거늘 항차 대신의 지원(至冤)을 소홀히 하실 수 있겠습니까? 이(珥)가 병판(兵判)당시 현훈(眩暈)의 증세가 있었던 것은 국인(國人)이 다 알고 있는 바입니다. 성상의 부르심을 받고도 증세가 갑자기 악화되어 명령대로 못하였을 뿐 이었는데 그들은 이(珥)를 교건(驕蹇)하다고 공격하였습니다. 이(珥)는 또 병무(兵務)의 편의(便宜)와 사세(事勢)의 급박함에 따라 선거후문(先擧後聞)이 있었습니다. 그러나 그들은 또 이(珥)는 국병(國柄)을 천롱(擅弄)한다고 공격하여 이(珥)를 하루라도 빨리 조열(朝列)에서 내쫓으려고 하였던 것입니다.

---

522) 조선 중기의 문신. 본관은 선산. 자 인백(仁伯). 호 성암(省庵). 조식(曺植)과 이황(李滉)의 문인. 조정 분란의 중심이 되었음을 자책하여 중앙관직에 머무르지 않고 안악·영흥 등의 수령을 지냈다. 삼척부사로 있을 때는 몸소 나서서 성황당(城隍堂)을 부수기도 하였다.

523) 조선 중기의 학자 이이(李珥, 1536~1584)가 1575년(선조 8) 제왕의 학문 내용을 정리해 바친 책.

사우(師友)의 도는 이제 극도로 상실되었다고 신은 생각됩니다. 그들은 처음에 이(珥)와 혼(渾)을 태산같이 높이 공경하였으며 조석(朝夕)으로 문안까지도 하였습니다. 그러나 그들은 동인(東人)의 추천이 한번 늦음에 대하여 일시에 시호(豺虎)와 독약같이 돌변하였습니다. 자고로 사우(師友)의 도(道)를 잃고는 그 임금을 능히 사랑하는 사람이 없었습니다. 그들은 성혼(成渾)의 곧은 말을 사호(私護)한다 하고 저희들은 현인(賢人)을 해치는 소(疏)는 조금도 괴이하게 여기지 않았으니 소인들의 정상(情狀)은 서로 얽히면 사슴을 말이라고까지 속이려고 합니다. 성상께서 만일 그것을 밝히시지 않으시면 남곤(南袞)의 소행이 이들 가운데에서 재생하여 충현(忠賢)을 장해(戕害)할지도 모릅니다. 당시 이(珥)가 철(澈)을 추천(推薦)함과 혼(渾)이 이(珥)를 구호(救護)함이 모두 사심(私心)이라고 그들은 생각합니다. 그러나 퇴파(頹波)에 휩쓸려 부조(浮躁) 하는 자가 과연 군자이겠습니까? 아니면 횡류(橫流)에 지주(砥柱)를 세워 수해(水害)를 막는 자가 과연 소인이겠습니까? 그들이 성혼(成渾)을 잘못이라 책망하는 것은 더욱 무리한 짓이라 하겠습니다. 일찍 그들을 제거하지 않으면 이 나라가 장차 저들의 손아귀에서 무너질까 신은 두려워합니다. 신은 이 세상에 사사(師事)할 사람은 이지함(李之菡)과 성혼(成渾)과 이이(李珥) 이 세 사람이라 하겠습니다. 세 사람은 학문의 소취(所就)는 비록 같지 않으나 그 청심과욕(淸心寡慾)과 지행범세(至行範世)는 서로 같습니다. 신은 일찍이 세분의 학문을 만분의 일 이라도 배워보려고 무척 노력은 하였으나 결국 터득하지를 못하였습니다. 그러나 제독(提督)의 임무를 담당하게 된 오늘에 천견박식(淺見薄識)함에도 불구하고 그 세분이 신을 가르쳐 주던 그 교법(敎法)으로 양사(良士)들을 교유(敎誘)하려하오나 저들의 사설(邪說)이 강호(江湖)에 성행하여 현(賢)·우(愚) 모두가 저들의 사설(邪說)에 의혹되고 있습니다. 이제 들으니 신은 이(珥)·혼(渾)의 무리라 하여 서생들은 많이 흩어지고 신을 욕하는 말들은 사면(四面)에서 일고 있습니다. 신의 무상(無狀)으로 인하여 사우(師友)에까지 욕이 미치게 됨을 신은 부끄럽게 생각하며 또 성주를 위하여 애석하게 여깁니다. 옛날 명왕(明王)은 군사(君師)의 도(道)를 겸진(兼盡)하였고, 선지(先知)는 후지(後知)를, 선각(先覺)은 후각(後覺)을 깨우치게 하였으며, 사설(邪說)과 참언(讒言)은 그 사이에 스며들지 못하게 하였습니다. 그러므로 고굉(股肱)의 신하들이 무성(茂盛)하였고 모범이 후세에 드리워져 있습니다. 성주께서는 전학(典學)과 수신(修身)과 모도(慕道)와 구현(求賢)에 뜻을 두신지 이제 이십년이 지났습니다. 인재는 절대로 이대(異代)에 빌지 못합니다. 신이 앞서 칭한 몇 분 군자가 있으니 그들은 모두 옛사람의 여풍(餘風)을 계승하여 충실한 덕성이 있습니다. 늙고 죽은 사람은 어찌 할 수 없거니와 다행히 생존하여 있는 사람만이라도 모두 기꺼이 오도록 하여 그들에게 한번 사직(仕職)시키기를 의심치 마시옵고 군신간에 서로 맹서(盟誓)하여 그들의 방법을 쓰시면 일년 공부는 반드시 일년의 이익이 있을 것이며 성덕의 밝음이 곧 백일(白日)이 중천에 있는 듯 하오리다. 바람이 지나면 풀은 쓰러지는 법이오니 반측(反側)했던 저들도 또한 반드시 면모(面貌)를 고쳐 선을 쫓아 상현(象賢)하고 경장(敬長)하는 마음이 유연(油然)하게 그 들 심중에서 우러 나올 것입니다. 또 삼덕(三德 : 正直·剛克·柔克 혹은 天德·地德·人德과 육덕(六德 : 知·仁·聖·義·忠·和, 혹은 禮·仁·信·義·勇·智)을 갖은 사람을 내외(內外)에 분포시켜 단성(丹誠)으로 광비(匡庇)케 하시고 위에서는 도(道)로, 아래서는 법(法)으로 따르고 지킨다면 곧 교화가 밝아지는 동시에 요역(徭役)이 가벼워지며 형정(刑政)이 밝아지는 동시에 연사(年事)도 풍임(豊稔)되어 백성들이 편안하여 질것입니다. 어찌 오늘날과 같이 편당(偏黨)에만 침윤(浸潤)되어 천(天)·인(人)의 재앙으로 노유(老幼)가 유리걸식하며 장차는 추위와 굶주림에 죽어 가게 하오리까. 뿐만 아니라 풍속이 날로 각박하여 지고 강상(綱常)이 뭉그러지고 끊어지어 군신의 의마저 끊어질까 근심됩니다. 이지함(李之菡)은 말하기를 우리 백성들이 다행히 살 수 있는 길이 있어 임금님께서 선을 좋아 하시고 재상인 박순(朴淳)이 청백하여 명예를 구하기 위한 뇌물의 왕래가 서울에 이르지 못하여 사도(仕途)가 깨끗하니 이는 곧 백성들이 소생할 시기라고 하였습니다. 그러나 부잡(浮雜)된 의론(議論)이 높아지자 대신의 자리가 여러번 흔들리니 탄식하기를 "우리 나라의 신신(藎臣)은 단지 박순(朴淳)뿐인데 그도 조정에서 편안하게 일을 보지 못하게 하니 순(淳)이 만약 조정을 버리고 가면 조정이 위태할 것이다." 하였습니다.

이이(李珥)는 해서(海西)에 있을 당시 『진서산정경(眞西山政經)』 가운데서 수령들이 마땅히 해야 할 법규를 채취하여 그 방백(方伯)인 이해수(李海壽)와 서로 강시(講試)하였고 대사헌(大司憲)으로 있을 당시에는 『정경(政經)』으로 계서(戒書)를 삼아 행하기 쉬운 것을 골라서 팔도(八道)에 분포하였습니다. 목사(牧使)와 수령 중에 뜻있는 자는 벽(壁)에 붙여 두고 보았으니 그 이익됨이 컸던 것입니다. 이 또한 이(珥)의 불후(不朽)의 일단(一端)이라 하겠습니다. 이제 그 사람은 비록 죽었으나 그 벗들은 오히려 생존하여 있으며 그 벗들 중에서 계서(戒書)를 아는 사람을 시켜 일도(一道)에 깨우쳐 주고 차례로 타방(他方)에 미치게 하여 원근(遠近)의 수령들로 모두 애민(愛民)의 성심(誠心)을 갖게 하시옵고 아울러 정철(鄭澈)의 양도(兩道)의 균역법을 취하여 타도(他道)에도 그 법을 실시케 하시오면 목마른 백성이 조금은 소생할 것입니다.

신이 듣자오니 "아람이 차는 오동나무도 일찍 재배하는 데에 있고 벼슬에 오르는 선비도 초려(草廬)에서 일어 난다."고 하였습다 이제 인재를 양성하는 것은 타일(他日)의 동량(棟樑)의 재목(材木)을 이루자는 것입니다. 그러나 이제 인재를 양성하는 데에 네 가지 기구(器具)가 갖추어 있지 않다고 신은 봅니다. 첫째 교사(敎師)로서의 자격자(資格者)들이 아니라 하겠습니다. 지금에 광문주의(廣文注擬)의 일은 전조(銓曹)가 능히 살피지 않고 서리(書吏)들의 손에 맡겨 뇌물의 다소에 따라 교사(敎師)들을 택송(擇送)하게 됩니다. 그러므로 그들은 부임하면 오직 포철(哺啜)만을 일삼고 권강(勸講)은 무엇인지도 모르고 있습니다. 이이(李珥)가 정조(政曹)로 있을 당시에 향선(鄕選)의 법규를 펴서 학행(學行)있는 사람만을 뽑게 되니 제도에서 그다지 많은 인재를 구하지 못하였습니다. 호남(湖南)은 인재의 고장이라 하겠습니다. 또 그들은 선진(先進)의 교훈을 친히 이어 받았습니다. 신이 정철(鄭澈)의 막하(幕下)에 있을 당시 서로 추방하여 그들 오십여인을 얻게 되었습니다. 그 때 신의 생각에 그 들을 호남(湖南)에 분교(分敎)시키면 비록 진선(盡善)하지는 못한다 하더라도 학교가 비지는 않을 것이라고 하였습니다. 그 후에 듣자니 제도(諸道)에서의 선택이 비록 부정이 있었으나 전일에 이속(吏屬)에게만 붙어 놓았을 때와는 비교적 나았습니다. 그 중에는 박제(朴濟)라는 자가 뽑히게 되었는데 이것을 저들은 박제(朴濟)가 정철(鄭澈)과 서로 후의(厚誼)가 있다 하여 아울러 제도공선법(諸道公選法)까지 폐지하게 되었습니다. 그 후로는 허다한 교관들이 다시 서리에게 뇌물을 바치는 악습(惡習)으로 돌아가고 말았으니 사기(士氣)의 진작(振作)을 바라는 것은 있을 수 없는 일이라 하겠습니다. 신의 생각으로는 이제 다시 문행(文行)이 구비된 자를 선택하여 결위(缺位)에 따라 보충하심이 마땅하다 하겠습니다. 신의 소관(所管)인 공주(公州)에는 공암정사(孔巖精舍)가 있고 서천(舒川)에는 명곡정사(鳴谷精舍)

가 있습니다. 공암(孔巖)에는 낭인(良人) 서기(徐起)가 있는데 그는 일찍이 이중호(李仲虎)에게서 글을 배웠습니다. 박학하고 독행(篤行)하였기에 주위에서 그에게 공부하는 사람이 많아 혹은 생원(生員), 진사시(進士試)에 합격하여 서로 바꾸어서 가르칠만한 선비가 많으나 명곡(鳴谷)에는 별로 주장할만한 스승이 없습니다. 신의 뜻으로는 송익필(宋翼弼)이 적격인이라고 생각됩니다. 익필(翼弼)이 만일 구학(溝壑)이나 또는 수적(水賊)에게 죽지않고 지금 살아 있다면 신의 관직을 그에게 주시고 불러들여 명곡산장(鳴谷山長)을 시키는 것이 가할 듯합니다. 익필(翼弼)의 특이한 선도(善導)의 성과는 반드시 신의 십년 동안을 제독(提督)하기보다 월등히 나으리라 생각됩니다.

둘째 격려의 방범(方範)이 없다 하겠습니다. 우리나라 조종조(祖宗朝) 이래로 길재(吉再)를 가장(嘉奬)하시었으며 정몽주(鄭夢周)를 추작(追爵)하시었고 성명(聖明)께 이르러서는 김굉필(金宏弼), 정여창(鄭汝昌), 조광조(趙光祖), 이언적(李彦廸)[524]에게 추시(追諡)하시었으며 더욱이 서경덕(徐敬德), 조식(曹植), 성운(成運), 박훈(朴薰)[525] 등에게는 치제(致祭)하여 가장(嘉奬)하시었습니다. 이것은 유

---

524) 조선 중기의 문신. 본관 여주. 호 회재(晦齋)·자계옹(紫溪翁). 자 복고(復古). 이름 적. 시호 문원(文元). 기(氣)보다 이(理)를 중시하는 주리적 성리설은 그 다음 세대인 이황(李滉)에게 계승되어 영남학파의 중요한 성리설이 되었으며, 조선 성리학의 한 특징을 이루게 되었다. 김안로 사후 그는 재등용되어 중종의 신임을 받으며 정치일선에 복귀하는데, 이때부터 중종 말년까지 약 20년간 그는 생애 중 가장 활발한 정치활동을 펴 나갔다. 그가 올린〈일강십목소〉는 그의 정치사상을 대표하는 것으로서, 김안로 등 훈신들의 잘못에 휘말린 중종에 대한 비판의 뜻을 담고 있는 글이다. 왕정에서 가장 중요한 것은[一綱] 왕의 마음가짐이라고 주장하고, 그것을 바로하기 위한 수단으로 열 가지 조목[十目]을 열거하였다.

525) 조선 중기의 문신. 형지(馨之), 호 강수, 시호 문도(文度)이다. 1519년(중종 14) 현량과에 병과로 급제, 장령(掌令)·동부승지(同副承旨)를 역임하였다. 그해 기묘사화로 조광조(趙光祖) 등과 연좌되어, 성주(星州)에 유배된 뒤 의주·안악(安岳)에

림(儒林)들을 격려(激勵)하심이 지극(至極)하다고 하겠습니다. 그러나 고상한 행실이 있는 이지함(李之菡)만은 홀로 가장(嘉獎)을 하시지 않으셨으니 산골에 묻힌 몽매(朦昧)한 선비들을 무엇으로 장진(獎進)하려 하십니까? 지함(之菡)의 사람됨은 천자(天資)가 기위(奇偉)할 뿐만 아니라 효도와 우애에도 극진하였습니다. 그의 형 지번(之蕃)이 병중에 있다는 말을 듣고 보령지방(保寧地方)에서 수고로움을 무릅쓰고 보행으로 찾아갔고 형이 사망하였을 때에 사람들에게 이르기를 형에게 사도(師道)가 있었으니 삼년거상(三年居喪)을 한다고 하였으니 그의 착한 것을 즐거워하고 의로운 것을 좋아 함이 실로 천성에서 우러 나왔습니다. 한 가지 착한 일과 좋은 행실이 있다는 말만 들으면 천리길도 멀게 여기지 않고 반드시 찾아 갔으며 안명세(安名世)의 죽음에 대하여서는 평생을 추도하였습니다. 조식(曺植)이 은둔하고 있을 때 그들의 신교(神交)는 지극히 깊었습니다. 그리하여 성혼(成渾)과 이이(李珥)는 그를 가장 경중(敬重)하였고 정철(鄭澈)의 강직한 성품으로도 항시 그를 칭찬하였습니다. 지함(之菡)은 또 후진을 양성하는 데도 공이 많습니다. 이산보(李山甫)의 효우충신(孝友忠信)과 이춘무(李春茂)의 염정유수(恬靜有守)와 서기(徐起)의 자이역학(資以力學) 등은 모두 지함(之菡)의 여훈(餘訓)이이라 하겠습니다. 지함(之菡)의 그 원대한 규범에는 간리(奸吏)들이 엄탄(嚴憚)하였으며 사람들은 지함(之菡)을 신명(神明)이라 칭하였습니다. 지함(之菡)은 또 일생을 통하여 일호(一毫)의 누(累)를 남기지 않았으니 동방(東方)의 백이(伯夷)라 하겠습니다. 지함(之菡)은 또 현학(縣學)에서 문무(文武)의 재예(才藝)를 겸치(兼治)하게 하여 방

---

이배(移配), 1530년 풀려났다. 관직에 있을 때 가는 곳마다 치적을 올려 명망이 높았고, 조정에서는 나라의 인재로 여겼으나, 간신들의 질시(嫉視)로 심한 비방을 받았다. 특히 조광조와 친해서 큰 일을 의논하였고, 청렴한 관원으로 일생을 지냈다.

국(邦國)의 진전(進展)에 대비하려 하였으니 그 모유(謀猷)와 재조(才操)에는 공맹(孔孟)의 풍도(風度)가 은연중 있었습니다. 지함(之菡)이 불행히 병사하니 아산(牙山) 고을의 백성들은 노유(老幼)를 막론하고 자기들의 부모상을 당하는 것 처럼 거리에 줄을 지어 통곡하였습니다. 지함(之菡)의 양광(洋狂)은 피화(避禍)의 가장(假裝) 이었습니다. 이제 만일 조식(曺植)과 박훈(朴薰)의 예에 따라 지함(之菡)에게 증작(贈爵)하고 사제(賜祭)하여 박속(薄俗)을 돈후(敦厚)하게 하옵시면 사람들은 그의 독행(篤行)에 감화(感化)되어 사친종형(事親從兄)의 도(道)는 물론이며 또 사군(事君)하는데도 큰 효과를 거둘 것입니다.

셋째는 금방(禁防)의 법이 없다 하겠습니다. 우리나라에 현량(賢良)[526]한 명경과(明經科)는 조광조(趙光祖)의 입조(立朝)당시 겨우 설시(設施)되었으나 곧 폐지되고 행하여지지 않았습니다. 뿐만 아니라 그 과(科)에 입격(入格)하였던 사람도 아울러 죄망(罪網)에 함닉(陷溺)함을 당하고 말았습니다. 그 후로 과거 한 가지만 가지고 사람을 쓰는 길로 하였습니다. 그러므로 사람들은 요행을 품고 과거공부에만 전력하여 관록(官祿)을 구하고 있습니다. 심지어는 과장위졸(科場衛卒) 따위를 통하여 서로 시관(試官)의 눈을 속이려 합니다. 육갑(六甲) 한 가지도 이해하지 못하는 자가 사마(司馬)에 합격하며, 삼사(三事)도 모르는 인사가 별거(別擧)에 뛰어 오르고 있으니 이는 오직 백일장에서만 사람을 기만 할 뿐 아니라 장차 밝은 세상에서도 현인들을 질투할 것 입니다. 아! 재상(宰相)과 대간(臺諫)들이 모두 이런 식으로 직위를 도둑질 할 것이며 백관과 수신(帥臣)과 수령들이 다 그러할 것입니다. 그러므로 이이(李珥)는 그것에 대하여 깊이

---

526) 조선 중종 때 조광조(趙光祖)의 건의에 따라 실시된 관리등용제도.

근심을 하였습니다. 일찍이 석담서실(石潭書室)에는 문인(門人)들이 과문초집(科文抄集)을 들고 들어 오는 것을 절대로 허락치 않았으며 오직 소학(小學)과 근사록(近思錄)을 먼저 권장하였고 그 다음 사서와 오경을 가르쳤습니다. 만일 경학(經學)에 밝지 못하며 문리(文理)를 통하지 못한 사람은 과거응시에 허락을 하지 않았던 것입니다. 신은 이미 제독(提督)의 책무를 가졌으므로 선현(先賢)들의 말씀을 빌어 학교의 규제를 신거(申擧)하옵시고 과거의 사목(事目)을 엄격히 하옵시기 간청하나이다.

넷째는 보익(輔翼)의 도(道)가 마땅치 않다고 하겠습니다. 주자(朱子)가 위응중(魏應仲)에게 주는 편지(便紙)에 쓰여진 십훈(十訓)등이 보익(輔翼)의 좌우명(左右銘)이라 하겠습니다. 이제 학교에서는 혹 그것을 써서 난간 위에 걸어 두기는 하지만 유사(有司)들은 시부(詩賦)만 취하고 준수(俊秀)한 선비들도 사장(詞章)과 훈고(訓詁)에만 힘을 쓰고 있으며 그 난간 위에 걸어 놓은 것을 쳐다 보고 경심(警心)과 수신(修身)을 찾는 사람은 하나도 없습니다. 이것은 그들의 마음이 이욕(利慾)에 사로 잡혀서 뿐만 아니라 실은 주자의 시대가 너무도 오래되어 그 유풍(遺風)마저 듣는 것도 희미해서 그리된 것이라 하겠습니다. 이이(李珥)의 탁행(卓行)과 격론(格論)은 당세(當世)를 감동케 하였고 아가(雅歌)와 상언(常言)은 언제나 주자를 배우려는 소원(所願)이 잠겨 있었습니다. 그러므로 석담정사(石潭精舍)에 주자(朱子)의 십훈(十訓)의 뜻을 추연(推衍)하여 서실(書室)의 약속(約束)으로 삼고 선비들을 교훈(教訓)하였으니 그들은 날로 흥기(興起)하였습니다. 이이(李珥)의 저서(著書)인 격몽요결(擊蒙要訣)[527]은 훈몽(訓蒙)과 개속(開俗)에 편리(便利)합니다. 또 찬집(纂集)인 성

---

527) 1577년(선조 10) 이이(李珥)가 학문을 시작하는 이들을 가르치기 위해 편찬한 책.

학집요(聖學輯要)는 수기(修己)와 정가(正家)와 위정(爲政)의 도(道)가 구비(具備)하였으며 강영(綱領)과 절목(節目)이 너무도 찬연(燦然)합니다. 신은 일찍 그 성학집요(聖學輯要)를 한번 읽어 보았으나 그 책은 가지지 못하였습니다. 단지 서실(書室)의 약속과 격몽요결(擊蒙要訣)로써 반드시 어린이들을 가르치고 그 다음 소학(小學)과 가례(家禮)를 가르치고 그 다음으로 근사록(近思錄)[528]과 사서(四書)를 배우게 하니 그들은 진척이 퍽 빠르고 쉬웠습니다.

이제 저들의 사설(邪說)이 사람의 이목을 가리우고 진유(眞儒)들의 올바른 의논이 장차 사람들을 효유(曉諭)하지 못하게 되겠습니다. 신의 원한 바로서는 이제 이이(李珥)의 서실(書室) 약속을 전국 학교에 반포(頒布)하시옵고 또 격몽요결(擊蒙要訣)과 성학집요(聖學輯要)를 인출(印出)하시어 계수관(界首官)[529]들에게 나눠 주십시요. 성학집요(聖學輯要)는 입지(立志)를 비롯하여 수감(收歛)과 입기(立紀)와 안민(安民)의 도리가 극진할 뿐만 아니라 고금 성현들의 수훈(垂訓)을 수록하였으며 그 책에 쓰여진 글들이 자자구구(字字句句)마다 인주(人主)로 하여금 스스로 반성하여 요순(堯舜)의 도(道)를 알게 하였습니다. 참으로 보통 문집과 같이 보아 넘겨서는 안 될 것입니다. 또 이 책 중에 「용현(用賢)」과 「취선(取善)」 이장(二章)은 군자와 소인을 깊이 밝혔습니다. 그러므로 요즈음 이(珥)를 비방하는 무리들이 타일(他日)에 이 판본을 없애 버릴지 모르니 또한 두려운바가 있습니다. 동(東), 서(西) 이자(二字)는 신에게는 관계가 없습니다. 순(淳)과 철(澈)과 이(珥)와 혼(渾)은 심적(心迹)이 오직 일월

---

528) 중국 송(宋)나라 때 신유학의 생활 및 학문 지침서.
529) 고려 및 조선 초기의 관직. 고려 및 조선 초기에 걸쳐 중앙집권이 강력하지 못한 상황에서 존재한 상급 지방행정 기구의 구실을 한 제도로서, 그 의미는 행정구역으로서의 계수관을 뜻하거나 계수관 자체가 관으로서의 수령(守令)을 뜻하기도 한다.

과 같이 밝습니다. 그들은 절대로 편당(偏黨)함이 없었다고 생각합니다. 군사(君師)의 의(義)가 지중하옵기에 신은 거듭 이(珥)와 혼(渾)등에게 억울하게 씌워진 서인(西人)이란 칭호를 벗겨주시옵고 그 교훈을 추중(推重)하여 누구나 다 같이 추모하고 배우게 하여 주시기를 간절히 원합니다. 신은 고분(孤憤)이 격중(激中) 하옵기에 마음속에 있는 말들을 참지 못하고 이같이 두서없는 글을 올립니다. 성주께서는 유신(留神)하옵시고 재택(裁擇)하시옵소서. 신은 격절(激切)하고 전률(戰慄)한 심회(心懷)를 건디지 못하옵니다.

동변(東變)이 있다는 소문을 듣고 놀라 목욕하고 상소문을 지어 북쪽을 향해 네 번 절하고 삼가 주상전하께 올립니다. 엎드려 생각하건대 주(周) 문왕(文王)[531]은 다른 나라와 교류함에 있어 신실(信實)하는데 그친다고 하였으며 유자(有子)는 말하기를 믿음은 의(義)에 가까워야 말을 할 수 있다 하였습니다. 주역(周易) 송괘(訟卦) 상(象)에 이르기를 일을 함에는 일을 꾀할 맨 처음에 근신(謹愼)하여 후일에 쟁송(爭訟)의 흔단(釁端)이 없도록 해야 한다고 하였고 정자(程子)가 전하기를 처음을 숙모(熟謀)한다는 뜻은 이웃 나라와 교제에는 삼가야 하고 문서를 맞출 때는 명확해야 한다는 류가 이것이라 하였습니다. 역대로 교린(交隣)하는데 믿음은 의(義)로써 하지 않았고 일은 시초(始初)부터 숙고(熟考)하지 않아 스스로 후환을 끼쳐 복망(覆亡)하는 재앙을 얻게 됨이 청사(靑史)에 기재되어 하나하나를 다 알 수 있으니 양송(兩宋)이 금(金) 나라와 원(元) 나라에 대하여 스스로 강대하여 질 것은 꾀하지 않고 먼저 통호(通好)하는데만 급하여 금(金), 원(元)의 징색(徵索)하는 환난을 당하게 되자 끝내는 도성과 온 백성을 부로(俘虜)로 만든 연후에야 그쳤습니다. 오늘날 일본의 사절이란

---

530) 공주 제독으로 있을 때 왜국의 사신과 절교해야 한다는 상소문.
531) 주나라의 기초를 닦은 명군. 이름 창(昌). 계왕(季王)의 아들, 무왕의 아버지, 은나라에서 크게 덕을 베풀고 강국으로서 이름을 떨친 계(季)의 업을 계승하여, 점차 인근 적국들을 격파하였다. 은나라의 주왕(紂王)이 산둥반도[山東半島]의 동이(東夷) 민족 정벌에 여념이 없는 틈을 타, 인근 제후의 지지를 받아 세력을 길러 황허강[黃河]을 따라 동으로 내려가, 화북(華北) 평원으로 진출하였다. 그 도하점(渡河點) 맹진(孟津)을 제압하고, 은나라를 공격할 태세를 정비하였다.

도시(都是) 무슨 명분이 있습니까? 신의 생각으로는 계평자(季平子)가 소공(昭公)을 몰아내고 제(齊)를 이룩한 것이며 진(晋)나라 사마소(司馬昭)가 위주(魏主)를 시역(弑逆)하고 오촉(吳蜀)에 위세(威勢)를 보인 것과 같습니다. 모름지기 반드시 왜국(倭國)의 사고(事故)를 갖추어 묻고 저들을 성죄(聲罪)하여 교린(交隣)을 거절한 연후에야 제환공(齊桓公)이나 진문공(晋文公)의 의거와 마찬가지로 가만히 앉아서 왜적의 심사를 공벌(攻伐)하고 스스로 우리나라를 강하게 할 것입니다. 무릇 일본의 원씨(源氏)가 나라를 가져 역년(歷年)이 육백년을 지냈으나 그의 선조들이 일찍이 우리나라에 통호(通好)하지 못하였습니다. 이와 같이 가지도 오지도 않은 것은 곧 왕자(王者)는 이적(夷狄)을 다스리지 않는다는 법으로써 다스리지 말고 그대로 두어 버리는 것이 옳았기 때문입니다. 대대로 통빙(通聘)을 닦았다던 저들이 예의가 없다는 것으로 전책(專責) 할 수는 없는 것이며 또 저들의 선조들이 우리에게 북면(北面)하고 복사(服事)함이 벌써 오랜 세월을 두고 하였습니다. 비록 오랑캐의 후예(後裔)라고는 하나 군장(君長)을 정하고 경위(經緯)를 지켜 자란(自亂)을 용납지 않았고 전날에 저들의 사절(使節)들이 왔을 때도 저들 나라의 국왕이 실덕(失德)한 사실이 국내에 전파되었다는 말은 일찍이 듣지 못하였습니다. 하늘이 패할 바에는 반드시 걸(桀), 주(紂)와 같은 자에게 한하는 것인데 저들의 국왕이 만약 걸주(桀紂)와 같은 나쁜 짓이 없었다면 방폐(放廢)한 신하가 제 임금을 찬시(簒弑)하였다는 죄목으로 베임을 면하지 못할 것입니다. 그 임금에게는 능포(凌暴)한 짓을 하여도 거리낌이 없으면서 그 이웃 나라에 영원한 화목(和睦)을 도모하는 자는 고금 이래로 없는 이치입니다. 그들의 심사는 자기의 병력으로 기왕에 상하(上下)를 협복(脅服)하였으며 조선은 남북으로 군사를 잃을 위험성이 있으니 만약 혁명의 위압(威壓)을 가지고 사절을 보내 서로 축하를 한다면 이것은 곧 국가가 뜻을 굽혀 저들을 쫓는 꼴이 되고 저들은 더욱 교만해져서 안으로 방시(放弑)의 패적(悖迹)을 감추고 밖으로는 인방(隣邦)에 징색(徵索)함이 점증(漸增)되어 이로서 흥병(興兵)하여 작적(作賊)하려는 흔단(釁端)을 찾자는 것이니 저들이 과연 우리를 사랑하고 존경하는 마음에서 우리나라에 사자를 보내는 것이라고 보아야 하겠습니까? 아! 신하가 그 임금을 방축(放逐)하는 것은 인륜의 큰 변란(變亂)이며 천지가 용납될 수 없는 것입니다. 국사를 도모하는 자로서 저 먼 절역(絶域)에 비록 창을 들고 가서 저들의 목을 베지는 못할지언정 그 어찌 차마 사신을 보내어 저들을 사위(謝慰)하여 그들의 성세(聲勢)를 조장하겠습니까? 세상에 제(齊)나라의 노중련(魯仲連)이나 송(宋)나라의 호전(胡銓)같은 사람이 있다면 반드시 항의하는 극언으로 위사(魏使) 신원연(新垣衍)의 존진위제론(尊秦爲帝論)을 막을 것이고 또 송(宋) 휘종(徽宗) 시(時)에 왕륜(王倫)이 금나라 사자의 요구에 응하자는 따위의 일도 거절할 것입니다.

신이 누일(累日)을 두고 듣자오나 의리를 부르짖고 왜사(倭使)를 거절하자는 계획을 듣지 못하였으니 어찌 나라에 대신이 있다고 하겠습니까. 만약에 저들은 강대하고 우리는 유약하다는 것으로 말을 하며 혹은 저들에게 물량을 끊음으로서 난을 생성하게 된다 고 두려워한다면 옛날 항우(項羽)의 강함은 천하에 대적할 사람이 없었으되 한왕(漢王)이 항우(項羽)가 의제(義帝)를 시역(弑逆)한 악을 성죄(聲罪)하니 필부는 기가 막혔고 제후들은 항우(項羽)를 돕지 아니 하였습니다. 지금 일본의 원씨(源氏)를 찬역(簒逆)한 신추(新酋)가 비록 강하다 할지라도 항우(項羽)에게는 그 힘이 미치지 못할 것이며 십여개(十餘個)의 섬으로 된 일본이 비록 좁다고는 하지만 한 두 사람의 충의지사가 없을 수 없습니다. 만약 우리나라에서 대의로써 왜놈들을 성죄(聲罪)하고 저들 사절들을 쫓아 버렸다는 말을 저들이 들는다면 그들도 구주(舊主)를 위하여 원수(怨讐)를 갚는 사람이 그들 가운데 있을 것입니다.

우리나라의 지세는 층관(層關)으로 성을 만들고 바다로 못을 삼아 능히 수어(守禦)할 수 있습니다. 옛날에는 수양제(隋煬帝)[532]가 고구려에게 패배하였고 당태종(唐太宗)도 천하에 떨치던 그 위세가 꺾였으며 호발도(胡拔都)의 강대한 힘도 우리 태조대왕에게 인월(引月 : 咸陽雲峰驛)에서 전멸(剪滅)하였으며 붕중(弸中 : 橘康廣)의 간지(奸智)도 중종대왕(中宗大王)이 동지(冬至)날에 신문(訊問)을 하게 되었으니 우리나라가 옛날에는 강하고 지금은 약하다고 못할 것입니다.

생각하건대 수졸(守倅), 곤수(閫帥)들은 적임자가 못되며 조정의 중신들은 호의호식(好衣好食)이나 하였지 경국(經國)의 경륜(經綸)에는 어두워 계모(計謀)가 사전에 정립되지 못한 까닭으로 수 천리나 되는 강국이 하나의 탄환(彈丸)만한 교활(狡猾)한 무리들에게 청명(聽命)하게 되었으니 신은 저으기 집사자(執事者)를 위하여 이를 부끄럽게 여깁니다. 작년 초추(初秋)에 사우(師友)의 수무(受誣)함이 오래 되었음을 통절(痛切)히 여기고 또 기근(饑饉)과 사려(師旅)의 궁곤(師旅)함을 민망히 여겨 망령되이 세 가지 일에 관하여 상소하였습니다. 그 가운데 두어 가지는 외람되게 저들 왜적이 우리를 강제하는 것을 끊을 계책을 아뢰었는데 위험스러운 말로 능히 세태(世態)에 맞게 할 수 없으므로 마치 급병(急病)에 의사(醫師)를 맞아 쓸 약제(藥劑)를 진(進)하는 것 같이 하였습니다. 이것은 신이 스스로를 팔아 앙화(殃禍)를 내기하려는 것이 아니고 구학(溝壑)에 떨어져 죽기를 생각한 것입니다. 오직 왜국에 관한 한가지 일을 끊지 못하고 끝내는 태조대왕과 중종대왕(中宗大王)의 위령(威靈)과도 같이 하지

---

532) 중국 수(隋)나라의 제2대 황제(재위 604~618). 문제(文帝)의 둘째아들. 시호 양제의 양(煬)은 악랄한 황제를 뜻한다고 한다.

못하므로 외로운 신하의 충정이 가물가물하여 끝내는 죽어서도 국사를 잊지 못하겠습니다. 별지(別紙)에 신의 뜻을 적어 전하께 올리오니 행여 적과 싸우지 않고서도 저들을 굴복시키는 계책에 성려(聖慮)를 깊이 하여 주신다면 곧 지나간 일은 다시 간 할 수 없거니와 앞으로 닥쳐 올 일은 오히려 추급(追及)할 가망이 있을 것입니다.

만약에 왜사(倭使)가 우리나라를 향하여 출국하였는데 이들을 준엄하게 거절하지 못하였다고 한다면 왜사가 머무를 동평관에(東平館) 모름지기 예관(禮官)을 보내어 왜국내(倭國內)에서의 찬역(篡逆) 사유를 자세히 물어 전왕(前王)의 폐출이 과연 국인들의 동분(同憤)에서 나온 것인지 아니라면 한(漢)나라 진평(陳平)이 항우(項羽)의 사자(使者)에게 악초악식(惡草惡食)으로 박대하여 초(楚)나라 사자를 끊어 버린 것 같이하며 또 팔로(八路)에 여론(輿論)을 분격(奮激)시켜 임금을 시역(弑逆)한 놈은 이웃 나라의 관역(館驛)에 용납되지 못함을 알게 한다면 곧 오(吳)나라 서성(徐盛)의 한번 말에 위(魏)나라 형정(邢貞)이 공경한 마음을 일으키게 하여 앉아서도 남당(南唐)이 떨치지 못하도록 하는데 이르는 것과 같을 것입니다.

또 가령 왜국의 신왕(新王)에게 현저(顯著)한 정적(政績)이 있고 구왕(舊王)은 폐하여도 좋다고 하면 하늘에는 두 개의 해가 없으니 왜국(倭國)에서의 칭황(稱皇)도 마땅하다 하려니와 우리나라는 명(明)나라를 공경하는 터이니 왜국신왕(倭國 新王)의 심사가 허위라는 것을 알리지 않을 수 없고 또 그들과의 교환을 끊지 못한다고 하면 이 기회에 왜사의 서계중(書契中)에 있는 위호(僞號)를 삭제하도록 해야 합니다. 또 춘적(春賊)이나 사화동(沙火同) 같은 놈을 박송(縛送)한 연후에 관(關)을 트고 왕래하게 한다면 저들 모든 섬은 우리나라에서 생자(生資)를 구하는 것이 심히 많으니 어찌 몇 자의 글자를 바꾸는 것을 꺼려 삼강(三綱)의 이치를 무너뜨리며 한 적도(賊徒)의 생명을 두호(斗護)하기 위하여 팔천 석이나 되는 미곡(米穀)을 가벼이 여기겠습니까? 국운이 쇠(衰)한 주(周)나라 양왕(襄王)도 오히려 왕법(王法)을 아끼었고 제(齊)나라 환공(桓公)도 패업(霸業)을 시작할 때에 제후(諸候)로서의 법도를 가장 근신(謹愼)하게 하였습니다. 공경히 생각하건대 성주께서 학문을 깊이 연구하시어 고금을 밝게 보심으로 왕도를 높이고 패도를 정하는 힘이 이 한가지 일에 달려 있다 하겠습니다. 이제 만약 왜국의 변란을 갖추어 왜사를 거절하시고 이 사실을 명(明)나라 천자에게 상고하신다면 명(明)나라 황제는 반드시 기뻐하시고 깊이 성주의 사대(事大)하는 충성이 우리나라가 멀리 떨어져 자신이 직접 목도(目覩)하고 듣지 못하는 사이에 항상 근실(勤實)하다고 생각하여 우리 태조대왕의 종계(宗系) 오류(誤謬)의 개정(改定)을 반드시 사관(史館)에 명하여 인반(印頒)케 할 것이니 우리나라로서는 다시 번청(煩請)하는 수고로움을 하지 않을 것입니다. 문득 신은 이에 거듭 노(魯)나라 애공(哀公)과 제(齊)나라 경공(景公)에 대한 감회(感懷)가 있습니다. 주역(周易)에 신하가 그 임금을 모해(謀害)하고 자식(子息)이 그 아비를 모해함은 그것이 일조일석(一朝一夕)에 빚어지는 사고(事故)가 아니라 유래한 바가 벌써부터 있는 것이라 하였습니다. 까닭에 주역(周易) 곤괘(坤卦) 초효(初爻)에 서리(霜)를 밟으면 벌써 앞으로 견고한 얼음(氷)이 올 것을 경계하였고 구괘(姤卦) 초효(初爻)에도 파리한 돼지가 주춤거리는 것을 경계하였습니다. 생각하건대 무릇 성인은 어떤 사태(事態)의 기미(機微)라도 밝게 비춰 보는 까닭에 공자(孔子)는 애공(哀公)[533]에게 이르기를 "곧지 못한 사람을 곧은 사람들 가운데 갖다 놓으면 백성들이 그에게 복종하지 않는다." 하였고 또 말하기를 "어진 사람을 존경하면 의혹됨이 없다." 하였습니다. 또 경공(景公)에게 이르기를 "임금은 임금다워야 하고 신하는 신하다워야 하며 어버이는 어버이다워야 하고 자식은 자식다워야 한다." 고 하였습니다. 이 두 서너 가지 정치에 관한 물음에 임금으로서 하여야 할 도리를 곡진(曲盡)하게 말하고 그 임금이 그 말에 기뻐하긴 하나 실천하지 않는 것은 자신으로서는 어찌할 바 없다고 하였습니다. 맹손(孟孫), 숙손(叔孫), 계손씨(季孫氏) 등이 노(魯)나라의 정치를 전천(專擅)함에 공자(孔子)가 자리를 잃었고 진씨(陳氏)가 제(齊)나라를 전제(專制)하자 안영(晏嬰)[534]이 공자(孔子)를 꺼려하였습니다. 노(魯)나라 애공(哀公)의 정치(政治)는 임금은 임금답지 않았고 신하는 신하로서의 도리를 다하지 못하였고 제(齊)나라 경공(景公)은 또 안으로 많은 첩(妾)을 거느리고 태자를 후계로 세우지 않으니 군신, 부자의 사이가 모두 그 윤상(倫常)을 잃었기 때문에 진항(陳恒)의 시군(弑君)과 전화(田和)의 찬위(篡位)까지 이르렀습니다. 경공(景公)은 신후(身後)의 앙화(殃禍)를 계도(啓導)하였거니와 애공(哀公)은 오히려 생존해 있었으니 만약 두려운 생각을 갖고 그 이웃 나라에 경계를 하였다면 가히 환란을 그치게 하였을 것입니다. 그런 까닭에 공자는 목욕하고 토벌하기를 청하였던 것이니 만약 애공(哀公)이 삼자(三子)에게 직접 시군(弑君)한 적을 왕토(往討)하라고 명하였으면 군대가 노(魯)나라 지경(地境)을 나가기 전에 제(齊)나라 사람들이 반드시 진항(陳恒)을 베기를 위(衛)나라 사람들이 영공(靈公)의 서자(庶子) 주우(州吁)를 죽이듯 하였을 것입니

---

533) 춘추시대 노(魯)나라의 왕(재위 BC 494~BC 468). 공자(孔子)가 위(衛)나라에서 노나라로 돌아왔으나, 정치를 단념한 그를 등용할 수 없었다. 국내적으로는 삼환(三桓)이라고 하는 공족3가(公族三家)의 세력이 강하였고, 대외적으로는 오(吳)·제(齊)나라의 공격으로 국력을 펴지 못하였다. 월(越)나라의 도움으로 삼환씨를 제거하려다 오히려 왕위에서 쫓겨나 유산지(有山氏)에서 죽었다.

534) 중국 제(齊)나라의 정치가. 시호 평중(平仲). 통칭 안자(晏子)라고 한다. 제나라의 영(靈)·장(莊)·경(景)의 3대를 섬기면서 근면한 정치가로 국민의 신망이 두터웠고, 관중(管仲)과 비견되는 훌륭한 재상이었다. 기억력이 뛰어난 독서가였으며, 합리주의적 경향이 강하였다고 한다. 《안자춘추(晏子春秋)》는 그의 저서로 전해지나 후세에 편찬된 것이다. 동양 5성의 하나이다.

다. 그러나 이것을 먼저 하지를 않고 삼자(三子)에게 목숨을 바치다시피 하였기에 저 삼자(三子)들은 성세(聲勢)를 서로 의지하여 어지러움을 다행으로 여기고 사사(私事)만을 영위하여 급기야는 편당(偏黨)이 성(盛)하고 여럿이 원조(援助)하여 손을 볼 수 없게 되자 곧 공(公)은 정(鄭)을 버리고 월(越)로 달아나서 월(越)의 힘을 빌어 계씨(季氏)를 토벌하려 하였으나 성과를 보지 못하고 죽었습니다.

아! 협곡(夾谷)에서의 회담(會談)에 공자의 한마디 말을 힘입어 내병(萊兵)이 스스로 물러가고 운(鄆)·문(汶) 두 고을을 노(魯)나라에 되돌려주었는데 진항(陳恒)의 변(變)이 졸지에 일어나므로 공자가 청토(請討)하였던 것입니다. 이 때를 당하여 공자가 비록 늙었지만 지기(志氣)는 아직 쇠약하지 않았으니 오히려 내병(萊兵)의 남은 힘을 물리칠 수 있고 또 진항(陳恒)과 육경(六卿)을 앉아서 베일 수도 있었습니다. 그런데 이것은 성현을 쓰고 버리는 사이에 국가의 안위가 매여 있으니 두려운 바입니다. 난신적자(亂臣賊子)의 무리들은 양정(羊鼎)[535]을 가르치고 풍성(風聲)을 인하여 동(東)쪽에서 작사(作事)하면 서(西)쪽에서 향응(響應)하는 것이 육경(六卿) 삼가(三家)와 같은 자가 백 명도 넘을 것입니다. 지도층에 있는 자는 마땅히 스스로 옳은 친구를 구해서 환란을 예방하도록 생각하기를 범꼬리를 밟고 봄 얼음을 건너는 것 같이 하며 썩은 새끼로써 육마(六馬)를 모는 것 같이 한 연후에야 이 마음이 환해서 치란(治亂)의 기틀이 목전(目前)에 나타나므로 군신이 서로 경계하여 나라를 위태롭기 전에 보전하게 되는 것입니다.

그런데 세상에 임금 된 사람이 많이 불능하다고 걱정하는 것은 대

---

535) 조선 전기의 무신. 본관 청주. 무예에 뛰어난 장사로서, 1453년(단종 1) 한명회(韓明澮)의 추천으로 수양대군(首陽大君) 휘하에 들어가, 황보인(皇甫仁)·김종서(金宗瑞) 등을 제거하는 데 공을 세워 정난공신(靖難功臣) 2등에 책록, 병조참의에 임명되었다.

개 높은 지위에 있으면 교만하고 태만한데 이르기 쉽고 아부하는 신하가 오직 봉영(逢迎)하는 데만 일삼아 기미를 알고 먼 것을 염려하는 사람을 투기하고 미워하며 임금의 낯을 범(犯)하며 직간(直諫)하는 선비를 뭇개가 짖어서 쫓는 것 같이 하니 고굉이목지신(股肱耳目之臣)은 그 직분을 다하지 못합니다. 제비와 참새 같은 무리들이 높은 집에 붙어서 안일(安逸)하게 살다가 구들이 무너지고 기둥이 타도 오히려 편안하다고 하는 것과 마찬가지입니다. 송(宋)나라 선화제(宣和帝) 시대에 해상(海上)의 맹서(盟誓)가 스스로 정강(靖康) 때 앙화(殃禍)를 불러 사람들이 이르거늘 오랑캐는 신의(信義)가 적다고 하나 그때에 휘종(徽宗)과 더불어 꾀한 자는 다만 빙해(馮澥)와 하집중(何執中)이 변원(汴原)을 지키자는 자들뿐이었으니 크게 꾀하고 멀리 생각하는 것을 누구와 의논하겠습니까? 맹자가 말씀하기를 사람은 반드시 자기 스스로를 업신여긴 연후에 다른 사람들이 그를 업신여기고 국가는 반드시 스스로 친 연후에야 남이 그를 토벌(討伐)한다고 하였습니다. 오늘날 고굉(股肱)의 신이요 이목(耳目)의 신이라고 하는 자들이 빙해(馮澥)나 하집중(何執中)보다 더 어질지는 못하면서도 현능(賢能)한 인물을 시기하고 질투함이 남들보다 지나치며 붕당을 만들고 사사로움을 펼치는 것이 남들보다 빠르지 못 할까 두려워합니다. 호랑이를 두루 풀어놓아 사람들을 깨물게 하고 몽둥이로 백성을 두들겨 고혈(膏血)을 짜 내므로 백성은 유리(流離)되고 군사들이 흩어져서 말할 수 없는 극심한 지경에 이르렀고 강상(綱常)의 변괴(變怪)가 꼬리를 물고 일어납니다. 그러나 그 교만(驕慢)과 사치(奢侈)를 도태시켜 정치의 기강을 바로 잡고 백성들을 도탄(塗炭)의 화에서 구제해야 할 방법은 오히려 알지도 못하고 늘 성주를 연안(宴安)하고 고식(姑息)한 곳으로 인도하려 하여 안으로 지켜야 하고 밖으로 외모(外侮)를 방어할 것은 하나도 믿을 바가 없습니다.

보잘것 없는 견양(犬羊)들 마저 침릉(侵凌)할 수 있다 하여 남에서 엿보고 북쪽에서 반돌(撃突)하니 거의 편안한 해가 없으며 심지어 악독(惡毒)하기 무상(無狀)한 위인들은 집사자(執事者)들의 능력의 깊고 얕음을 시험하려 합니다. 이로 말미암아 나를 스스로 업신여겨 남들이 비로소 우리를 업신여기고 우리끼리 서로 치고 헐뜯으므로 말미암아 남들이 우리를 침벌(侵伐)하니 신은 실로 이것을 통탄합니다. 아! 갈백(葛伯)이 그 동자(童子)를 죽였다하여 탕(湯)[536]임금은 오히려 갈백(葛伯)을 공벌(攻伐)하였거든 하물며 일본은 신하가 그 임금을 방축(放逐)하였는데 우리는 그들을 받아들인다고 하면 천하 후세에 누가 이르기를 전하께서 탕(湯)과 같은 명단(明斷)이 있었다 하겠습니까? 신의 어리석은 생각으로는 만약 왜적의 사자를 우리의 경상(境上)에서 막지 못하였다면 그들을 관중(館中)에 구류(拘留)하고 저들 찬역(簒逆)을 모의한 괴수(魁首)의 머리를 베어 명(明)나라 천자에게 주문(奏聞)하고 여타(餘他)의 종자(從者)들은 왜국으로 돌려보내 왜적들로 하여금 예의(禮義)가 엄연한 나라를 결코 범하기 어렵다는 것을 알게 하신다면 전하께서 진노하시지 않는 위엄이 오히려 부월(鈇鉞)보다 엄할 것이며 절발(竊發)하는 무리들도 또한 기가 꺾여 도망칠 것입니다.

증자(曾子)는 말하기를 "진(晉)나라나 초(楚)나라의 부강함에는 미

---

536) 중국 고대 은(殷)나라를 창건한 왕. 탕은 자이며, 성탕(成湯)이라고도 한다. 『사기(史記)』에 의하면 시조 설(契)의 14세에 해당한다. 당시 하(夏)왕조의 걸왕(桀王)이 학정을 하였으므로, 제후들의 대부분이 유덕(有德)한 성탕에게 복종하게 되었다. 걸왕은 성탕을 하대(夏臺)에 유폐하여 죽이려 하였으나, 재화와 교환하여 용서하였다. 탕왕은 현상(賢相) 이윤(伊尹) 등의 도움을 받아 곧 걸왕을 명조(鳴條)에서 격파하여 패사시켰다. 그리고 박(亳)에 도읍하여 국호를 상(商)이라 정하여, 제도와 전례를 정비하고 13년간 재위하였다. 그가 걸왕을 멸한 행위는 유교에서 주(周)나라 무왕(武王)이 은나라 주왕(紂王)을 토벌한 일과 함께, 올바른 '혁명'의 군사행동이라 불리고 있다.

치지 못하지만 저들이 부강함을 내세우면 우리는 인(仁)으로 대하고 저들이 벼슬로 유인한다면 우리는 의(義)로 대할 것이니 우리에게 무슨 부끄러움이 있으리오." 하였습니다. 필부(匹夫)로도 인(仁)에 살고 의(義)를 굳게 지키면 오히려 진(晉)나라나 초(楚)나라의 부강함도 두려울 바가 없었거든 하물며 막대한 제후국(諸侯國)으로 왕법(王法)을 삼가 지키고 어질고 능한 자를 사역(使役)시켜 정치를 가다듬고 혜택을 고루 펼치며 인(仁)으로써 백성들의 마음을 결합시키고 의(義)를 이웃 나라에 드러낸다면 분경(奔競)함이 없이 오직 적재(適材)가 적소(適所)를 지켜 사방이 모두 이를 배울 것입니다. 그런데 경공(景公)은 선(善)하는데 스스로 강하게 하지 못하므로 끝내는 제(齊)나라의 강함을 가지고도 눈물을 흘리면서 그 딸을 오(吳)나라에 바쳤으니 맹자가 이르는바 천리의 강역(彊域)을 가지고도 다른 사람을 두려워함이 또한 부끄럽기 심한 것이 아니겠는가 하였습니다. 신은 엎드려 바라건대 성주께서는 덕을 심고 근본을 굳건하게 하시고 개인(价人)과 태사(太師)들로 울타리를 삼으시며 오직 덕을 생각하시고 오직 종자를 성(城)으로 삼아 성이 무너짐이 없게 하시며 외로움 두려움도 없게 하사 만세에 뽑지 못할 튼튼한 터전을 세워야 합니다. 분시(獖豕)같은 사나운 자는 제거하셔서 안으로 당나라 팔관십육자(八關十六子)와 같은 무리들이 간사를 감히 농(弄)하지 못하게 하시며 소진(蘇秦)[537], 장의(張儀)[538] 같은 무리들이 합종(合從)연횡

---

537) 중국 전국시대(BC 5세기~ BC 3세기) 중엽의 유세가(遊說家). 장의(張儀)와 함께 귀곡자(鬼谷子)에게 가르침을 받았다. 처음에 진(秦)나라의 혜왕(惠王)을 비롯하여 제후 밑에서 유세를 하였으나 채용되지 않았다. 강국인 진나라와 한(韓)나라 두 나라가 서로 교전하고 있어 산동 지방의 제국들은 진나라의 침략을 두려워하고 있던 때이므로, 연(燕)나라의 문후(文侯)에게 6국 합종(合縱)의 이익을 설득하여 받아들여졌다. 다시 조(趙)·한(韓)·위(魏)·제(齊)·초(楚)의 여러 나라를 설복하는 데도 성공하여, BC 333년 연나라에서 초나라에 이르는 남북선상(南北線上)의 6국의 합종에 성공하였다.

설(演横說)로 공갈(恐喝)을 하지 못하게 하시고 관숙(管叔)[539] · 채숙 (蔡叔) · 왕망(王莽)[540] · 주차(朱泚) 같은 간악하고 독한 무리들이 겨 드랑이 밑에 암생(暗生)하지 못하게 하시며 형국(荊國)이나 서국(舒 國)같이 모사(冒史)의 악이 번갈아 여자(旅恣)하지 못하게 하셔야 합 니다. 우리 화하(華夏)라는 도리를 밝히고 저들 오랑캐의 횡포성을 막으시며 우리의 임금을 사랑하고 윗사람을 위하여 죽을 수 있는 백 성들을 거느리시고 저들 군장(君長)도 없는 무리들을 매질하심은 비 유(譬喩)컨대 병을 거꾸로 들어 물을 쏟고 또 손바닥을 뒤집는 것과 같이 쉬울 것입니다. 오랑캐들을 대하는데는 본래 상책이라고는 없 습니다. 오직 나의 인의예지(仁義禮智)로 저들을 감화(感化)시키는 것뿐입니다. 당당한 우리나라는 태조대왕께서 창업하신 이래 관해 (關海)에서 백전(白戰)을 겪어 생령(生靈)들을 편안케 하셨으며 열성 조(列聖朝)께서 큰 덕을 전하여 미봉(彌縫)하심이 세밀하셨으며 진 (鎭)과 보(堡)가 별과 같이 벌려 있고 문교(文敎)가 때로 선양(宣揚) 되었습니다. 그러나 전조(前朝)고려(高麗)와 같이 안으로는 불교를 신봉함으로써 국력의 소모와 밖으로는 오랑캐와 왜적으로 인한 국 력의 소모가 없었음에도 전조의 역년(歷年)을 반도 누리지 못하고 문 득 전조의 삭약(削弱)한 형세에 이르렀으니 신은 저으기 모국자(謀 國者)의 죄(罪)가 위로 하늘에 통하여 도망칠 곳이 없는 것으로 생각 합니다.

(차하실부록(此下失不錄)

---

538) 중국 전국시대(戰國時代) 위(魏)나라의 모사(謀士). 종횡가(縱橫家)의 비조. 합종 책(合從策)을 제창한 소진(蘇秦)과 더불어 귀곡선생(鬼谷先生)에게 사사하였다.

539) 주(周)나라 문왕(文王)의 셋째아들이며 주공(周公) 단(旦)의 형. 무왕(武王)이 은 (殷)을 멸하고 여러 아우를 각지에 봉(封)했을 때, 채(蔡)에 봉함받은 숙도(叔度)와 함께 관(管)에 봉해졌는데 주왕(紂王)의 아들 무경(武庚)을 보좌하여 허난[河南]을 다스렸다.

540) 중국 전한(前漢) 말의 정치가, '신(新)' 왕조(8~24)의 건국자.

# ◎논시폐소(論時弊疏)
선조 22년(1589) 己丑 4월

신이 그윽이 듣건대 요사이 천재(天災)와 시변(時變)은 전고(前古)에 없는 바이므로 비록 삼척동자라도 미리 헤아릴 수 없는 화가 있을 것을 알고 있습니다.

화근의 소재는 오직 백성을 옮기는 한 가지 일을 점차적으로 하지 않고 너무 급박하게 처치(處置)함으로써 재화(災禍)를 불러온 듯 합니다. 비단 이민으로 간 사람만이 의지할 곳이 없어 도망하거나 또는 죽는 것이 아니고 이를 보호(保護)하는 인족(隣族)도 또한 꼬리를 물고 달아나 피하니 비록 상앙(商鞅)의 밀법(密法)으로서도 수습을 못 할 것이라 생각됩니다. 이제 백성 기르는 것과 나라 지키는 것을 비유한다면 그릇에 물품을 담은 것과 같습니다. 그릇을 위험한 곳에 두면 기물이 깨어지는 것과 같이 백성을 사지(死地)로 몰아넣으면 백성이 패망하는 동시에 나라도 따라서 멸망할 것입니다.

전하께서 이미 북쪽 요새를 걱정하시니 신이 그 지극히 지탱하기 어려운 정상(情狀)을 먼저 말씀드리겠습니다. 해내(海內)가 왕토(王土) 아닌 것이 없으니 백성을 사랑하고 길러내는데 법도가 있다면 어느 곳인들 살지 못하겠습니까? 저 도망친 자들도 반드시 남녘 땅이 아름다워서가 아니고 임금의 교화(敎化)가 너무 멀어서 무인(武人)들의 횡포에 따라 바치라는 물품이 대충 말하기조차 어렵기 때문입니다.

다만 그 심한 것만을 들어 말씀드리면 관아(官衙)에서 날마다 궐(闕)로 받아들이는 세 종목이 있으니 연가(烟家)와 환상(還上 : 환자)와 산행(山行)이 그것입니다. 한 사람의 명의(名義)를 세 종목에 나누어 기재(記載)하고 삼군관(三軍官)에게 나누어준 다음 각 곳에서 점

430

호(點號)하기 때문에 거우 한곳 명의(名義)만 응할 수 있을 뿐 반드시 두 곳은 궐(闕)이 되어 담비 가족과 세포(細布)를 바쳐야 됩니다.

또 대소관료(大小官僚)의 음식을 차린 상이 마음에 흡족하지 않으면 문득 엄하고 가혹한 형벌이 따르므로 토병(土兵), 객호(客戶), 포정(庖丁), 재부(宰夫)들은 처음에는 관곡(官穀)을 빌려다가 판출(辦出)하고 다음에는 가옥(家屋)과 전답(田畓)을 팔아 설비(設備)하다가 종말(終末)에는 친족(親族)의 농우(農牛)까지 빼앗아다가 바쳐도 지탱할 수가 없으니 서(西)쪽으로 달아나고 동(東)쪽으로 도망하게 됩니다.

지금은 쇄환(刷還)한다 하더라도 전답과 가옥은 다 타인의 소유가 되고 엄하고 혹독한 형벌은 예전보다 증가되어 태장(笞杖)의 크기가 관죽(管竹)만 하므로 이민(移民)들은 살가죽이 온전한 데가 없으며 하찮은 창속(倉粟)으로 이웃 오랑캐까지 힘입고 있으므로 주호(主戶)에 넉넉하게 주면 객호(客戶)가 많이 굶주려 죽고 객호에 넉넉하게 주면 주호가 굶주리게 됩니다.

세금으로 쌀을 바치는 것이 없으므로 관청(官廳)에서는 빈 문서만 주고 있고 따라서 두루 구조(救助)하지 못하자 풀뿌리와 나무 열매로 괴롭고 고생스럽게 먹고사는 정상(情狀)은 멀리서 듣고도 놀라게 되며 이사(移徙)한 처음에는 모두 필사(必死)의 뜻을 품게 됩니다. 그러하오니 강제로 죄 없는 적자(赤子)들을 몰아서 필사의 지역에 가게 하는 것은 결코 전하께서 차마 하실 일이 아니옵니다.

옥비(玉非)의 자손 이백여 명의 천사(遷徙)한 자가 이제 열 사람도 남지 않았다 하니 이것은 백성의 살림을 마련해 주는 이가 사람마다 잘 살게 하지 못하고 도리어 못살게 하였기 때문입니다. 옮기는 백성을 삼분(三分)으로 나누어 그 일분(一分)을을 옮기되 장정(壯丁)이 있는 호구(戶口)를 먼저 옮기고 그 이분(二分)은 머물게 하여 각각 공

431

부(貢賦)를 거두어서 먼저 옮아간 호구를 부호 하다가 그 옮아간 자가 밭을 개간(開墾)한 다음 점차적으로 옮긴다면 살고 있는 자나 옮아간 자가 모두 거의 온전할 것입니다.

각도(各道)의 마땅히 이사(移徙)할 백성을 조사(調査)하여 그 노약(老弱)들을 인해 남녁땅에 살도록 허락하고 그 원(願)에 따라 해마다 공목(貢木)을 받아 농사지을 수 있는 토병(土兵)의 남녀에게 각각 한 필(疋)씩 나누어주어 둔전(屯田)[541]을 개간해서 곡식을 기르게 한다면 토병(土兵) 남녀(男女)가 추우면 옷이 있고 굶주리면 밥이 있어 오랑캐의 땅에 찌게미와 쌀겨를 빌어먹기 위하여 몰래 갔다가 나라의 비밀(秘密)을 누설하는 일이 없을 것입니다.

새로 개간(開墾)한 밭의 수확(收穫)이 점차 축적되어 신호(新戶)를 부양할 수 있게 된 다음 각진(各鎭)에 영을 내려 개간한 밭 몇 결이어야 새로운 집 몇 집을 수용(收容)할 수 있음을 호부(戶部), 병부(兵部)와 상의하여 현시의 문서대로 먼저 장정(壯丁)이 많은 호구(戶口)를 선택(選擇)하여 점차적으로 보내고 세 종목으로 나누어 궐(闕)받는 폐막(弊瘼)을 제거해야 합니다. 그리고 경상(卿相)의 집에 표범 가죽과 베를 바치는 자는 간신으로 몰아서 태형(笞刑)[542]을 바로 잡아 한 사람의 생명이라도 잔인하게 죽인 자는 엄벌에 처하십시오.

신구(新舊)로 이사(移徙)한 백성이 소도 있고 자기(瓷器)도 있어 농사에 힘 쓸 수 있다면 요새(要塞) 밑의 황전(荒田)이 낙토(樂土)가 되지 않는 것이 없을 것입니다. 이 같이 한 후에 여가로 전법(戰法)을 교련(敎鍊)시키되 효제충신(孝悌忠信)으로써 우선적으로 하고 사어(射御)를 잘하는 자는 상을 내리며 원대(遠大)한 꾀가 뛰어난 자는 뽑아서 쓰십시오. 그들이 윗사람을 잘 섬기고 어른을 위하여 죽는 것이

---

541) 지방에 주둔한 군대의 군량이나 식량을 쓰기 위하여 경작하는 밭.
542) 대쪽으로 볼기를 치는 형벌.

의리인줄 알게 된다면 몽둥이로 오랑캐를 칠 사람이 토병(土兵)과 이민(移民)에서 반드시 나올 것이며 남녘땅의 정병(精兵)을 해마다 수고롭게 뽑아 보낼 필요조차 없을 것입니다.

아! 북도(北道)의 빈약함은 진실로 근심이 되오나 남도(南道)의 공허하여 가는 것도 실로 나라의 큰 병이옵니다. 백성이 흩어지는 까닭을 살펴보면 그 폐막(弊瘼)이 하나 둘이 아닙니다. 그 큰 것만 추려 말하더라도 첫째, 역역(力役)이 빈번(頻繁) 둘째, 공부(貢賦)의 가혹(苛酷) 셋째, 형옥(刑獄)의 번원(煩冤)입니다. 이 세 가지 일이 백성에게 원한을 쌓게 한 것이 진실로 하루 이틀이 아니어서 하늘의 경계와 물(物)의 간얼(奸孽)은 말세(末世)의 변괴(變怪)라 아니할 수 없습니다.

신이 이 세 가지 폐단을 들어 백성의 곤궁한 정상(情狀)을 말하고 끝으로 자진책(自振策)을 지어 올리겠습니다. 맹자가 말씀하기를 "포루(布縷)와 속미(粟米)와 역역(力役)의 세 가지 세(稅)가 있는데 어진 이는 한 가지를 받고 두 가지는 늦춘다. 그 두 가지를 받으면 백성이 굶주려 죽고 그 세 가지를 받으면 부자(父子)가 서로 흩어진다." 고 하였으니 이 뜻을 알아 자손을 위하여 꾀를 남긴 사람은 조간자(趙簡子 : 晋人)입니다. 그는 윤탁(尹鐸)으로 견사(繭絲)를 부세(賦稅)로 받지 않고 다만 보장(保障)에만 힘쓰게 하였으므로 결국에는 진양(晋陽)에서 지백(智伯)을 멸하였습니다. 이제 전하께서는 진양(晋陽)으로 여기고 의지(依持)할 곳은 어디며 윤탁(尹鐸)으로 여기고 의지할 사람은 누구입니까?

아! 연산군(燕山君)의 공안(貢案)이 경륜(經綸)있는 자에서 나오지 못하고 먼 식견이 없는 사람에게서 이루어 졌으므로 그 전부(全部)를 서리(胥吏)게 위임하여 스스로의 영리(營利)만을 계책 하였습니다. 따라서 큰 부(府)와 작은 읍(邑)에 부세(賦稅)가 균등케 되지 않을 뿐 아니라 그 조목(條目)이 쇠털같이 많아서 자그마한 물품을 서울로 올려 보낼 때면 인정으로 쓰는 비용이 곱이나 됩니다.

   또한 세 명절(名節)에는 물가가 폭등하여 가죽 한 장 가격이 포목(布木) 일동(一同) 값 보다 비싸며 그밖에도 포목(布木)을 가난한 백성에게 독책(督責)하니 추운 백성이 옷을 입을 수 없습니다. 호조(戶曹)에서는 국고의 결핍을 염려하여 준급(峻急)하게 공문을 내려보내어 기준세액(基準稅額)을 확보하라고 명령하니 각 읍(各邑)의 서리(胥吏)는 겁이 나서 흉년을 당한 메마른 땅이건 병충해를 입은 벼이건 간에 일체(一切)로 하(下)의 하(下)로써 세(稅)를 조정(調整)하여 키머리에서 급히 징수하여 가니 봉납(捧納)도 부족하여 차대(借貸)하는 판에 굶주린 백성이 먹을 것이 있겠습니까?

   군정(軍丁)의 역사(役事)와 인족(鄰族)의 침해가 해마다 심한 것은 장리(長吏)의 잦은 경질(更迭)로 말미암아 맞고 보내는 절차에 따라 진상하는 물종(物種)이 삼분(三分)의 일(一)이라면 지방관리(地方官吏)가 요로(要路)에 뇌물로 바치는 물종(物種)이 삼분(三分)의 이(二)나 되므로 역마(驛馬)와 인부(人夫)가 피곤을 못 이겨 날로 사상자가 발생합니다.

   결부(結負)에 의한 요역(徭役)이 다달이 더하여 가는 것은 공족(公族)들의 궁실(宮室)에 사용되는 재목이 전혀 이 백성으로부터 판출(辦出)되며 성을 구축하는 승군(僧軍)의 품삯을 가난한 백성에게 독촉하고 심지어는 경상(卿相)의 사택(私宅) 수리(修理)까지 이들의 힘을 입고 있으니 첫 사람의 역역(力役)에 비교하면 너무나 참혹합니다.

   옛날 백성은 공부(貢賦)를 바쳐서 왕실만을 호위하였는데 이제는 백성을 한 해에도 헤아릴 수 없는 사문(私門)의 역사(役事)에다가 변방의 역사(役事)가 또한 옛 진(秦)나라 때보다도 더 심하니 어찌 백성이 곤궁하지 않고 도적질을 하지 않을 수 있겠습니까? 더욱이 형옥(刑獄)은 법을 무시하고 뇌물의 다소와 세력의 유무로써 처결되고 있음은 이루 다 말할 수 없습니다. 양인(良人)을 억울하게 천인(賤人)으로 바꾸며 사람을 빼앗아가 노비를 삼고 남의 분묘(墳墓)를 해(害)치고 남의 가옥을 빈터로 만드는 등 욕심이 많은 사람과 난민들의 횡포는 백성들로 하여금 그 죄가 없음을 하늘에 호소하게 되므로 이 백성의 원한이 화(化)하여 수한(水旱)의 재앙이 되옵니다. 이 어찌 성상께서 마음 아파하실 바가 아니겠습니까?

지난 가을에는 북인(北人)을 점검하라는 명령이 내리자 죄수가 많아서 옆집까지 합병하여 옥(獄)을 만들었습니다. 그 구속(拘束)의 대상은 양민(良民)에게만 그치지 않고 지위가 높고 행동이 점잖은 사람의 자제(子弟)까지도 형장을 면하지 못하였으니 이민(移民) 기피자를 한 사람 재워 보냈다 하여 온 가족이 북방(北方)으로 이민(移民)을 가야 하였고 한 골육의 정을 끊기 어려워서 잠깐 동안 쉬어 가게 하였다고 하여서 수십의 인당(鄰黨)이 피해(被害)를 당하고 있습니다.

옛 사람은 말하기를 "한 사람이 옥(獄)에 있으므로 해서 만인이 업(業)를 폐(廢)한다" 하였고 또 말하기를 "감방(監房)의 고초는 하룻밤이 일년과 같다" 고 하였으니 이제 하소연 할 곳이 없는 백성을 옥에 가두어 겨울을 지내고 봄이 와도 오히려 풀어주지 않아 만물은 다 생기에 차 있지만 이들은 모두 사심(死心)에 차 있습니다.

한 죄수가 경기감옥(京畿監獄)에서 죽으니 그의 친족 가운데 고관의 지위에 있는 분이 있어 옷을 보내어 염(殮)하려고 하니 그곳 수령이 어사에게 보고하여야 한다고 하여 공문을 발송하니 그 공문이 갔다 오는 동안 한 달을 거적대기로 시체(屍體)를 덮어놓았고 또 한 아이가 호옥(湖獄)에서 죽었는데 그 시체를 옷으로 가리지도 않고 파묻지도 못한 채 여러 죄수중에 그대로 놓아 둔 체로 십일을 지냈으니 그 원한이 어떠하겠습니까?

옛날 한 어진 군수는 말하기를 "죄인이 감옥에 있고서야 어찌 마음이 평안하겠는가? 옥문(獄門)에 나아가서 판결하겠다"고 하였습니다. 이제 성상께서는 어진 마음으로 살상을 그치려 하셨는데 관리(官吏)는 백성의 고충을 제거하는 것으로 급무(急務)를 삼아야 할 것인데 어찌 옛날의 어진 군수와는 어긋나는 처사만 하고 있습니까?

그러므로 이민을 기피한 자와 인접한 사람은 모두 체포(逮捕)될까 두려워서 도망하므로 마을마다 공허하지 않은 곳이 없어 부서진 집이 거의 십분의 사에 이르고 도망민의 수도 일만명이나 됩니다.

아! 어린아이가 물이나 불 속에 빠졌다면 옆에 있던 사람은 자기의 몸이 물에 빠지거나 머리카락이 불에 타거나를 돌보지 않고 빨리 달려가서 힘써 구원하여야만 실오라기만큼 붙어 있는 목숨을 보전할수가 있을 것입니다. 이제 민생이 곤궁하고 나라의 운명이 기울어서 지금의 사태는 마치 억만(億萬) 창생(蒼生)을 새는 배에 태우고 출항(出港)하였다가 중도(中途)에서 폭풍을 만나서 돛을 잃고 사방을 돌아보니 망망대해에 배 대일 곳이 없는 것과 같습니다. 유능한 뱃사공이라야 거센 파도를 헤치고 나을 수 있을 것인데 현임(現任) 사공(沙工)은 그렇지가 못하여 험한 길을 가리켜 평탄하다고 하며 위태함을 일러 안녕하다고 하여 돛이 기울고 돛대가 부러져도 태연하여 걱정을 하지 않으니 결국에는 침몰되고 말 것입니다.

성상께서는 청명(聽明)하시고 경사(經史)를 널리 읽으셨으니 흥망과 치란(治亂)의 근본적 요소를 밝게 보시고 익숙하게 생각하셨을 것입니다. 그런데 어찌하여 이와 같이 위급한 때를 당하여 전적으로 답답한 무리에게 위임하여 조종(祖宗)의 중기(重器)를 그르치게 하십니까?

옛날 명종(明宗)때에 윤원형(尹元衡)과 이량(李樑)이 충신과 현신(賢臣)을 모두 몰아내고 조정을 흐리고 어지럽게 하므로 종묘 사직이 거의 위태로울 지경이었는데 명종(明宗)께서 밝게 그 간사한 정상(情狀)을 보시고는 비록 외척의 친분이었으나 서슴치않고 이들을 버리시어 종묘(宗廟)와 사직을 평안하게 하였습니다. 그런데 전하께서는 명종(明宗)이 이량(李樑)을 쫓아내던 춘추가 이미 지났음에도 오히려 이량(李樑)과 윤원형(尹元衡)을 이어받은 자들에게 갇히고 가려진 바가 되어 사당을 심고 간사를 부려도 일찍이 깨닫지 못하시옵니까?

김귀영(金貴榮)[543]은 앞서 돈을 부당하게 모았다는 탄핵이 있었고 뒷날에는 어진 사람을 방해하였다는 논란이 있어 공론(公論)이 좋지 않으므로 백유양(白惟讓)[544]에게 의탁하여 정권을 잡고 은총(恩寵)을 독차지하려던 계략을 꾸미니 강서(姜緖)가 그를 더럽게 여기었습니다. 류전(柳㙉)은 장수(將帥)를 천거함에는 뇌물만을 전적으로 숭상하였으므로 심암(沈巖)이 싸움에 패하여 군사가 몰살되었으며 상과 벌을 내릴 때에는 오직 성세(聲勢)만을 보았으므로 서예원(徐禮元)이 적병(賊兵)을 불러 들였습니다. 또한 약방(藥房)에 제조(提調)로 있으면서 임금의 병환을 대수롭지 않게 보았고 명(明)나라에 사신으로 가서는 군부의 명을 크게 욕되게 하였습니다.

정언신(鄭彦信)[545]은 본래 지식이 없는 자로써 최고의 벼슬에 올라

---

543) 조선 중기의 문신. 본관 상주. 자 현경(顯卿). 호 동원(東園). 임진왜란 때 중추부 영사로서 임해군(臨海君)을 배종하여 함경도에 피란하였는데, 회령에 수개월 머무르는 동안 민폐가 많아 인심을 잃었다. 때마침 적이 침입하자, 국경인(鞠景仁)에 의하여 임해군·순화군(順和君)·황정욱(黃廷彧) 등과 함께 적장 가토 기요마사(加藤清正)에게 넘겨졌다. 여기에서 가토의 강요에 의하여 강화를 권하는 목적으로 행재소(行在所)에 파견되었는데, 적과 내통하였다는 의심을 받아 희천으로 유배되어 가던 중에 죽었다. 숙종 때 허적(許積)의 건의로 신원(伸冤)되었다.

544) 조선 중기의 문신. 본관 수원, 자 중겸(仲謙)이다. 정여립(鄭汝立)의 모반사건이 일어나자, 아들 수민(壽民)이 정여립의 형 여흥(汝興)의 딸을 아내로 삼은 탓으로 연좌, 사형되자 사직하였다. 서인 백인걸(白仁傑)·백유함(白惟咸) 부자(父子)의 탄핵으로 유배, 장살되었다.

545) 조선 중기의 문신. 본관 동래(東萊). 자 입부(立夫). 호 나암(懶庵). 함경도관찰사로 나가 북변을 방비하고 병조판서에 승진, 1589년 우의정이 되어 정여립(鄭汝立)

전적으로 뇌물을 받아 자기의 이익을 차리는 것을 업으로 삼아서 변방 장수(將帥)의 임명을 뇌물의 많고 적음으로써 하고 아내와 함께 유람다니며 시장의 계집들과 같이 어울리니 그 실질 행동이 지극히 추잡합니다. 뿐만 아니라 그 외정(外政)도 또한 극히 방자(放恣)하여 남녘의 관청에서 힘을 다하여 군량을 보내면 우리의 군사들을 배불리 먹이지 않고 사적으로 간사하고 흉악한 자들에게 나누어 준 것이 헤아릴 수 없을 정도입니다.

그리고 내노(內弩)를 다 쓸어서 재물이나 혹은 포목(布木)을 보내면 호인의 머리와 바꾸지 않고 중간에서 부정하게 소모되는 것이 헤아릴 수 없이 많습니다. 군중의 상과 벌을 내림에 있어서는 공과 죄는 제쳐놓고 세리(勢利)만을 따지므로 우서(禹瑞)가 이제신(李濟臣)의 말을 듣지 않고 경솔하게 싸우다가 군사를 잃은 죄는 마땅히 죽여야 할 것인데 죽이지 않았고 서예원(徐禮元)도 싸움에서 실패한 죄와 항복한 자를 죽인 것은 마땅히 목을 베어야 할 것인데 그를 베이지 않았습니다. 한편 신립(申砬)[546]은 비록 품계(稟啓)하지 아니하고 전살(專殺)한 것이 잘못이오나 자기의 몸을 들보지 않고 용감하게 돌진한 공은 한(漢)나라의 비장(飛將)에 못지 아니한데 간사한 의논을 주장하여 오랫동안 폐할 뿐만 아니라 오히려 죽이려 고 하였습니다.

아! 이 몇 사람은 국가에 대하여 쌓인 분노가 있는 듯이 그 꾀가 원대하지 못하고 하는 일이 또한 성글고 어긋나니 반드시 왕권을 전복하고야 말 것이옵니다. 신은 어리석어서 잘 모르오나 전하께서 이들

의 모반 후 그 잔당에 대한 옥사를 다스리는 위관(委官)에 임명되었으나 서인(西人) 정철(鄭澈)의 사주를 받은 대간(臺諫)으로부터 정여립과 3종(從)간이므로 공정한 처리를 기대할 수 없다는 탄핵을 받아 사직하였다.

546) 조선 중기의 무장. 본관 평산(平山). 자 입지(立之). 시호 충장(忠壯). 1592년 임진 왜란이 일어나자 삼도도순변사(三道都巡邊使)로 임명되어 충주(忠州) 탄금대(彈琴 臺)에 배수진(背水陣)을 치고 북상해오는 적군과 대결했으나 힘이 미치지 못하여 패배, 부하 장수인 김여물(金汝物)과 함께 강물에 투신 자결하였다.

몇몇 신하에게 취(取)하신 바가 무슨 일이었습니까?

윤탁연(尹卓然)[547]이 형조판서(刑曹判書)가 되어서는 뇌물이 공공연하게 행해 져서 사형수를 까닭 없이 석방하며 인명을 생살하고 죄를 증감(增減)하는데 오직 뇌물이 많고 적음으로써 합니다. 이것이 오히려 부족해서 통문(通文)을 각도(各道) 열읍(列邑)에 두루 돌려 혼수(婚需)를 구하는데 이가 현재 비변사(備邊司)의 유사당상(有司堂上)에 재직중(在職中)이므로 주(州)와 현(縣)에서는 바치는 뇌물을 베에 싣고 말로 수송하는 것이 전후(前後)에 연속해서 들어옵니다. 이같이 더러운 지아비가 무슨 깊은 꾀가 있어서 적을 제압하고 승리할 수 있겠습니까?

심지어 윤탁연(尹卓然) 같은 자는 일찌기 판서직(判書職)에 올라서 여러가지로 탐오한 죄를 저지르고도 비변사(備邊司)의 유사당상(有司堂上)을 맡게 된 것은 이성중(李誠中)과 혼인하고 이산해(李山海)와 심붕(心朋)이 되어 성세(聲勢)를 서로 의지했기 때문입니다. 서울안의 사람들이 모두 이를 마음이 착하지 못하고 더러운 사람으로 여기는데 전하께서는 지금껏 그 소문을 듣지 못하시고 또다시 그에게 도지(度支)의 무거운 책임을 내리시니 신은 실로 전하의 조정에 언관(言官)이 있는지 알 수가 없습니다.

옛 사람이 말하기를 "천하의 안정(安定)과 위태함을 알고자 하거든 재상이 어진가 또는 어질지 못한가를 보라"고 하였습니다. 윤원형(尹元衡)이 재상으로 있을 때는 당상당하(堂上堂下) 사이에 뇌물 쓰는 폐단으로 그 해독(害毒)이 백성까지 미쳤고 또 관청(官廳)에서 백성의 재물을 강제로 빼앗아 가기 때문에 마을이 빈터로 되었습니

---

547) 조선 중기의 문신. 본관 칠원(漆原). 자 상중(尙中). 호 중호(重湖). 시호 헌민(憲敏). 1692년 임진왜란 때 함경도관찰사가 되어 왕세자를 호종하였다. 왕명으로 함경도도순찰사가 되어 의병을 모집하고 왜군을 방어할 계획을 세우던 중 객사하였다. 시문(詩文)에 뛰어났으며, 저서에《계사일기(癸巳日記)》가 있다.

다. 그런데 박순(朴淳)이 재상이 되어서는 위의 두 가지 폐단을 일절
제거하고 근절시키므로 이민(吏民)이 조금 평안하여지고 공의(公議)
가 차츰 행하여지게 되었습니다. 그리고 정철(鄭澈)은 집론(執論)이
더욱 나라와 백성을 위해서 강개(慷慨)하게 곧은 말을 하므로 모든
관료가 두려워하고 꺼려하였습니다. 만약 이들이 마음껏 집정(執政)
하였다면 그 폐막(弊瘼)은 거의 제거되어 조야(朝野)가 밝고 깨끗하
였을 것입니다.

　김응남(金應南)과 류성룡(柳成龍)이 재상이 되어서는 부정이 심하
므로 백관들이 각각 윤원형(尹元衡)과 같은 욕심을 부려서 수령이 바
뀔 때면 승진하려고 뇌물 쓰는 폐단으로 이민(吏民)을 수탈(收奪)하
고 부세(賦稅)의 강제수탈로 해독(害毒)이 군졸을 깎아 먹었으며 심
지어는 경향(京鄕)의 서리(胥吏)까지 백성의 고혈을 할취(割取)하여
나라의 기본을 크게 상하게 하는데 시정할 계책이 없습니다. 논자는
말하기를 옛날에는 한낱 윤원형(尹元衡)의 거리낌없는 방종(放縱)으
로 흉악한 자를 등용해서 안으로는 임거정(林巨正)[548]의 난을 양성
(釀成)하고 밖으로는 을묘왜변(乙卯倭變)을 초래하였는데 이제는 일
백명의 윤원형(尹元衡)이 백성에게서 수탈(收奪)해서 그 여마(輿馬：
임금이 타고 다니는 수레와 말)와 궁실(宮室)과 자식(子息)과 첩(妾)
이 백년의 계책을 하기 위하여 군졸과 백성을 수탈하지 않는 날이 없
으니 내란과 외침(外侵)을 막기가 어려울 것이라고 합니다. 오늘의

---

548) 조선시대의 의적(義賊). 양주(楊州)의 백정(白丁)이었으나 정치의 혼란과 관리의
　　부패로 민심이 흉흉해지자 1559년(명종 14) 불평분자들을 규합, 황해도와 경기도
　　일대에서 창고를 털어 곡식을 빈민에게 나누어 주고 관아를 습격, 관원을 살해했다.
　　한때는 개성(開城)에 쳐들어가 포도관(捕盜官) 이억근(李億根)을 살해하기도 했다.
　　백성들의 호응으로 관군(官軍)의 토벌을 피했으나 1560년 형 가도치(加都致)와 참
　　모(參謀) 서림(徐林)이 체포되어 그 세력이 위축되다가 1562년 토포사(討捕使) 남치
　　근(南致勤)의 대대적인 토벌로 구월산(九月山)에서 체포되어 처형되었다.

사전 대비로서는 박순(朴淳)을 복직시키고 정철(鄭澈)을 불러오며 덕(德)을 이룬 선비를 널리 구한다 하여도 아! 때는 이미 늦었습니다.

이산해(李山海)가 재상이 되어서는 나라일의 중대함은 잊어버리고 다만 사당(私黨)만을 끌어들이려고 하는데서 어진 사람을 방해하고 일을 그르치는 사람을 우국(憂國)하는 노성(老成)한 선비보다 먼저 등용하고 군국(軍國)의 중대한 일을 이조(吏曹)와 병조(兵曹)에 일임하여 나라를 좀먹는 간사한 무리를 그곳에 나누어 두고 있습니다. 전곡(錢穀)의 관리(管理)도 사당이어야 하고. 관각(館閣)의 선임(選任)도 아첨한 사람이어야 되며 언책(言責)과 시종(侍從)의 반열(班列)에도 그 심복 부하가 아니면 백방으로 배척하기 때문에 탁락(卓犖)하고 방정(方正)한 선비들이 한 사람도 임금 곁에 가까이하지 못하고 있습니다.

전하와 이이(李珥)는 한(漢) 선왕(先王)과 제갈량(諸葛亮)의 사이와 같습니다. 제갈량(諸葛亮)이 죽지 아니하였으면 위(魏)나라가 촉한(蜀漢)을 엿보지 못하였을 것이요, 이이(李珥)가 살아 있었다면 성덕(聖德)이 고명(高明)하여 백성은 반드시 은혜를 입고 변란(變亂)은 싹트지 않았을 것입니다. 이이(李珥)를 잃으므로 측근 대신(大臣)이 힘이 없고 어진 지혜가 숨어 버리고 태양이 빛을 잃고 인면수신(人面獸身)의 무리가 간사함을 펴고 있습니다.

이산해(李山海)는 시론(時論)에 아부하고 구덕(舊德)을 생각지 않아 일자의 쇠숭(衰崇)도 묘갈(墓碣)에 미치지 못하게 하고 그밖에 선조에 힘을 다한 어진 사람과 성대(聖代)를 보필한 선비들은 작고(作故)한지 이미 오래인데도 지금껏 시호를 내리지 않고 있습니다. 어진 사람을 미워하고 나라를 병들게 만들다가 죽은 악한 사람도 그 시호를 황(荒)이라 또는 무(繆)이라 일컬어서 여러 신하를 격려한 위에야 사람들이 모두 권징(勸懲)하고 흥기(興起)하는바가 있거늘 이산해

441

(李山海)는 자리를 지키고 있음이 오래이나 한차례도 이것을 언급하지 않았습니다.

엎드려 원하옵건대 전하께서는 빨리 대명(大命)을 내리시어 충현(忠賢)을 부르시고 간사한 사람을 차례대로 버리시어 곤궁한 백성을 살게 하여 주시면 하늘은 인재를 내어서 일대(一代)에 부족함이 없이 쓸 수 있게 하여줄 것이오 본심으로 나라를 받들어 일 할 수 있는 사람이 조반(朝班)에 나와서 왕국을 안정시키고 외침(外侵)을 막을 것입니다.

# ◎청절왜사삼소(請絕倭使三疏)
## 선조 22년(1589) 己丑 12월

신이 엎드려 듣건대 형(荊)나라 사람이 세 차례나 월형(刖刑)을 받고도 후회하지 않은 것은 그 안고 있는 바가 옥(玉)이기 때문이며 장준(張浚)이 적소(謫所)에서 열 번이나 상소하고도 그치지 아니함은 그의 품은 바가 충성이기 때문이라고 합니다.

신이 전후의 사정을 진술하여 아뢴 바가 비록 어리석고 망령되오나 이목(耳目)이 있는 사람이면 누구나 한가지로 통분(痛憤)할 일이온데 요로(要路)에 있는 사람이 가리어 두고 혹시 성상께서 깨달을까 두려워하고 있습니다.

신의 죽지 아니함은 또한 하늘이 덮어주신 은혜를 입음이니 입을 닫고 명을 편케 하여 시사(時事)의 끝마침을 보는 것만이 의에 타당하리라 생각되옵니다. 그렇지만 오직 천체(天體)의 현상을 우러러 보니 형혹성(熒惑星 : 火星)이 미기성(尾箕星)을 관통하고 남두(南斗 : 斗星)에 들어 간지 십순(十旬)이 지났으며 또 낭성(狼星)이 광채(光彩)가 있으니 옛 서적을 참고하면 이 모두가 병화(兵禍)가 있을 형상입니다.

신의 어리석은 소견으로는 봄·가을의 일식(日食)과 역대(歷代)의 성변(星變)은 천자만이 해당되는 것이 아니고 말썽이 있는 나라는 실로 그 실패를 당하옵니다. 성상의 총명으로 어찌 이것을 생각지 않으십니까?

멀리 듣건대 왜국의 사신이 와서 반년동안이나 관사(館舍)에 유련(留漣)하면서 거친 말로 우리에게 통신(通信)을 요구한 바가 군사를 일으켜 가지고서 국경을 침범하겠다는 것이었는데도 온 조정이 두

443

려워 떨면서 원호(元昊)의 간사함을 꺾는 이가 한 사람도 없으니 조
선의 사기가 이와 같이 좌절되었으리라고는 생각지 못하였습니다.

신이 오막살이집에 있으면서 먹는 것이 목구멍에 넘어 가지 않고
더욱 더 탄식하는 것은 신의 스승 이이(李珥 : 栗谷)가 작고한 뒤로
글 읽는 사람이 우리 임금의 좌우에 있지 않아서 입니다.

옛부터 나라 승패의 형세는 군사의 강하고 약함만으로 는 따질 수
가 없습니다. 춘추시대에 열후(列侯)중에서 초(楚)나라가 제일 강하
였는데도 제(齊)나라 환공(桓公)이 관중(菅仲)을 시켜서 의리를 잡아
말하니 소릉(召陵)에서 싸우지 않고 맹(盟)을 이루었으며 항우(項羽)
는 싸움을 잘 하여 천하에 무적이었음에도 한(漢)나라 고조(高祖)가
동공(董公)의 말을 들어 명분있는 출병을 하니 해하(垓下)에서 군졸
을 잃고서는 비가(悲歌)를 부르고 스스로 목 찔러 죽었으니 대개 시
역(弑逆)의 죄를 진 자는 하늘과 땅이 이를 용납치 않는 바입니다. 그
러므로 비록 바람을 불게하고 번개를 치게 하는 재능이 있다고 하더
라도 인도(人道)가 불순한 바이면 하늘도 또한 이를 돕지 않습니다.
따라서 도의(道義)의 기운이 만갑(萬甲)의 군사보다 장함을 알 수 있
으며 인자무적(仁者無敵)은 맹자께서 밝게 가르치신 바입니다.

저 왜국의 원씨(源氏)·평씨(平氏)의 역위(易位)는 상세(詳細)히는
알 수가 없으나 풍신수길(豊臣秀吉 : 平秀吉이라고도 함)의 두 차례
의 사신에서 가히 그 경천(輕淺)함을 볼 수 있습니다. 무릇 교린(交
隣)의 도로 말하자면 우예(虞芮)의 화해는 주(周)문왕(文王)의 덕화
(德化)에 비로 소 감동하였고 등지(鄧芝)의 통호(通好)로써 끝내 강
동(江東)의 의(義)를 맺었습니다. 군사로서 위협하여 오랫동안 의좋
게 사귄 자도 없었고 군사를 믿고서 타인에게 교만을 부려 가지고 그
나라를 오래 보전하는 자도 없었습니다.

가령 풍신수길(豊臣秀吉)이 진실로 착한 일을 하여서 저희 나라사

444

람의 추대(推戴)를 받았다고 하더라도 구분된 땅이 각각 정(定)한 한계가 있으니 마땅히 제 몸을 닦아 나라사람을 안정케 할 것이며 칼과 창을 녹여 농기구를 만들고 도적을 변화시켜 양민(良民)으로 만들어 밭 갈고 물고기를 잡아서 자력으로 살고 이경(異境)을 침범치 않음으로서 자손의 무궁한 계책을 세워야할 것입니다. 만약에 벽지(僻地)의 고루(孤陋)함이 답답하고 따분하다면 때때로 박(薄)한 물품으로써 사신을 우리나라에 보내서 기자(箕子)의 홍범(洪範)과 공자(孔子)의 가르침을 구해갈 것뿐입니다. 그러면 중국의 예법으로써 오랑캐의 풍속(風俗)이 고쳐 질 것이고 혹은 깊은 산골에서 나와 교목(喬木)에 올라가는 희망도 있어 나라를 누리는 역년(歷年)이 원씨(源氏)와 같이 오래할 수 있을 것입니다. 이제 그 방폐(放廢)한 형상과 자취가 천하에 드러나지 않았으며 오랑캐의 잔인한 짓은 비록 토성(土性)이라고는 하지만 저희나라에서 임금을 쫓아낸 것은 천년이나 되는 긴 세월 동안의 일대변사(一大變事)입니다.

들건대 만국(萬國)이 모두 상하의 분별은 잃지 않는다고 하는데 미물의 벌과 개미에 비교하여도 부끄러움이 있습니다. 먼젓번에 온 사신 강광(康廣)도 한낱 장사치의 족속에 지나지 않고 이제 온 사신도 또한 검객으로서 생명을 가볍게 여기어 한갓 비린내나는 악함만이 있을 뿐 흠모할만한 향기로운 자질이 없습니다. 싸움에 관한 말만 퍼뜨리면서 우리에게 신사(信使)를 요구하니 가히 그 나라에 인물이 있다 하겠습니까?

과연 수길(秀吉)의 병력이 도성을 도륙해 낼 수 있다고 하더라도 그 나라 사람들은 실로 착함과 악함에 대한 재앙과 경사(慶事)의 보답이 있음을 알지 못합니다.

제(齊)나라의 경공(景公)은 눈물을 흘리면서 그 딸을 오(吳)나라에 시집보냈으니 오(吳)나라가 제(齊)나라보다 강함을 알 수 있으나 오

(吳)나라의 망함이 제(齊)나라보다 먼저였습니다. 또 연개소문(淵盖蘇文)[549]이 임금을 시해하고 스스로 전권을 쥐니 신하가 임금보다 강함이 틀림없으나 당(唐)나라 군병(軍兵)이 그 도읍을 멸하였습니다. 이러한 도리를 알지 못하고서 감히 도의(道義)가 있는 나라를 업신여기어 깔보니 이것은 부견(符堅)과 같이 그 망함을 자초하는 것이 아니겠습니까?

만약 우리나라가 요사이 가뭄과 도적으로 민력(民力)이 고달프다고 하여 방어의 계책이 없다 한다면 모름지기 통신(通信)하는 일을 논의하여 일방적 군병을 그만 두어야할 것인데 승냥이나 이리와 같은 탐욕은 실로 일개의 사명에 있지 않고 산천(山川)의 험이(險易)와 도로(道路)의 원근(遠近)을 알아서 우리의 국토를 짓밟으려는 계책에 지나지 않습니다.

당당한 우리나라가 아직 조종조(祖宗朝)의 은택(恩澤)이 끊기지 않았으니 흩어진 병졸을 수습하면 또한 스스로 지킬 수 있을것인데 어찌 속임수의 술책에 빠져 본의 아닌 맹약을 하겠습니까? 하물며 우리 삼한(三韓)의 땅은 작은 것으로써 큰 것과 대적하기로 이름이 났습니다. 을지문덕(乙支文德)[550]이 수(隋)나라의 대군을 살수(薩水)에서 무

---

549) 고구려 말기의 대막리지(大莫離支)·장군. 일명 천개소문(泉盖蘇文). 644년(보장왕 3) 신라와의 화해를 권고하는 당 태종(唐太宗)의 요구를 물리치고 그 사신 장엄(蔣儼)을 구속하는 등 강경책을 쓰자 이에 격노한 당 태종이 645년 17만의 대군을 이끌고 침입하였다. 그는 고구려군을 지휘하여 개모성(盖牟城)·요동성(遼東城)·백암성(白巖城) 등에서 적에게 큰 타격을 가하고 마침내 안시성(安市城)의 혈전(血戰)에서 60여 일 간의 공방전 끝에 당군을 격퇴하였다. 그 후에도 4차례나 당나라의 침입을 받았으나 이를 모두 막아냈다. 한편 이보다 앞선 643년에는 당나라에 사신을 파견하여 도교(道敎)의 도사(道士) 8명과《도덕경(道德經)》을 들여오는 등 업적을 남겼다.

550) 고구려 명장. 612년(영양왕 23) 수(隋)나라의 우중문(于仲文)·우문술(宇文述)이 113만 여의 수륙양군(水陸兩軍)으로 고구려를 침범하자 압록강에서 대치하고 있을 때 적정을 살피기 위하여 거짓으로 항복, 적군의 허실을 정탐하고 돌아왔다. 적군이 이 사실을 알고 추격하자 적의 군사력을 소모시키기 위해 거짓 패배를 가장하여 평

찌르고 고려(高麗)의 태조가 계단(契丹)의 군사를 압록강에서 제압하였습니다. 땅이 옛과 이제의 차이가 없다면 의기가 어찌 이제와서 핍절(乏絶)했다고 하겠습니까? 오직 착한 사람을 보배로 삼으며 신기하고 보기 좋은 물건으로써 보배로 삼지 아니하고 임금과 신하가 협력하여 백성 사랑하기를 아들 같이 한다면 백성도 또한 힘껏 사수하여 부엌에 물이 잠겨서 개구리가 살게 되더라도 (윤탁고사(尹鐸故事)) 배반하려는 뜻이 없어 가히 나라를 보전할 수 있을 것입니다.

계단(契丹)이 중국을 횡행하던 힘으로도 왕태조(王太祖)가 그 낙타를 만리교(萬里橋) 아래에서 굶겨 죽이자 그 기운이 외롭고 쓸쓸하여 감히 먼저 동병(動兵)하지 못하였습니다. 오직 이러한 고인의 잘잘못을 징계하시와 진귀한 새를 나라 안에서 기르지 아니하시면 오늘의 기상의 웅대함도 왕태조(王太祖)와 같은 것입니다.

하물며 저희 임금을 쫓은 죄악은 발해(渤海)를 습격하여 빼앗은 계단(契丹)보다 더하며 남의 나라의 재앙을 다행스럽게 여겨 군사로 덮치는 것은 슬기로운 사람이면 그 의리가 아님을 기롱할 것입니다. 그 나라에 대중(大衆)이 있으나 반드시 도움이 적을 것이며 천하의 유식한 사람은 현주(顯誅)코저 할 것입니다.

그 죄를 성토(聲討)하고 그 사신을 목베어 죽이며 그 작은 허물은 놓아주고 그 물품을 돌려 보낸다 하여도 실상은 저들이 스스로 끊은 것이요 우리가 끊는 것이 아니옵니다.

명분이 없이는 군사를 출동하지 못하는 것이니 가령 출동(出動)하여 침입한다 하더라도 그 잘못이 적에게 있기 때문에 그 쇠라(衰懶)하기가 신(神)과 같은 사람이라도 또한 몽둥이로 등을 쳐서 쫓을 수 있을 것입니다. 하물며 신기한 계책을 가진 여러 장수(將帥)가운데

---

양성(平壤城) 30리 밖까지 유인하였다. 이때 장군은 적장 우중문에게 '神策究天文妙算窮地理戰勝功旣高知足願云止'라는 희롱의 시를 보냈다.

서 어찌 하나의 고경(高瓊)과 같은 이가 없겠습니까? 저들은 동(動)하는데 우리는 정(靜)하니 노고와 안일이 현수(懸殊)하고 저들은 침공(侵攻)하는데 우리는 수어(守禦)하니 사리의 옳고 그름이 판이하기 때문에 돌과 활로써 가히 사명(死命)을 제어(制御)할 수 있을 것입니다.

또 성문을 굳게 닫고 지키기를 십일동안만 한다면 서울에서의 구원이 이르지 못 할 곳이 없고 저들의 바다를 건너오는 양곡(糧穀)으로는 하루 이틀 동안을 보전하지 못 할 것입니다. 우리가 속전(速戰)을 피하면 저들의 형세가 스스로 쇠퇴할 것이니 그 기핍(飢乏)을 기다려서 기병(奇兵 : 적을 기습하는 군대)을 출동시켜 싸우면 조각배로도 돌아가지 못할것입니다.

이를테면 싸움에서 소득이 있다고 하더라도 그 이(利)가 추장(酋長)에게 돌아가지 못할 것이니 꾀가 약은 왜국 임금은 일찍부터 화호(和好)의 이(利)를 믿으므로 변방을 열어서 생사(生事)하지 않았습니다. 그런데 일본의 제도(諸島)가 우리에게 의뢰하는 것이 얼마이기에 요행이 한번 이김으로써 영구히 배로 운반되는 모든 물품을 잃게 됨은 수길(秀吉)의 군신이 그 이해(利害)를 깊이 생각지 않음입니다.

그리고 큰 나라는 오직 이웃을 경계할 것이니 깊이 원씨(源氏)의 실국(失國)을 순문(詢問)하시고 이를 거울삼아서 군덕(君德)을 닦지 못하였는가? 종자가 왕위(王位)에 오르지 못하였는가? 대신이 어질지 못한가? 궁실(宮室)이 너무 높은가? 여알(女謁 : 大闕안에서 정사를 어지럽게 하는 것)이 성행한가? 백성에 탈취하는 제도가 없는가? 용도가 사치하여 절약하지 않는가? 하는 것들을 살피시옵소서.

이런 일이 한 가지라도 있다면 모두가 나라를 망하게 할 것입니다. 그러하오니 하루 속히 어진 사람과 문사를 뽑아서 변방의 방어를 갖추고 직무를 잘 수행 할 수 있는 수령을 얻어 보내며 어진 사람을 높여 주고 재능이 있는 사람을 불러오며 준걸(俊傑)이 직위에 있어서 윤씨(尹氏) 인아(姻婭 : 외척)의 사사로움으로 지극히 공평한 정치를 해하여서는 안되겠습니다.

여덟가지 진귀한 외국물품을 버리시고 제사(祭祀)의 여수(餘數)를 절약하시고 곧 애통한 교서(敎書)를 내리시어 한결 같이 너무 지나치게 하는 치레의 요역(徭役)을 감(減)하거나 면제시켜 주시고 양리(良吏)를 가려 민역(民力)을 펴게 하여 주시면 양민(良民)으로서 도적이 되었던 자가 모두 돌아 올 것이니 임금님의 어금니와 손톱 같은 정병(精兵)이 충분하지 못할 염려는 없을 것입니다.

이러한 일들을 사전에 예비하옵시면 누가 와서 우리를 업수이여기겠습니까? 자고로 그린 이치가 없었습니다. 이 몇 천리 김탕(金湯)의 견고함을 가지고 일역(日域)의 오랑캐를 두려워 하니 신은 그윽이 전하를 위하여 수치스럽게 생각합니다.

옛날의 임금은 일부대(一部隊)의 군사로써 선업(先業)을 소복((紹復 : 前代를 이어서 업을 일으킴)한 이도 있고 백리(百里)로써 오래된 나라를 더욱 빛나게 한 자도 있습니다. 오직 임금이 나라 다스림을 도모함에 뜻이 있어 외물(外物)에 흔들리는 바가 되지 않고 어진 사람을 얻어서 함께 다스려서 백성을 적자(赤子)와 같이 보전하면 순리로 다가오는 상서로움이 이르지 않는 곳이 없을 것 온데 전하께서는 무엇이 두려워서 하지 못하십니까?

안부와 존영(尊榮)의 길이 우리나라에 스스로 있는 것을 일찍이 알면서도 행하기를 힘써 하지 않기 때문에 내분으로 외모(外侮)까지 이르게 되었습니다. 기해(畿海 : 京畿와 黃海道)의 동남(東南)에 분쟁(紛爭)이 싹트고 서북(西北)은 시끄러워 내일을 보전치 못할 것 같사오니 신은 전하를 위하여 통곡하다가 이미 엎어져도 말지 않는 바입니다.

저 절박하고 결렬(決裂) 하여가는 세태(世態)는 오늘 늦게사 말로

449

만 떠들어서 가히 만회(挽回)할 수 있는 것은 아니옵고 왜국 사신을 물리치는 한가지만이 나라에 가장 중대할 일입니다. 원컨대 지금 세상의 왕손만을 선택하여 왜사에게 이르기를 "너희가 우리에게 통신사(通信使)를 요구하는 것은 우리나라를 강하다고 여기어서 우리가 군대를 가만히 이끌고 가서 너희 나라를 습격할까 두려워서이냐? 아니면 우리를 약(弱)하다고 생각하고서 우리나라의 기근을 다행스럽게 여기어서 우리의 경계를 침범하려 하기 때문이냐? 군대를 가만히 이끌고 가서 이웃나라를 침범함은 우리 조상 때부터 하지 않았는데 내 몸에 이르러 전철(前轍)을 깨뜨리겠느냐? 남의 나라의 재앙을 다행스럽게 여기어서 이웃나라를 침범함은 사관(史官)이 부도(不道)라고 기롱(譏弄)할 것이다. 너희가 나라를 새로 만들어서 아직 안정하지 못한 때에 또 이 경계를 천하에 범하려 하느냐? 애비도 모르고 임금도 모르는 사람은 공자 맹자께서도 내치신 바이지만 너희 전왕(前王)이 죽은 것은 무슨 연유인지 나는 상세히 알지 못하므로 나는 너희와 국교를 가지려 하는데 우리 여러 신하들이 수치로 생각하니 어이 할 수가 없구나.

너희가 만일 백년 동안에 인민을 평안하게 다스리며 도적을 안집(安戢)하고 주공(周公)과 공자(孔子)의 가르침을 크게 펴서 그 여파가 우리나라에 미쳐 오면 그때에 한번 통신사를 보내도 늦지 않을 것이다. 월상씨(越裳氏)가 세 차례나 통역(通譯)을 거쳐 주(周)나라를 한번 밖에 찾아보지 않았으나 만세에 모두 가상히 여기니 이로 미루어 보면 교린(交隣)의 의(義)는 어찌 자주 왕래하므로써 귀함을 삼겠느냐?

만약에 우리가 보답을 하지 않았다고 노하여 용병(用兵)하여오면 내가 비록 덕(德)이 적어서 협조함이 적을 줄은 알지만 우리의 장사들이 자못 임금을 사랑하는 의리를 알고 있으며 변방의 군졸도 또한 부모의 은혜를 알고 있으니 임금과 부모를 위해서는 마땅히 힘을 다

하여 성문을 굳게 지킬 것이다.

우리는 유계(劉季)와 같이 순천(順天)하고 너희는 항우(項羽)와 같이 역천(逆天)하니 강하고 약함의 차이는 있으나 너희가 반드시 승리하리라고 보장할 수 있겠느냐? 반드시 승리하리라는 보장도 못하면서 한번 침공하였다가 부산의 포구(浦口)를 영구히 닫게 만들면 너희나라 열 두 도주(島主)가 선속(船粟)의 무궁한 이익을 아주 잃게 될 것이니 그렇게 되면 너희 신왕(新王)은 고맙게 생각하겠느냐?

싸움에 이기면 그 이(利)가 사졸에게 돌아가고 화친하면 그 이(利)가 임금에게 돌아가리라는 것은 송(宋)나라와 요(遼)나라의 화친하게 된 까닭으로서 청사(青史)에 뚜렷하게 나타나 있으니 너희 신왕(新王) 및 모든 도주(島主)들도 마땅히 분명하게 보았을 것이다. 예의로써 상자(相資)하는 도리에 가령 이해를 따지지 않는다 치더라도 장단점에 있어서는 너희 임금이 살펴서 처리해 주기를 바란다.

서려(西旅)의 사척(四尺) 되는 큰 개가 주(周)나라의 풍토에 맞지 않으므로 주(周)나라 무왕(武王)이 이를 받지 않았고 계단(契丹)이 발해를 멸망시키고 고려에 낙타를 보내니 왕태조(王太祖)가 이를 굶겨 죽게 하였다. 그렇다면 염방(炎方)남쪽 지명의 새가 우리의 풍토에 맞을리 없고 원씨(源氏)의 망함도 발해같이 원통한 정도가 아니므로 돌려보내니 그 뜻을 널리 용서하고 너희 신왕(新王)의 진귀한 노리갯감으로 받들기를 바라노라.

상사(上使)의 미혹한 죄는 춘추에 나타나 있어 신하와 서민들이 모두 명(明)나라 황제(皇帝)께 주청(奏請)하여 죽이려 하나 바다를 건너 와서 쟁론하는 것이 각 그 임금을 위하는 것이므로 이제 용서하여 돌려보내니 이 뜻을 모든 도주(島主)들에게 두루 알게 하여라"고 하옵시면 은혜와 위망(威望)이 아울러 나타나서 결단코 침범하지 못할 것입니다.

# ◎청참왜사소(請斬倭使疏)<sup>551)</sup>
선조 24년(1591) 辛卯

이제 듣자오니 왜국에 갔던 사신의 배가 겨우 돌아왔는데 적선(賊船)은 해변에 서식(棲息)하고 있습니다. 우리를 함몰시키고 명(明)나라를 정벌한다면 변명(辨明)할 길이 없고 기회를 타서 갑자기 닥쳐온다면 변경의 방비가 소홀하여 반드시 다투어야 할 처지에는 아직 조충국(趙充國)과 같은 경략(經略)이 없고 원(元)나라 사신을 영접하지 말라고 한 정몽주(鄭夢周)와 같은 항의(抗議)도 없기에 변경을 함몰하게 한 왕회(王檜)·왕륜(王倫)같이 나라를 그르친 무리들만이 수치(羞恥)도 욕(辱)도 모르면서 군부(君父)에게 화가 미치게 하므로 눈물을 씻고 말씀을 올리지 않을 수 없습니다.

신이 조용히 오늘의 사세(事勢)를 헤아려 보니 안정과 위험, 성공과 실패가 눈앞에 놓여 있습니다. 빨리 왜국 사신의 목을 베어 명(明)나라 조정에 아뢰는 한편 왜적의 사지를 찢어 유구(琉球) 각국에 나누어주어서 온 천하가 다같이 분노하게 함으로서 이 적을 막는 일만이 앞서의 허물을 보복하고 뒷날의 흉함을 면할 수 있을 것입니다. 전하께서는 살피시고 생각하여 사람이 불초(不肖)하다고 말씀까지 버리지 마시고 종묘와 사직의 대계를 늦추지 않으신다면 다행하겠습니다.

이만주(李滿住)의 일지자급(一紙資級)으로 인하여 우리나라는 명(明)나라 조정에 잘못을 저질렀기 때문에 장령(張寧)이 와서 문책(問責) 할 때에 세조대왕께서는 무안해 하시어 비록 말을 바치고 사죄를

---
551) 왜국의 사신을 목 베어라고 청하는 상소.

하였으나 이만주(李滿住)를 토멸(討滅)하러 갈 때에는 우리의 무과인(武科人) 천팔백명과 온 나라의 물력(物力)을 수송 함으로서 군마의 사상(死傷)도 또한 어지간히 많았습니다. 하물며 풍신수길(豊臣秀吉)이 길을 빌려 명(明)나라를 정벌하겠다는 죄악은 이만주(李滿住)의 정도가 아니오며 유언비어로 우리를 모함하는 술책은 이만주(李滿住)의 중추자급(中樞資級)의 문제와는 비교가 안됩니다. 만일 명(明)나라가 왜적의 간사한 계책을 깨닫지 못하고서 옛 당(唐)나라 조정과 같은 노여움을 낸다면 틀림없이 이적(李勣)과 소정방(蘇定方)의 군대로 고구려(高句麗)와 백제(百濟)를 문죄(問罪)하듯 할 것이니 전하께서는 장차 어떻게 사과를 하시겠으며 신민은 어찌 죽음을 면할 수가 있겠습니까?

신이 왜적에게 포로되어 갔던 사람의 말을 들으니 놈들이 우리나라 사람을 잡아다가 서남만제도(西南蠻諸島)와 양석(兩淅:淅東과 淅西)지방까지 팔아먹은 것이 다시 왜국으로 되팔려온다고 하니 이것은 장사치가 날로 북(베 짜는 기구)과 같이 누비고 다님을 알 수 있습니다. 그리고 왜국이 우리에게 답하는 서신에서 이미 그 성세(聲勢)를 극히 과장하였는데 하물며 남양제도(南洋諸島)에 그 위무(威武)를 빛나게 함으로서 그들을 두려워하게 하려고 하지 않았겠습니까?

신이 생각하건대 황윤길(黃允吉)의 배가 대마도(對馬島)에 처음 정박하던 날에 왜국은 반드시 남양제도(南洋諸島)에 먼저 전파하기를 조선과 통빙(通聘)하는 것은 제도(諸島)를 기어이 정복하겠다고 하였을 것입니다. 양석지방(兩淅地方)의 장리(將吏)들만이 이 말을 전해 듣지 못하여 명황(明皇)에게 아뢰지 않았겠습니까? 명(明)나라 조정에서는 의심을 품은지가 참으로 오래입니다. 하물며 왜적은 상시(常時)로 방비하지 않는 틈을 노려서 갑자기 습격하는 것을 이(利)로 삼고 있습니다.

만약 우리의 변방 장수(將帥)들이 약간의 설비(設備)를 하여 침범하기가 어려우면 왜국은 반드시 이(利)를 명(明)나라에서 얻으려고 소주(蘇州)와 항주지방(抗州地方)에 말을 퍼뜨리기를 "우리는 이미 조선을 정복하고 다시 군대를 이끌고 이곳으로 왔다"고 할 것입니다. 그렇다면 이 말이 빨리 전파되어 반달이면 명경(明京)에 아뢰게 될 것입니다.

"저자에 범이 있다"고 여러 번 말하자 듣는 사람이 모두 그런가 하고 의심하였으며 "사람을 죽였다"는 말이 세 차례나 들려오자 증자(曾子)의 어머니도 베 짜던 북을 내어 던졌다는 것입니다. 우리나라가 호랑국(虎狼國) 사이에 끼어 있으며 전하의 학문(學問)이 일이관지(一以貫之)한 증자의 경지에는 이르지 못하였으니 명(明)나라 임금이 증자(曾子)의 어머니가 되지 않는다고 기약 할 수 없을 것입니다.

가령 명(明)나라가 북쪽에 있는 오랑캐와 남쪽에 있는 왜적으로 말미암아 소정방(蘇定方)[552]과 이적(李勣)[553]의 동정(東征)같은 것은

---

552) 중국 당(唐)나라의 무장. 이름은 열(烈). 자(字) 정방(定方). 허베이[河北] 출생. 당나라 태종(太宗) 때 이정(李靖)을 따라 동돌궐(東突厥)을 정벌하였고, 657년에는 서돌궐을 쳐 항복시킴으로써 중앙아시아 여러 나라를 모두 안서도호부(安西都護府)에 예속시켰다. 660년(백제 의자왕 20) 3월 나·당(羅唐) 연합군의 대총관으로서 13만의 당군을 거느리고 산둥[山東] 반도에서 황해를 건너 신라군과 함께 백제를 협공, 사비성(泗城)을 함락, 의자왕과 태자 융(隆)을 사로잡아 당나라로 송치하였다. 그 이듬해인 661년(고구려 보장왕 20)에는 나·당 연합군을 거느리고 고구려 평양성(平壤城)을 포위 공격하였으나 전세가 불리해지자 철군하였다.
553) 중국 당(唐)나라 때의 무장. 본성이 서씨(徐氏)였으나 고조(高祖) 이연(李淵)에게 이씨 성을 하사받았다. 이름도 세적(世勣)에서 태종의 이름 세민(世民)의 '세'자를 피하여 뺐다. 호족의 가문에서 태어나 수(隋)나라 말기에 군도(群盜)에 가담하였으나 후에 당에 항복, 태종에게 등용되어 하북·하남을 통일하는 데 공을 세웠다. 태종 때 이정(李靖)과 돌궐을 격파하였으며, 또 고비사막을 넘어 설연타(薛延陀)를 평정하여 당나라 대제국 건설에 공헌하였다. 고종 때 재상이 되어 고구려를 원정하기도 하였다.

미처 생각할 수 없다고 하더라도 우리에게 이르기를 "오랑캐와 서로 결탁하였다고 사책(史册)에 쓴다면 당당한 예의의 나라로서 또한 수치(羞恥)가 아니겠습니까?

조종(祖宗) 이백년의 치욕(恥辱 : 宗系辨誣)을 성의를 다 하여 이제 겨우 소설(昭雪) 하였사이니 전하 천만세(千萬世)의 욕도 이 때에 씻지 않으면 삼강(三綱)과 오륜(五倫)이 장차 땅에 떨어져서 하늘에 계신 조종(祖宗)의 혼령(魂靈)은 반드시 제향(祭享)이 끊어짐에 슬퍼하실 것인즉 무지한 백성에게 어른을 위하여 죽는 도(道)를 책(責)하실 수 없을 것입니다.

## 비왜지책(備倭之策)[554]

신이 구보(邸報)에서 변방의 인사배치를 보니 조방장(助防將)만을 사도(四道)에 나누어 보내고 행위(行謂) 명장은 요충지에 미리 보내지 않으니 신은 아무래도 이해할 수가 없습니다. 옛 부터 왜적이 침공할 때는 반드시 그 지방의 정예(精銳)한 병사를 뽑아 선봉을 삼으므로 우리도 반드시 명장으로 대적케 하였다가 혹 기회(機會)를 보아 그 선봉을 꺾음으로써 후군을 무너뜨려 흩어지게 하거나 혹 싸우기가 어렵거든 성벽을 굳게 닫고 들에는 곡식이 없게 깨끗이 치우고 적의 굶주림과 피곤만을 기다려서 버티고 있어야 됩니다.

만일 풍신수길의 선봉 부대를 조방장(助防將)으로 넉넉히 맞아 싸울 수 있다고 한다면 큰 오산이라 생각합니다. 혹자는 근본 즉 서울이 염려가 되므로 당대의 이름 있는 장수(將帥)는 바깥 땅에 내어 보낼 수 없다고 하나 이제는 반역도당(反逆徒黨)이 이미 모조리 무찔러 버린바 되어 나라의 위세가 떨치고 있으니 어진 신하가 잘 보좌한

554) 왜의 침입을 방비하는 비책.

다면 조정은 안정하고 하지 않을 수 없으나 변방 관문이 무너지는 것이 큰 근심이 아니겠습니까?

어떤 사람은 왜적의 배가 정박할 곳이 하나 둘이 아니니 만일 호해(湖海)와 기성(畿城)의 지역에 나누어서 정박한다면 명장이 안에 있다가 그 지역에 따라 발견(發遣)하는 것이 좋은 계책이라고 하나 이것은 생각을 하지 않은 것입니다. 왜국 사신이 중원(中原)으로 가는 길은 관문과 요새뿐이라고 하였습니다. 그러니 적이 와서 싸울 곳은 결코 이곳이 될 것입니다.

전조(前朝)의 말기에 연안(延安)·백천(白川)·임천(林川)·한산(韓山) 등지를 약탈(掠奪)하였다함은 대개 영남(嶺南)과 호남(湖南)의 동남(東南)쪽 모퉁이에 방비가 없었기 때문이므로 조종조(祖宗朝)께서 중진(重鎭)을 특별히 설치한 뒤로는 비록 적선(賊船)이 간혹 출발하였으나 방자한 행위를 하지 못한 것은 연해(沿海) 열진(列鎭)의 정박할 곳을 외국 사람은 실로 알 수가 없었기 때문입니다. 따라서 반드시 향도(嚮導)하는 사람을 얻어야만 온전하게 돌아갔으며 그 밖에 널리 정박한 배는 도서(島嶼)와 해변에 많이 걸쳐서 부서지고 없어진 것이 매우 많으니 왜적의 큰 근심이었습니다.

그러므로 늘 흑산도(黑山島)·추자도(楸子島) 등의 섬에서 복어(鰒魚) 잡이를 하는 어부를 포로로 얻으면 큰 보배로 여겨서 복어를 많이 주고 향도인(嚮導人)을 삼고 있습니다. 그러하오니 전하께서는 이를 징계(懲戒)하여 생복어(生鰒漁)의 진상은 일절 파(罷)하고 시중의 매매도 금하십시오. 그리고 양남(兩南 : 嶺南과 湖南)의 관찰사(觀察使)와 도사(都事)에 엄명을 내리어 이 어물로는 요리를 하지 못하게 하고 해채인(海菜人)이 먼 섬으로 나가는 것을 금하지 못한 변방의 장수들은 왕명(王命)을 거역한 무거운 죄로써 다스리면 왜적은 결코 향도(嚮導)의 이(利)를 얻지 못할 것입니다.

전일(前日)에 저들이 포로로 잡아 간 사람들은 혹은 늙고 혹은 쇠약해져서 이제는 모두가 배를 조종할 수 없을 것이며 호남바다의 수로(水路)는 여러 차례 지내 본 곳이 아니므로 이백년동안 한번도 엿보지 못하였습니다. 그런데 이제 왜적의 계획은 비록 동쪽에서 충돌하고 서쪽을 공격하고자 하지만 감히 경솔하게 서해변(西海邊)에는 정박하지 못할 것이고 반드시 여러 차례 지내 본 영남지방(嶺南地方)을 먼저 쳐서 곧장 올라오는 길을 얻어 놓고 군사를 나누어 가지고 호남지방(湖南地方)을 손아귀에 넣을 계책을 쓸 것입니다. 그러니 이곳에 대한 계획을 미리 세워서 수비를 잘 하고 향도(嚮導)만 없으면 이곳을 거쳐서 기해(畿海)를 엿 볼리는 절대로 없습니다. 그리고 우리나라의 조련(操鍊)을 제대로 받지 못한 군졸을 가지고서 평야지방(平野地方)에서 왜적과 장기(長技)를 겨루는 것은 원래 승산이 없는 것입니다.

신이 또 듣건대 조정의 의논은 왜적이 호해(湖海)의 제도(諸島)를 침공하리라 하여 영남지방(嶺南地方)을 버려 두고 거론하지 않는다고 하니 이것은 크나큰 실책인 줄로 압니다. 전조(前朝)에도 왜적은 매양 황산(黃山)의 강을 거슬러 올라 와서 성주(星主) 대구(大邱) 등지를 침략하였으며 경오년(庚午年)의 적도 또한 웅천(熊川)·제포(薺浦) 등지에 출몰하였으니 영남(嶺南)의 방어를 조금이나마 소홀히 할 수가 있겠습니까? 이와 같이 영남지방의 장력(將力)으로는 구하기가 어려운 곳인즉 명장을 선택하여 그곳의 원수(元帥)를 삼고서 방어하라고 책하심이 옳을 것 같습니다.

대개 듣건대 왜국사신 의지(義智)는 조령(鳥嶺)으로 그리고 조신(調信)은 금산(金山)·황간(黃澗)·죽령(竹嶺)·이화(伊火)의 고개로 군대를 인도할 길을 찾고 있다고 하니 한심스럽습니다. 왜적이 부대를 나누어 대거 침입한다면 변방 성의 힘으로는 지탱하지 못할 것이니 낙동강 하류의 요새지를 방어하지 못하면 상안(商顏 : 尙州) 이남(以南)은 다시 험절(險絕)한 곳이 없습니다. 그러므로 마치 촉나라의 강유(姜維)는 검각(劍閣)을 지키니 위(魏)나라의 종회(鍾會)와 등애(鄧艾)는 음평(陰平)으로 넘어 촉나라를 멸망시키는 경우와 같을 것이니 이곳의 방어는 반드시 무사할 때에 미리 계획을 세워서 각 읍의 유망한 인물을 책임자로 선정하고 남은 장정과 각 사(寺)의 승려를 모아 편의(便宜)한 지형을 골라 혹은 흙을 쌓아 보루(堡壘)도 만들고 혹은 돌을 모아 목책도 만들며 혹은 좁은 도로(道路)에 복병을 매복하고 혹은 함정을 험난한 보도(步道)에 설치하여 놓고서 만약에 낭떠러지나 굽은 돌 층계여서 사람이 병행(竝行) 할 수 없는 곳이라면 그 위에다가 별도로 돌과 재를 모아서 달아 매두었다가 그 밑으로 적병이 지나가거든 재를 뿌리고 돌을 굴리면서 크게 고함을 치면 비록 강력한 적병이라 할지라도 놀라서 도망치기에 정신이 없을 것입니다.

신이 삼가 헤아리건대 죽령(竹嶺)의 이남(以南)과 황악(黃岳)의 이북(以北)에 대로(大路)가 다섯 곳 중로(中路)가 다섯 곳 그리고 소로(小路)가 대 여섯 곳이 더 되지 않으니 군대 가운데서 그 지방 출신 무사를 골라 그 지방의 백성을 거느리고 지키게 하는데 유식한 사람을 나누어 보내어 진수(鎭守)의 규칙을 알게 하고 경보(警報)가 있는 곳에만 활 잘 쏘는 부대로서 구원하여 주며 군량은 그 이웃 고을에서 보급하게 하면 지탱할 힘이 될 것입니다.

만약 왜적의 선박이 호남지방에 집결한다면 진산(珍山) 고산(高山) 금산(錦山) 무풍(茂豊) 등지는 원래 아주 험한 곳이니 지킬 만 할 것이요 연산(連山) 개태(開泰)는 몇 군의 백성을 합하여야 방어할 수 있을 것이요 은진(恩津) 채운(綵雲)은 들이 넓어서 끝이 없으니 반드시 신기한 책략을 가진 숙련한 장수가 중병(重兵)으로 주둔하여야 패전의 근심이 없을 것입니다.

청주(淸州) 전(前) 찰방(察訪) 박춘무(朴春茂)는 생각함이 깊으며 슬기롭고 민첩한 것이 있고 공주(公州) 전 참봉(參奉) 정진생(鄭晋生)은 강개(慷慨)하고 담략(膽略)이 있으니 백성을 거느리고 한쪽 편을 지키라고 하시면 오직 사졸을 가르쳐서 진수(鎭守)에만 힘을 다할 뿐 아니라 족히 다른 도적도 잠소(潛消)시켜 생겨나지 못하게 할 것이옵니다.

전조(前朝)에 합단(哈丹)이 침입할 때에 철령(鐵嶺)을 다만 무식한 무사에게 지키라 하였으므로 화주(和州)와 등주(登州)에 적병이 왔다는 소문만 듣고 도망치고 말았습니다. 그러나 합단(哈丹)은 감히 철령(鐵嶺)을 엿보지 못하고 세 차례나 주민(住民)을 보내어 방비가 없음을 살핀 뒤에야 제 마음대로 강원(江原) 일도(一道)에 날뛰었으므로 세자를 금(金)나라에 보내어 원병을 청해다가 이를 쫓았으니 신이 식견이 있는 사람을 초청하여 무장(武將)과 함께 지키게 하시라는 까닭은 바로 여기에 있습니다.

요즈음에 승정원(承政院)의 공문을 보니 요새지(要塞地)를 지키는 계책이 신의 의사와 서로 맞으나 그사이 곡절(曲折)이 이와 같이 상세(詳細)하지 않으면 좌편은 방비되었으나 우편으로 넘는 수가 있을까 염려되므로 성심을 다하여 말씀 올리오니 원하옵건대 이 뜻을 영남(嶺南)과 호남(湖南)의 험한 곳에 명포(命布)하시어 그 고을의 문망인(聞望人)을 뽑아 백성과 중을 거느리고 지키게 하십시오.

그리고 물이 깊고 얕음을 측량 할 수 없는 곳은 별도로 다리머리나 건널목에다 사사(射士) 칠팔명을 매복하면 족히 적의 전구(前驅)를 쏘아 죽일 수 있으니 빨리 건너오지 못할 것입니다. 을묘년(乙卯年)에 한 무사가 장흥(長興)의 한 고개에서 활을 당기고 있으므로써 보성(寶城)과 낙안(樂安)이 병화(兵禍)를 입지 않았습니다. 또 해남(海

南)의 윤홍중(尹弘中)은 사도(射徒) 수십명을 남교(南橋)의 두 곳에 매복함으로써 적이 감히 성에 가까이 하지 못하였으니 진실로 진수(鎭守)하는 요결(要訣)만 안다면 적의 수효가 많은 것도 두려울 것이 없습니다.

광주(光州) 이희손(李希孫)은 이러한 이치를 모름으로 그가 중위장(中衛將)으로 수천의 병력을 거느리고 강진(康津)에 주둔하였을 때에 왜적이 촌락(村落)을 약탈하여 쌀을 지고 성을 지나감을 보고도 활을 쏘지 못하고 밤에 몰래 도망쳤습니다. 그 뒤에 왜적(倭賊)이 와서 엿보기만 하다가 성을 비운지 사흘만에 들어왔습니다. 이와 같은데도 이희손(李希孫)을 죽이지 않으니 식자(識字)는 지금껏 한하옵니다. 당시 군정(軍政)의 잘못이 오늘의 명감(明鑑)이 되지 않겠습니까?

그때 한 선비가 산중(山中)으로 적을 피하였었는데 왜적 네놈이 뒤쫓아 와서 겁살(劫殺)하려 하므로 선비는 무기(武器)가 없었기 때문에 다만 한 개의 몽둥이로 재빠르게 칼을 가진 적병(賊兵)의 어깨를 내리치니 칼을 떨어뜨리고 땅바닥에 엎어 쳤습니다. 뒤따르던 세 놈의 적병은 칼이 없었으므로 그들을 차례로 쳐서 거꾸러뜨리고는 그 칼을 빼앗아서 저들의 목을 찔렀더니 조금도 살가죽이 베어지지 않으므로 자세히 살펴 보니 그것은 목검(木劍)에 도금(塗金)한 것이었다고 하였습니다. 그리하여 선비는 적들을 차례로 발로 차서 죽였다고 하였습니다.

그렇다면 약탈하려고 오는 왜적도 저마다 날카로운 칼을 가진 것은 아니니 날쌘 병졸로 유격대(遊擊隊)를 편성해서 저들을 추격한다면 허다한 분탕(焚蕩)의 근심이 없을 것인데 모두 적의 검무(劍舞)를 겁내어 제멋대로 약탈하는 것을 그저 보고만 있으니 기가 막히옵니다.

오직 산재(散在)하여 있는 왜적이 약탈하는 즈음에 능히 빼앗아갈 수 있는 것을 방지(防止) 한 사람은 그 반을 상으로 주고 적의 목 이십급(二十級) 이상을 베인 사람은 천인(賤人)은 속하여 양인이 되게 하고 서얼(庶孽)도 또한 벼슬길에 통하게 하며 적의 선봉 또는 고하인(鼓下人)을 죽인 사람은 비록 그 수효는 적으나 공을 더 많이 인정하여 주시고 갖추기가 어려운 활과 칼로만 장비 하라고 하지 마시고 집집마다 긴 낫을 만들어 남녀가 다 같이 싸움에 나아가 굶주리고 피곤한 적을 죽이라 하옵시면 백성은 자진하여 싸워서 적의 수급(首級)을 바칠 것입니다.

송(宋)나라 태조(太祖)가 조빈(曺彬)에게 이르기를 "성을 공격할 즈음에는 반드시 뜻밖의 재앙을 당하는 수가 있는 것이니 생민(生民)을 난폭하게 약탈하지 말라." 고 하였습니다. 이와 같이 다른 나라의 생민에게도 오히려 난폭하지 말라고 경계하였는데 하물며 동료와 동포에 있어서야 말할 나위도 없습니다.

신이 정해년(丁亥年)에 남쪽을 정벌하는 군대를 보니 적선(賊船)이 이미 물러 간 뒤에 도착되므로 적의 내습(來襲)을 막는데는 조금도 도움이 된바 없었고, 역마(驛馬)가 부족하다고 하여 역관(驛官)만 죽음을 당하였으며 경계가 소홀하다 하여 변방 장사가 박살(撲殺)되었으니 서너 사람의 장수가 바뀌어 순행(巡行)한 뒤면 소읍(小邑)의 병방(兵房)가운데서 조금이라도 활을 잡을 줄 아는 사람은 낙심하고 얼굴빛을 변하지 않는 이가 없습니다.

오직 호령(號令)이 엄하기만 힘쓰고 이어 바칠 물건이 없음은 알지 못하므로 한 가지 반찬이라도 풍성하지 않으면 주리(主吏)를 태형(笞刑)으로 다스려서 거의 죽게 만들고 한 가지 일이라도 잘못 된 것을 알면 읍재(邑宰)를 때려 죽게 하니 오직 포학(暴虐)한 형벌로 위엄을 할 줄만 알 고 인의(仁義)로써 감동시킬 줄은 모르니 남쪽 백성이 이 같은 무거운 곤경에 처하여 주현(州縣)이 하나도 온전한 곳이 없습니다.

원하옵건대 장수(將帥)를 보낼 즈음에는 송(宋)나라 태조(太祖)의 경계를 비거(備擧)하여 우리의 관리와 백성을 잔인하게 죽이지 못하도록 하고 또 오기(吳起)의 자율적 정신으로 삼군(三軍)의 마음을 격동케 하여서 점점 윗사람을 섬기고 어른을 위하여 죽을 줄 아는 의리를 깨닫게 하십시오. 그리고 세 번을 명령하고 다섯 차례를 거듭 말하여도 행오(行伍)를 모르는 사람에 한해서만 군율로서 다스린다면 위엄과 사랑이 겸전(兼全)하게 되어 아무리 어려운 지경이 닥쳐와도 배반하려고 하는 마음이 없을 것입니다.

# ◎청참왜사이소(請斬倭使二疏)[555]
## 선조 24년(1591) 辛卯

신은 생각하기를 변방에 급보가 들어오면 지령(指令 : 簡書)을 빨리 내리지 않을 수 없으며 필부가 나라 일을 어지럽게 하면 이들을 죽이지 않을 수 없을 것입니다.

까닭에 왜적이 명(明)나라를 치겠다는 소식을 전해 듣고 분노를 참을 수 없어 심혈을 기울여 성상께 소(疏)를 올립니다. 하루 속히 옳지 못한 것을 고쳐서 위로는 명(明)나라에 과오를 범하지 않고, 안으로는 종묘(宗廟)에 수치(羞恥)를 끼치지 않고 밖으로는 왜놈에게 업신여김을 받지 않고 아래로는 인민(人民)에게 재화(災禍)가 미치지 않게 하시면 신이 평생에 글 읽은 힘으로써 삼강(三綱) 오륜(五倫)을 붙들어서 우리 임금께서는 명(明)나라의 문책을 받지 않게 하며 또 신의 어머니는 포로가 되어 감을 면하게 하자는 것이옵니다.

참으로 이와 같이 된다면 기름을 끓이는 가마솥이라도 달갑게 뛰어들 수 있을 것인데 소(疏)를 올린 지 삼일이 지났어도 들리는 바가 없으니 이는 전하께서 너그러이 용서하시어 신을 죄주려 하지 않음임을 알겠습니다.

그러나 신이 나라를 구제(救濟)하고 어머니를 살게 하는 계책도 오늘뿐입니다. 왜적의 침입으로 변방의 티끌이 한번 날리게 되면 탄식한들 소용이 있겠으며 명(明)나라의 문책이 한번 닥쳐오면 근심한들 무슨 보탬이 되겠습니까? 이 어려운 시점을 한번 고찰하시기를 바라옵니다. 신이 헤아려 보건대 왜놈의 반복(反覆)은 만가지로 다 측량

---

555) 왜의 사신을 목 베어야 한다고 청하는 두 번째 상소문.

할 수가 없습니다. 옛날 금(金)나라와 원(元)나라의 사신을 후하게
대접한다 하여 그 나라가 남침(南侵)을 하지 않을 것이라고 한다면
이것은 진회(秦檜)556)와 가사도(賈似道)557)의 무리가 송(宋)나라를
어리석게 한 것입니다. 이제 왜놈은 그 임금을 죽이고도 오히려 애석
하게 생각하지 않는데 그 이웃 나라를 엿보기만 하고 침공하지 않겠
습니까? 고금을 통털어 본다 하여도 결코 이러한 이치가 없사오니 명
장을 시켜서 동남쪽의 바닷가를 방비하여야 되옵니다.

또 듣건대 유구(琉球)에서는 우리나라에 서신을 보내어 말하기를
왜적을 섬긴다고 하였다 하니 이런 소리가 오랫동안 나돌게 된다면
어찌 명(明)나라만이 듣지 못한다고 하겠습니까. 소정방(蘇定方)과
이적(李勣)의 군대가 동으로 쳐들어 온 것은 백제와 고구려가 신라
의 입공(入貢)하는 길을 끊으려고 하였기 때문입니다.

왜놈은 천하에 공포(公布)하기를 반드시 우리나라가 저들에게 복
종하여 내조(來朝)한다고 할 것입니다. 우리가 명나라에 대한 은혜
와 의리가 박(薄)하지 않기 때문에 왜놈이 어긋나는 언사를 한다면
마땅히 아침에 듣고 저녁에 아뢰어야 하옵니다. 시일을 지연(遲延)
하여 절사(節使)가 가는 때를 기다려서 아뢰려 한다면 결코 명년(明
年) 봄 안으로는 명경(明京)에 가지 못할 것이고 왜놈이 강석(江淅)

---

556) 남송(南宋) 초기의 정치가. 자 회지(會之). 강녕(江寧 : 현재의 南京) 출생. 1115년
진사시(進士試)에 합격하고, 1131년 이후 1124년간 재상의 자리에 있었다.

557) 중국 남송(南宋) 말기의 정치가. 이종(理宗)의 후궁으로 들어간 누이 덕분에 부재
상(副宰相)에서 추밀원지사(樞密院知事)로 승진하고, 1258년 양회선무대사(兩淮宣
撫大使)가 되었다. 1259년 몽골군을 격퇴시킨 공으로 우승상이 되었지만, 실은 쿠
빌라이 진중(陣中)으로 사자(使者)를 보내 토지의 할애와 세폐(歲幣)를 밀약하고 강
화를 맺었다는 설도 전해진다. 이종의 신임을 받아 공전법(公田法)을 시행하고 절
서(浙西)의 민전(民田)을 사들여 군량미의 확보를 꾀하고 추배법(推排法)에 의하여
토지를 늘려 과세지를 증가시켰다. 회자(會子)를 정리하는 등 재정의 재건을 꾀하
였으나, 몽골군의 침입에 패배하여 문책을 받고 유배지인 장주에서 피살되었다.

에서 부친 격문(檄文)은 반달이면 명나라 조정에 도착될 것입니다.

　명(明)나라는 은애(恩愛)도 간절하지만 한번 노하게 되면 가혹한 죄를 내리기가 일쑤인데 만일에 우리의 힘을 양해하지 않고 왜국을 토멸(討滅)하라고 하면 우리의 약한 군대로는 방위에도 겨를이 없는데 어느 남는 힘이 있어서 왜적을 정벌 할 수 있겠습니까?

　옛날 원(元)나라 홍다구(洪茶丘)[558]의 팔만 병사와 우리나라 김방경(金方慶)[559]의 연합한 군대로서도 오히려 일본 앞 바다에서 뜻을 이루지 못하고 사상자가 반수가 넘었습니다. 하물며 명나라에서는 홍다구(洪茶丘)와 같은 장수는 보내지도 않고 우리나라에는 김방경(金方慶)과 같은 부장(副將)도 없으므로 우리의 힘으로는 왜국을 토멸 할 수 없는 동시에 명(明)나라의 노여움은 실로 헤아릴 수 없을 것입니다. 사랑하는 자식이 아버지의 뜻을 조금만 거슬러도 그 아버지의 노여움이 반드시 있는 것 이온대 소정방(蘇定方)과 이적(李勣)의 군대처럼 명나라에서 우리를 문책(問責)하여 온다면 일본의 힘을 빌려 이를 물리칠 수 있겠습니까?

　신이 가장 두려워 떠는 바는 명나라에서 소정방(蘇定方)과 이적(李勣)의 군사가 와서 백제와 고구려를 멸망시키고는 십여만호(戶)를 강호(江湖)의 사이로 이주(移住)시키듯 하면 수륙(水陸)에 고달픈 우리 백성이 어찌 다 살수가 있겠습니까? 신에게는 늙고 병든 계모가 있는데 업고 피난갈 곳이 없습니다.

---

558) 고려시대에 원나라에 귀화한 무장. 본관 남양(南陽). 본명 준기(俊奇). 몽골명 찰구이(察球爾). 원나라에 머무르며 전쟁에 종군하여 용맹을 떨쳤다. 1254년(고종 41) 몽골의 장수 차라다이[車羅大]가 고려에 침입할 때 모국에 해를 끼치고, 1261년(원종 2) 관령귀부고려군민총관(管領歸附高麗軍民摠管)이 되었다. 1271년 재차 고려에 들어와 봉주(鳳州 : 鳳山)에 둔전총관부(屯田摠管府)를 설치, 이해 삼별초(三別抄)의 난이 일어나자 고려장군 김방경(金方慶)과 함께 이를 토벌했다.
559) 고려시대의 명장. 본관 안동(安東). 자 본연(本然). 시호 충렬(忠烈).

신이 더욱 통탄하는 바는 신이 상경(上京)한 길이 바로 왜국 사신이 올라온 길이었습니다. 자세히 듣건대 저 왜국 사신이 우리를 업수이 여기고 거만 부리기를 명나라 칙사(勅使)와 같이 하는데도 우리의 관리들은 한결같이 기가 죽어서 일도(一道)의 힘을 다 하여 여러 가지 술과 안주로 대접하고 방비는 전혀 잊어버리고 있었다고 하옵니다.

다만 이 사신들의 왕래함을 보아도 가히 뒷날에 크게 패할 것을 알 수 있습니다. 그런데도 우리나라는 조야(朝野)를 막론하고 바른 논의는 볼 수 없고 엉뚱한 소(疏)만 나오니 앞으로 위급할 때에도 이와 같이 앞장서서 구제(救濟)하는 사람이 없다면 임금께서는 문천상(文天祥)과 육수부(陸秀夫)로 알고 의지할 사람이 결국 누구이겠습니까?

정몽주(鄭夢周)는 고려 왕조의 위태(危殆)한 시기에 벼슬하면서 오히려 그 혐의(嫌疑)를 피하지 않고 널리 국사(國士)를 맞아다가 담론하기를 마지않았습니다. 그 시(詩)에 이르기를 "자리 위에는 손님이 늘 가득하고 술동에는 술이 떨어지지 않노라." 고 하였으니 일을 맡아하는 신하가 문을 닫고 혼자 앉아서 중의(衆意)를 모으지 않으면서 능히 그 나라를 구한 사람은 옛부터 있지 않았습니다.

전하께서는 신들을 세밀히 살피시고 의심이 될만한 단서는 버리셔서 남을 헐뜯어 고하는 자들의 입을 막으시면 사직이 크게 다행할 것이옵니다.

# ◎기병후소(起兵後疏)[560]
## 선조 25년(1592) 壬辰

북으로 관하(關河)를 바라보며 피눈물로 사배(四拜)하옵고 주상전
하께 삼가 말씀을 올리나이다.

국운이 불행하여 왜적이 우리나라를 얕보고 침공하여 옴으로써 종
묘와 사직은 잿더미가 되었고 성궐(城闕)은 빈터가 되었으며 전하께
서는 난여(鑾輿)를 타시고 압록강변까지 파천(播遷)하시니 혈기 있
는 사람은 애통해 하지 않는 이가 없습니다.

신이 우광(愚狂)하여 일찍이 낭관(郎官)을 지냈을 뿐 이온대 낮은
직위로서 말을 높이 하여 무거운 죄를 범하였으므로 기축년(己丑年)
이후로는 반드시 죽는 줄로 알고 있었습니다. 다행스럽게 초택(初
擇)속으로 내쫓으시는 성상의 자애를 입어서 신이 몸소 농사지어 어
머니를 봉양하게 하여 주시어 천지와 부모의 은혜가 이에서 더 할 수
가 없습니다. 신의 도리로는 마땅히 목숨을 버리고 있는 힘을 다 하
여 성조(聖朝)에 보답하여야 된다고 생각하옵니다.

지난 이월 십팔일에 신의 처상(妻喪)을 당(當)하고 사월 이십일에
야 겨우 장사를 지내려고 할 즈음에 왜적의 선봉이 인동(仁同)과 선
산(善山) 사이에 침입하여 오니 신의 주거(住居)와는 이틀거리밖에
되지 않습니다. 그러므로 신이 청주(淸州) 동면(東面)에 들어가 노모
의 피난처를 구하던 중 뜻밖에 적병이 또 보은(報恩)에 침입하고서
청주(淸州)를 함락하였기 때문에 길이 막혀 한 달이 넘어서야 옥천
(沃川)으로 돌아 왔습니다.

---

560) 의병을 일으킨 후에 한 상소문.

의리상 향병(鄕兵)을 규합(糾合)하여 힘을 다해 싸워야만 전하의 행차가 환도(還都)하게 될 것입니다. 그런데 신이 외롭고 천하기 때문에 사람들이 일찍이 따르지 않으므로 재차 격서(檄書)를 띄우게 되자 응모하는 사람이 자못 많았습니다. 동시에 왜적이 옥천지방(沃川 地方)을 넘보므로 이곳의 방어가 급하여 병정을 모으지 못할 뿐 아니라 또 순찰사(巡察使)가 관군(官軍)의 응모를 허락치 않으므로 이미 모집한 군사도 도로 해산하고 말았습니다.

신이 북쪽을 바라보고 통곡한들 어찌 할 수가 없어서 몇 사람의 동지와 더불어 역군(役軍) 수백명을 모집하여 칠월 사일에 기(旗)를 세우고 두루 해군(海郡)을 돌아다니면서 병정 천명을 모집하여 북으로 행진하려 하였으나 맨주먹으로 일어났기 때문에 한 치 되는 병기도 가진 사람이 없었습니다.

다행이도 의기(義氣) 있는 백성들이 힘을 모아 협조해 주었으므로 간신히 계획을 세워서 활 수십장(數十張)과 편전(片箭) 수십부(數十 部)를 마련하였으나 이것을 가지고 강한 적병을 방어함은 제 스스로도 역시 불가능한 일임을 알고 있습니다.

그러나 한 달 분의 군량만 얻으면 진군하려고 하였습니다. 주현(州 縣)은 이미 양곡(糧穀)이 떨어졌기 때문에 순찰사(巡察使)가 군량 육백석을 제급(題給)하였으나 현품(現品)이 쌓여 있지 않으므로 판출(辦出)하기가 용이(容易)하지 않았습니다. 그리하여 열읍(列邑) 유생(儒生)들의 도움으로 촌려(村閭)에서 약간의 양곡을 얻게 되자 진군을 하였습니다.

이 달 팔월 일일에 청주(淸州)의 서남(西南)쪽에 진군해서 승군(僧 軍 : 僧將 靈圭의 군대)과 합세하여 성밖에서 종일토록 역전(力戰)하고 한편으로는 방어사(防禦使 : 李沃)의 제군(諸軍)을 독촉하면서 서문(西門) 밖까지 바싹 쳐들어가자 탄환이 비오듯 하여 우리의 의병이 많이 상하고 반면에 왜적도 또한 편전(片箭)에 많이 상하였습니다. 적병은 화살에 맞으면 곧 옮겨가므로 그 죽인 숫자는 자세히 알 수가 없으나 짐작컨대 적의 정예병은 이 싸움에서 다 없어 졌으므로 밤에 그 시체를 불태우고 나서 남은 무리를 이끌고 도망쳤습니다. 적을 쫓아가면 힘들이지 않고 이를 잡을 수 있을 줄 믿으나 화살을 너무 많이 써버린다면 근왕(勤王)의 행진에 참된 성실을 다하지 못할 염려가 있으므로 그만 두었습니다.

행군이 온양(溫陽)과 아산(牙山)에 당도하여 각 읍의 군량이 다 모이는 것을 기다려서 회전(回傳)할 수 있는 힘이 생긴 뒤에 군사를 인솔(引率)하고 전진한다면 거의 명나라 군대를 만날 것 같습니다. 그러면 명군과 힘을 합해서 양경(兩京)을 회복하고자 하오나 군졸이 고단하고 힘이 미약하여 왜적의 횡절(橫截)을 입을까 두려우니 신의 고충은 이루 말할 수 없습니다. 그러나 하늘이 조선을 도우신다면 거의 신의 뜻대로 이루어질 것으로 믿습니다.

신이 그윽이 나라의 재화(災禍)로 인한 실패의 까닭을 생각하여 보니 모두 계미년(癸未年) 이후로 신용을 잃음이 많으므로 민심은 믿지를 않고 군사는 투지가 없어 적의 종횡함을 보고서도 한 사람도 나와서 대적하는 자가 없었습니다. 그러므로 중요한 관문(關門)이 함락되고 온 나라가 썩어서 문드러지기에 이르렀습니다. 이제 구업(舊業)을 회복(恢復)하려 하오면 먼젓번의 잘못을 거울삼아 뒷날의 걱정과 근심을 방비해야 하지 않겠습니까?

대개 북쪽 오랑캐의 변란이 있었을 때 오랑캐의 머리 베이는 것만을 중하게 여겼으므로 그 머리만 바치면 천한 사람도 양인(良人)과 같이 벼슬길에 나아가게 되었습니다.

양곡(糧穀)을 바치는 자는 서얼(庶孼)을 면하고 또 관직을 줌으로써 이때를 당하여 힘이 있는 자는 그 용맹을 다 하였으며 양곡이 있는 자는 그 재산을 쏟아 놓으니 삼천리에 수(戌)자리 살러 가고 곡식을 운반하는 수고란 이루 말할 수 없었습니다.

그러던 변란(變亂)이 평정된 뒤에는 권력 있는 신하가 먼 계획을 못하여 먼젓번의 약속을 위반하고 말았습니다. 그리하여 힘껏 싸운 공로가 모두 그 장수에게만 돌아가므로 북도(北道)의 용사들은 많은 원한을 품고 생업을 잃으면서까지 양곡을 운반한 남쪽의 부인(富人)들도 나라의 은혜는 조금도 입지 못하였습니다. 그 은혜를 입은 사람은 오직 정언신(鄭彦信)에게 아부한 문인(文人)과 무리(武吏)뿐이 옵니다.

아! 나라의 민심을 뭉치어 굳어지게 하는 것은 오직 인의와 충신이 옵니다. 정언신(鄭彦信)561)이 사사로이 내수사(內需司)의 물건을 소비하여 간민(姦民)에게 은혜를 베푸는 척 임금의 이목이 되는 문인을 두루 막아 버림으로 김수(金晬)562)와 이광(李洸)이 높은 자리에 올랐고 정언신(鄭彦信)이 힘써 권당(勸黨)의 족속을 비호하여 정권을 잡은 사람의 칭찬을 구하므로 무리(武吏)의 일을 만들어 공을 요구하는 자들이 재물을 흩어가면서 오랑캐의 머리를 사게 되자 서예원

---

561) 조선 중기의 문신. 본관 동래(東萊). 자 입부(立夫). 호 나암(懶庵). 1566년(명종 21) 별시문과에 병과로 급제, 검열이 되고 1571년(선조 4) 호조좌랑으로 춘추관기사관(記事官)이 되어《명종실록》편찬에 참여하였다. 그후 경기도관찰사를 역임, 1583년 이탕개(尼湯介)가 쳐들어오자 우찬성으로서 도순찰사를 겸하여 이순신(李舜臣)·신립(申砬)·김시민(金時敏)·이억기(李億祺) 등 쟁쟁한 무관들을 막하(幕下)로 거느리고 적을 격퇴하였다.

562) 조선 중기의 문신. 본관 안동. 자 자앙(子). 호 몽촌(夢村). 시호 소의(昭懿). 이황(李滉)의 문인. 1573년(선조 6) 알성문과에 병과로 급제하였으며, 예문관검열을 지냈다. 홍문관교리(校理)로 있을 때, 왕명으로《십구사략(十九史略)》을 주해(注解)하였다. 직제학·승지를 거쳐, 1587년 평안도관찰사에서 면직되었으나, 경상도관찰사에 복직되었다. 1591년 정철(鄭澈)의 건저(建儲)문제로 남·북 2개파로 갈리자 남인이 되었다. 임진왜란이 일어나자 경상우감사로서 진주에 있다가 동래가 함락되자 밀양·가야를 거쳐 거창으로 도망하였다.

(徐禮元)의 무리가 중죄에서 면하게 되었습니다. 이와 같은 몇몇 간사한 자들은 모두 당시의 어진바가 되어 혹은 관찰사(觀察使)가 되었고 혹은 목사(牧使)나 부사(府使)의 직에 올랐습니다.

김수(金晬)는 영남(嶺南)에서 잔인하고 포악하여 일도(一道)의 원망을 쌓았을 뿐 아니라 적병이 이르니 먼저 도망하였기 때문에 백성이 나와서 대적하지 않았으므로 온 나라가 화를 입게 되었습니다. 서예원(徐禮元)은 이름은 용장(勇將)인데 왜적이 김해로 향하니 먼저 놀라서 달아나고 적에게 화살 하나 쏘아보지 않음으로써 일도(一道)가 무너졌습니다. 그리고 이광(李洸)은 군부(君父)의 근심을 급히 여기지 않아서 처음에 호남의 군중(群衆)을 영솔(領率)하고 공주(公州)에 이르러서는 앞으로 갈까 말까 주저하다가 계속 근왕(勤王)의 행진을 하게되자 진위(振威)에 도착해서 일부러 지체하면서 삼도(三道)의 군사가 흩어지고 영구히 수습하기 어렵도록 하였으니 이 삼인(三人)은 정언신(鄭彦信)이 어질게 여기고 간당(姦黨)의 보배로 삼은 바입니다.

그러나 이들 전자(前者)의 한 행위를 보면 간사한 자를 돕고 임금을 속였으며 조정을 갈팡질팡하게 하였고 나라를 그르쳤습니다. 또 후자의 한 행위를 보면 국난을 돌보지 않고 몸만 보전하며 군사를 패하게 하였습니다. 그런데 이와 같은 큰 죄는 지금껏 수령을 보존하고 근왕하던 신각(申恪)만이 홀로 죽음을 당하였습니다.

나라가 이백년 동안 혁혁한 업적을 보전하는 것은 신상필벌(信賞必罰)이 있기 때문이었습니다. 상벌(尙罰)이 이같이 어긋나서 나라가 장차 위태한 데도 달려가서 구원하는 사람이 없으니 이들 소인들의 화가 한결같이 이러한 극도에 이르게 한 것입니다. 이제 구업을 회복하고자 한다면 이러한 소인배(小人輩)를 그대로 두고서 어찌 할 수 있겠습니까?

전자(前者)에 서예원(徐禮元)이 재물을 흩어서 적의 머리를 사므로써 세상을 속이고 임금의 은총을 받으므로 금일에도 혹은 우리나라 사람을 죽여 머리를 깎고 여종을 시켜서 왜복을 지어 입히고 관찰사를 속이는 자도 있습니다. 혹은 다른 사람의 베인 머리를 빼앗아 가서 자기의 공로로 기록하고 그 사람을 전장터에 몰아내어 죽게 하는 자도 있습니다. 이렇게 간사한 것을 실공(實功)으로 기록하면서 억울하게 죽은 사람의 원통함은 조금도 들어 주지 않으면 장래에는 형상(刑賞)이 어긋나서 나라를 세우기가 어려울 것입니다.

신이 본래 가난하여 문천상(文天祥)과 같이 가재(家財)를 팔아서 병기를 갖추지 못하고 겨우 공주(公州)·홍성(洪城) 등 제읍(諸邑)의 유식한 선비들에게 미속(米粟)과 소와 철(鐵)을 바치도록 권유하였습니다. 그리하여 일천명의 양식과 반찬을 갖추었고 분국(分局)에서 활을 만들어 거사(擧事)하게 되었습니다. 도리를 아는 준수한 백성이야 어찌 감히 그 보답을 바라겠습니까? 그렇지만 준수한 자가 아닌 혹 천인의 신분으로서 양인이 되고자 하는 자도 있고 혹은 고통스러운 역(役)을 면하고자 하는 자도 있으며 혹은 한낱 자급(資級 : 벼슬아치의 位階)이나마 구하여서 묘갈(墓碣)에 쓰고자 하는 자도 있습니다.

거사 할 처음에 서로 격려가 필요하므로 다소를 불구하고 모두 써서 품계(稟啓)하옵니다. 보잘것없는 수고와 작은 공이라도 모두 보답하여 은혜를 아끼시지 마시고 인민에게 신용을 잃는 일이 없게 하여 주시면 신이 다시 이 도(道)에서 병정과 양곡을 모집하여 기필코 일로(一路)를 깨끗하게 하겠습니다.

신이 또 엎드려 생각하니 당(唐)나라 현종(玄宗)이 천하를 거의 잃었는데 진현예(陳玄禮)의 간(諫)함을 듣고 별안간에 양국충(楊國忠)의 머리를 베어 창 끝에 꿰고 이임보(李林甫)의 관(棺)을 쪼개어서 그 시체를 태(笞)질 하였습니다. 까닭에 민심이 아주 흡족해 져서 당나라를 생각하여 이광필(李光弼)·곽자의(郭子儀)같은 의사(義士)가 공을 이루었습니다. 송나라 고종(高宗)도 비록 강좌(江左)에 있었으나 이강(李綱)과 장준(張浚)의 말을 듣지 아니하고 항상(恒常) 왕황(汪黃) 진회(秦檜) 등을 그 좌우에서 떠나 보내지 않았기 때문에 종택(宗澤)과 악비(岳飛) 같은 충신으로서도 하북지방(河北地方)을 평정하지 못하고 끝내 죽음을 당하고 말았으니 효종(孝宗)의 어짊으로도 통일의 공을 이루지 못하였습니다.

류성룡(柳成龍)이 화의(和議)를 주창(主唱)하여 왜적을 초래함은 진회(秦檜)보다 심하며 이산해(李山海)의 어진 사람을 해치고 나라를 그르침은 이임보(李林甫)보다 심하며 김공량(金公諒)의 시민에 원한을 쌓음은 양국충(楊國忠)보다 심하옵니다. 그러면서도 지금껏 수령(首領)을 보존하고 있으며 혹은 그 일당으로 중요한 직위에 있게 함으로써 어진 사람의 진로를 막고 있으니 어찌 민심을 위로하고 사기(士氣)를 진작하겠습니까?

아! 이 큰 간신들이 만민에게 재앙을 전가시켜 나라를 뒤집어엎어서 망하게 하려 하니 전하의 사총(私寵)은 비록 깊지만 종묘와 사직의 수욕(羞辱)은 적지 아니합니다.

신은 청하건대 이 삼인(三人)의 머리를 베어 의순문(義順門)밖에 매어 달고 이어서 김수(金晬) 이광(李洸) 서예원(徐禮元)의 머리를 끊어 한강의 남변(南邊)에 달아 놓으면 화이(華夷)를 막론하고 듣는 이 마다 쾌(快)하게 여길 것입니다. 그리고 조선에 명주(明主)가 나셨다 하여 지사(志士)와 유인(幽人 : 世上을 피하여 그윽한 곳에 사는 선비)이 분연(奮然)히 일어나 기력을 내지 않을 사람이 없을 것이니 왜적을 몰아내기는 어렵지 아니할 것이옵니다.

# 참고문헌

■ 1차 자료

湛軒書

매산집

배천 조씨 족보

宣祖(修訂)實錄(고전번역원 db)

遜齋先生文集

宋子大典

承政院日記(국사편찬위원회 db)

栗谷全書

栗谷全書

隱峯全書

李瀷, 성호사설(고전번역원 db)

貞蕤閣文集

趙憲, 重峯集(고전번역원 db)

靑莊館全書

■ 단행본

강응천 외 7인, 16세기 성리학 유토피아, 문사철 편저, 민음사,
　　2014.

구자청, 상소문을 읽으면 조선이 보인다, 역사공간, 2013

금장태, 의리사상과 선비정신, 조명기 외, 한국사상의 심층연구,
　　우석, 1982,

김용헌, 「율곡학파의 비판적 계승」, 『조선유학의 학파들』, 한국
　　사상사연구회 편, 예문서원

김태완, 경연, 왕의 공부, 역사비평사, 2011

卞亨錫, 重峯詩譯註, 重峯趙憲先生記念事業會

不滅의 重峯 趙憲, 김포문화원

신두환, 선비, 왕을 꾸짖다, 달과소, 2009

오석원, 문열공 중봉 조헌, 동국 18현 하, 율곡사상연구원, 1999

오희복 역, 김려작품집, 문예출판사, 1990

이기동, 한국의 유학(하), 유학 오천 년, 성균관대학교출판부, 2022

李錫麟, 壬亂義兵長 趙憲研究, 신구문화사, 1993

李河俊, 救國의 實踐的 道學者 重峯 趙憲

조종영, 지당에 비 뿌리고, 북랩, 2019

趙憲, 동아시아비교문화연구회 옮김, 朝天日記, 서해문집, 2014

崔永禧, 趙憲全書, 탐구당

홍서여, 상소, 조선을 움직이다, 북인, 2013

■논문

김문준, 중봉 조헌의 의리정신과 부실정신

김성희, '조헌상(趙憲像)'의 변화를 통해 본 조선후기 시대정신의 추이, 역사와 현실 93, 2014

金龍德, 「北學派 思想의 原流 研究 ―第一部 重峯의 實學思想」 동방학지, 1974

김인규, 「重峯 趙憲 改革思想의 실학적 특성」, 『동양철학연구』 제41집, 동양철학연구회, 2005

김지현, 「趙憲의 『朝天日記』에 대한 소고」, 『온지논총』 제40집, 온지학회, 2014

김진봉, 壬辰亂中 湖西地方의 義兵活動과 地方士民의 動態에 관한 研究 - 趙憲의 義兵活動을 中心으로, 사학연구, 1982

성교진, 牛溪와 栗谷의 門人 重峯 趙憲의 辨師誣兼論學政疏(萬言疏)에 관한 研究, 우계학보 제26호, 2017

오석원, 중봉 조헌의 의리사상, 동양철학연구 39집, 2004.

우경섭, 宋時烈의 道統論과 文廟黜正 논의, 한국문화 37. 2006.

이동준, 「重峯 趙憲의 歷史意識과 國難對策」, 『동대논총』 제6집, 동덕여자대학교, 1976

이상익, 「『東還封事』를 통해 본 重峯趙憲의 改革思想」, 『동양문화연구』 제10집, 동양문화연구원, 2012

이상주, 조헌(趙憲)의 율원구곡(栗原九曲)과 율원구곡시(栗原九曲詩), 중원문화연구 10, 2006

이하준, 중봉 조헌의 충의 사상, 한글+한자문화

仁峯全承業先生遺稿, 沃川全氏松亭公派宗會

장안연, 『東還封事』에서 본 『朝天日記』의 특성 연구, 퇴계학논총 제25집, 2015

주용성, 「栗谷 李珥와 重峯 趙憲의 改革論 比較 : 『萬言封事』와 『東還封事』를 중심으로」, 『간재학논총』 13집, 간재학회, 2012

황의동, 栗谷과 重峯의 道學精神, 충남대학교 유학연구소 유학연구 제26집, 2012

# 저자 약력

## 李 河 俊

- 1945년 김포 출생
- 김포 통진고등학교 졸업
- 명지대학교 국어국문학과 졸업
- 고려대학교 교육대학원 교육학 석사
- 명지대학교 대학원 국어국문학과 박사과정 수료. 문학박사
- 세명대학교 국어국문학과 교수 겸 사무처장
- 가톨릭대학교 의과대학 인문사회과학교실 교수, 기획조정처부처장, 발전협력처장 겸 종합행정실 부실장, 대외협력실장 역임
- 현 가톨릭대학교 의과대학 명예교수
- 한국국어교육학회 총무이사, 부회장, 3·4대 회장 역임.
- (사)중봉 조헌선생기념사업회 연구자문위원
- 김포시 시사편찬위원회 위원
- 김포시 시민참여위원회 위원장
- 제10, 11대 김포문화원장
- 한국문화원연합회 부설 정책연구소 소장
- 현 (사)중봉 조헌선생 선양회 이사장
- 현 (사)전국한자교육추진총연합회 이사장
- 현 월간 한글 +한자 편집인 발행인

■ 수상

　• 김포시 문화상 수상(교육·학술부문)
　• 교육과학기술부장관 표창(제27회 스승의 날,
　　사도실천과 교과지도분야 국무총리 표창(우수교수상)
　• 花冠文化勳章 受勳

■ 주요 저서와 논문

　• 김포인물지(김포문화원. 2002)
　• 불멸의 조헌 중봉(김포문화원, 2004)
　• 항일기 국어교육(가톨릭대학교 출판부, 2005)
　• 대학교양 생활한문(도서출판 공간, 2005)
　• 중봉 조헌과 그의 시대(도서출판 공간, 2010)

■ 논문

　• 일제의 한국언어교육 침탈과 그 수호운동의 연구
　• 항일기 민족운동으로서의 국어교육에 관한 연구
　• 중봉조헌의 삶과 사상 - 경제개혁론(「한글+한자문화」 제57호)
　• 조헌의 인생과 사상(「한글+한자문화」 제65호~제69호) 등 다수

忠·孝·節義·道學을 겸비한 實踐儒學者

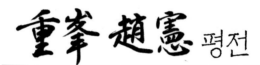

重峯 趙憲 평전

2024年 7月 1日 초판 발행

저　자 이 하 준

발행인 이 홍 연 · 이 선 화
발행처 ㈜이화문화출판사

등록번호 제300-2015-92호
주소 서울시 종로구 인사동길 12, 310호(대일빌딩)
전화 02-732-7091~3 (도서 주문처)
　　　 02-738-9880 (본사)
FAX 02-725-5153
홈페이지 www.makebook.net

값 40,000원